GROUP

中国建投 | 远见成就未来

中国建投研究丛书·报告系列
JIC Institute of Investment Research Books · Report

中国投资发展报告

(2016)

主编 / 中国建银投资有限责任公司投资研究院

ANNUAL REPORT ON THE DEVELOPMENT OF CHINA'S INVESTMENT (2016)

社会科学文献出版社
SOCIAL SCIENCES ACADEMIC PRESS (CHINA)

总　序

一千多年前，维京海盗抢掠的足迹遍及整个欧洲。南临红海，西到北美，东至巴格达，所到之处无不让人闻风丧胆，所经之地无不血流成河。这个在欧洲大陆肆虐整整三个世纪的悍匪民族却在公元1100年偃旗息鼓，过起了恬然安定的和平生活。个中缘由一直在为后人猜测、追寻，对历史的敬畏与求索从未间歇。2007年，维京一个山洞出土大笔财富，其中有当时俄罗斯、伊拉克、伊朗、印度、埃及等国的多种货币，货币发行时间相差半年，“维京之谜”似因这考古圈的重大发现而略窥一斑——他们的财富经营方式改变了，由掠夺走向交换；他们懂得了市场，学会了贸易，学会了资金的融通与衍生——而资金的融通与衍生改变了一个民族的文明。

投资，并非现代社会的属性；借贷早在公元前1200～公元前500年的古代奴隶社会帝国的建立时期便已出现。从十字军东征到维京海盗从良，从宋代的交子到曾以高利贷为生的犹太人，从郁金香泡沫带给荷兰的痛殇到南海泡沫树立英国政府的诚信丰碑，历史撰写着金融发展的巨篇。随着现代科学的进步，资金的融通与衍生逐渐成为一国发展乃至世界发展的重要线索。这些事件背后的规律与启示、经验与教训值得孜孜探究与不辍研习，为个人、企业乃至国家的发展提供历久弥新的助力。

所幸更有一批乐于思考、心怀热忱的求知之士勤力于经济、金融、投资、管理等领域的研究。于经典理论，心怀敬畏，不惧求索；于实践探索，尊重规律，图求创新。此思索不停的精神、实践不息的勇气当为勉励，实践与思索的成果更应为有识之士批判借鉴、互勉共享。

调与金石谐，思逐风云上。《中国建投研究丛书》是中国建银投资有限责任公司组织内外部专家在瞻顾历史与瞻望未来的进程中，深入地体察和研究市场发展及经济、金融之本性、趋向和后果，结合自己的职业活动，精制而成。《丛书》企望提供对现代经济管理与金融投资多角度的认知、借鉴与参考。如果能够引起读者的兴趣，进而收获思想的启迪，即是编者的荣幸。

是为序。

张睦伦

2012 年 8 月

编辑说明

中国建银投资有限责任公司（以下简称“集团”）是一家综合性投资集团，投资覆盖金融服务、先进制造、消费服务及房地产等领域，横跨多层次资本市场及境内外区域。集团下设的投资研究院（以下简称“建投研究院”）重点围绕国内外宏观经济发展趋势、新兴产业投资领域，组织开展理论与应用研究，促进学术交流，培养专业人才，提供优秀的研究成果，为投资研究和经济社会发展贡献才智。

《中国建投研究丛书》（简称《丛书》）收录建投研究院组织内外部专家的重要研究成果，根据系列化、规范化和品牌化运营的原则，按照研究成果的方向、定位、内容和形式等将《丛书》分为报告系列、论文系列、专著系列和案例系列。报告系列为行业年度综合性出版物，汇集集团各层次的研究团队对相关行业和领域发展态势的分析和预测，对外发表年度观点。论文系列为建投研究院组织业界知名专家围绕备受市场关注的热点或主题展开深度探讨，强调前沿性、专业性和理论性。专著系列为内外部专家针对某些细分行业或领域进行体系化的深度研究，强调系统性、思想性和市场深度。案例系列为建投研究院对国内外投资领域的案例的分析、总结和提炼，强调创新性和实用性。希望通过《丛书》的编写和出版，为政府相关部门、企业、研究机构以及社会各界读者提供参考。

本研究丛书仅代表作者本人或研究团队的独立观点，不代表中国建投集团的商业立场。文中不妥及错漏之处，欢迎广大读者批评指正。

前　言

《中国投资发展报告》是中国建投集团向社会推出的年度系列化研究成果，是《中国建投研究丛书》报告系列的重要组成部分。《中国投资发展报告》已经连续出版5年，在投资界产生了较好反响，受到舆论及各方面的广泛好评。

《中国投资发展报告（2016）》从宏观经济、投资市场和行业等方面全面系统分析了宏观经济形势以及各投资市场、重点产业和热点行业中有关投资研究方面的问题。全书分为总报告和专题报告两部分。总报告全面回顾和分析2015年中国宏观经济形势，预测2016年中国投资市场发展趋势及投资机会。专题报告部分包括主题投资篇和投资市场篇。主题投资篇（含6篇）主要探讨推动我国经济发展的有关“一带一路”、制造业升级、互联网+、人口老龄化、国企改革和PPP等主题下的投资现状和投资机会。投资市场篇（含6篇）主要分析研判证券、信托、PE/VC、融资租赁、房地产和海外并购等市场的运行状况及发展趋势。

2016年，是我国全面建成小康社会决胜阶段的开局之年，也是推进结构性改革的攻坚之年。我们面临的形势更加复杂，经济结构转型和供给侧改革的任务更加繁重。在新常态下，中国经济运行中的下行压力依然不小，投资市场将更加动荡和难以把握。我们认为，在党中央国务院的坚强领导下，2016年，中国经济将在转型中昂然前进，经济结构调整将取得阶段性成果，经济增速仍将在6.7%左右，固定资产投资增长10%左右，经济发展的水平和质量将进一步提升。2016年，投资要坚持顺势而为，紧紧围绕“去产能、去库存、去杠杆、降成本、补短板”的主线，特别关注供给侧改革带来的机会，更加重视科技创新和新兴产业，尤其要重视防范系统性金融风险，主动适应经济新常态下的投资发展变化，不断提高投资的有效性。

《中国投资发展报告（2016）》由中国建投投资研究院组织编写。为使该书能够更全面、客观和准确地反映当今中国经济与投资发展的状况，我们聘请了信达风投资管理有限公司与中国建投旗下六家成员企业（包括投资咨询、国泰基金、建投信托、建投资本、建投租赁和建投投资）的有关专家共同参与了本书的编写工作。我们对各位领导和专家的关心、指导和帮助表示衷心的感谢！

目 录

总 报 告

主题投资

投资市场

中国建投投资评级

中英文摘要

总报告

GENERAL REPORTS

2016年中国宏观经济形势与投资环境分析

张志前　祝妍雯

张志前，经济学博士，高级经济师，中国建投投资研究院副秘书长、高级研究员

祝妍雯，中国建投投资研究院研究员

投资提示

- 2015 年全球经济复苏乏力，国内经济虽进入“新常态”，但结构矛盾依然存在，经济下行压力增大，主要经济指标均有所下滑。

- 2016 年我国经济仍处于由高速增长向中高速增长的换挡阶段，传统增长动力的下降将给整体经济增速带来下行压力，但下行空间较为有限，经济增速换挡可能逼近拐点。

- 2016 年的投资机会主要体现在自主创新、产业升级和消费升级三条主线中。

- 在需求端刺激的失效和我国传统经济驱动力衰减的背景下，供给侧改革登上舞台，一方面提供了丰富的投资机会，另一方面也带来了风险。

- 预计 2016 年我国 GDP 增长 6.7%，固定资产投资增长 10%。

一、2015 年我国经济运行态势回顾

进入 2015 年后，全球经济复苏乏力，国内经济虽进入“新常态”，但增长速度换挡期、结构调整阵痛期和前期刺激政策消化期的“三期叠加”矛盾依然存在，国内去产能、去杠杆和金融风险等多重因素累积，中国经济下行压力增大。投资、出口、工业等主要指标均有所下滑，三季度 GDP 同比和累计增长均为 6.9%，创 2009 年一季度以来新低（见图 1）。目前我国正处于阶段更替、动力转换、结构升级和风险释放的关键时期，传统的动力正在调整和衰减，新的动力尚在培育，这也对宏观经济增长造成了压力。

（一）经济下行压力加剧

2015 年以来，我国经济下行压力加大，前三季度 GDP 同比增长 6.9%。分季度来看，一季度增长 7.0%，二季度增长 7.0%，三季度增长 6.9%。（见图 1）

图 1　近年来我国 GDP 增速

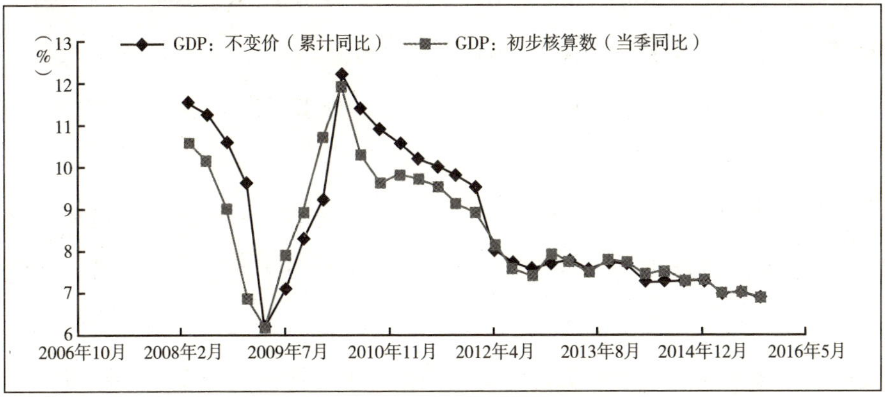

资料来源：Wind 资讯。

2015 年上半年，股市火暴带动的金融业快速增长支撑了上半年 GDP 7%的增速。进入三季度后，股市深度调整，金融业对经济的拉动作用减弱，加上投资、出口和工业生产等实体经济增速较二季度还在放缓，导致三季度 GDP 出现小幅回落。（我国金融业 GDP 当季同比情况见图 2。）

图2　金融业 GDP（当季同比）

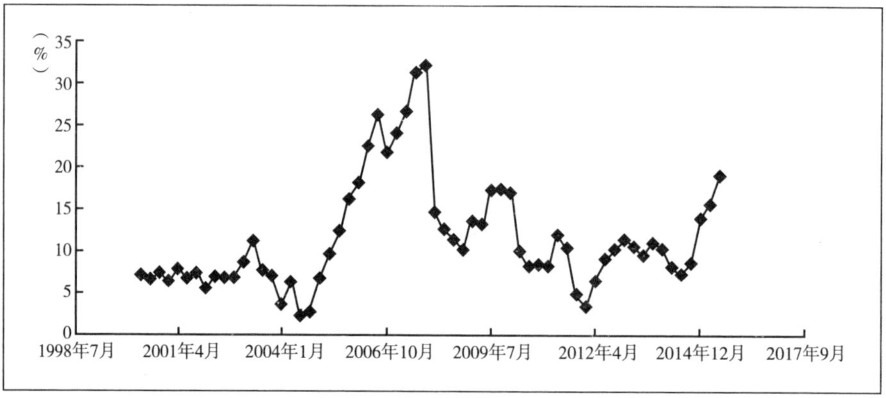

资料来源：Wind 资讯。

（二）CPI－PPI 剪刀差持续扩大

受到经济下行以及国际大宗商品价格回落的影响，2015 年以来物价水平总体较低。2015 年前 11 个月 CPI 累计上涨 1.4%，较 2014 年同期回落 0.63 个百分点，但比上半年回升 0.12 个百分点。2015 年前 11 个月 PPI 下降 5.2%，降幅比 2014 年同期扩大 3.44 个百分点，比上半年扩大 0.59 个百分点（见图 3）。

CPI 和 PPI 的剪刀差不断扩大。一方面是周期效应，无论是奥地利学派的货币信贷周期理论，还是明斯基对金融危机发展演化过程的分析，均提出投资和相应的投资品市场存在着天生的内在不稳定性。相比消费品，投资品市场对经济周期变化更为敏感。在需求下滑的背景下，因投资占比高，所以工业品市场调整更为剧烈，相比之下，消费品受到的冲击较小，

图3　我国 CPI 和 PPI 走势

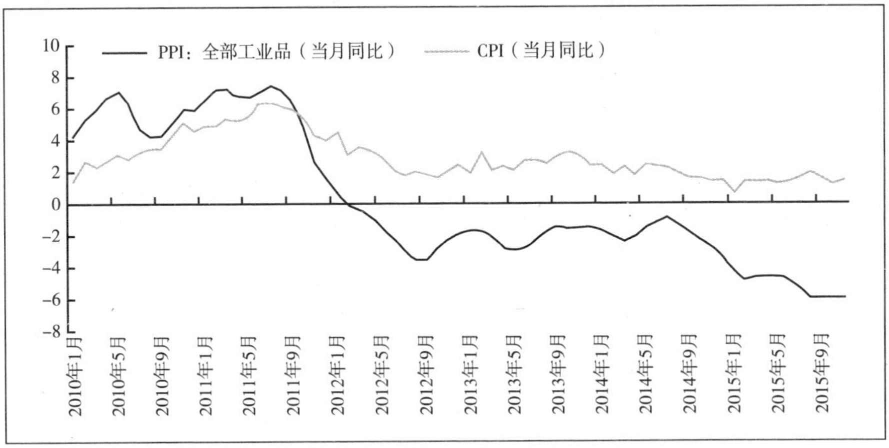

资料来源：Wind 资讯。

CPI 较为稳定。另一方面是输入效应，国际大宗商品价格（如 CRB 指数）与我国 PPI、CPI 之间高度相关，CRB 是 CPI 及 PPI 有效的先行指标（见图 4）。当前CPI－PPI剪刀差扩大具有一定的国际特征，2014 年三季度以来，国际大宗商品价格快速下跌，进入 2015 年后食品类商品价格逐步企稳，明显低于同期金属、原油等投资品跌幅。在输入效应影响下，我国 CPI 相对

图4　CRB 现货指数走势

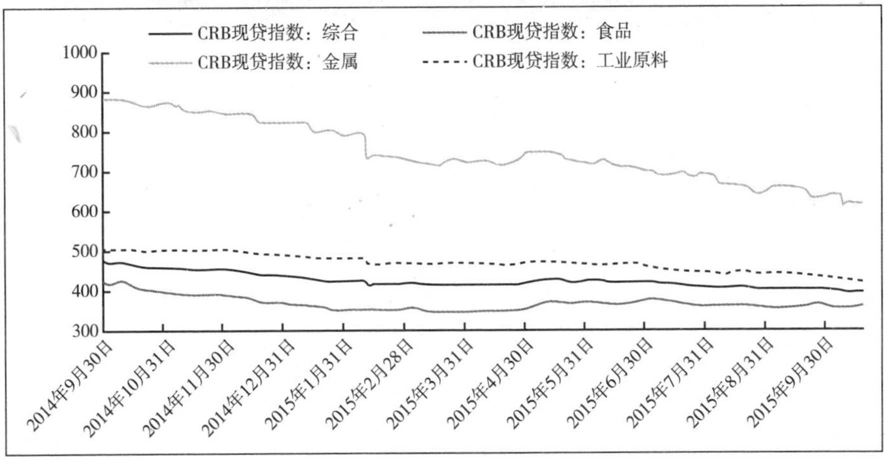

资料来源：Wind 资讯。

稳定，PPI 则出现快速下滑（见图 5、图 6）。

进入三季度后，猪肉价格出现上涨，7、8、9 月份猪肉同比涨幅分别达到 16.67%、19.6% 和 17.4%，与 2014 年的负增长和上半年的低增长形成鲜明对比。猪肉价格主要是受供给因素的影响，一方面，生猪生产处于

图 5　我国 CPI 走势

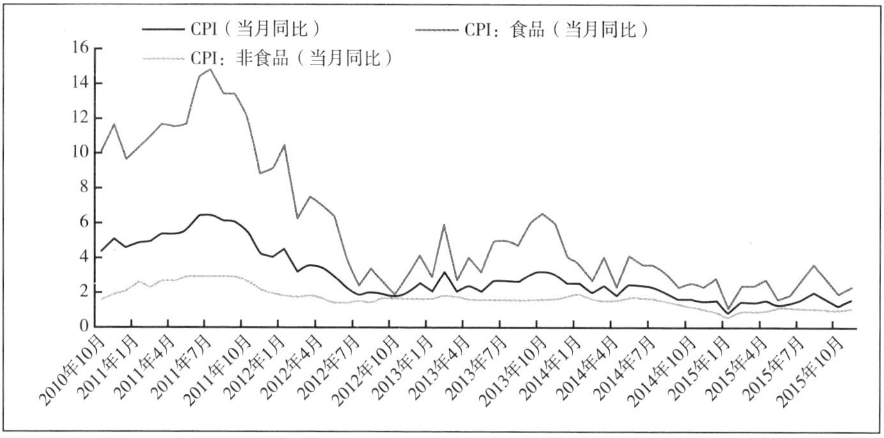

资料来源：Wind 资讯。

图 6　我国 PPI 走势

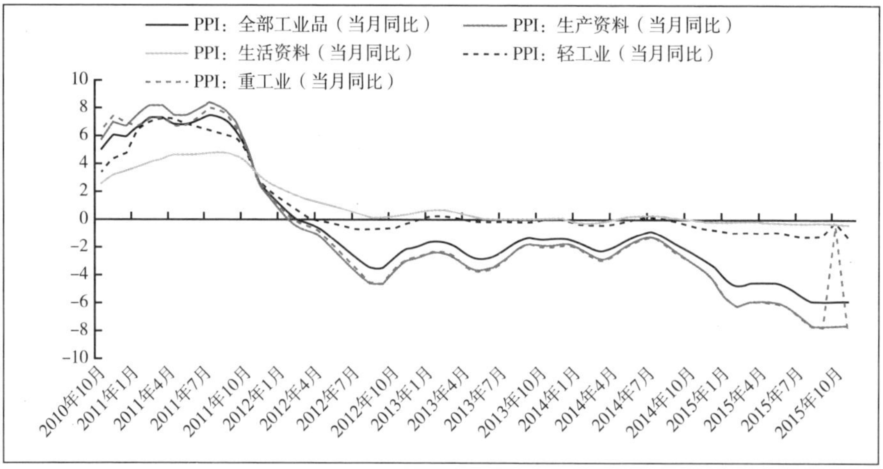

资料来源：Wind 资讯。

周期低谷、出栏量减少；另一方面，部分养殖户存在惜售现象。与此同时，受到天气等因素的影响，鲜菜价格也出现了上升。但到 11 月份，生猪存栏量增加，猪肉供应逐渐回升，生猪出场价格开始逐渐下降。在国际大宗商品价格低位震荡下行和国内经济较为疲弱的环境下，非食品价格缺乏上涨动力。整体来看，CPI 当前处于低通胀水平，为政策向偏松调节提供了有效空间。

2015 年以来，国内需求持续疲软加上国际大宗商品价格下跌，PPI 继续走低且跌幅进一步加深。其中，占 PPI 比重高达 76% 的生产资料下跌幅度较大，是整体 PPI 大幅下跌的主要原因，生活资料表现较为平稳。分轻重工业来看，重工业下降幅度大于轻工业。

（三）投资增速回落

2015 年前 11 个月固定资产投资 49.71 万亿元，同比累计增长 10.2%，随着经济回落，投资增速继续下滑（见图 7）。

图 7　我国固定资产投资累计同比走势

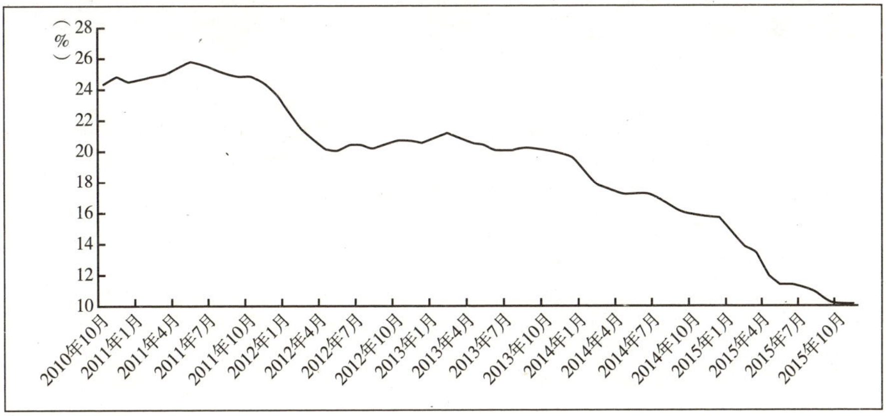

资料来源：Wind 资讯。

从制造业、房地产和基础设施建设投资来看，2015 年前 11 个月制造业投资增速 8.4%，较上半年下降 1.3 个百分点。目前产能过剩状况未有改善，未来制造业投资下行压力依然较大。分行业看，偏上游原材料的非金属矿、黑色金属、有色金属投资增速均下滑；偏中游加工组装的通用设备、专用设备、电器机械投资增速回升，而铁路船舶、航空航天、计算机通信电子投资增速仍在下滑；偏下游的汽车制造业投资增速继续走高。2015年前11个月地产投资同比增速1.3%，继续下降，仍是投资中的主要拖累。11月房地产销售面积同比增速由10月的5.5%回升至8.6%，主要是因为重点城市销售增速提高，以及2014年同期基数较低。目前房地产去库存压力仍大，导致新开工和土地购置面积增速跌幅持续扩大。2015年前11个月基建投资增速由10月的17.41%小幅回升至18.01%。基建投资增速反弹，一是因为2014年10月基数较高，而11月高基数效应褪去；二是投资资金加速到位令三大类基建投资增速均大幅走高（见图8）。

图8　我国固定资产投资（分行业）累计同比走势

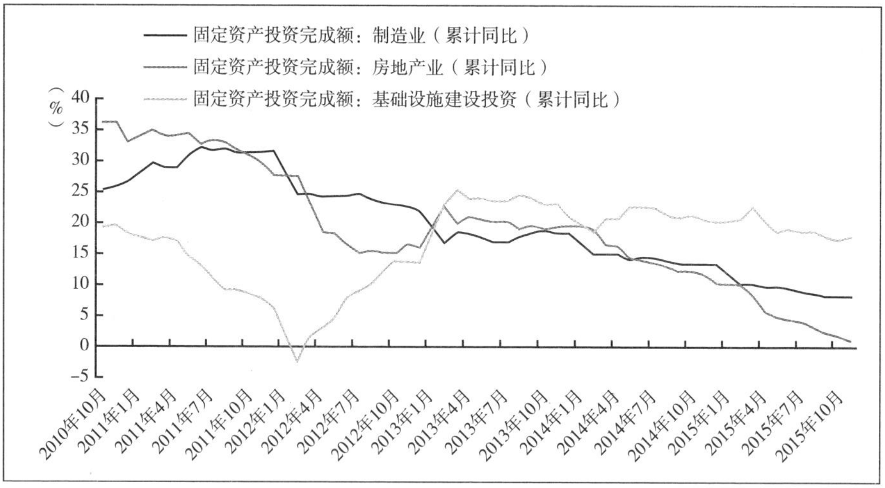

资料来源：Wind资讯。

（四）消费增速有所回升

受居民收入增长和物价上升等因素的影响，2015年消费有所回升。前11

个月社会消费品零售总额同比增长 10.6%，比上半年回升 0.2 个百分点（见图 9）。自 2015 年 5 月以来消费增速率先企稳回升，这反映了转型期消费需求和服务业对国民经济影响程度的提升。商品房销售持续回暖推动家电、家具等相关商品需求继续回升。汽车消费刺激增长也对消费增速继续回升做出较大贡献。总而言之，符合消费升级需求的商品销售形势向好，相关商品的制造业生产形势也向好。

图 9　我国社会消费品零售总额同比走势

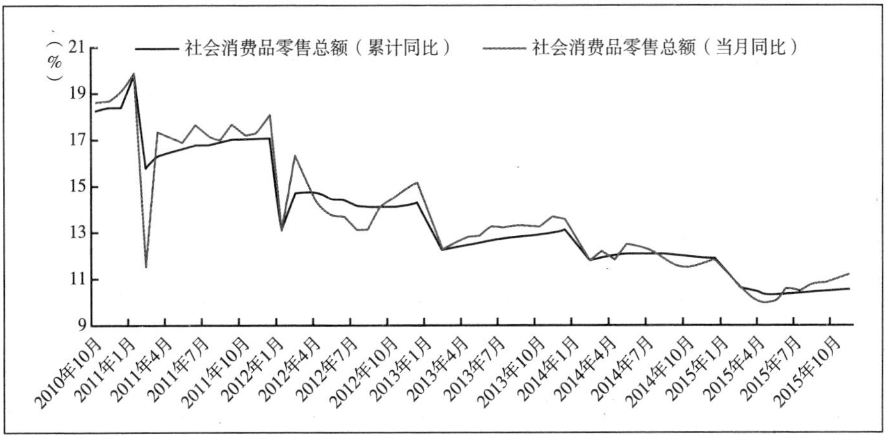

资料来源：Wind 资讯。

（五）外贸形势不容乐观

2015 年前 11 个月我国进出口总值 3.57 万亿美元，比 2014 年同期下降 8.5%，比上半年的降幅扩大了 1 个百分点。其中，出口下降 3%，比二季度降幅扩大 3.5 个百分点；进口下降 15.1%，比二季度降幅扩大 0.7 个百分点（见图 10）。

2015 年我国出口压力加大。一季度出口增长 4.8%，二季度下降 3%，三季下降 5.6%。进入四季度后，一方面全球主要经济体复苏基础仍不稳固，影响其消费品和工业品进口需求，另一方面，2014 年下半年较高的出

图10　我国外贸走势

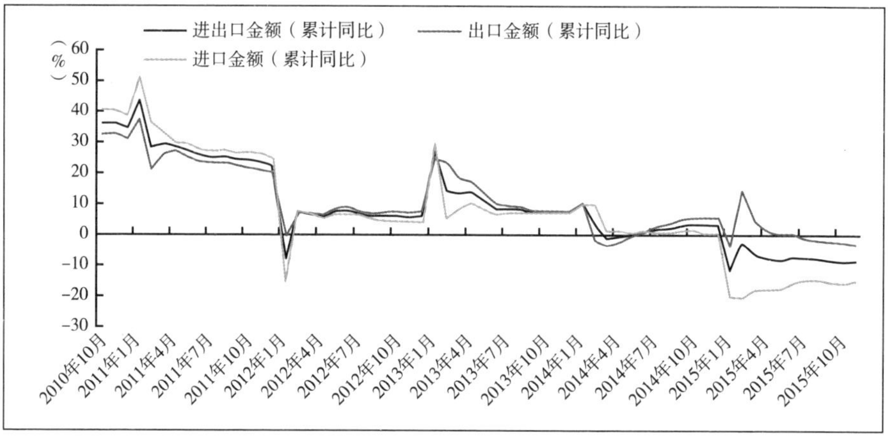

资料来源：Wind 资讯。

口基数也导致2015年出口难有较大起色。从贸易方式来看，2015年前11个月一般贸易进出口占外贸总值的比例上升到54.2%，比2014年同期上升了0.3个百分点，而加工贸易进出口占贸易总额比例下降到31.6%，比2014年同期回落了1个百分点。贸易方式的转变也显示我国加工制造出口正在面临转型压力，传统低端加工制造的成本优势正逐渐消失，未来改善出口的根本途径在于提高出口的产品附加值，增强中高端产品的竞争力。

（六）房地产复苏但基础不稳

在政策持续放松、信贷环境宽松等因素的作用下，2015年房地产市场进一步回暖，但区域差异比较大。进入下半年后，主要特点如下。首先，房地产销售由二季度的“量涨价稳”转为“量价齐升”。前11个月全国商品房销售面积同比增长7.4%，较上半年加快3.5个百分点。商品房销售额同比增长14.9%，涨幅较上半年提高4.9个百分点（见图11）。11月百城住宅价格指数同比上涨2.07%，在结束了此前连续10个月的下跌趋势后已经为第三个月为正。其次，区域差异较大，复苏步调不一致。一线城市房价已连续9个月上涨，且涨幅较大；二线城市房价连续4个月上涨后于9月转负，之后又于11月转正；三线城市房价增速11月由正转负。最后，房地产企业融资环境有所改善，前11个月房地产开发投资资金来源同比增长2.2%，增速比上半年提高2.1个百分点。融资环境的改善主要受益于个人按揭贷款增长较快。房地产企业开发贷款同比降幅依然持续扩大。

图11　我国房地产销售情况

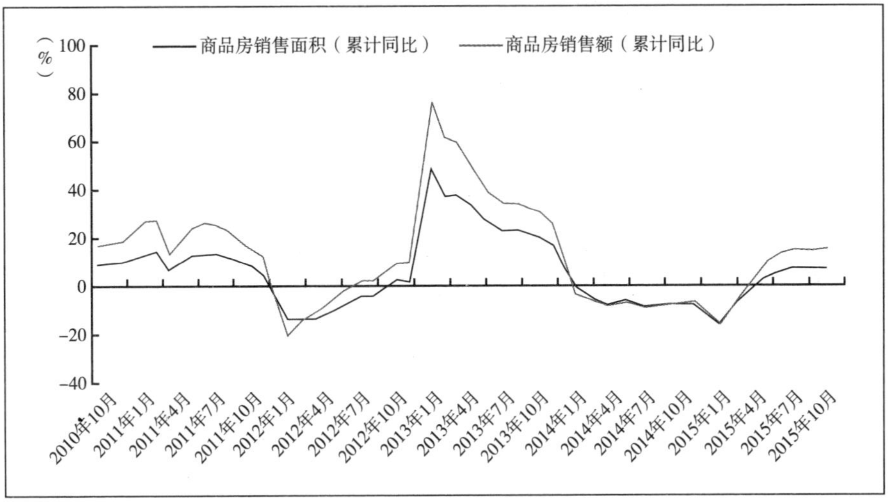

资料来源：Wind资讯。

值得注意的是，种种迹象显示，当前房地产市场复苏基础不稳，动能较弱。第一，房地产投资持续下滑。销售增长和价格上升尚未带动房地产投资的企稳。前11个月房地产投资增速为1.3%，相比上半年下滑3.3个百分点，投资增速已下滑至历史次低水平，仅高于2009年2月份水平。第二，房地产先行指标依然不容乐观。前11个月新开工面积同比下降14.7%，降幅比2014年同期扩大5.7个百分点。第三，金融市场波动加大了房地产市场复苏的不确定性。

（七）工业仍处于结构调整阶段

2015 年下半年工业增加值同比增速较上半年小幅下滑，前 11 个月工业增加值增速 6.1%，较上半年小幅下滑 0.2 个百分点（见图 12）。三季度发电量增速较二季度回落并由正转负，与工业增加值增速回落趋势相一致。

图 12　我国工业增加值走势

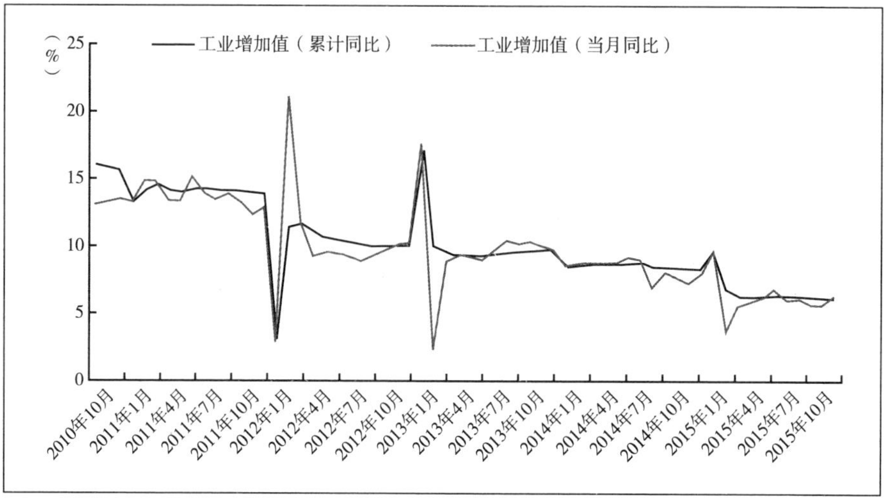

资料来源：Wind 资讯。

进入 2015 年下半年后，各行业增加值中，下游行业涨跌互现、中游行业涨多跌少、上游行业小幅回升。其中，下游食品、农副食品加工业及医药业增速回升，纺织、汽车业增速回落。中游加工组装行业中，通用设备、专用设备、电器机械和计算机通信电子业增速均回升，铁路船舶军工业继续下滑。中游原材料行业中，非金属矿、橡胶塑料、有色业增速回升，电力、化学原料及制品、钢铁业增速均下滑。上游采矿业增速小幅回升。

（八）货币政策环境趋松

2015 年下半年货币总体趋于宽松。11 月末 M2 同比增长 13.7%（见图 13）；当月人民币贷款增加 8873 亿，同比多增加 346 亿元，环比显著改善，同比减少 1089 亿元，低于历史均值水平 1000 亿元左右。从结构来看，表内、表外业务以及直接融资规模均有所改善，但社融环比改善主要源自表内融资中人民币信贷的增长，外币信贷受汇率影响，当月继续缩水但幅度有所减轻。

图 13　我国社会融资规模及货币供应量走势

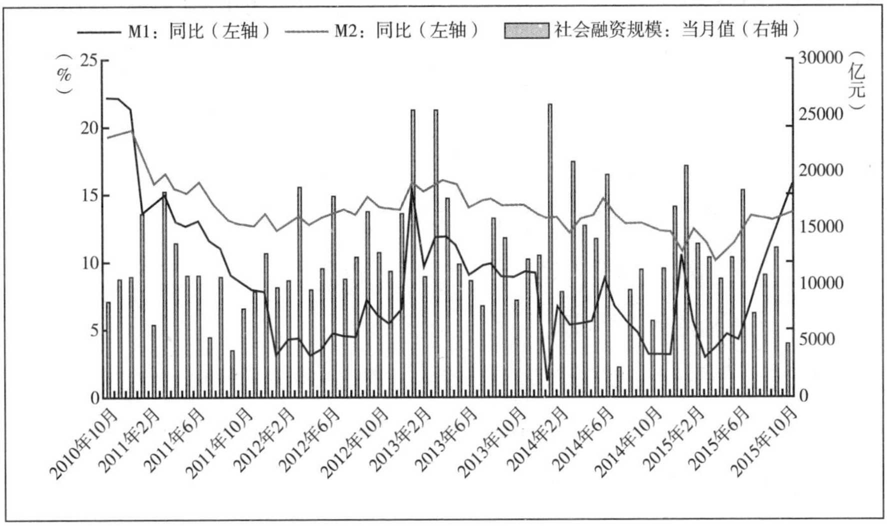

资料来源：Wind 资讯。

2015 下半年以来，央行采取多种货币政策工具，保持流动性整体充裕。8 月 25 日，央行宣布自 9 月 6 日起下调金融机构人民币存款准备金率 0.5 个百分点，以弥补外汇波动产生的流动性缺口；持续进行逆回购、国库现金定存等公开市场操作。8 月 27 日再次下调逆回购利率 0.15 个百分点至 2.35%，并配合 SLO、MLF 等新型货币政策工具，稳定市场宽松预期。10 月 24 日，央行再次下调金融机构人民币贷款和存款基准利率 0. 25 个百分点，下调金融机构人民币存款准备金率 0. 5 个百分点，体现了政府通过宽松的货币政策稳定增长的决心。

（九）财政政策持续加码

2015 年以来，财政收入进度持续慢于往年，2015 年前 11 个月累计全国一般公共预算收入仅达到全年预算收入目标的 90. 7%。在主要税种中，国内增值税和企业所得税收入同比减少，反映了工业企业不容乐观的经营状况。

在稳增长政策的要求下，财政支出进度比 2014 年同期加快。2015 年前 11 个月累计的财政赤字为 10288 亿元，而 2014 年同期财政尚盈余 3000 多亿元。

财政政策短期内对拉动内需将产生一定的作用，特别是对于持续回落的投资增长，积极的财政政策将拉动基础设施建设，从而达到稳定投资的目的。针对长期增长动力不足的问题，财政政策在加大培育新的经济增长点的力度，包括加快推广新能源汽车、支持粮食适度规模经营、大力支持大众创业万众创新以及启动实施国家科技成果转化引导基金。如果未来经济下行压力进一步增大，可以预期积极财政政策将会进一步加码。

二、2016 年宏观经济形势展望

（一）影响2016年经济运行的国际因素分析

1. 全球经济增长小幅上升

国际货币基金组织（IMF）、世界银行（World Bank）、经济合作与发展组织（OECD）均预计 2016 年全球经济增长会比 2015 年有所加速。以 IMF 的最新预测为例，全球经济增速将由 2015 年的 3.1% 上升至 2016 年的 3.6%。其中，新兴市场和发展中经济体的预期经济增速将触底反弹，由 2015 年的 4.0% 上升至 2016 年的 4.5%；发达经济体的预期经济增速预计将由 2015 年的 2.0% 上升至 2016 年的 2.2%。

上述国际组织认为，美国、欧元区和日本等发达经济体已经逐渐走出了危机的阴影，总产出增速提高，失业率下降。从美国来看，劳动力市场新增就业稳定，失业率由 2015 年 1 月的 5.7% 下降至 10 月的 5.0%，接近充分就业水平，且工资增速也呈加快趋势。新建住房销量与开工量稳中有升，房地产价格持续上扬。劳动力市场和房地产市场的复苏构成了消费和投资增长的主要动力。过去一年以来，国际原油价格与大宗商品价格的持续下跌刺激了投资与消费。根据 IMF 的预测，美国的经济增速将由 2015 年的 2.6% 上升至 2016 年的 2.8%。

欧元区制造业和服务业 PMI 均呈现上升趋势，2015 年 10 月上述指标分别达到 52.3 与 54.1 的短期高位，制造业产能利用率也实现连续三年上升，展现出一定的经济复苏动力。劳动力市场正逐步回暖，失业率由 2013 年初的 12.0% 下降至 2015 年三季度的 10.9%。分区域来看，意大利、法国和西班牙经济增长略微超过预期；德国的经济增长相对稳定。根据 IMF 的预测，欧元区的经济增速有望企稳，由 2015 年的 1.5% 小幅上升至 2016 年的 1.6%。

新兴市场经济体近年来增长的持续放缓反映了多方面因素，包括国际石油和大宗商品价格的持续下跌、外部金融条件收紧、结构性瓶颈以及地缘政治因素等。未来的增长前景虽有许多不确定性，但 2016 年复苏是大概率事件。主要是因为 2015 年部分面临经济困境的新兴市场经济体的经济增速已处于多年来的低位。2016 年大宗商品价格趋稳和全球经济回升所带来的溢出效应有助于新兴市场经济体的复苏。

值得注意的是，2016 年全球经济并不会一帆风顺。2015 年 12 月美联储在金融危机后首次加息，预计其在2016年将延续加息进程。目前市场虽然对2016年美联储加息空间存在分歧，但基本上均预期其将加息两次以上。在美国进入加息周期的背景下，美元仍具备维持强势的条件，一些新兴市场经济体还可能继续面临资本外流、汇率贬值和金融条件收紧等压力。受此影响国际金融市场存在大幅波动的可能性。

其他影响世界经济复苏的风险因素还包括：汇率贬值对新兴经济体复苏的推动作用似乎正在减弱，全球贸易增长低于预期的态势有可能延续，地缘政治风险上升、恐怖主义活动加剧和欧洲难民问题恶化等都可能为全球经济带来新的不确定性。

2. 美联储加息

2015年12月16日，美联储宣布将联邦基金目标利率提高25个基点，结束了长达7年之久的超低利率，进入加息周期。

首先是对美元的影响，从之前的经验来看，美联储首次加息前一季度美元指数会较为强势，表明美联储提前释放的加息信号会使投资者看多美元，随着加息临近投资者则变得较为谨慎，加息后预期兑现，回调的可能性较大。虽然美元走势与美联储政策利率之间并没有固定的模式，但历史上也曾有几轮美联储加息伴随着美元牛市，因为加息周期往往伴随着经济改善。目前，美国经济的复苏虽然难以与历史情况媲美，但从短期美国与欧洲、日本、中国的经济走势和货币政策方向明显分化，长期欧洲和日本仍将受制于人口结构的老龄化与政府债务问题的角度来看，美元长期仍将保持强势。

其次是对大宗商品的影响，在前几轮美联储加息中大宗商品的价格在加息后都有所上升，但历史上铜、铁矿石等工业大宗商品的牛市往往是伴随着重要国家工业化崛起的步伐，特别是像近几十年来“中国制造”所主导的情形。然而目前世界经济仍处于低迷中，总需求疲弱，而中国经济进入“新常态”，正处于转型之中，未来服务业等第三产业的驱动力将增强，难以再对工业品价格形成支撑。在此背景下，美国经济回暖所产生的对大宗商品价格的带动作用可能会被削弱。

最后是对新兴经济体的影响，基于美国金融市场和美元的特殊地位，美联储加息影响了大宗商品价格、新兴市场国家与美国的利差和汇率，这些影响将传导至贸易和跨境资本流动，从而使新兴市场的国际收支状况恶化以及偿还外债的压力激增，并在一定程度上挟持了其货币政策。从经济增长的角度来看，其对美联储加息的影响看似间接，但一个经济较有活力的国家所带来的资本回报率可能将更高，美联储加息时，货币贬值、资本流出的压力也将更小，反之亦然。从汇率制度来看，对于采用管理浮动或自由浮动汇率的国家，政策上并没有强制盯住美元的承诺，因此也不会因被迫升值造成巨大打击。但也仍然包含一种特殊情形，比如人民币前期虽然采用管理浮动制度，但软盯住美元则给维持汇率带来一定压力。2015 年 8 月 11 日，中国的人民币汇率中间价报价机制改革，形同放弃了盯住美元、转为参考一揽子货币定价，所以在美元强势的背景下，人民币在 2016 年贬值是大概率事件。

3. 全球贸易格局重塑

目前经济全球化的趋势仍在延续，全球供应链也在不断重构和发展。全球政治格局正在由“一极独大”或“一极多元”向“世界多极化”或“多元共存”的方向发展，以“金砖五国”为代表的新兴经济体总体在崛起，我国已稳居世界第二经济大国地位，对国际经济政治的影响力逐步提高。“一带一路”发展战略的提出，标志着我们将以大国的姿态、大国的思维和大国的战略活跃在国际政治和经济舞台上。目前大国间多边协作、中小国家间抱团发展、区域集团化的发展趋势，也为我国以多种形式参与国际治理带来了新机遇。

与此同时，在需求不足的背景下，“贸易保护主义”也再次抬头，针对我国产品的反倾销调查增多。2015 年前三季度，共有 15 个国家（地区）对华启动 55 起反倾销和反补贴调查，数量居高不下。美国等发达国家推进“再工业化”，对我国制造业形成正面竞争。除此之外，美国进入加息周期，美元进入升值通道，导致国际资本市场、汇率市场和大宗商品市场出现动荡，我国面临热钱流出压力。从政治来看，我国的国际地位提升后，一些国家对我国的戒心增加，美国重返亚太，推出《跨太平洋伙伴关系协议》（TPP），周边国家与中国的摩擦不断增加，对我国经济的发展带来了挑战。

4. 地缘政治

由于经济的衰退，整个世界都开始流行对政治制度的怀疑和不满，在此状态下，各国政府为安抚民意，在对外关系上将更多展示强硬态度。在此背景下，地缘政治风险提升，例如2014年初的乌克兰危机，利比亚的政治动荡，以及ISIS武装频繁的恐怖袭击。2016年英国可能讨论公投退欧，同年11月美国总统大选，各国合作的难度加大，政治动荡可能更为频繁，为全球经济带来不确定性。

（二）2016年我国经济运行展望及对投资的影响

1. 2016年我国经济趋近拐点

2016年我国经济继续下行的压力仍然存在。我国经济仍将处于由之前的高速增长向中高速增长的换挡阶段，经济增速的变化主要来自经济增长方式和经济增长动力的根本性变化。传统增长动力的减弱将给整体经济带来下行压力。我们预测2016年中国GDP增长率为6.7%。

从结构来看，投资需求不足是经济下行的最大主导因素。但同时，2016年经济下行空间较为有限，经济增速换挡可能逼近拐点。

首先，融资需求恢复。在央行连续降息以及向商业银行直接释放流动性的背景下，加权贷款平均利率从2014年的6.77%下降至2015年三季度的5.7%。这一趋势将大有可能在2016年延续。从历史的经验来看，融资需求的恢复往往滞后于实际融资成本的下降。根据中央经济工作会议，稳健的货币政策要灵活适度，为结构性改革营造适宜的货币金融环境，降低融资成本，保持流动性合理充裕和社会融资总量适度增长，扩大直接投资比重，优化信贷结构。预计 2016 年社会融资需求将逐步恢复企稳，这将缓解投资的资金紧张问题。

其次，补短板。我国有许多领域仍有较大的发展潜力。长期以来，我国第二产业，特别是工业，在 GDP 中占主导地位，目前全球正出现以工业互联网、智能制造为代表的新一轮工业革命（工业 4.0），这将给中国经济乃至全球经济带来深刻的影响。工业 4.0 是由大规模批量生产向大规模定制生产转变，由集中生产向网络化异地协同生产转变，由传统制造企业向跨界融合企业转变，将会加速促进生产效率的提升，也是中国制造业转型升级的重要机遇。除此之外，我国目前第三产业比重较低。如 2010 ~ 2014 年我国第三产业占 GDP 的比重仅为 45.8% 左右。目前发达国家第三产业占 GDP 的比重约为 70%，很多发展中国家，如印度 2011 年第三产业的比重为 57% 左右。我国第三产业的比重不仅远远低于发达国家，而且低于很多发展中国家，具有较大的发展空间。

最后，消费需求平稳。我国收入增速一直稳定保持在 8% 以上，近年来超过 GDP 增速水平。我国经济发展将由主要依靠投资驱动和较多依靠出口驱动，转向主要依靠消费同时“三驾马车”全面驱动。2015 年前三季度我国最终消费对 GDP 增长贡献率达 58.4%，消费成为经济增长的主要驱动力。预计 2016 年及以后，最终消费的贡献率将进一步上升，逐步提高到 70% 左右。

2016 年我国经济的风险主要集中在以下两个方面。

第一，产能过剩与有效需求不足。中国经济的产能过剩和有效需求不足问题植根于全球经济过剩的大背景。20 世纪 90 年代末期，中国经济就经历了一轮产能过剩问题。但加入 WTO 之后，中国经济中这些过剩产能找到了全球需求的巨大市场。2008 年全球金融危机之后，国际需求的负向冲击让中国经济再次面临严重的产能过剩问题。产能过剩是相对的过剩，即供给相对于需求而言过剩，或需求相对于供给而言不足。产能过剩问题导致了价格下跌和企业的利润下降，持续的产能过剩必将以企业破产清算告终，这将带来失业和经济下行。产能过剩的解决需要靠“开源节流”。一方面，需要为过剩的产能寻找新的需求，这也是促进消费和“一带一路”等政策的初衷。但需要认识到，这些新的需求必须是由真实收入支撑的需求，而非货币信贷造成的需求。另一方面，需要通过兼并重组优化产业结构，淘汰落后产能，形成更有效率的产能，让产业结构和需求结构更好地匹配。

第二，杠杆率过高与潜在系统性风险过大。在中国经济的发展中，金融体系发挥着重要的作用，稳定且良好运行的金融系统是支撑宏观经济有效运转的基础。但是当前，我国经济存在着杠杆率过高的问题。据估算，截至2014年，中国政府部门债务规模高达36.8万亿元，占GDP比重为57.8%；居民部门负债23.2万亿元，占GDP比重为36.4%；非金融企业债务总额94.93万亿元，占GDP比重为149.1%，剔除地方政府融资平台债务的非金融企业债务总额为78.33万亿元，占GDP比重为123.1%。过高的杠杆率在经济增速放缓的时期，更容易引发金融体系的系统性风险。

2. 2016年经济走势对投资可能产生的影响

经济下行背景下企业盈利变差，2015年1～11月全国规模以上工业企业实现利润总额55386.8亿元，同比下降1.9%，这一趋势可能会在2016年延续。企业盈利能力下降主要体现在以下几个方面。首先，经济增速下滑以及需求低迷压缩周期性行业利润。2015年经济增速出现下滑，内外需疲弱，工业价格持续负增长，反映国内需求总体比较疲软，给企业经营带来压力，特别是对钢铁、工程建筑与建材等周期性行业的影响更为明显。其次，产能结构性过剩与需求疲弱导致PPI连续下滑，2015年我国产能结构性过剩状况并未出现实质性改善，受此影响，企业产成品固定资产折旧居高不下，影响了企业盈利增长，产能过剩同时带来的还有企业产成品存货增加，存货资金占用成本和存货跌价损失，也成为企业利润下降的重要原因之一。最后，在新常态背景下以往快速扩张的盈利模式难以为继。在旧盈利模式中，企业利润的快速增长较少来自技术进步与品质提升，较多来自高负债所支撑的高投资增长与市场扩张，而这一模式的必要条件是企业的资产收益率高于资金成本。在经济新常态下，受宏观经济增速放缓、产能结构性过剩与规模以上工业企业平均资产负债率上升的三重挤压，企业继续以负债方式快速扩张的空间已经不复存在。对于 2016 年，经济下行压力仍然存在，去产能任务艰巨，经济发展模式的转变仍在进行中，所以预计企业仍面临较大的经营压力。

利率下行背景下的“资产荒”。从需求端来看，央行自 2014 年以来的多次降准降息使得无风险利率持续走低，银行存款大规模搬家，大量资金在寻求更高收益的金融资产，需求端明显上升。2015 年下半年以来的股市去杠杆化也使得银行理财资金对股市等权益类资产的配置大幅下降，风险偏好也同时降低。而供给端，实体经济回报率下降是“资产荒”的根本原因。实体经济需求下降，房地产与地方基建等高利率的融资主体减少，投资回报率开始持续下行。“资产荒”并非只是个人投资者所面对的状况，也是银行、保险、基金等机构投资者面临的难题。这些都为 2016 年资产配置增加了难度。

（三）2016年投资机会分析

2016 年的投资机会主要体现在三条主线上：自主创新、产业升级和消费升级。

自主创新方面，在中国经济步入投资、消费、出口“三驾马车”无法继续拉动经济飞速增长的“新常态”下，创新的思维才是科技进步、摆脱高污染低效率的粗犷式发展的基础所在。创新是本届政府极力倡导的，无论是技术创新，还是模式创新，在国家政策的不断鼓励下，将担负着未来经济增长引擎核心动力的使命，也蕴含着丰富的投资机会。

产业升级方面，随着中国经济发展进入新阶段，过去那些低端的、低附加值的、产能过剩的、部分劳动和资源密集型的产业面临淘汰，未来要大力发展高附加值的、知识和技术密集型的、绿色低碳循环的、符合消费结构升级方向的产业。为了优化产业结构，国务院相继出台《中国制造2025》《关于积极推进“互联网+”行动的指导意见》两个纲领性文件，为产业升级提供了丰富的投资机会。

消费升级方面，2015 年 11 月份，国务院连续出台两个关于新消费和消费升级的指导意见，未来消费将成为经济增长的主要驱动力。目前中国人均 GDP 已经接近 8000 美元。根据国外经验，在人均 GDP 突破 5000 美元时，消费结构和消费模式都会向文化、娱乐、体育、健康等新兴消费领域转变，未来消费升级将蕴含丰富的投资机会。

（四）2016年投资增长预测

为了更好地预测 2016 年的投资增长，本报告建立了多元回归模型，数据包括 1985～2014 年 30 年间的 8 个指标，分别为：“全社会固定资产投资完成额名义同比”（Y）、“GDP 同比”（$X1$）、“全部工业增加值同比”（$X2$）、“PPI 同比”（$X3$）、“城镇居民家庭人均可支配收入名义同比”（$X4$）、“全国公共财政支出同比”（$X5$）、“研究与试验发展（R&D）经费支出相当于国内生产总值比例”（$X6$）、“实际利用外资额：外商直接投资”（$X7$）。我们的目标是将“全社会固定资产投资完成额名义同比”当作因变量 Y，将其他变量作为自变量 X，建立多元回归模型。

由于 7 个因变量之间存在严重的多重共线性，因此直接建立简单的多元线性回归模型导致的结果是大部分的系数都没有通过显著性检验。因而本报告采用变量选择的方法，从 7 个自变量 X 中选择对因变量 Y 有解释作用 3 个自变量，建立新的多元回归模型。这 3 个自变量分别为“GDP 同比”，“研究与试验发展（R&D）经费支出相当于国内生产总值比例”及“实际利用外资额：外商直接投资”。根据我们对于 2016 年 GDP 增长率的预测、近年研究与试验发展（R&D）经费支出相当于国内生产总值比例增长趋势以及根据内外部经济形势预测的实际利用外资额代入模型得出 2016 年固定资产投资的增速约为 10%。

三、供给侧改革及其对投资的影响

目前我国仍面临较大的经济下行压力，而且这种压力不仅来自周期性的波动，更多的是结构性的危机。在这种背景下，供给侧的改革登上了舞台。

（一）供给侧改革背景

供给和需求是经济学中矛盾统一的两个方面。需求端刺激的失效和我国传统经济驱动力的衰减是供给侧改革的主要背景。

1. 需求端刺激的失效

需求端刺激的失效表现为全球量化宽松刺激的失效，货币泛滥遭遇流动性陷阱。

为了应对 2008 年全球金融危机引发的经济衰退，主要经济体央行的决策者们已经将“量化宽松”工具发挥到了极致，前所未有的大量货币被投放到市场，但时至今日，全球经济依然疲弱。

美国推行了四轮 QE，虽然支撑了金融市场的复苏、以资产价格为核心的社会信用修复以及低参与率的就业率反弹，却无法实现实体经济的完全复苏，再工业化的成效也并不明显。量化宽松使过去七年间美联储资产负债务达到了危机前的 5 倍，政府债务上限不断上调，达到了前所未有的 18.1 万亿，金融泡沫的隐患未除，财政问题屡屡出现，实体产业的复苏还在路上。

欧元区于2015年初宣布实施万亿规模的QE计划，但是直到年底除德国之外的欧盟国家仍被萧条笼罩，福利削减后的社会问题与经济问题重叠，可能将使欧盟仍笼罩在阴霾之中。欧洲以QE保全了欧盟的完整，但面对成员国财政修复的缓慢进程，由持续QE的输血措施向各国造血功能恢复的转换之路遥遥无期。

日本为走出通缩已经宽松了20年，但数轮QE的数据显示，货币宽松带动了股市的上涨却并未引导实体经济走向新增长。与欧美不同的是，在此轮经济危机之前，日本经济已经在对抗衰退的路上走了十年，2008年经济危机进一步加重了这一趋势。2015年以来，由于原油价格的大幅下调，贸易逆差有所减少，单纯依靠货币刺激难以推动出口的持续增长。面对人口老龄化的日益加重、停滞的工资水平，日本国内支出能力的有效提升显然无法通过单纯的货币超发来解决。

中国政府2009年的“四万亿”，加上地方政府的配套资金，对冲了全球金融危机带来的巨大冲击，在短期内将国内经济重新拉入到较高的增速轨道，但同时也造成了诸多问题。产能过剩程度进一步提高，全社会杠杆率迅速攀升，以地产、大宗商品和农产品为代表的资产价格泡沫高企。在2011年三季度CPI达到顶峰、开始下滑之后，2012年3月PPI开始进入下降通道；截至2015年10月，PPI已经连续44个月下滑，工业企业销售利润率已经低于CPI与PPI之差，债务风险不断积累。

需求端刺激失效的原因在于本次衰退不仅是周期性的调整，更多的是结构性的危机。当经济处于中长周期的系统性结构调整之时，其所面临的根本问题是增长动力的转换，即TFP全要素增长率的提高，而通过创造有效需求以平抑短周期经济自然波动的凯恩斯主义就会失效。2008年金融危机后，由于全球需求见顶乃至收缩，扩大再生产的边际收益趋向于零，新技术突破仍需时日，科技创新放缓与无创新增长动力缺失正面临痛苦周期。

2. 我国传统经济驱动力的衰减

回顾改革开放后的三十多年，成就中国经济高速增长的几大驱动力都出现了不同程度的衰减。

首先是加入 WTO 之后的国际分工和外部红利正在消退。2001 年我国加入 WTO，市场经济制度改革和低成本要素迅速转化为比较优势，进出口快速增长，我国成为全球第一贸易大国。但是，长期以来发达国家消费新兴国家生产的单向传递链条存在严重的非闭环缺陷，为了维持消费，发达国家必须采取加杠杆透支的模式。2008 年全球金融危机后，发达国家杠杆消费模式被打破，全球需求陷入萎缩。同时，发达国家的再工业化政策对劳动密集型国家产生产出的挤出效应，进一步加重了需求不足和产能过剩。除此之外，金融危机之后全球经济进入再平衡阶段，以美国为首的发达国家开始启动再工业化进程，全球生产分工与产业转移基本进入停顿的阶段。

其次是改革进入深水区。十一届三中全会拉开了中国经济制度改革的大幕。计划经济向市场经济的转换，使市场在社会资源配置中的作用得到发挥，激发了市场主体的动力，提升了社会效率，产生了系统性的制度红利。目前改革进入深水区，改革所提供的效率动力也在逐步减弱。

再次是要素成本优势减弱。过去供给充裕且成本极低的劳动力、土地，以及由此吸引的国内外资本，加上较为丰富的资源存量和完整的工业门类体系，实现了生产效率的快速提升。但人口拐点之后劳动力供给萎缩，工资持续上涨；环境污染严重，治污成本迅速上升；房地产价格泡沫形成的超级地租，构成了居高不下的成本中枢；金融体系结构性缺陷导致的民营企业融资难、融资贵，都在不断加重要素成本负担。

最后是学习和模仿的后发优势衰减。在对外招商引资过程中，通过让渡国内市场换取国外先进的技术和管理模式，节约了基础理论研究的物质和时间成本，以及知识和技术产业化过程中的试错成本，能够通过模仿和学习较快地进行模仿式“山寨”作业，并在国内建立起进口替代型产业，在短时间内大大提高了全要素生产率。但经过几十年的学习和模仿，目前可供低成本学习和模仿的技术和知识已经寥寥无几，“拿来主义”红利消失。加上由于长期享用模仿和学习带来的后发优势，导致基础理论和研究投入不足，人力资本积累不足及创新能力不够强，短时间内无法引领新技术周期，后发优势很可能转化为后发劣势，导致全要素生产率增长缓慢。

（二）供给侧改革的实质

供给经济学，诞生于19世纪初的“萨依定律”，认为经济一般不会发生任何生产过剩的危机，更不可能出现就业不足，因为供给会创造自己的需求。只要市场是有效的，企业家是理性的，就不会创造“无效供给”（产能过剩）。供给经济学认为，有效供给（包括生产要素供给和制度供给）不足是中长期经济发展停滞的根本原因。人类社会作为一个适应环境变化的种群，其需求是无限的，经济发展离不开消费需求的动力推动；但没有有效供给的持续扩张作为支撑与保障，所谓的消费需求无法得到有效满足。因此，实现有效供给，是供给侧改革的实质。

从需求端管理到供给侧改革，必须处理好“新”和“旧”的关系，只有做到稳妥的切换与过渡，适度的此消彼长，才能实现改革的稳步推进。

新动力和旧产业之间的协调。新的增长还未成型，过度投入可能会形成新的泡沫。旧的产业现在依然是国民经济的主要支撑，就业、税收、国际比较优势等都是不得不考虑的因素。如何在确保成长速度、发展质量的同时，把控住扶持的力度、调整的进度，改革者是需要权衡的。

新产业和旧地租之间的取舍。上一轮经济发展中，房地产投资对增长的拉动功不可没。而本轮的结构调整、产业升级，必然会涉及国民经济中产业结构的调整。房地产价格上涨的背后是政府土地财政的收益快速增长，同时也带来了成本的快速增加。下一轮中国经济的发展，必须要从创新、创意、效率入手，成本需要更多地体现在知识产权的价值上。

新市场和旧激励之间的交接。对于政府来说，供给侧改革最关键的是扩支减税与简政放权，强调市场的自我创新和自我升级，推行“小政府”

和“大市场”。所以，未来的增长主要来自市场，来自“企业家精神”，来自市场主体的创造与发挥、资本自由的选择与竞争以及要素自由的配置与流动。但是从目前执政评价与政治激励来看，单纯的 GDP 考核制度强化了中国地方政府对经济发展高强度的控制欲，所以真正有效的转型要从新的行政考核机制开始。

新形态与旧监管之间的升级。供给侧改革的核心是让市场配置资源，而市场的深化、创新需要监管能力的提升和监管制度的完善作为配套，否则，市场在创新的过程中难免碰到制度的阻碍。若监管无法跟上，改革的系统性风险将难以避免。

新主体与旧利益之间的竞争。在能源、电信、电力、金融等核心产业领域，国有企业占据了绝对的市场份额和公共资源。由于国有企业具有天然的属性优势，在资源、政策、信用等方面对其他市场主体构成了挤出效应和不平等竞争。供给侧改革将带来新一轮市场主体的发育。新主体发育是依靠自身效率与旧格局竞争，加上国有企业的改革，从逻辑上来说，是对全体国民资产的一次再分配，国有资产的保值增值、国企改革的有效推进是这场改革的关键。

新分工与旧优势之间的转换。金融危机过后，在全球需求疲弱的背景下，我国要素成本上升、全球性的贸易保护主义盛行。随着中国在全球产业链上的地位攀升、美国再工业化战略的推进，全球化经济贸易、治理体系格局大调整已拉开序幕。以 WTO 为代表的全球化治理体系出现了区域化、集团化和破碎化趋势，为本轮供给侧改革带来了国际挑战。

（三）供给侧改革对投资带来的影响

2015 年底召开的中央经济工作会议强调了供给侧改革的重要性，其中提出的五大任务：去产能、去库存、去杠杆、降成本、补短板，将为企业的投资活动带来机遇和挑战。

机遇方面，在解决过剩产能的问题上，供给经济学主要是通过产能减量和结构调整，恢复企业盈利能力，实现转型再平衡；同时，通过降低企业的制度性交易成本（包括交易成本、各种税费、融资成本、社会保障成本等），激发企业创新能力，改变供给结构与提升供给质量并重，提高全要素生产率，为社会提供更多的有效供给。

供给侧改革的实质是从供给和生产端入手，解放和发展生产力，提高企业竞争力。通过对过剩产能的出清，培育新的增长点，推动行业企业间的兼并重组，提高资本回报率，引导资金回归实体。所以对于股权投资来说，供给侧结构性改革提供了大量兼并重组的投资机会。

供给侧改革的关键是降低企业的制度性交易成本，包括各种税费、融资成本、社会保障成本等，从而增强企业创新能力、提高供给质量与效率、改善供给结构，最终提高全要素生产率。所以对于投资来说，可以降低融资成本，扩大资金来源的渠道。

挑战方面，任何改革都不是一蹴而就的，需要付出成本和代价。首先，需削减产能规模过大，影响社会稳定。我国钢铁、煤炭、水泥、有色等重、化工产业产能已占全球产能5成左右，以全球需求计算，当前产能过剩比例过高，需削减产能幅度较大。以钢铁产业为例，2014年底，我国粗钢产量82269.8万吨，占全球粗钢总产量的49.5%，过剩产能高达1.3亿~1.5亿吨。如此大规模比例的产能削减，对国内就业、地方财政、社会稳定的影响较大，会给投资带来负面影响。

企业负债比例过高，对银行拖累较深。企业过高的负债比例（非金融企业123.1%的负债率，在全球主要经济体中比例最高），及对未来经济增长预期的转变，使企业部门强化“三去”措施（去库存、去产能和去杠杆），加剧了通货紧缩。这些导致企业经营压力变大，资产缩水甚至债务增加，推动企业部门和全社会负债率持续上升。进而银行业的不良资产率上升，易诱发系统性金融风险。

2015年中国投资发展回顾及2016年展望

高彦如
金融硕士，中国建投投资研究院研究员，主要研究方向为金融投资、跨境投资

投资提示

- 2015 年中国各投资市场差异较大：

  · 股票市场全年收益较好，市盈率创新高，年中大幅波动，风险加剧；
  · 债券市场走出史上最长牛市，利率下行，多类债券发行量井喷，违约风险加剧；
  · 商品市场价格持续走低，交易量进一步增长；
  · 外汇市场美元走强，人民币进入贬值通道，其他主要货币先弱后强；
  · 黄金价格受美联储加息影响震荡下跌；
  · 房地产市场投资低迷，销售回暖，房价发生结构性分化；
  · 私募股权投资市场募投继续增长，退出进入爆发期，同时风险增加，退出收益下降；
  · 公募基金受益股债双牛，规模收益均增长；
  · 信托资产规模季度环比首现负增长，整体收益继续下行；
  · 银行理财规模季度环比负增长，年内收益率逐步下行；
  · 阳光私募规模爆发式增长，收益两极分化；
  · P2P 平台增长放缓，成交额指数型增长，收益下行，风险增加，产品亟待规范；
  · “宝宝”类产品规模放缓，收益下降幅度较大。

- 2016 年，经济疲弱与无风险利率的不断下行导致大量资金寻求更高收益的金融资产，因此各类资产收益率都将面临下行压力，投资者将面临资产荒的配置难题。

一、2015 年中国主要投资市场发展回顾

（一）股票市场全年收益较好，市盈率创新高，年中大幅波动，风险加剧

2015 年中国股票市场惊心动魄，经历大幅波动。2015 年上半年，市场在多路资金，尤其是在场外配资的推动下急速冲高，上证综指从年初的 3350 点一路攀升，2015 年 6 月 15 日，上证综指达到 5178. 19 点的高位，创下 7 年来最高点。但年中的去杠杆措施让势头戛然而止，对场外配资的清理促成了市场的恐慌和之后的急速大跌。市场剧烈下调两个月，到 8 月 26 日达到最低点 2850. 70 点，最大跌幅达到 45%，创业板最大跌幅 56%。期间出现 16 次大面积跌停、4 次大面积涨停的局面，是 A 股历史上前所未有的大震荡，沪指全年振幅达 72%。之后在美元走强、人民币贬值、经济下行压力大等共同作用下，市场经历了一个月的震荡筑底，之后又开始连续反弹 4 个月。全年来看，截至 2015 年 12 月 31 日收盘，沪深 300 指数收于 3731. 01 点，较 2014 年底上涨 5. 58%（见图 1）；上证综指收于 3539. 18

图1　2015 年上证综指、沪深 300 指数、创业板指数走势情况

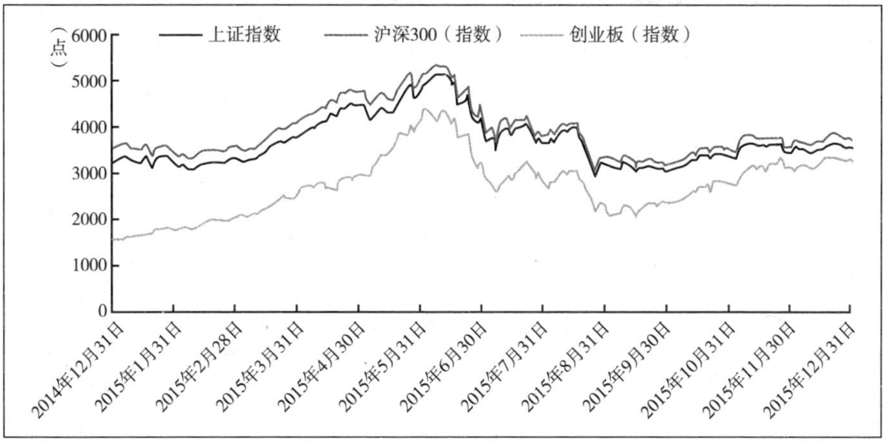

资料来源：Wind 资讯，建投研究院。

点，上涨9.41%；深证成指收于12664.89点，上涨8.6%。中小板指收于13492.71点，上涨75.28%，创业板指收于3265.20点，上涨106.61%（见图2）。

图2　2015年深证成指和中小板指数走势情况

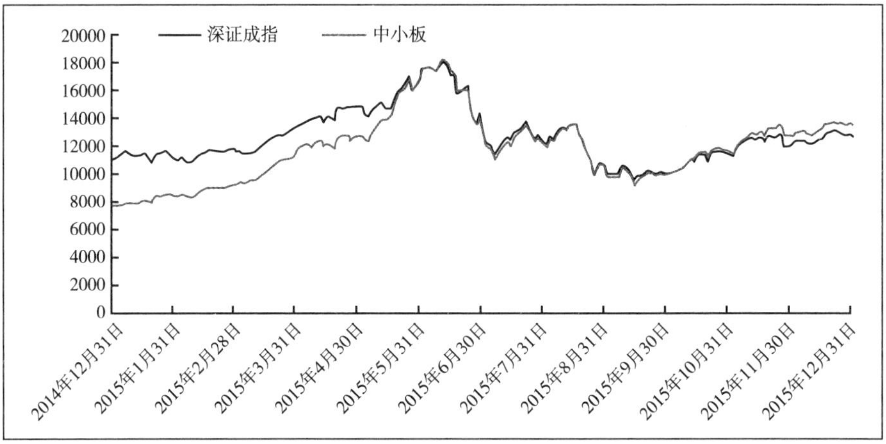

资料来源：Wind资讯，建投研究院。

从主题来看，2015年3月由“互联网+”、智能制造、国企改革、“一带一路”等概念引爆“改革牛”，点燃了上半年A股市场增长的预期，是后续“杠杆牛”的基础。而下半年市场疯狂过后，市场主题主要聚焦在新能源汽车方面。整体来看，各行业大多有较好的表现，证监会行业指数中仅金融业和采矿业下跌，分别下跌7.3%和6.4%。其中住宿餐饮以上涨135%居首，卫生社会、信息技术、水利环境、综合企业、租赁商务和教育也均有80%以上的涨幅，而建筑业和水电煤气上涨不到20%，涨幅落后（见图3）。

规模方面，2015年，上市公司总数达2827家，比2014年底的2613家增加214家。总市值达53.13万亿元，比2014年底的37.25万亿元增长42.63%。

募资方面，2015年，沪深两市共实际募集资金14039.82亿元，较上

图3　2015 年证监会行业指数涨跌幅

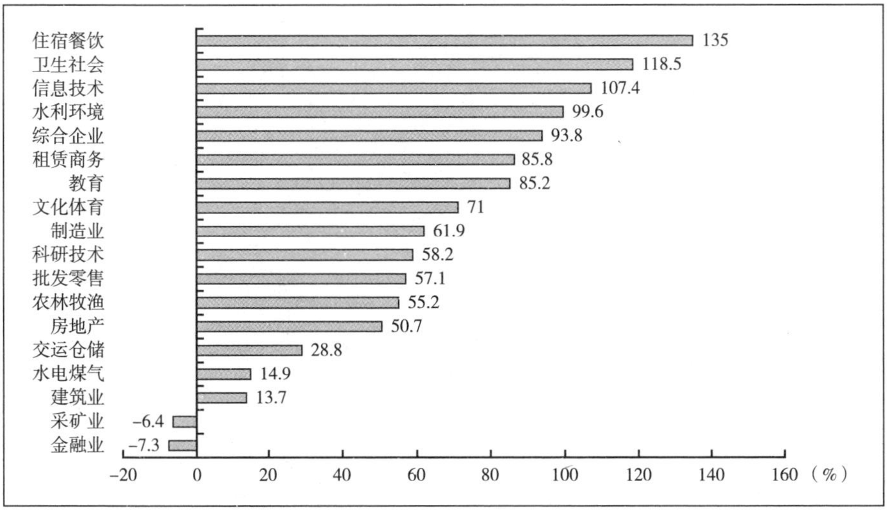

资料来源：Wind 资讯，建投研究院。

年同期增加 6321.72 亿元，增幅达到 81.91%，融资速度加快。募资金额的大幅增加主要是由于增发额大量增加以及上半年 IPO 增速较快所致。其中，增发项目 803 个，实际融资金额达到 12412.86 亿元，较 2014 年的 6911.24 亿元增长 79.60%；IPO 尽管中间停摆 4 个月，仍累计达到 224 家，2015 年全年 IPO 累计实际募资总额达到 1470.01 亿元，分别比 2014 年底增加 79.20% 和 119.77%，成为 2015 年募集资金规模扩大的重要驱动力；配股项目仅 5 个，比 2014 年大幅减少，但实际募集资金同比上升 13.75%，达 156.95 亿元（见图 4）。

伴随着二级市场从直冲云霄到跌入山谷再到企稳攀升，2015 年新股发行市场也是一波三折。上半年新股发行节奏不断加快，发行家数几乎逐月递增。在 6 月上证指数一度登顶 5178 点之际，新股发行家数已由 1 月份的 22 家激增至 6 月份的 48 家，月度募资总额更是增加了 5 倍多，达 640 亿元。然后 6 月中旬开始的系统性暴跌，促使证监会于 7 月 3 日急停 IPO4 个月，11 月伴随着新股发行新政征求意见稿重启 IPO（见图 5）。首发价格方

图4　2015年沪深两市募资情况分析

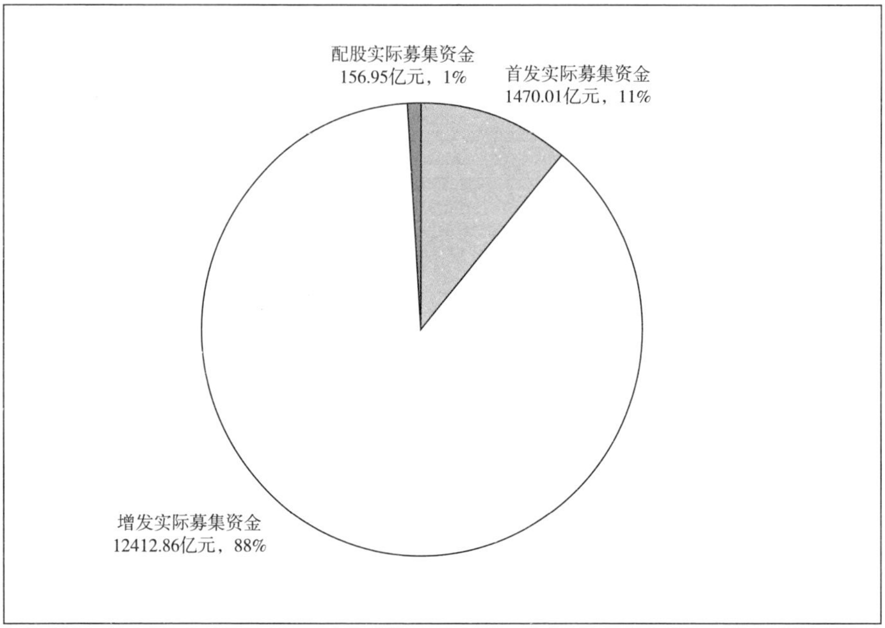

资料来源：Wind资讯，建投研究院。

图5　2015年新股发行情况及首发市盈率

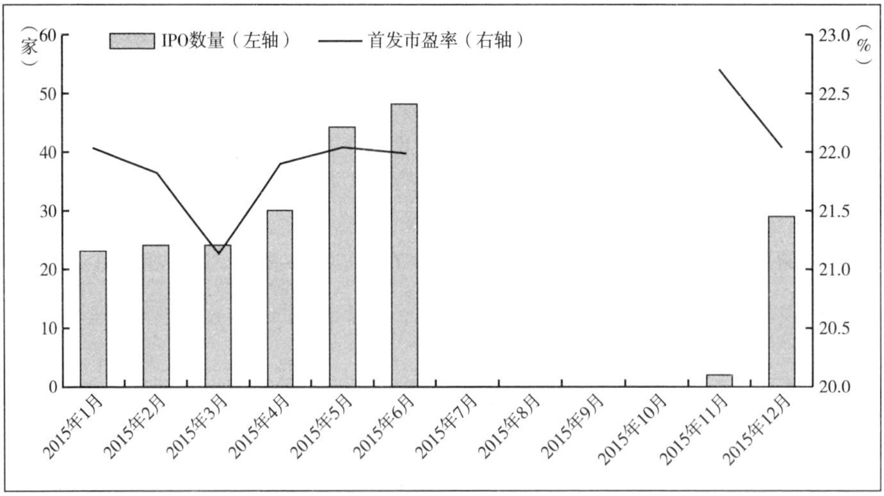

资料来源：Wind资讯，建投研究院。

面，2015 年新股发行市盈率均接近但低于 23 倍窗口监管指导，且均低于中证指数最近一个月行业静态市盈率。

从估值水平来看，2015 年末，A 股市场的市盈率水平明显提升。沪深 300、上证 A 股市盈率分别比 2014 年底提升 5.48% 和 16.07%，而创业板、中小板和深证 A 股则提升较多，全年涨幅达到 50.23%、51.89% 和 55.5%，尤其是创业板，在年中一度达到 150.8 倍市盈率，创下历史新高（见图 6）。

2015 年全球股市剧烈波动，涨幅主要集中在上半年，年中一度出现大幅回调，特别是在第三季度，主要股指几乎全军覆没，抛售潮过后，市场情绪在第四季度有所平复，主要股指逐步收复失地。纵观全年，以欧洲为代表的发达市场领跑全球，美国股市高位震荡，年内基本持平，而除中国 A 股外的大多数新兴市场表现不佳（见图 7）。

（二）债券市场走出史上最长牛市，利率下行，多类债券发行量井喷，违约风险加剧

2015 年我国经济总体运行平稳，但仍面临较大的下行压力，前三季度国内生产总值（GDP）同比增长 6.9%，自 2009 年以来首次跌破 7%，居民消费价格指数（CPI）同比上涨 1.4%，规模以上工业增加值同比增长 6.2%。我国政府继续维持积极的财政政策与稳健的货币政策，在保证市场流动性的同时控制货币信贷平稳增长，增加直接融资比例，降低社会融资成本，进而推动经济的平稳运行与经济增长结构的转型优化。作为直接融资的主要渠道之一，我国债券市场总体保持着稳步发展，走出了连续两年的史上最长牛市。

2015 年，我国债券市场共发行债券 16524 只，比 2014 年增加 9592 只，同比增加 138.37%，合计募集资金 23.14 万亿元，比 2014 年的 12.19 万亿元同比增长 89.83%。其中，由于 2015 年 3 月财政部推出了地

图6　2015 年 A 股市盈率比较

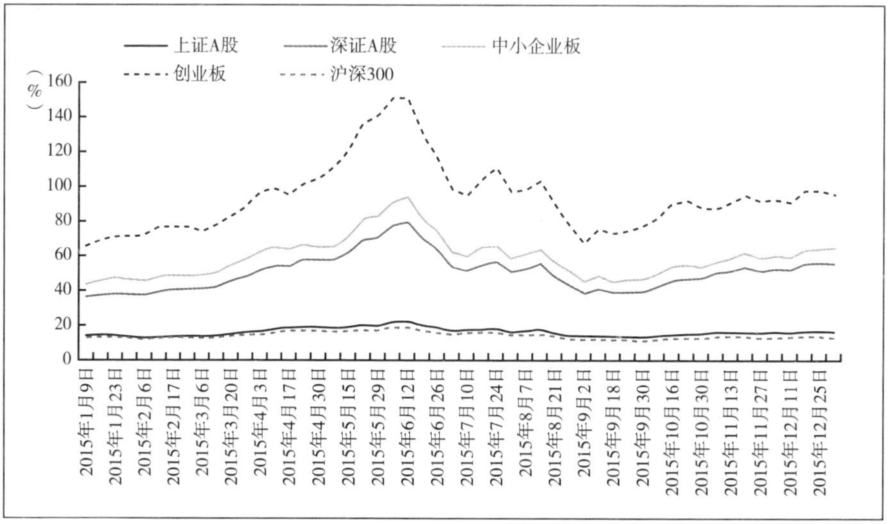

资料来源：Wind 资讯，建投研究院。

图7　全球主要股票指数涨跌幅

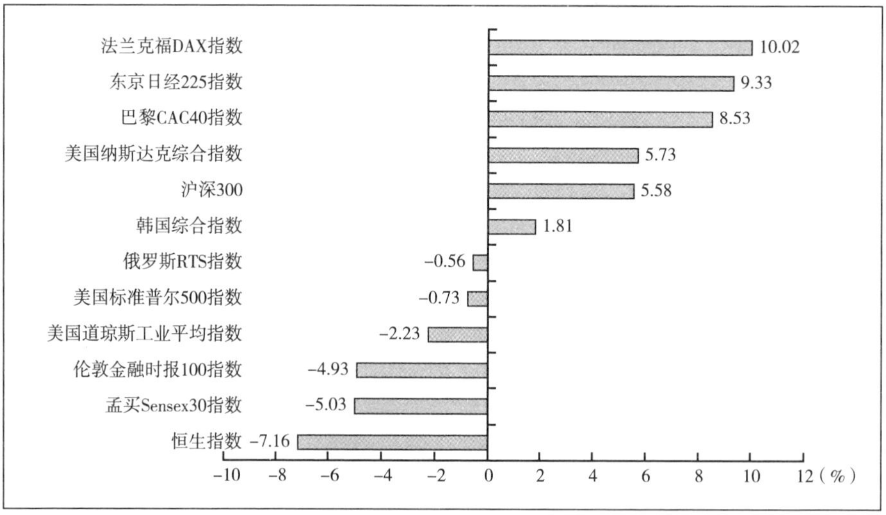

资料来源：Wind 资讯，建投研究院。

方政府债务置换计划，推起浩浩荡荡的地方债置换大潮，全年共发行 3. 84 万亿的地方债，地方政府债发行量大幅增长（见图 8、图 9）。2015 年 6 月

图8　2015 年各类债券发行数量统计

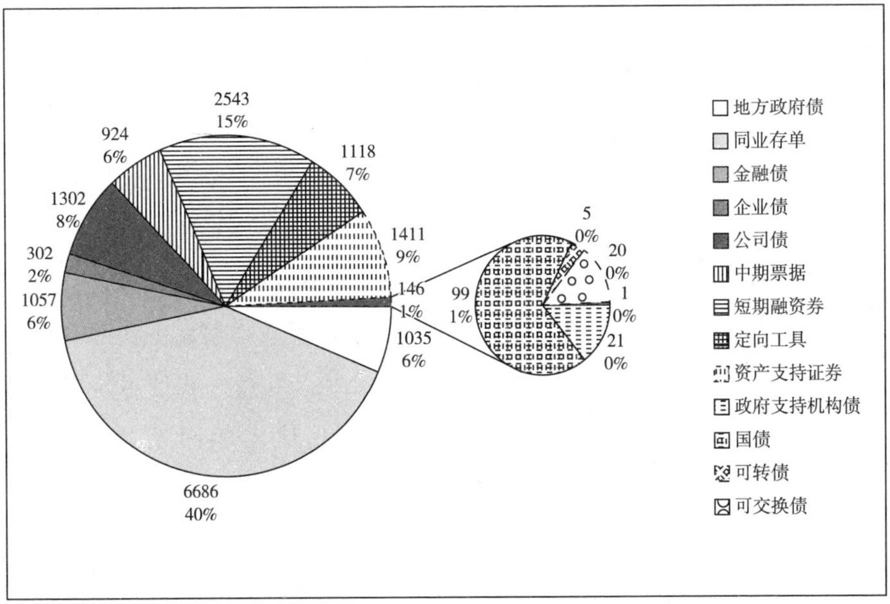

资料来源：Wind 资讯，建投研究院。

图9　2015 年各类债券募集资金统计

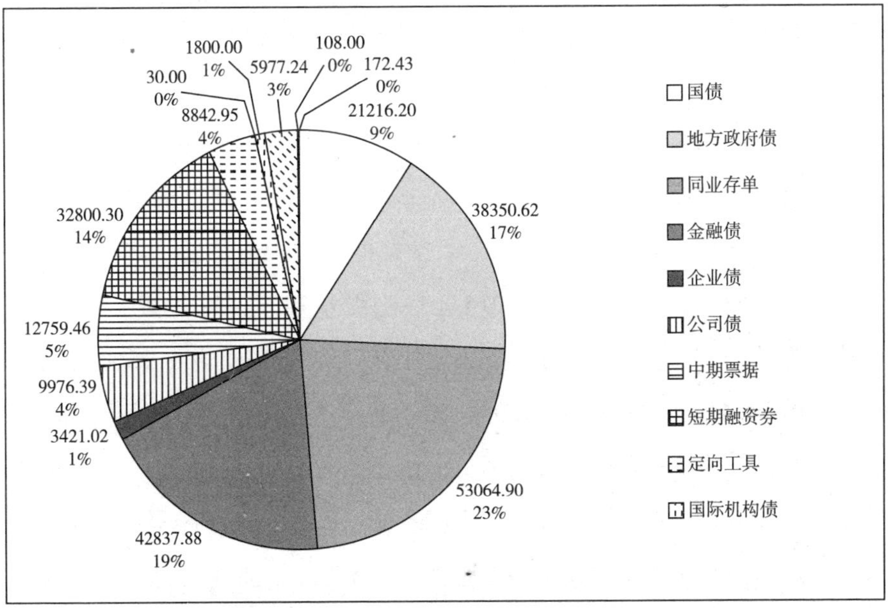

资料来源：Wind 资讯，建投研究院。

中国利率市场化又迎来了里程碑式的事件，央行正式推出大额存单产品，到2015年底，大额存单发行主体范围已扩大至243家，同业存单发行主体范围已扩大至643家。2015年，在经济加速去产能、去杠杆的背景下，债券市场信用事件发生频度增加，已发生信用风险事件25起，其中16起最终发生实质性违约。从私募债到公募债，从民企到国企，从利息违约到本金违约，涉及面有所扩大。行业方面，光伏风电以及钢铁煤炭有色等产能过剩行业成为重灾区。2015年公司债获得井喷式发展，自2015年1月修订《公司债券发行与交易管理办法》之后，伴随着宽松的货币环境以及延续的“资产荒”，公司债发行量一路飙升，全年共发行一般公司债和私募债1302只，发行总规模为9976.39亿元，相比上年同期的578只、1444.83亿元的规模，在发行数量上增加了一倍多，而金额上更是大增5.9倍，一举超过企业债成为企业非常重要的融资工具。城投债方面，经历了2014年天量发行后，“43号文”切割了融资平台的政府融资职能，而在2015年受经济下行压力影响，下半年又放松了城投企业的再融资限制，随后城投债发行规模明显增长，全年城投债累计共发行1574只，共15336.9亿元。另外，2015年资产证券化呈现井喷态势，全年发行5977.24亿元。

2015年，债券二级市场成交总额81.37万亿元，比2014年激增94.94%。自2014年债市走牛以来，中国债券二级市场的成交量也随之一路走高（见图10）。

从债券指数走势看，全年保持了良好的稳步上升态势，走出一波牛市。中证全债指数172.15，比2014年底上涨8.74%。利率债方面，中证国债指数上涨7.87%，信用债方面，中证信用指数上涨8.73%（见图11）。2015年经济数据疲软，央行多次降准降息，放松货币政策，利率不断下行，资金利率一直维持低位运行。由于实体经济风险较大，宽资金到宽信用传导受阻，大量资金淤积在金融系统，不断追高金融资产价格。资金大量进入债市，信用债收益率迅速被拉至低位。高收益低风险资产匮乏期，机构普遍提升杠杆率提高投资收益，流动性较好的利率债也颇受青睐，

图10 2015 年债券二级市场成交量统计

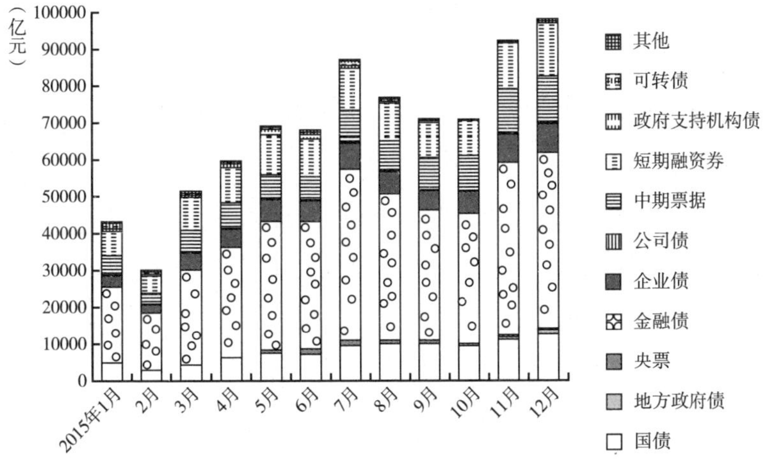

资料来源：Wind 资讯，建投研究院。

图11 2015 年中证债券指数走势对比

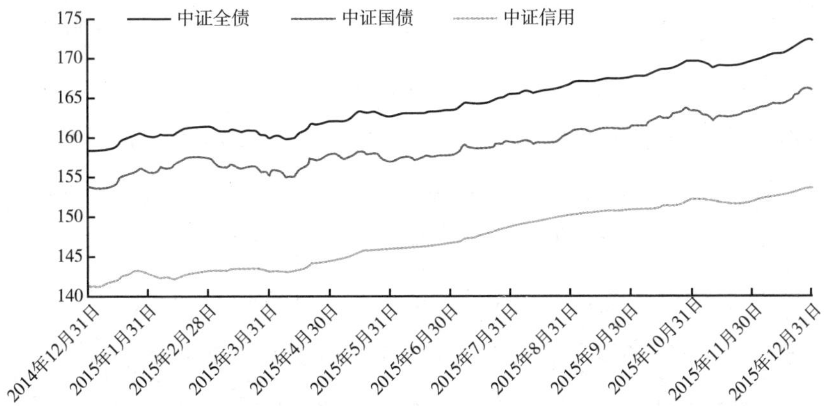

资料来源：Wind 资讯，建投研究院。

进一步导致利率下行。利率在 11 月上旬随着 IPO 重启和美联储加息预期升温而小幅反弹，不过多头很快将利率再度拉底。10 年期国债在 3% 的关键关口有所犹豫，经济数据的阶段性好转制约了利率再度下行空间。整体来看，在疲软基本面和充裕流动性的支撑下，2015 年利率债延续了 2014 年行情，走出了史上最长的一波牛市。

（三）商品市场价格持续走低，交易量进一步增长

2015 年大宗商品价格可谓“跌跌不休”，市场表现屡创历史新低，悲观情绪持续蔓延。国内外各商品指数走势都表征了寒冬的来临，投资者负面情绪加重，对大宗商品前景表示悲观。带动此轮下跌的因素主要有两个。一是螺纹钢、橡胶、焦炭等的跌势。由于钢铁产能严重过剩，钢厂债务杠杆居高不下，亏损较大，导致螺纹钢和焦煤延续着下跌态势，在经济下行压力不断加大的情况下，中国轮胎市场需求也持续低迷，橡胶需求不断走低。二是受原油供大于求、全球经济整体仍然低迷不振、美元指数进入上升周期、希腊债务危机等因素的影响，原油价格继续下跌，ICE - BRENT 原油 2015 年下跌 37.67%，原油价格暴跌导致成本支持坍塌，带动资源矿产以及化工品价格走低。

指数方面，2015 年中证商品期货指数从年初的 107.25 一路下跌至年末的 93.97，下跌幅度达 12.38%。2015 年中证工金指数下跌幅度最大，达 21.68%，中证能化指数其次，达 12.41%，中证贵金属指数下跌 8.34%，中证农产品指数抗跌性较好，下跌 5.58%（见图 12）。商品市场本轮下跌幅度之大历史少有，供大于求背景下中国需求进一步放缓和产能、库存的严重过剩，配合强势美元的打压，造成了 2015 年商品市场的熊市行情。

成交量方面，2015 年 1～11 月全国期货市场累计成交量为 32.41 亿手，累计成交额为 539.13 万亿元，同比分别增长 48.06% 和 130.13%（见图 13、图 14）。其中，上海期货交易所累计成交量为 9.21 亿手，累计成交额为 56.89 万亿元，同比分别增长 26.35% 和 0.89%，分别占全国市场的 28.42% 和 10.55%。郑州商品交易所累计成交量为 9.96 亿手，累计成交额为 28.79 万

亿元，同比分别增长 68.00% 和 38.95%，分别占全国市场的 30.73% 和 5.34%。大连商品交易所累计成交量为 9.85 亿手，累计成交额为 37.63 万亿元，同比分别增长 41.64% 和下降 1.64%，分别占全国市场的 30.39% 和 6.98%。中国金融期货交易所累计成交量为 3.39 亿手，累计成交额为 415.82 万亿元，同比分别增长 97.29% 和 249.69%，分别占全国市场的 10.46% 和 77.13%。

图 12　2015 年中证商品期货指数走势对比

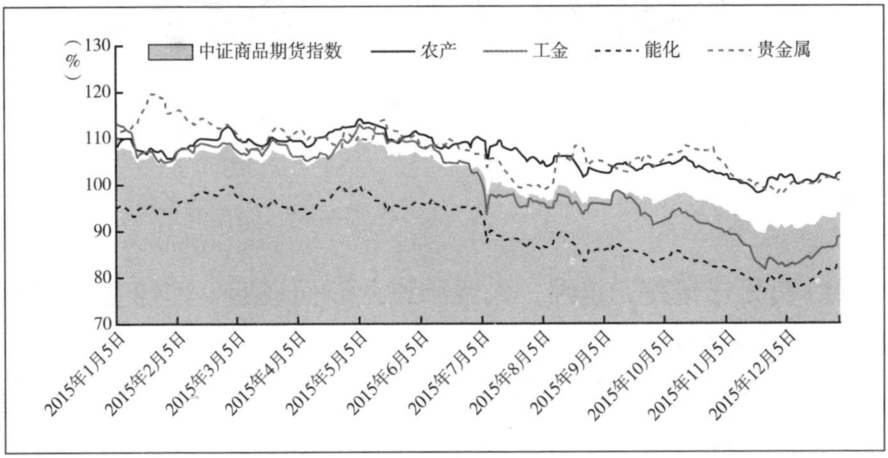

资料来源：Wind 资讯，建投研究院。

图 13　2015 年 1～11 月全国期货市场累计成交额同比增长

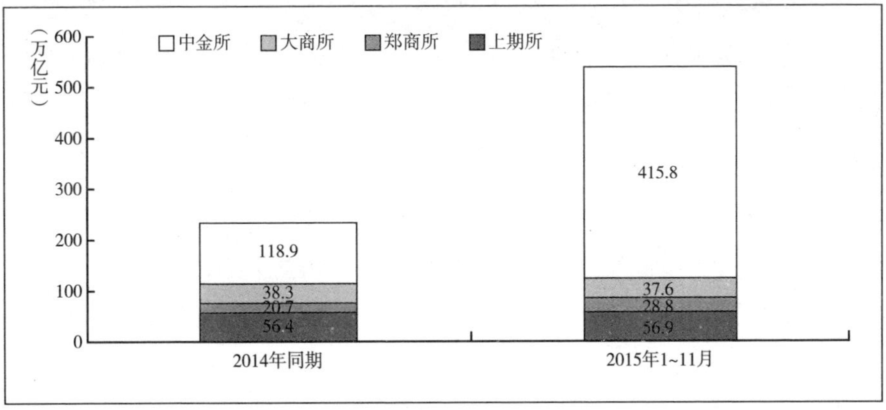

资料来源：中国期货业协会，建投研究院。

图 14 2015 年 1 ~11 月全国期货市场累计成交量同比增长

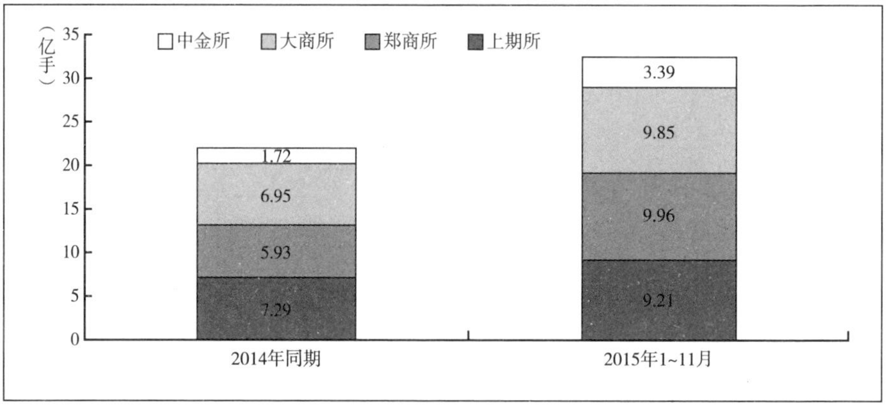

资料来源：中国期货业协会，建投研究院。

（四）外汇市场美元走强，人民币进入贬值通道，其他主要货币先弱后强

2015 年外汇市场主要由美元走强主导，人民币进入贬值通道，跟全球流动性趋势相同，其他主要货币也走出了前低后高的态势。2015 年我国外汇市场交易量增长较快，2015 年 1 ~ 11 月，外汇市场累计交易额达 98. 77 万亿人民币（见图 15）。

2015 年人民币指数①上涨 1. 29%，人民币实际指数上涨 0. 99%（见图 16）。也就是说，人民币相对全球主要货币汇率略有上升，如果投资一篮子全球主要货币，则 2015 年外汇整体收益略有下降。

1. 美元

2015 年，美元兑人民币中间价由 2014 年底的 6. 12 上涨为 2015 年底的 6. 49，上涨了 0. 37，涨幅为 6. 05%，即人民币兑美元贬值幅度达 6. 05%。

① 人民币指数选取美元、欧元、日元、港币、澳元、加元、英镑、俄罗斯卢布、林吉特、新加坡元 10 种货币作为样本，使用双边贸易额占比和 GDP 占比 1∶1 加权。

图 15　2015 年 1～11 月外汇市场交易额

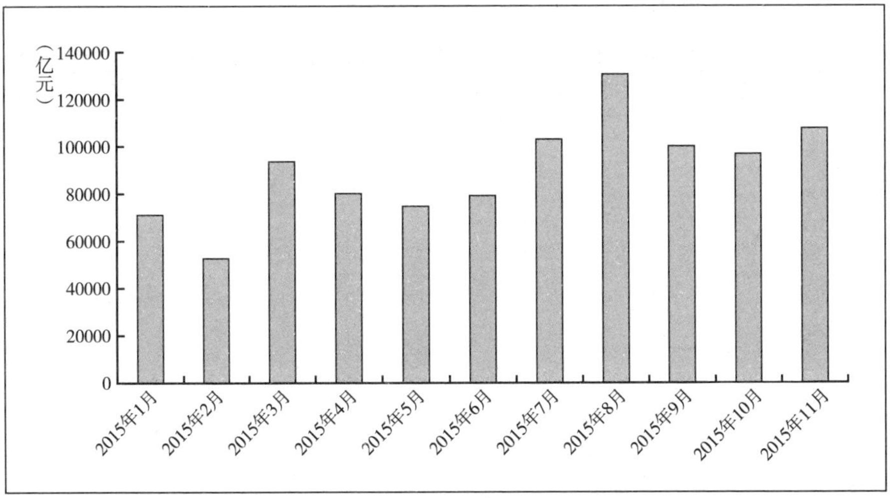

资料来源：Wind 资讯，建投研究院。

图 16　2015 年人民币指数与人民币实际指数走势

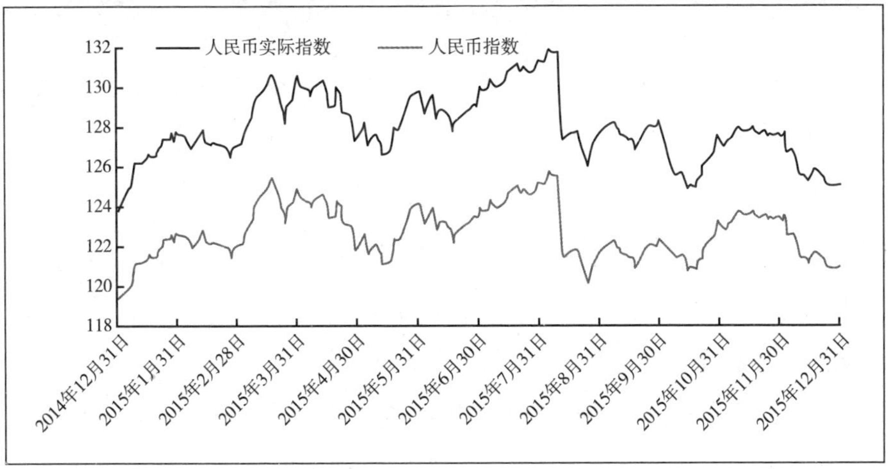

资料来源：Wind 资讯，建投研究院。

其中，最低中间价为 6.1079（5 月 18 日），最高中间价为 6.4895（12 月 30 日），波幅达 0.3816（见图 17）。

上半年，美元走势较为平稳。中国经济基本面相对平稳，人民币汇率保持稳定，而美国虽就业市场有所改善，但生产增长依然疲弱，这两方面因素使得上半年美元兑人民币总体呈下降态势，人民币兑美元缓慢升值。

图 17　2015 年美元兑人民币中间价

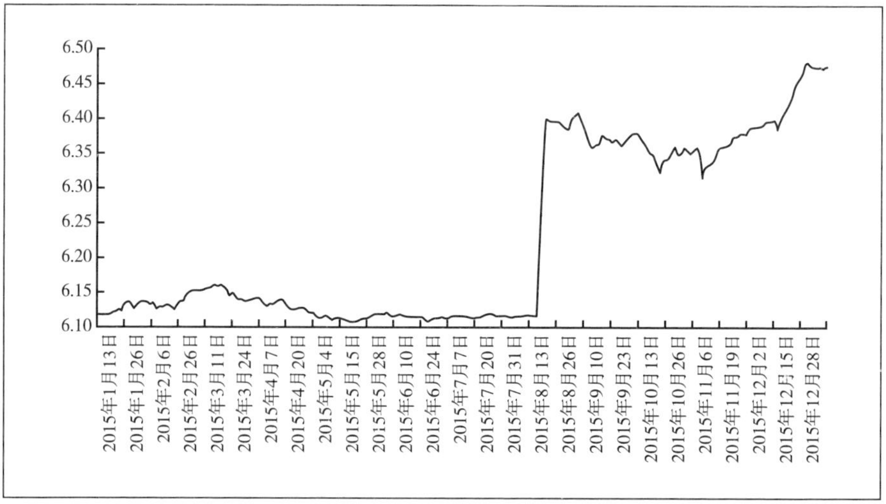

资料来源：Wind 资讯，建投研究院。

8 月 11 日，央行宣布完善人民币兑美元汇率中间价报价，人民币对美元汇率一次性贬值 2%，创下 1994 年汇改以来最大单日跌幅。之后人民币继续贬值，美元兑人民币从 8 月 10 日的 6.1162 连续三天贬值到 8 月 13 日的 6.4010，三天贬值 4.66%。不过人民币中间价新机制的实施，仅引发市场短暂波动。此后人民币兑美元汇率中间价止跌，再加上 9 月美联储加息预期加强，使得美元承压，一直保持在 6.40 元关口。

自 11 月初至年底，人民币汇率又经历了持续贬值。一方面是因为在 12 月加息预期渐浓的背景下，美元指数涨势强劲，11 月上涨幅度逾 3%，连续多次突破 100 大关。另一方面，汇率长期关键决定因素为经济基本面，经济基本面平稳的情况下看利差。中国宏观经济面临下行的压力，而中美之间利率的前景有分化，中美利差不断减小，国内人民币面临贬值压力。2015 年 12 月 11 日，中国外汇交易中心发布包括 13 种货币的 CFETS 人民币汇率指数，其中美元在一篮子货币中的权重仅为 26.4%，欧元占比为 21.4%，日元为 14.7%。而且，央行主动对冲人民币贬值的操作较少，可以看出，人民币贬值也是为了淡化美元加息带来汇价上升的影响，为人民币汇率一直以来的挂钩美元汇价脱钩做准备。

2. 欧元

2015 年，欧元兑人民币中间价由 2014 年底的 7.5358 下跌为 2015 年底的 7.1065，下跌幅度为 5.70%。其中，最低中间价为 6.5552（4 月 13 日），最高中间价为年初的 7.4759（1 月 2 日），波幅达 0.9207，整体走出了先下跌后波动上涨的趋势（见图 18）。

图 18　2015 年欧元兑人民币中间价

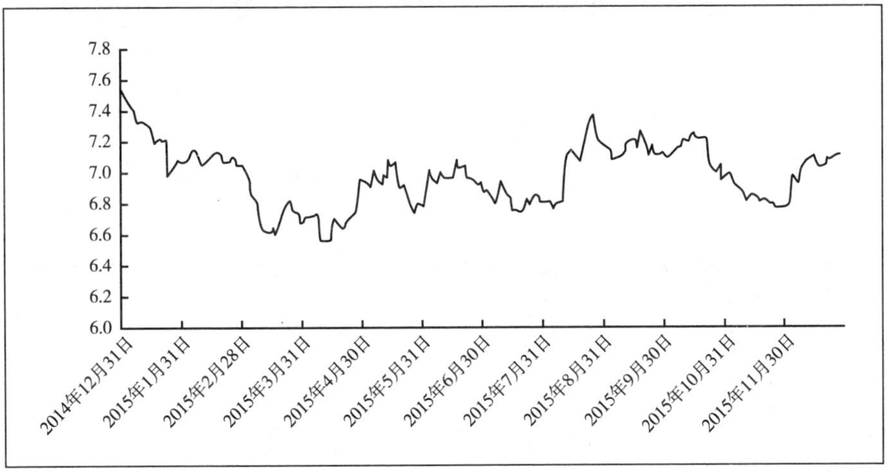

资料来源：Wind 资讯，建投研究院。

2015 年欧元区经济有开始复苏的迹象，欧元的第一轮下跌主要缘于欧洲央行 3 月推出了 1 万亿欧元量化宽松政策，之后 8 月份人民币大幅贬值引发欧元兑人民币汇率上涨，而 10～11 月，市场预期 12 月欧洲央行可能继续降息并在 12 月加码 QE，因此欧元又经历了第二轮大幅贬值。不过，在 12 月如期加息后，由于欧央行未将单月 600 亿欧元的购债量扩大至更多，反而推动了欧元汇率疯涨。

3. 日元

2015 年，100 日元兑人民币中间价由 2014 年底的 5. 1371 上涨为 2015 年底的 5. 3875，上涨幅度为 4. 87%。其中，100 日元兑人民币最低中间价为 4. 9085（6 月 8 日），最高中间价为 5. 3919（8 月 26 日），波幅达 0. 4834，整体走出了先下跌后上涨的趋势（见图 19）。

2015 年上半年，日本经济持续恶化，日本央行不断推出宽松的货币政策，但仍然不能解决通缩问题。再加上日本企业业绩不断下降，增加了日本政府的预算压力，使得日本的信用评级遭到下调。在这些因素综合作用下，日元出现大幅贬值，使得日元兑人民币中间价总体呈持续下跌态势。2015 年第三季度，受到美联储加息推迟、大宗商品价格下跌、人民币汇率波动等多重因素影响，资本加速撤离新兴市场，寻求避险，使得日元成为最大受益者，日元不断走强。因此，三季度在这些因素综合作用下，日元兑人民币中间价总体呈平稳上涨态势。12 月，日本央行未加码超宽松货币刺激计划，并宣布将设立新的 ETF 购买计划，降低了未来进一步宽松的概率，日元开始企稳走高。

图 19　2015 年 100 日元兑人民币中间价

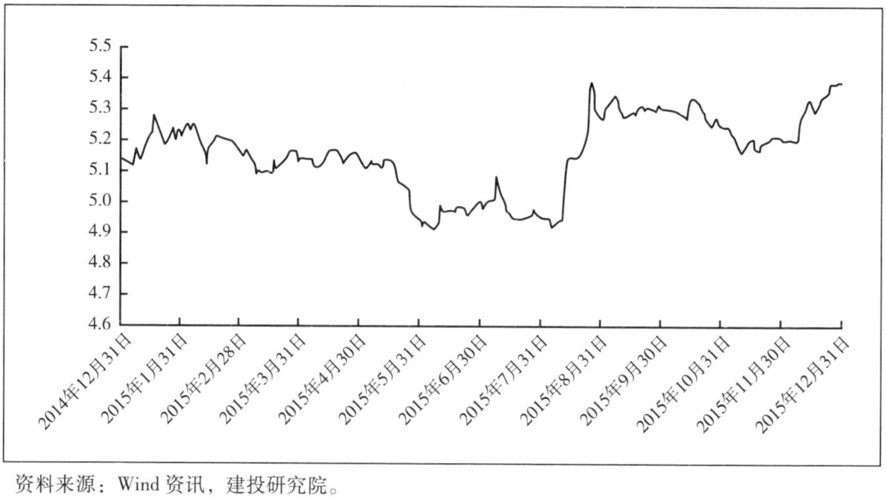

资料来源：Wind 资讯，建投研究院。

4. 英镑

2015 年，英镑兑人民币中间价由 2014 年底的 9.5437 上涨为 2015 年底的 9.6159，上涨幅度为 0.76%。其中，英镑兑人民币最低中间价为 9.0110（4 月 13 日），最高中间价为 10.0720（8 月 25 日），波幅达 1.061，整体走出了先弱后强的趋势（见图 20）。

2015 年前 5 月，受英国首相选举的影响，国内政治形势不稳，且英国经济数据不强，英国央行再次推迟加息，这些因素导致英镑震荡下跌。5 月起大选尘埃落定，国内政治形势趋于稳定，英国经济持续增长，促使英国央行推出加息政策。同时，市场担忧希腊违约且可能退出欧元区，促使投资者买入英镑避险。在这些利好的因素综合作用下，英镑总体上处于震荡上涨态势。

图 20 2015 年英镑兑人民币中间价

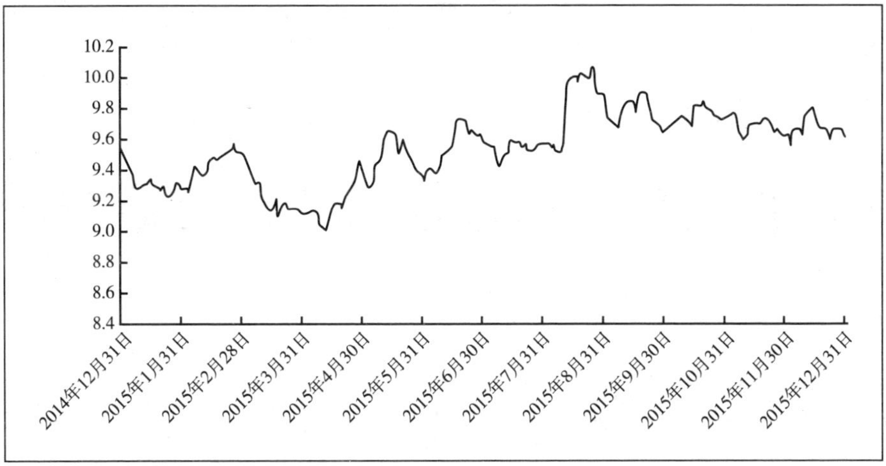

资料来源：Wind 资讯，建投研究院。

（五）黄金市场价格受美联储加息影响震荡下跌

2015 年黄金价格在加息预期的打压下震荡下跌。美国经济复苏推动了美联储加息，推高了美元价格，并且对金价造成下行压力。COMEX 黄金期货价格全年下跌 10.37%（见图 21），人民币兑美元 2015 年贬值 6.05%，这限制了国内金价的跌幅，上期所黄金期货年度下跌 6.74%（见图 22）。

图21　2015 年 COMEX 黄金期货价格

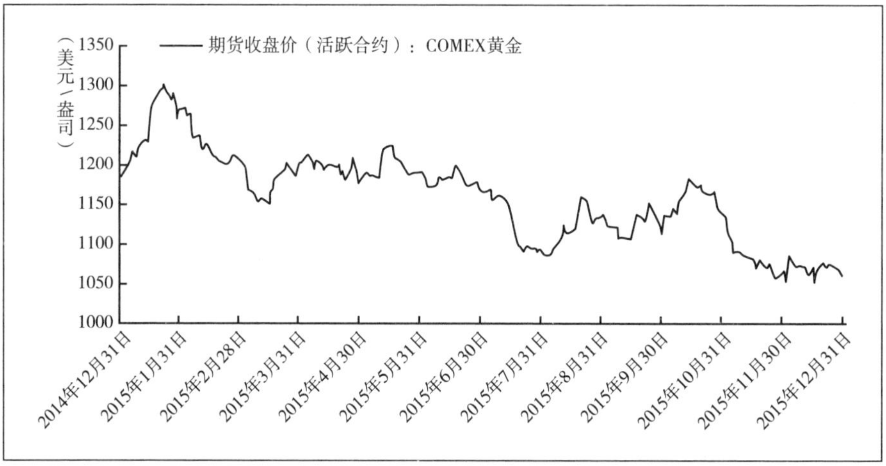

资料来源：Wind 资讯，建投研究院。

图22　2015 年上期所黄金期货价格

资料来源：Wind 资讯，建投研究院。

国际金价在 2015 年初的上涨主要受欧版 QE 预期影响，之后的行情在加息预期下一路下行，其间的小幅上涨基本都源于美联储联邦公开市场委员会之后加息预期落空。12 月美联储加息后，金价平稳下跌。由此可见，主要央行的货币政策对国际金价的影响非常大。随着美国经济复苏以及对新兴市场发展放缓的担忧，黄金价格回落。

从成交持仓量来看，国内黄金市场与 COMEX 相比仍比较小，尽管金价在 2015 年持续下跌，COMEX 黄金期货主力合约成交持仓量较 2014 年均有所增长，其中持仓量大增了 12.14%。

国内市场中上期所黄金期货主力合约成交持仓量均增长了 7% 左右，而上金所黄金 T+D 成交量大增了 31.40%，显示国内市场对黄金交易的需求仍较大（见表 1）。

表 1　国内外黄金日均成交持仓量（吨）及变动情况（截至 12 月 16 日）

	2014 年	2015 年	增长
COMEX 黄金成交量	410.11	427.3	4.19%
COMEX 黄金持仓量	699.72	784.65	12.14%
上期所黄金成交量	91.08	97.83	7.41%
上期所黄金持仓量	92.47	99.21	7.29%
黄金 T+D	17.61	23.14	31.40%

资料来源：Wind 资讯，建投研究院。

2015 年伦敦黄金现货价格下跌 11.42%，上交所黄金现货价格下跌 6.44%（见图 23）。SPDR 黄金 ETF 价格下跌 10.67%，减持 9.40%，说明机构投资者对黄金投资的兴趣逐步下降（见图 24）。主要 7 支黄金 ETF 年度减持幅度超 10%，显示黄金 ETF 全市场对黄金投资兴趣都在下降。

（六）房地产市场投资低迷，销售回暖，房价发生结构性分化

在投资方面，房地产投资持续下探，新开工及购地持续低迷。2015 年

1～11月，全国房地产开发投资额同比增长1.3%（见图25），11月单月投资增速为-5.1%，再创历史新低，商品房新开工面积同比下降14.7%，施工面积同比上升1.8%（见图26、图27）。2015年1～11月全国土地购置面积同比下降33.1%，40城购地面积同比下降20.1%，40城土地累计

图23　2015年伦敦现货黄金与上金所黄金现货价格

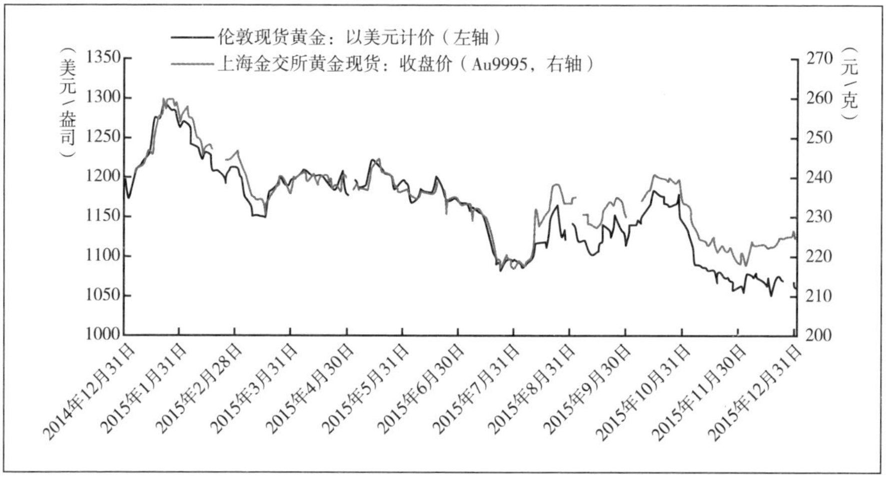

资料来源：Wind资讯，建投研究院。

图24　2015年SPDR黄金ETF成交量与价格走势

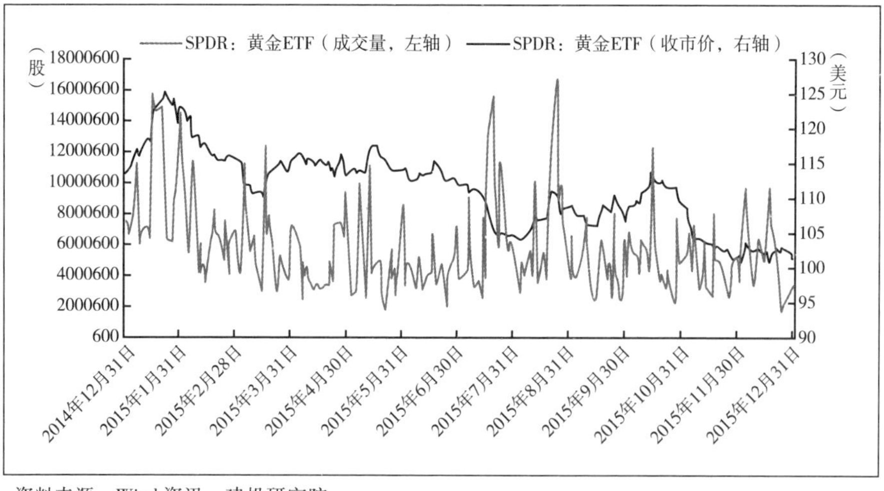

资料来源：Wind资讯，建投研究院。

图25　2015 年房地产开发投资完成额与累计同比

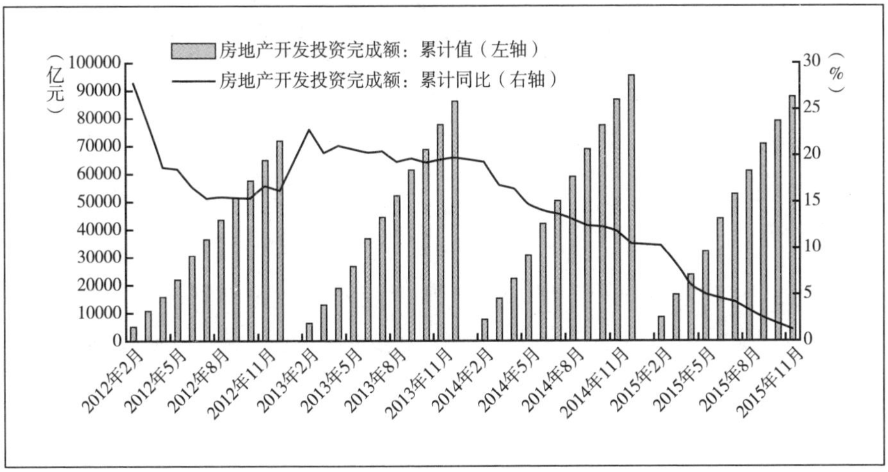

资料来源：Wind 资讯，建投研究院。

图26　2015 年房地产施工面积与新开工面积及累计同比

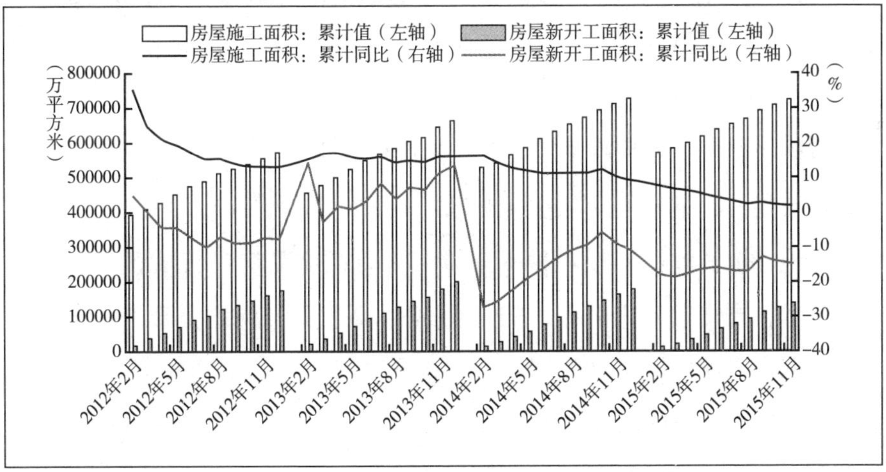

资料来源：Wind 资讯，建投研究院。

成交金额同比下降 10.1%，大城市购地欲望处于低位但略有回升，全国范围仍然低迷。

2015 年购地面积和施工面积等投资先行指标继续低位探底，没有跟随

图27　2015 年商品房销售面积与房地产竣工面积及累计同比

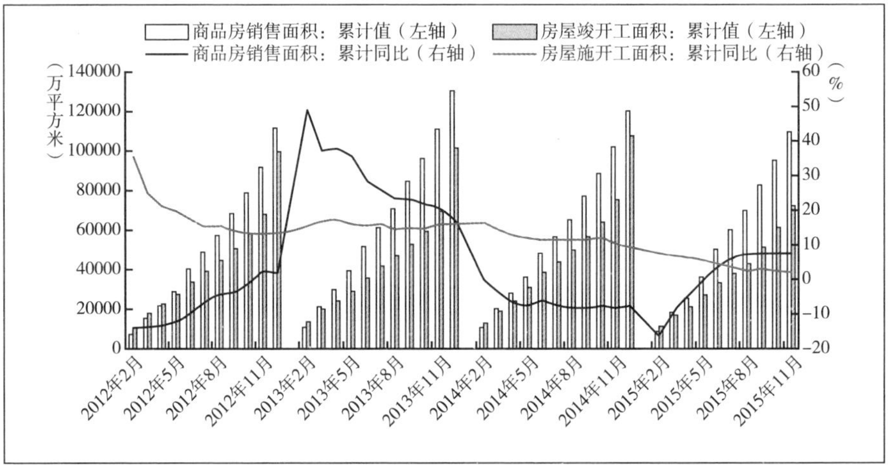

资料来源：Wind 资讯，建投研究院。

销量回升出现明显好转，绝大部分三四线城市面临库存压力，投资企稳的压力仍然较大，开发商投资意愿偏低。房地产施工面积累计同比增速逐月下降，已从 2015 年 2 月的 7.6% 下降到 11 月的 1.8%，而新开工面积累计同比自 2014 年为负值以来一直为负，且 2015 年始终在 -15% 左右浮动，未见好转，新开工面积占施工面积的比重也逐步下降。这显示出开发商对房地产市场信心不足，投资意愿较低。

房地产销售整体回暖。2015 年 1～11 月的商品房销售面积为 109253 万平方米，同比上升 7.4%；销售额为 74522 亿元，同比上升 15.6%，销售数据同比全面好转（见图 28）。在货币和信贷政策多管齐下的支持下，叠加基数因素，全国商品房销售额自 5 月首次同比转正，6～8 月达到 30% 的单月复合增速，9 月以后销售增速逐渐进入平稳期，而全年销售回暖的幅度超出市场预期。

房价发生结构性分化，一线城市房价大涨，二三线城市房价回升乏力，小城镇房屋去库存压力大。以百城住宅平均价格来看，2015 年 12 月，一线城市平均价格为 2.81 万元/平方米，全年上涨 17.2%，二线城市平均价格为 9921 元/平方米，上涨 0.64%，三线城市平均价格为 6840 元/平方米，下降 1.47%。百城平均价格指数同比自 2015 年 8 月起回正，并持续向好，2015 年上涨 4.15%（见图 29）。（2015 年商品房待售面积及累计同比情况见图 30。）

图 28　2015 年商品房销售额及累计同比

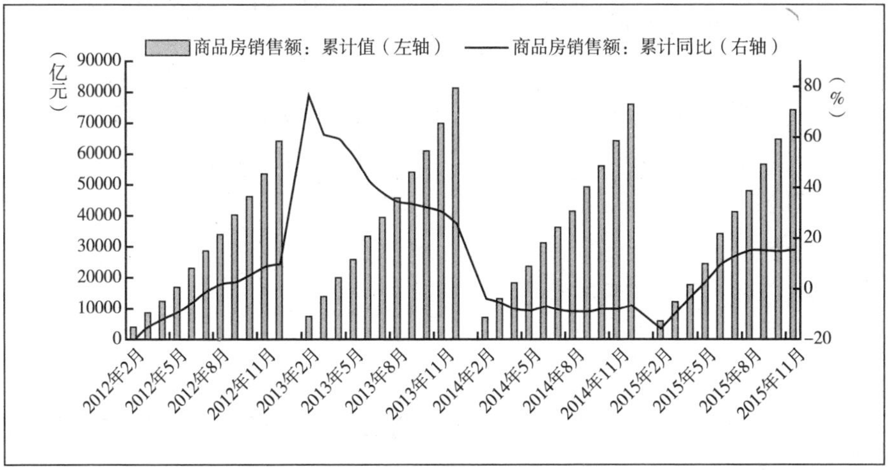

资料来源：Wind 资讯，建投研究院。

图 29　2015 年百城住宅价格及百城住宅价格指数

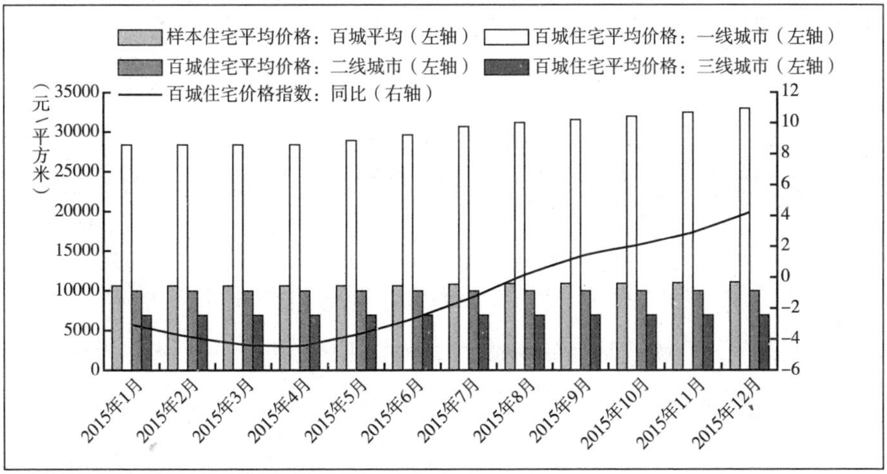

资料来源：Wind 资讯，建投研究院。

图30　2015 年商品房待售面积及累计同比

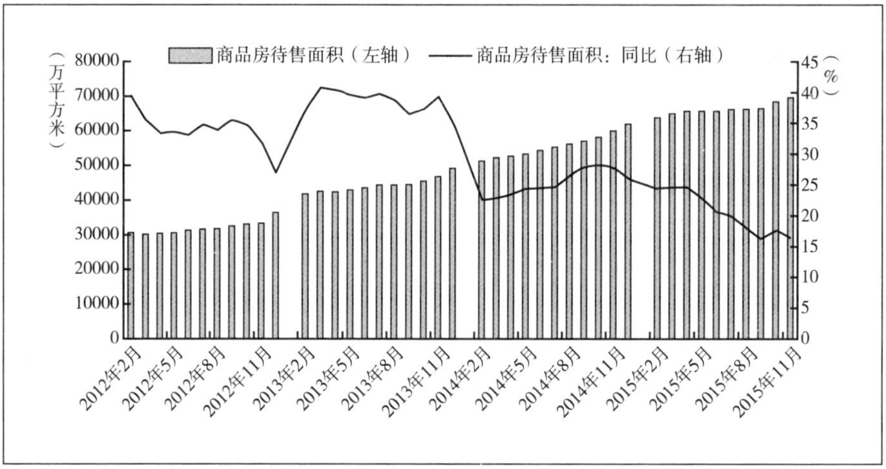

资料来源：Wind 资讯，建投研究院。

（七）私募股权投资市场募投继续增长，退出进入爆发期，同时风险增加，退出收益下降

2015 年政府倡导的全民创新、创业以及“互联网 +”开启了股权投资新时代。总体而言，2015 年私募股权投资市场出现了五大变化：一是政府引导基金发展繁荣；二是单只基金募资额收缩；三是项目投资继续向早期化发展，且泡沫化严重；四是苦尽甘来，人民币基金进入退出爆发期；五是出现资产荒，项目风险增加，退出收益下降，股灾又进一步导致募投谨慎。

募资方面，2015 年 VC/PE 市场募资总额约 7000 亿元（前 11 月募集 1117.5 亿美元），新募基金数和募资金额均创历史新高，分别比 2014 年底增长 243% 和 34%（见图 31）。其中，最突出的变化为巨量政府资金涌入 VC/PE，政府引导基金发展繁荣。政府引导基金已形成以长三角、环渤海地区为聚集区域，并由东部沿海地区向中西部全面扩散的分布特征，中西部地区成为政府引导基金设立新的沃土。而且，设立主体也由省级单位逐渐延伸至市级及县、区级单位，掀起了发展政府引导基金的新浪潮。各地方政府根据投资方向和重点，设立不同形式引导基金，包括天使投资引导基金、股权引导基金、产业投资引导基金等。根据清科集团旗下私募通数据，2015 年前三季度新设立的政府引导基金为 103 只，管理资本量共计 2069.19 亿人民币，分别是 2014 年政府引导金数量和管理资本量的 2.5 倍和 1.6 倍（见图 32）。另外，2015 年募资出现数量急剧增多而金额增幅较小的现象，单只基金募资额呈收缩趋势，新三板基金、小规模基金、单项目基金较多。

图 31　2006 ~2015 年 11 月中国股权投资基金募资情况（包括天使、VC、PE）

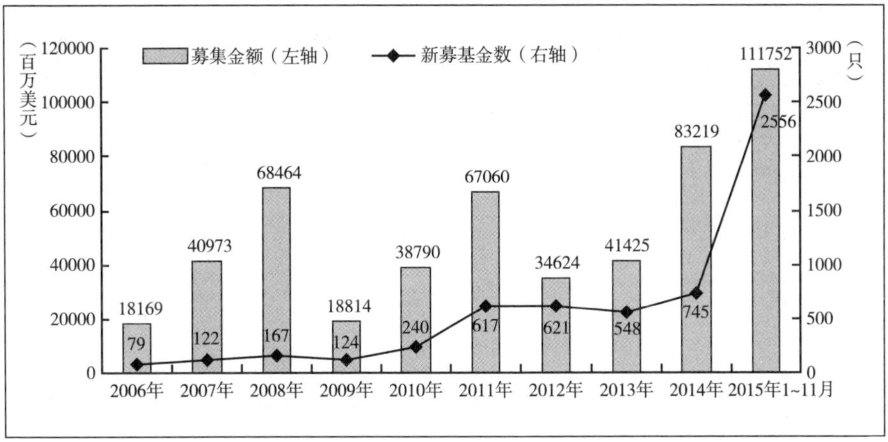

资料来源：清科私募通，建投研究院。

投资方面，2015 年 VC/PE 市场投资总额约 5000 亿元（前 11 个月投资 799.8 亿美元），前 11 个月投资案例数为 7458 个（见图 33）。投资金额和投资数量均创历史新高，分别比 2014 年底增长 12.4% 和 105.7%。2015 年投资也出现数量急剧增多而金额增幅较小的现象，说明每一单投资的平均金额都有所下降，整体投资有早期化趋势。2015 年大量资金涌向新三板，但新三板项目质量参差不齐，有投资价值的企业不足 10%，考验着机

图32　2006～2015年前三季度中国政府引导基金设立情况比较

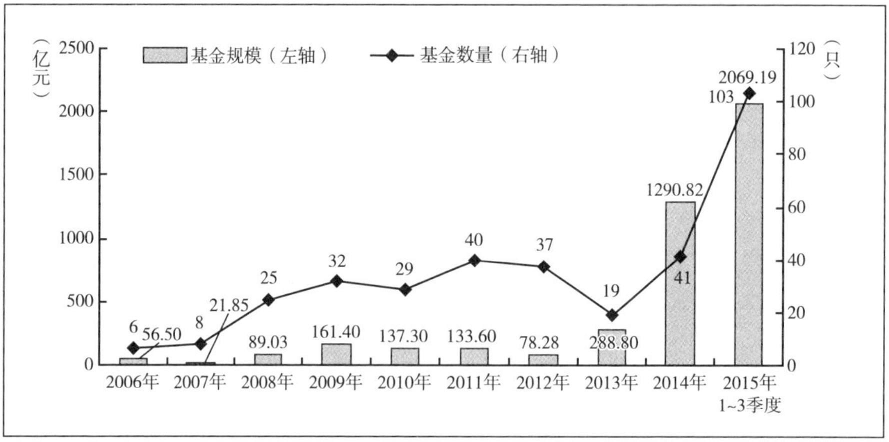

资料来源：清科私募通，建投研究院。

图33　2006～2015年11月中国股权投资基金投资情况（包括天使、VC、PE）

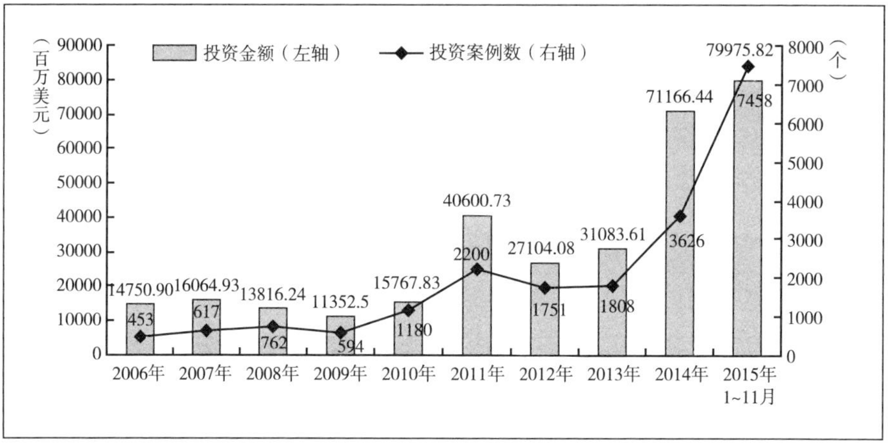

资料来源：清科私募通，建投研究院。

构遴选项目的能力，整体风险增加，单个项目的平均收益有所下降。

退出方面，2015年人民币基金进入收获期，新三板成为重要退出渠道，众多机构退出项目挂牌新三板。整个私募股权市场流动性得到改善，效率有所提高（见图34）。2006～2015年11月VC/PE退出数量及退出方式分布情况见图34、图35。

图34　2006 ~2015 年 11 月 VC/PE 退出数量情况

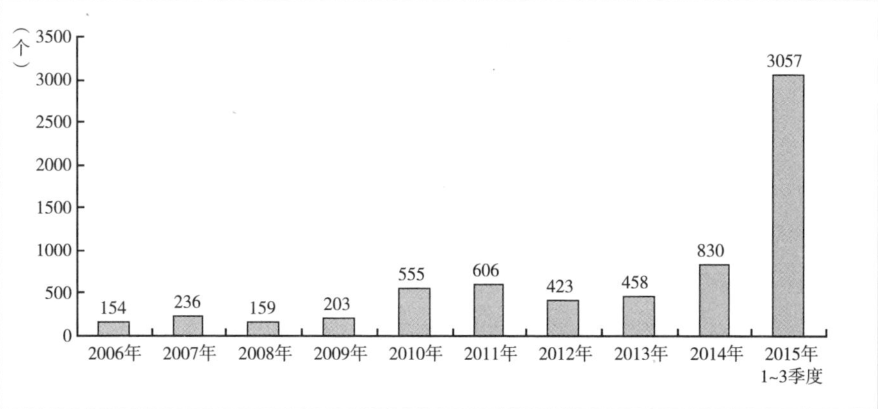

资料来源：清科私募通，建投研究院。

图35　2006 ~2015 年前 11 月 VC/PE 退出方式分布

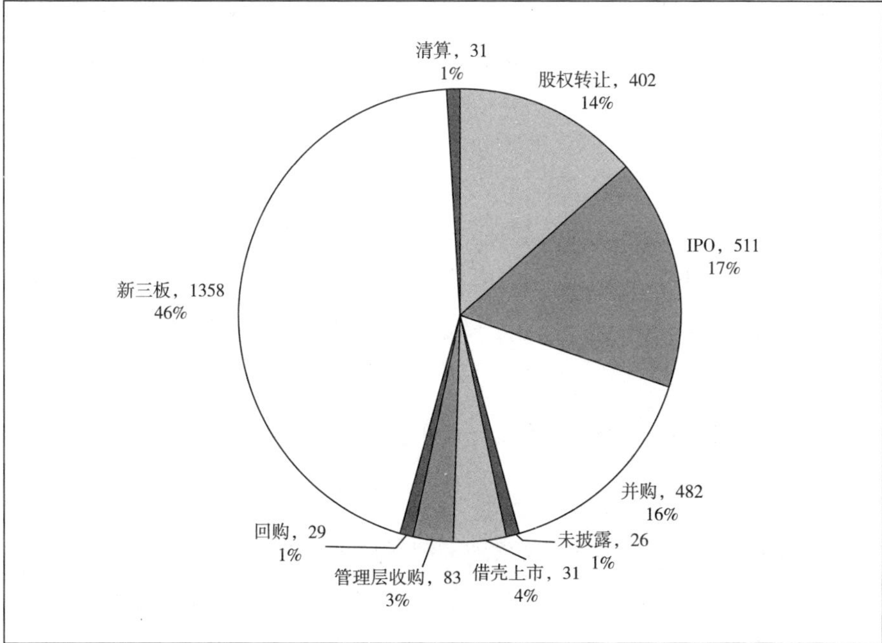

资料来源：清科私募通，建投研究院。

2015 年前 11 个月沪深两市新增 IPO 总数量 192 家，中企境外上市 68 家。A 股市场上半年 IPO 形势火爆异常，随后 7 月 IPO 宣布关闸，直至 11 月重新开闸，使境内资本市场体验到“冰火两重天”。中概股及海外 VIE 架构公司正在掀起一轮回归热潮，但因 A 股近几月的剧烈调整及停摆近四个月，整体回归进程较为缓慢。

截至 2015 年 11 月 30 日，新三板共有挂牌公司 4385 家，总市值达 20807.51 亿元，挂牌公司的平均市值为 4.76 亿元。2015 年前 11 个月新三板挂牌公司平均市盈率为 47.97 倍，高于同期沪市主板 17.06 倍和深市主板 28.39 倍的平均市盈率，低于创业板 105.85 倍和中小板 62.83 倍的平均市盈率。前 11 个月挂牌公司累计完成 2263 次股票发行，累计发行股票 209.14 亿股，募集金额 1107.89 亿元，发行均价为 5.30 元/股。

2015 年 1 ~ 11 月共完成并购案例数 2526 起（不包括关联交易和未完成交易），较 2014 年全年增长 32.5%。2015 年 1 ~ 11 月中国并购市场共涉及交易金额 1504.15 亿美元（除去关联交易和未完成交易），同比上涨 45.3%。政策继续鼓励深化国企改革，地方政府加强混改布局，大大增加了国资背景企业并购活跃度。多个行业并购遍地开花，互联网、IT 等产业强强合并不断涌现，行业集中度提升，中石化、万达等企业在跨国并购中增强自身实力，“一带一路”战略进一步推动更多中国企业走出去。A 股上市公司并购持续升温，并购退出业绩突出，不仅大企业并购动作频繁，中小企业也在并购中打通上下游产业链，加强资本、人才等资源的流动。

（八）公募基金受益股债双牛，规模收益均增长

截至 2015 年末，我国基金市场上共有基金 2696 只，比 2014 年同期增长 39.40%，基金份额为 7.77 万亿份，同比增长 85%，资产净值为 8.35 万亿元，同比增长 87.64%（见图 36、图 37）。其中货币型基金占据了整个基金市场的半壁江山，资产净值占比达到 54.84%，较 2014 年末提高了

5.66 个百分点；股票型基金资产净值占比 8.41%，较上年下降了 4.29 个百分点；混合型基金资产净值占比为 27.36%，下降了 1.81 个百分点；债券型基金资产净值占比 8.43%，上升 0.65 个百分点，QDII 基金资产净值占比 0.68%，下降 0.38 个百分点。

图36　2015 年各月发行基金数量统计

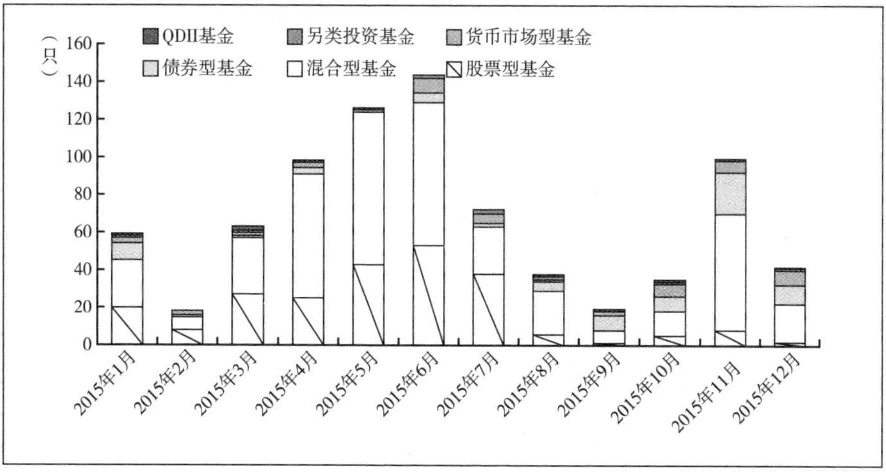

资料来源：Wind 资讯，建投研究院。

新基金募集方面，2015 年新成立基金 812 只，比 2014 年的 345 只增长 135.36%。基金发行份额为 1.63 万亿份，比 2014 年同期增长 250.58%，而且平均发行规模也比 2014 年增加许多，为 20.13 亿份，比 2014 年上涨 70.73%（见图 38）。

从基金类型来看，受股票市场走牛的影响，股票型基金和混合型基金的发行份额出现显著上升，2015 年分别发行 236 只、434 只，同比增长 232%、291%，平均发行份额也有较大增长。2015 年货币型基金发行了 47 只，同比减少 44.05%，而且平均发行规模同时下滑，导致总发行规模下降 61.8%。2015 年在市场流动性较为宽松的条件下，货币基金的收益率开始回落，导致基金规模下滑加快。

图37　2015 年各月发行基金份额统计

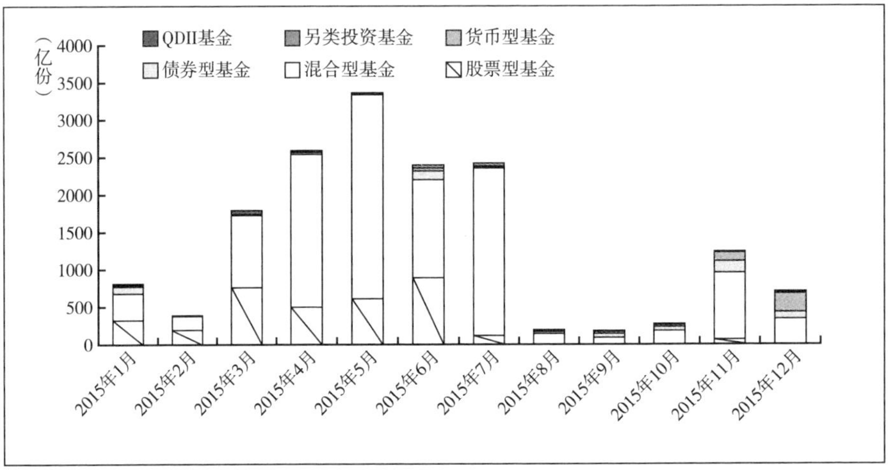

资料来源：Wind 资讯，建投研究院。

图38　2010 ~2015 年基金平均发行份额情况

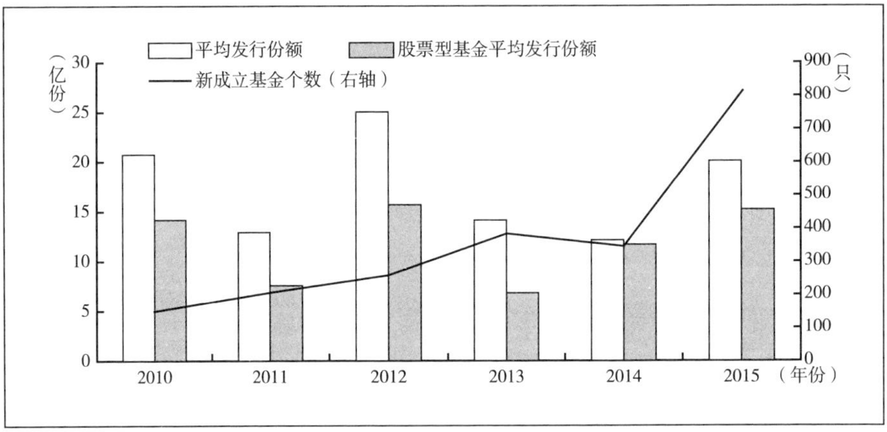

资料来源：Wind 资讯，建投研究院。

2015 年基金受益于股债双牛，整体表现较好，中证基金指数全年上涨 29.53%。偏股型基金在上半年收益颇丰，虽然股灾让大部分基金回吐了不少涨幅，但全年总体还是获得了较好的收益。中证股票基金指数和混合基金指数分别上涨 34.67% 和 46.52%，ETF 基金指数上涨 21.06%。债券市场持续走牛也给债券型基金带来了较好的收益，中证债券基金指数全年上涨9.93%，表现优于中证全债指数（见图 39）。货币基金指数上涨3.62%，表现较好。而 QDII 基金指数由于人民币兑美元贬值，全年略有下跌，跌幅为 2.20%（见图 40）。

图 39　2015 年各类基金指数行情

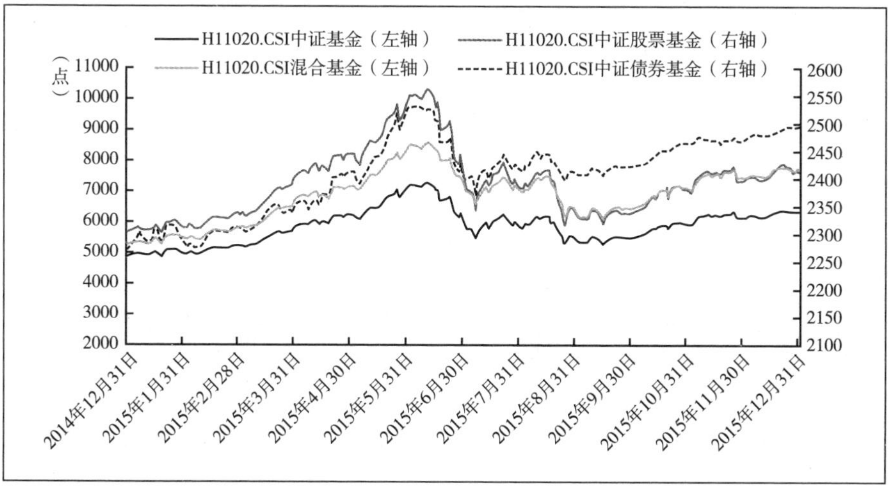

资料来源：Wind 资讯，建投研究院。

图 40　2015 年各类基金指数行情（续）

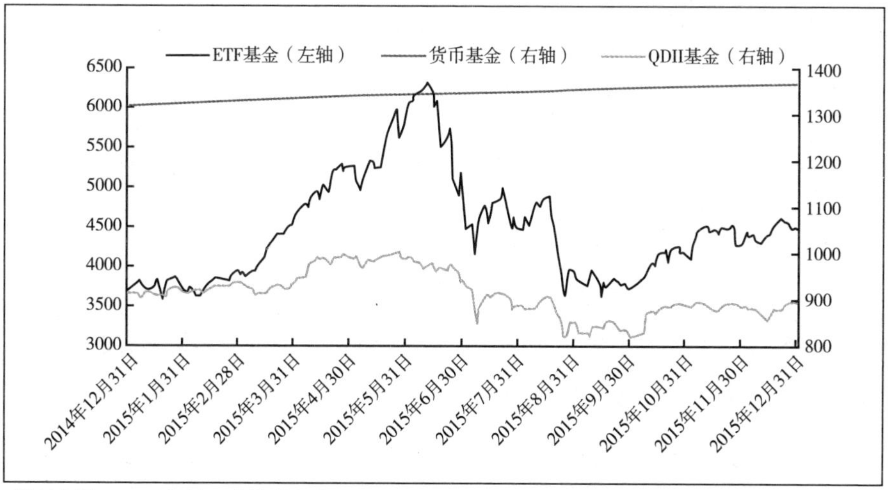

资料来源：Wind 资讯，建投研究院。

（九）信托资产规模季度环比首现负增长，整体收益继续下行

2015 年三季度末，信托全行业管理的信托资产规模为 15.62 万亿元（平均每家信托公司 2296.92 亿元），相比 2014 年三季度的 12.95 万亿元，年度同比增长 20.62%，信托资产规模同比增幅明显回落；较 2015 年二季度的 15.87万亿元，季度环比下降 1.58%。从季度环比增速看，2015 年前三季度的环比增速分别为：一季度 3.08%，二季度 10.13%，三季度 -1.58%，信托资产自 2010 年一季度首次出现环比负增长（见图 41）。

图 41　2011 年第一季度 ~2015 年第三季度各季度信托资产及其同比增速

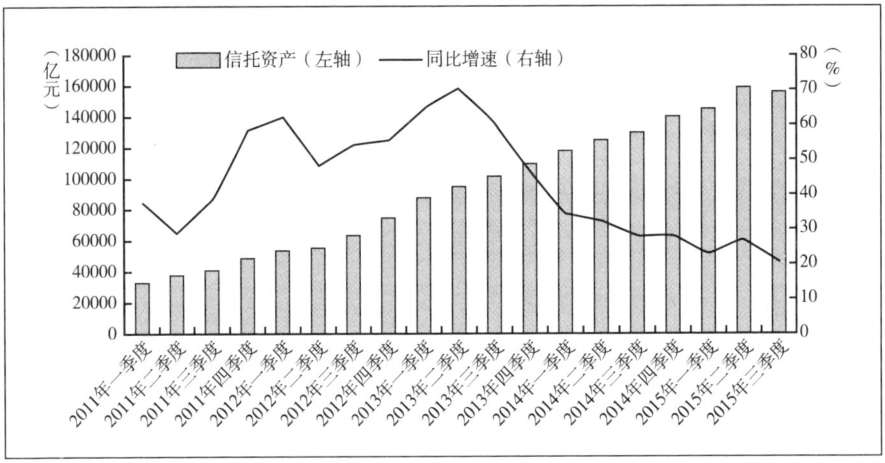

资料来源：Wind 资讯，建投研究院。

2015 年三季度末信托行业风险项目有 506 个，比上季度末增加 56 个，规模达到 1083 亿元，比上年同期增长 31.51%，较上季度末环比增长 4.74%。但对比全行业管理的信托资产规模 15.62 万亿元，0.69% 的不良率仍处于相对低位。实体经济低迷，违约率上升，系统性风险不断加大，

而信托行业不良率较上季度仅上升 0.04%，这源于信托行业及时调整风险管理策略，主动压缩高风险业务规模的积极应对。同时，信托行业自有资本充足、赔偿准备充分、风控体系逐步完善，也为行业系统性风险和区域性风险的防控奠定了坚实基础。

据用益信托网统计，2015 年全年发行集合理财信托产品 10156 个，规模总计 1.525 万亿，平均期限为 1.79 年，平均年收益率为 8.78%（见图 42）。伴随进入降息周期，信托产品的收益率也在小幅下滑，而近期还有加速下滑趋势。从预期年收益率来看，11 月份成立的集合资金信托产品的平均预期年收益率为 8.28%，与上月的 8.48% 相比下降了 0.2 个百分点，创 2015 年以来新低。实际上，信托产品收益率处于持续下滑过程中，平均收益率基本维持在 8% ~9% 范围内。预计未来信托产品收益率还有下行空间。11 月份成立的集合产品平均期限为 1.82 年，与上月相比拉长了 0.07 年，与 2014 年同期平均期限相比拉长了 0.35 年。2015 年，信托出现了互联网信托、新三板信托、海外投资信托等新模式，并探索了参与 PPP 项目的政信合作新渠道，资产证券化信托保持高速发展。

图 42　2015 年集合信托资产平均预期年化收益率

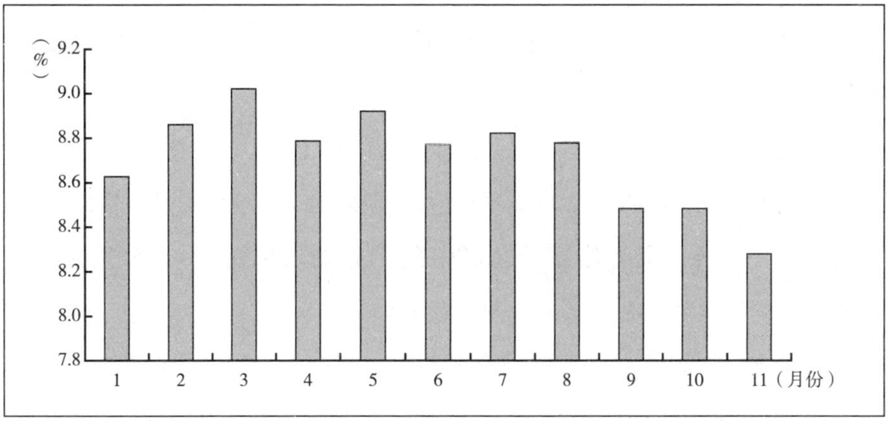

资料来源：用益信托网，建投研究院。

伞形信托作为结构化证券投资信托产品的一种创新类型，是由证券公司、信托公司、银行等金融机构共同合作，为二级市场投资者提供投、融资服务的结构化证券投资产品。在 2014 年渐渐走牛的 A 股中，因成立速度快、杠杆高、投资灵活，伞形信托又迎来了第二春。但 A 股的疯狂上涨也让监管机构及市场开始担心市场过高的杠杆，在重重监管禁令之下，伞形信托的疯狂持续到 2015 年 6 月上旬。6 月，股市深幅调整，包括伞形信托在内的杠杆资金如多米诺骨牌般爆发危机，并加速了市场大跌。此后国内对伞形信托进行强力清理：7 月 12 日，证监会下发的《关于清理整顿违法从事证券业务活动的意见》；8 月末，监管层进一步要求清理存量伞形信托；9 月 17 日，证监会发布《关于继续做好清理整顿违法从事证券业务活动的通知》。截至 9 月 30 日，多家信托公司的伞形信托清理完毕。

（十）银行理财季度环比负增长，年内收益率逐步下行

受到宏观经济环境和互联网金融的冲击，银行理财市场已经由过去的高速扩容转化为目前的平稳发展。2015 年，412 家银行累计发行的面向个人投资者的银行理财产品共 77736 款，比 2014 年上涨 19.23%。其中，上半年增长迅猛，下半年环比有所下降，四季度同比也有所下降（见图 43）。

其中，非保本型占 69%，保本固定性仅占 10%（见图 44）。每款产品的平均在售天数为 8 天，实际平均运作期限为 133 天。短期理财产品占比较大，受市场投资者热捧。近 60% 的产品期限都在 1 ~ 3 个月（见图 45）。

收益方面，2015 年在互联网金融冲击、利率下行以及资产荒的共同作用下，银行理财市场的整体收益率从 2015 年初的 5.26% 降至年末的 4.39%，降幅达 0.87 个百分点。宏观经济表现的疲软、全年多达 5 次的双降

图 43　2013 ~2015 年银行理财季度发行数量

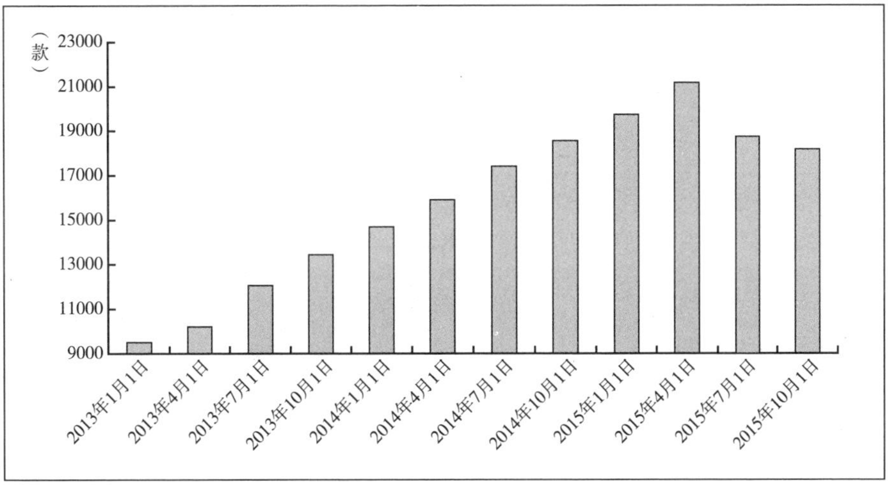

资料来源：Wind 资讯，建投研究院。

图 44　2015 年银行理财类型占比

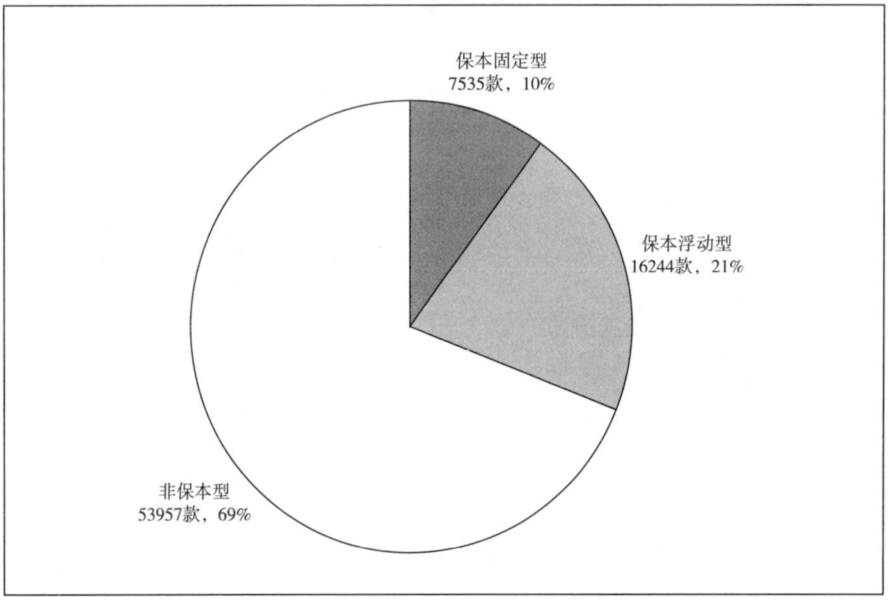

资料来源：Wind 资讯，建投研究院。

图45　2015 年银行理财不同期限类型占比

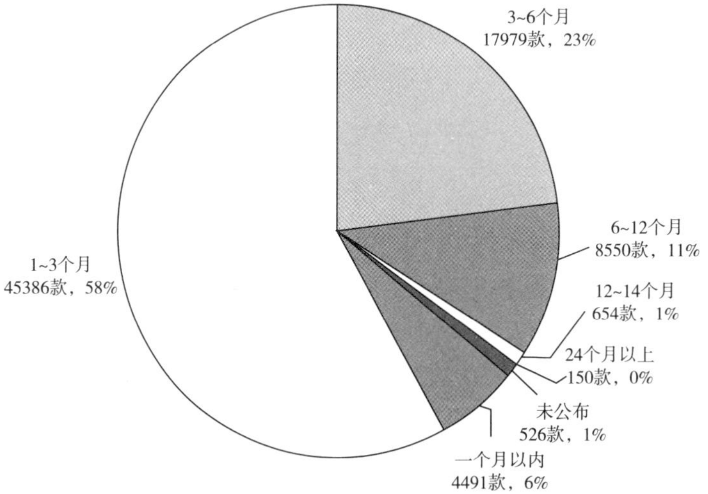

资料来源：Wind 资讯，建投研究院。

使银行理财产品收益率几乎没有反弹表现，仅 4 月间，受股市“疯牛”行情带动，收益率有所回升。不过，由于受益于结构性理财产品较高的收益，全年银行理财产品平均收益率为 4.96%。普益财富数据显示，2015 年 1 个月以下的理财产品，平均收益率为 3.66%；1~3 个月理财产品平均收益 4.89%，3~6 个月平均收益 4.99%；6~12 个月理财产品平均收益率为 5.12%；1 年以上的理财产品平均收益率为 5.44%，外资银行发行的长期限结构性产品多集中于这个期限分类中。（2015 年银行理财不同收益类型占比情况见图 46。）

普益财富数据显示，债券与货币市场类的产品数量有 46232 款，平均收益率 4.79%。组合投资类产品数量为 32450 款，平均收益率为 5.13%。融资类理财产品数量为 104 款，收益率为 5.51%。债券与货币市场类仍然是银行理财的主要投向。得益于牛市行情，组合投资类理财产品在 2015 年

图46　2015 年银行理财不同收益类型占比

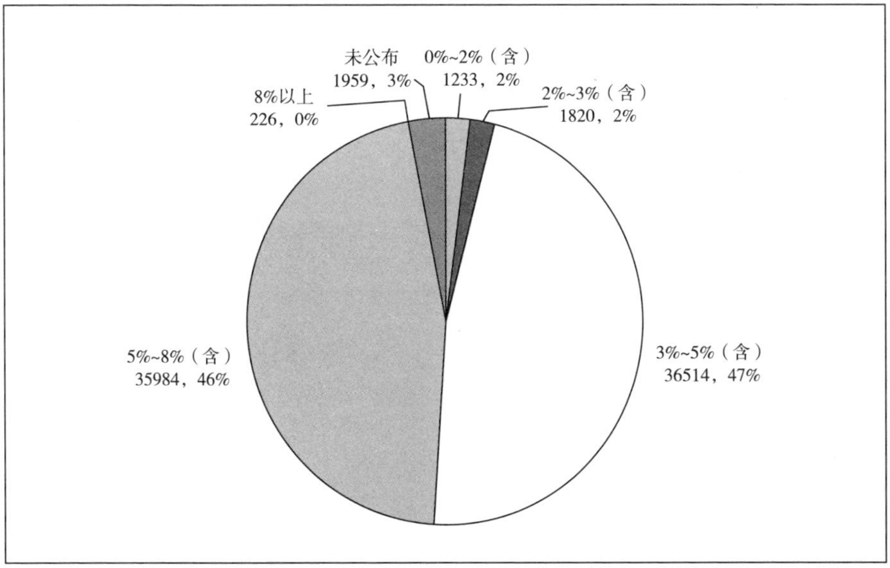

资料来源：Wind 资讯，建投研究院。

上半年明显冲高，发行量占比在四五月大于债券与货币市场类。“股灾”过后，组合投资类理财产品发行量明显下滑，银行大幅度降低了权益类资产的配置。而结构性产品发行量一直较为稳定，外资银行比较偏爱此类产品。

发行主体方面，国有控股银行发行 14413 款理财产品，占比为 18%，全年平均收益率为 4.68%，相对较低；股份制商业银行发行 19294 款理财产品，占比为 23%，全年平均收益为 4.95%；城市商业银行发行的理财产品数量达 31627 款，占比 38%，全年平均收益高达 5.07%。

（十一）阳光私募规模爆发式增长，收益两极分化

自私募基金登记备案制实施以来，证券类私募行业迎来爆发式发展，资产管理规模增长势如破竹。格上理财数据显示，至 2015 年 6 月底，在牛

市行情带动下，证券类私募管理规模首次破万亿。随后虽遭遇股灾，但行业发展势头同样惊人，截至11月底，基金业协会披露已备案的证券类私募管理人达10563家，证券类私募基金13355只，管理资产规模达17031亿元，达到上年底的近3.5倍（见图47）。其中，截至2015年12月底，管理规模过百亿的证券类私募管理人已达22家。

图47 2014、2015年证券类私募管理规模与数量

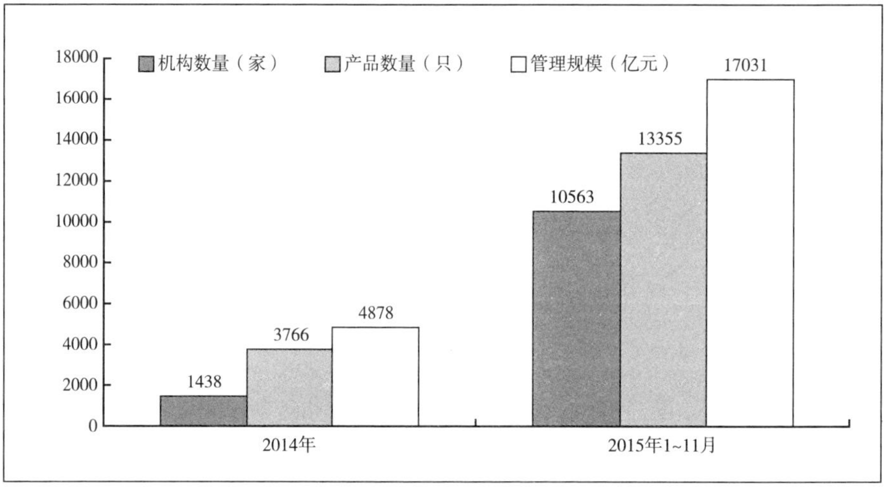

资料来源：基金业协会，建投研究院。

据Wind数据统计，2015年发行阳光私募产品15701只，发行规模为2288.5亿元，其中，股票型基金发行13762只，发行规模2019.8亿元，债券型基金发行515只，发行规模191.2亿元，混合型基金发行339只，发行规模11.2亿元（部分披露），货币市场型基金发行77只，发行规模1.5亿元（部分披露），另类投资基金发行968只，发行规模64.2亿元（部分披露）（见图48）。

根据Wind统计数据，截至2015年底，全年阳光私募基金的简单算术平均收益为7.79%，其中，最高年回报达3172.55%，个体差异非常大。

图48　2015 年各类阳光私募产品占比

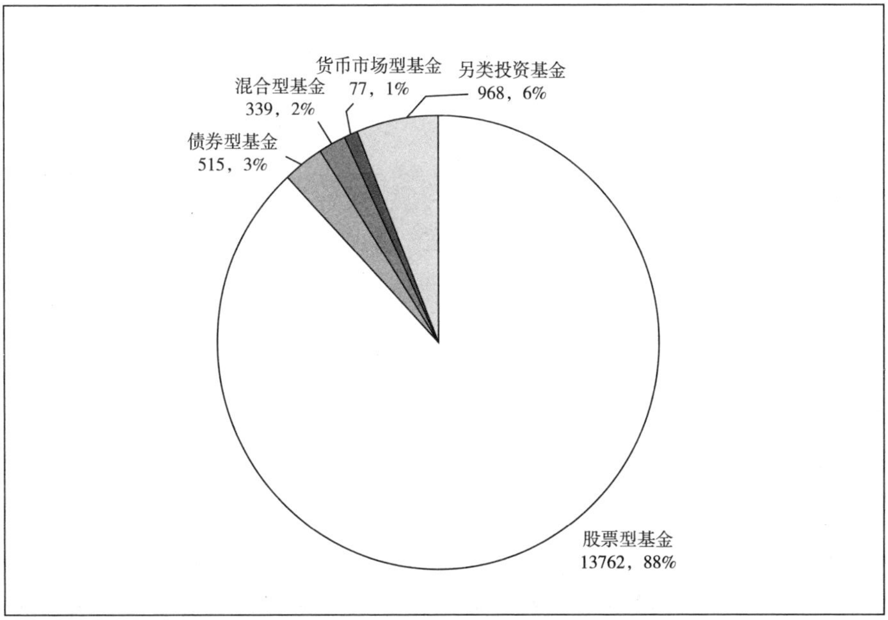

资料来源：Wind 资讯，建投研究院。

（十二）P2P 平台增长放缓，成交额指数型增长,收益下行，风险增加，产品亟待规范

2015 年 P2P 行业发展仍然火暴，据网贷天眼数据显示，2015 年网贷平台数量增加到 3844 家，相比上年增加了 107%；成交额首次突破一万亿元，达到 10021 亿元，比上年增加了 228%（见图 49）；投资人数达到 1350 万人，同比增长 10 倍（见图 50）。新增平台的增长速度有所放缓，全行业成交额仍呈指数型增长。

3844 家平台公司主要分布在京津冀、长三角以及珠三角三大经济区附近，广东地区平台数量仍然为全国之最。广东、北京、浙江、上海四地区全年总成交额之和占全国总成交额的 80%，贷款余额占 90%。以上区域经济发达、融投资需求旺盛，互联网渗透率比较高。

图49 2010～2015年P2P平台数量与成交额情况

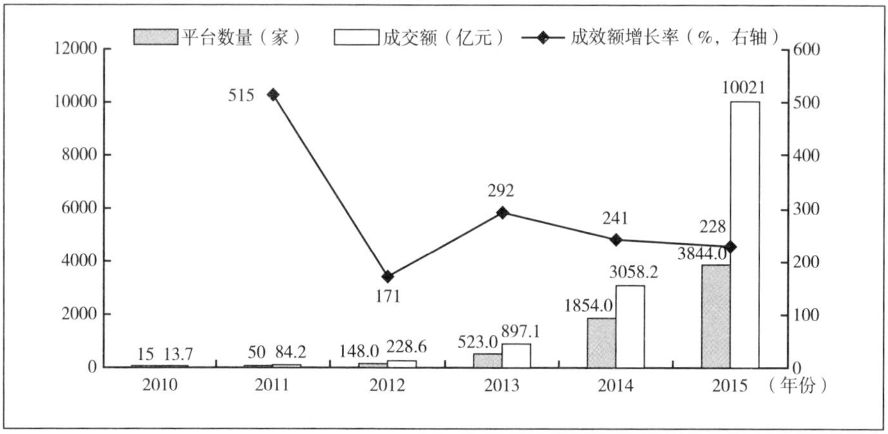

资料来源：网贷天眼，建投研究院。

图50 2015年P2P投资人数与投资额

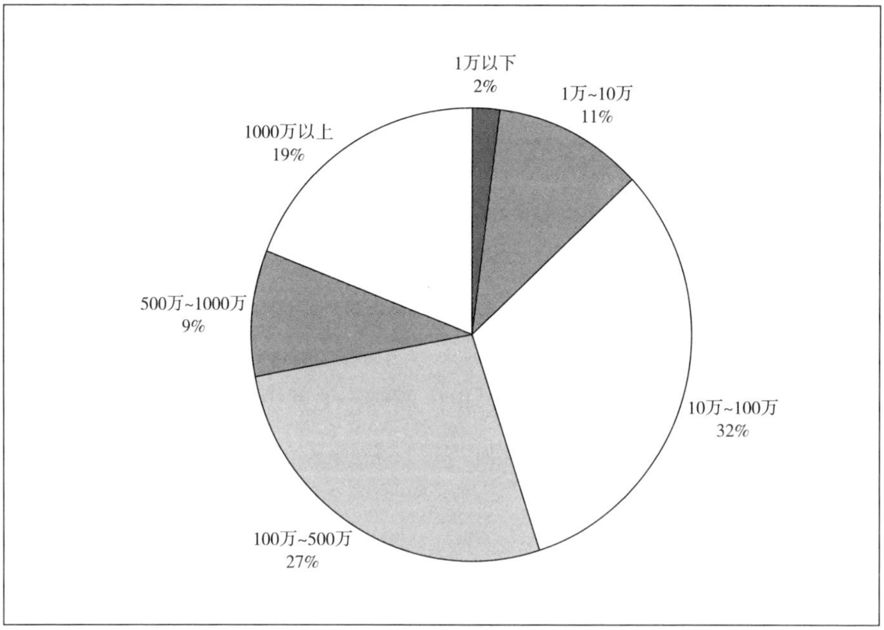

资料来源：网贷天眼，建投研究院。

2015 年，P2P 收益率水平持续走低，由 2012 年的 24% 下降至 2015 年的 11.5%（见图 51），比 2014 年下降约三分之一，但仍远高于传统理财方式。

图 51 2012 ~2015 年 P2P 收益率

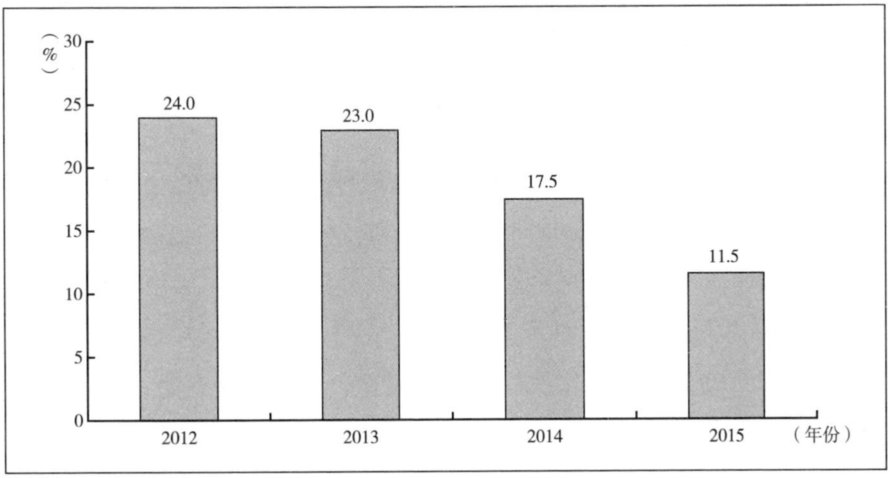

资料来源：网贷天眼，建投研究院。

P2P 的火暴发展也给了不法分子浑水摸鱼的机会。2015 年全国共有 950 家平台发生问题，同比上升 221%，问题平台增幅超过新增平台。仅 2015 年 1 月至 8 月，全国涉嫌非法集资的立案就在 3000 件左右，涉案金额超过 1500 亿元。加上 e 租宝、卓达、泛亚等“地震级”案件，全年涉案金额超过 3000 亿，超过 100 万投资人受到损失。其中山东地区发生问题的平台最多，占全国所有问题平台的 20%，广东第二，占 17%。P2P 行业陷入信任危机，P2P 被污名化的趋势不但没有扭转，反而加剧。

2015 年 7 月 18 日，央行等十部委发布了《关于促进互联网金融健康发展的指导意见》，“积极鼓励互联网金融平台、产品和服务创新，激发市场活力”，第一次将 P2P 纳入监管框架。随后《非银行支付机构网络支付业务管理办法（征求意见稿）》《最高人民法院关于审理民间借贷案件适用法律若干问题的规定》等监管方案密集出台。12 月 28 日，P2P 监管细则《网络借贷信息中介机构业务活动管理暂行办法（征求意见稿）》正式公开征求意见，意味着曾经一直被划归于互联网金融大类来进行规范引导的P2P行业，有了自己专属的监管细则。细则明确了P2P平台信息中介的性质、多级监管体系、平台更名要求、备案制管理、业务范围负面清单、银行存管、信息披露、线下业务限制等具体内容，这对于目前还处于野蛮生长状态的P2P行业，既是一个“紧箍咒”，也是一个“助推剂”。

（十三）“宝宝”类产品规模放缓，收益下降幅度较大

互联网“宝宝”类产品的发展从2013年6月余额宝上线开始，2013年下半年至2014年上半年迎来了爆发期，不管是传统型金融机构还是互联网金融机构，纷纷推出“宝宝”类货币基金。凭借着起点低、存支便捷、灵活性强、安全度高等特点，互联网“宝宝”类产品短期之内迅速吸引了大批年轻的互联网用户，虽然这部分用户平均资产不大，但是数量基础十分庞大，为了吸引这部分投资者，金融机构积极推出自家的“宝宝”类产品。

由于各产品上线初期市场资金偏紧，因此互联网“宝宝”类产品普遍具有高收益、高流动性及高安全性的特点。2015年以来央行多次降息及降准，市场资金面逐渐宽松，“宝宝”类产品收益大幅下滑，吸金能力逐渐减弱。同时，2015年初新诞生的“宝宝”越来越少，市场进入饱和期，规模增长也开始放缓。截至2015年三季度末，全国72家平台共推出82只“宝宝”产品，对接69只货币基金，其中三季度没有新的“宝宝”诞生。

从不同系别“宝宝”产品收益来看，2015年三季度第三方支付系“宝宝”产品收益最高，平均收益率为3.34%，银行系、代销系、基金系“宝宝”产品分列二、三、四位，平均收益率分别为3.19%、3.07%、3%。

互联网“宝宝”类产品对接的是货币基金，资金投向以银行存款及结算备付金为主，这部分通常能占到60%以上，除此之外少部分资金投向债

券及其他资产，基本上都是风险等级较低的资产标的，且各货币基金资金投向趋同，这也就决定了各个“宝宝”类产品之间的收益差距不会太大。

就全年情况来看，2015 年“宝宝”类产品的收益下降幅度较大，从年初的 4.58% 下降到年底的 3.25%，下降了 1.33 个百分点（见图 52）。2015 年 12 月 29 日，根据中国电子银行网跟踪监测的 28 款“宝宝”类基金前一交易日结算数据，7 日年化收益率超过 4% 的产品仅有两款。7 日年化收益率排前三名的产品有徽商银行聚宝盆、理财通（汇添富）、银联天天富，7 日年化预期收益率分别是 5.32%、4.30%、3.87%。年末的最后一个交易日，徽商银行聚宝盆表现极为突出。从每万份收益来看，12 月 29 日收益超过一元的产品有 9 款，其中，最高为理财通（易方达），每万份收益为 1.4728 元。这 28 款产品平均收益为 3.25%。

图 52　2015 年“宝宝”类理财产品收益情况

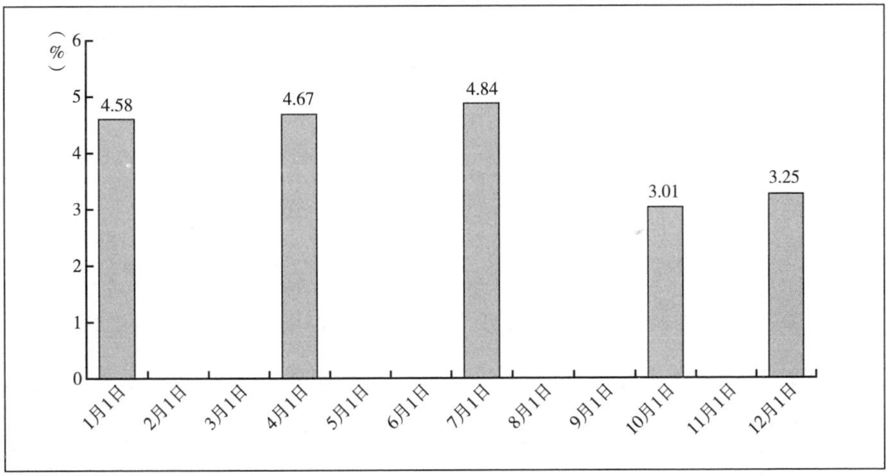

资料来源：建投研究院根据中国电子银行网数据整理。

最近一个月表现相对良好的“宝宝”类基金产品是理财通（汇添富），近一个月的收益为 0.29%。同时，最近半年表现较好的产品是中银活期宝，近半年收益为 1.72%，全年表现较好的产品是理财通（汇添富），2015 年收益率为 4.08%。

受2015年央行多次降准降息的影响，货币基金收益集体走低，不少平台的货币基金收益率已纷纷“破3”，转而进入“2时代”。虽然收益已经“破3”，对投资者的吸引力有所下降，但是“宝宝”类产品仍有存在的价值。一般家庭在分配理财资金的时候，通常要预留出一部分资金用于日常开销或是紧急情况支出，这部分资金需要做到随时支取，而相比于银行活期0.3%的利率，“宝宝”类的流动性与活期存款相同，收益却是活期利率的十几倍，因此仍不失为广大投资者日用资金的良好选择。

二、2016年国内主要投资市场趋势与展望

国际经济方面，2016年全球经济将延续复苏势头，但不确定性依然很大，预计2016年全球经济增速较2015年略有提升，经济体间分化格局进一步显现。发达经济体经济增速继续改善，美国复苏强劲、欧元区受益于宽松政策稳步增长，日本不确定性较大；新兴市场国家则面临较大减速压力，美联储加息引发的全球金融收紧对新兴市场国家冲击较大。

国内经济方面，2016年我国经济继续下行的压力仍然存在。“三驾马车”中的投资方面，房地产市场仍将面临去库存压力，土地出让继续减少，房地产投资面临更大下行风险。不过基建投资是稳增长的关键力量，2016年初基建投资力度有所加大，加上专项金融债、政府融资平台等相关资金加快投放，基建投资增速对整体投资拉动较强，但空间有限。制造业投资则继续受制于房地产投资疲弱导致的需求不足和去产能带来的结构调整阵痛。消费方面，2016年预计反腐对消费的影响将逐步减弱，消费增速基本稳定，是经济增长的主要推动力，但短期难有较大回升。进出口方面，由于内外需均较为疲弱，尤其是进口需求方面仍将处于低位，人民币贬值可能会对出口有一定的影响，但受制于全球经济弱势，国内货物贸易顺差规模或保持高位，但实际净出口对经济的带动力仍较弱。

货币政策与财政政策方面，预计 2016 年货币政策将保持宽松，无风险利率继续下行，全年继续降息降准。财政政策可能对稳增长作用更大，预计 2016 年将同时采取减税和增加政府开支的形式，并扩大预算赤字。国债发行量或将明显增加，地方政府大规模的债务置换也将继续实施，政策性银行的债券发行将继续在财政刺激中发挥积极作用，更多财政存量资金将得到盘活，降低政府储蓄增加对经济增长的拖累。

2016 年，经济疲弱与无风险利率的不断下行导致大量资金寻求更高收益的金融资产，因此各类资产收益率都将面临下行压力，投资者将面临资产荒的配置难题。

（一）股票市场注册制等多项制度红利释放，利率下行，资金充裕

2016 年，A 股市场将迎来重要的改革年。2015 年 12 月 27 日，第十二届全国人民代表大会常务委员会第十八次会议审议通过《关于授权国务院在实施股票发行注册制改革中调整适用〈中华人民共和国证券法〉有关规定的决定（草案）》的议案，明确授权国务院可以根据股票发行注册制改革的要求，调整适用现行《证券法》关于股票核准制的规定，对注册制改革的具体制度做出专门安排。2016 年 3 月 1 日，股市将正式施行上市注册制，期限 2 年。这意味着未来上市的股票将只需信息披露完整即可，而不再对其做经营能力规定，不设资金门槛。任何企业以后只要满足信息披露的规范都可以申请上市。与此同时，上交所的战略新兴板也将同步启动。另外，2016 年新股发行制度改革、新三板分层与转板等多项改革举措将有实质性推进，资本市场制度红利将长期释放。预计 2016 年更多优质企业将形成活水泉涌，增量资金会源源不断流入市场，IPO 的融资规模将有大幅增长。

另外，人民币加入 SDR，A 股有望纳入 MSCI，新兴市场和全球市场指数中 A 股权重预计将分别达到 15.7% 和 2%。如期初按 10% 的比例折算，

将新增 1700 亿资金，为 A 股市场带来利好。

在利率方面，中长期名义利率维持在低位从而将实际利率维持在低位，利率下行导致估值提升，并提升全社会对成长股等风险资产的追逐。另外，企业融资成本降低，政策面上又引导资金支持新兴战略产业，预计新兴产业的估值溢价将回归到高点。

在流动性方面，全社会资金充裕，却面临资产荒问题。在这种情况下，大类资产配置将结构性转向股市，形成一种交易性的牛市格局。企业产能过剩持续压低利润率，投资的预期回报大幅回落，导致非金融企业部门对增量和存量货币供应量的吸收功能越来越弱，需要寻找其他出路。不过，2015 年的股灾导致 2016 年新的主线上涨逻辑仍然需要时间才能形成。在养老金入市、加入 MSCI 预期、美联储货币政策的不确定性等因素的作用下，2016 年股市预计将走出震荡上行的趋势。

（二）债券市场利率下行见底，收益震荡

经过 2015 年利率债收益率的大幅下降，目前整体收益率水平处于历史低位，距离 2008 年金融危机时的低点仅有 30BP 左右，曲线较为平坦。展望 2016 年，利率债难以像 2014 年和 2015 年一样继续走出趋势牛，大概率将转为震荡市。基于决策层明确适度扩大总需求的总要求，2016 年经济总体走稳的概率较高，政策底决定经济底，经济底决定利率底。在货币维稳、财政积极、债务杠杆继续扩张的背景下，预计 2016 年利率水平总体可能前平后高，建议结合政策节奏和经济基本面变化，纯债策略逐步转向谨慎，全年继续积极布局大固收业务。

10 年期国债波动区间看在 2.7% ~3.4%。震荡市中交易盘博取价差收益的难度增加，建议关注利率互换、国债期货等衍生品对冲交易策略。同时，在资金利率平稳预期下，利用 IRS 组合套利策略也值得考虑。对于配置型机构而言，综合考虑税收成本和资本占用因素，国债和地方政府债仍是较为优质的配

置资产，尤其是地方债，随着发行利率逐步市场化，其配置价值逐渐凸显，建议配置盘重点关注。

信用债投资在行业方面，建议关注上游周期行业中有边际改善可能的、发债占比下降行业中偿债能力提升的、结构改革倾斜行业中后续融资需求加大的这三方面的投资机会，但注意控制久期；在品种上，建议关注有溢价的资产证券化产品，后续如果“熊猫债”发行主体范围扩大，也值得关注。在信用风险事件频发的大背景下，需要投资人更多地介入信用风险把控，自下而上评估各个债券的重要性不断增加。

（三）商品市场继续走低

2015 年商品市场暴跌主要缘于美元走强和中国经济疲弱，这一局面在 2016 年不会有太大改观。

一方面，以中国为首的新兴经济体对商品的需求疲软格局中期内不会改变，全球经济的强劲增长并不可期。新兴市场增长面临的风险加剧，且关键的中国需求可能会再度受制于正在推进的结构性改革，2016 年全球需求可能受抑。另一方面，伴随着以美国为首的发达经济体潜在的通胀预期回升带来的美元走强、弱化宽松会加剧资金面需求疲软，而且美联储也可能进一步加息带来不利影响。矿产、能源等原材料企业生产规模缩减与去杠杆化需要调整时间，中期内仍将保持供大于求的局面，因此，2016 年整体大宗商品仍将处于熊市阶段，出现强势反弹的可能性不大。

不过，商品存在着以生产成本价作为坚实价位支撑的因素，目前商品价格已跌至历史低位，原油和金属价格最近都已经下跌至足够低的水平，将迫使大宗商品生产商开始削减供应量，让供需关系重返平衡状态。特别是美国钻井数量急剧缩减会导致能源产量增速下降，矿业供应减少或许会支持部分金属价格反弹，而恶劣的天气应有助于农作物价格复苏。2015 年底以来，除原油外的多数商品期货价格没有再创新低，部分商品价格甚至走出了小反弹的行情。因此，随着价格下跌导致产量下降，许多大宗商品可能会在2016年下半年开始回暖，成为新的投资价值区域。

（四）外汇市场人民币贬值，美元、日元、欧元均走强

人民币方面。在美元大概率强势、出口和全球经济总体环境令人失望的背景下，中国央行更愿意允许货币贬值。2015年末中国央行一改长期盯住美元的策略，将追踪一篮子货币，也就是说，不会随着美元升值而被动升值，而是采取持续阶段性缓缓贬值。另外，人民币将在2016年10月正式加入SDR，因此，预计2016年贬值将主要发生在上半年，人民币汇率调整预计在加入SDR之前完成。

美元方面，2016年美联储加息路径仍然充满变数，且上行和下行风险同时存在：如果2016年美国经济数据明显走软，或者市场出现了明显抛盘，那么美联储的收紧计划可能会短暂叫停；如果上半年美国劳动力增长势头继续强劲，同时美国薪资上升，那么美联储加息步伐可能会快于市场所预期的每季度一次。虽然市场对利息前景飘忽不定影响短期美元的走势，但整体还是向好的方向发展。

欧元方面，欧元区经济基础面相对美元黯淡，预计宽松政策仍要维持一段时间，2016年上半年欧元整体走弱。预计欧元区2016年下半年的经济数据和通胀会走高，这会令市场开始讨论欧洲央行何时结束QE，使欧元走强。

英镑方面，英国有跟随美元加息的预期，但也有很多影响因素，例如是否留在欧盟的公投，以及经济缓和等，因此英镑可能整体走高，但震荡较为严重。

日元方面，日本经济在2015年三季度避免了衰退，表明日本经济已经比预期的要好了。2016年日本经济的进一步复苏会对日元构成支撑。而且日本央行货币政策倾向发生转变后，日银不会进一步扩大宽松。2016年大

宗商品价格下跌、人民币汇率波动等因素将导致资本撤离新兴市场，日元作为避险资产也将推动其不断走强。

新兴市场国家的汇率方面，在美联储加息的背景下将会受到较大压力。

因此，总体而言外汇市场 2016 年机会较多。

（五）黄金市场继续走低

美国经济持续缓慢复苏，美元将继续走强。另外，国际原油价格暴跌和低迷，未来通胀预计会非常缓慢地好转或停滞，黄金抗通胀作用无从发挥，因此预计黄金在 2016 年的空头趋势将延续。不过经济复苏可能出现波折，这将短期利多黄金，日常交易中需重点关注非农就业报告、FOMC 会议声明和会议纪要、耶伦货币政策相关讲话等，美联储若推迟加息则短期利多黄金。

欧央行年初推出 QE 时曾推动黄金上涨，但 12 月份当欧洲央行再一次加码宽松力度时，对黄金的利多影响明显衰减，几乎可以忽略。未来一年即使欧央行再有宽松的动作，预计对黄金的影响也不会太大。

2015 年伦敦黄金现货市场活跃度下降，黄金 ETF 持续减持，显示金融市场对黄金投资兴趣下降，预计 2016 年该状态或持续，未来需继续关注 ETF 持仓和伦敦市场。

国内而言，2016 年人民币或延续贬值走势，我们认为人民币贬值幅度不会太大。对于国内黄金来讲，人民币贬值将缩小国内黄金价格下跌的幅度。另外，2016 年中国会加强外汇管制和资本管制，国内资金的避险需求可能转向黄金。因此，我们预计，2016 年国内黄金价格可能小幅下降或略有上升。

另外，目前上海期货交易所虽然没有推出黄金期权交易，但南华期货股份有限公司推出了场外黄金期权，投资者也可以选择使用黄金期权来进行交易。目前南华期货对一个月到期的黄金期权进行每日报价，投资者可以选择买入或者卖出，也可以进行不同执行价格期权的组合交易，期权交易可以放大交易杠杆，提高资金利用率。

（六）房地产市场投资低迷，价格依然分化

在政策方面，预计 2016 年将有三大政策支撑房地产市场。

一是房地产库存压力仍大，2015 年中央经济工作会议将“去库存”明确为五大任务之一。2016 年房地产政策总的原则是通过农民工的市民化扩大有效需求，即通过户籍制度改革让进城务工的农民真正形成在城市里稳定居住、买房居住的预期，让农民真正在城市定居，打通供求通道，有效化解库存，促进房地产市场的平稳发展。

二是中央经济工作会议提出，鼓励房地产企业降价，促进房地产行业的整合。房地产行业集中度很低，通过鼓励行业并购整合的方式，鼓励房地产企业降价。

三是取消过时的限制政策。房地产市场巨大的分化，使得未来房地产政策依然会坚持分类调控、分城施策的原则，依据不同城市房地产发展实际情况决定限制政策，预计将继续放松货币信贷及财税政策，进一步放松限购，在降低首付和公积金异地使用等方面将会有所突破。

在这些政策的背景下，需求方面，从人口年龄结构来看，我国目前处于房地产行业的住宅需求顶部区域，但考虑到 2016 年在稳增长压力下积极推行的去库存战略，二三线楼市有望释放一定的销售弹性，但价格上涨空间有限。2015 年全国新房成交面积将达到 13 亿平方米左右的历史高位，成交额增长最多的主要是一二线城市，大量的三四线城市还是在萎缩，大量的库存房卖不出去。预计 2016 年房地产市场销售总量变化不大，但会有结构性亮点。

供给方面，房地产投资已经进入低速运行的新常态。由于 2015 年购地

量大幅减少，预计 2016 年上半年新开工持续低迷，施工面积也将受此拖累，考虑到单位投资额难有回升，预计未来投资增速仍将保持低位运行的常态。综合来看，预计 2016 年房地产投资增速较低，新开工面积继续同比下降，竣工面积同比略有增长。

价格方面，综合需求和供给两端，预计 2016 年房地产市场价格仍然分化严重，一二线城市继续上涨，三四线城市仍然有下跌空间。

（七）VC/PE 市场募投谨慎增多，退出渠道进一步丰富

募资方面，预计 2016 年基金数量和募资金额将进一步增加。“大资管时代”、高净值人群的增加以及充裕流动性和资产荒，为 VC/PE 带来重要的资金来源，基金募资将更加容易。

投资方面，2016 年“大众创业、万众创新”依旧是重点，而且“互联网 +”不断深入、二胎政策放开带来二胎经济，国企改革带来传统产业转型等，都蕴含着大量的投资机会，需要私募股权投资基金参与其中。预计 2016 年共享经济、懒人经济等领域，互联网、医疗、消费、教育、文化、娱乐等行业仍将成为投资热点。

退出方面，2016 年依然将是私募股权行业重要的收获期。注册制的推出、新三板推出分层等改革、战略新兴板可能推出以及海外的 VIE 结构回归等，都将极大地丰富私募股权行业的退出渠道，提升 VC/PE 的投资效率。单个项目的投资回报率可能降低，但私募股权基金的效率提升，整体的平均年化投资收益率可能有所上升。

（八）公募基金市场规模增长，偏股型收益较优

2016 年在股市、债市基本向好的预期下，预计基金规模将同比增加，基金指数将继续实现正增长，但是各基金板块涨幅分化。

在股市震荡向上的预期下，预计股票型基金指数涨幅最大。对于权益类基金的投资，目前主动管理偏股型基金相比指数型仍有较高超额收益。在剧烈震荡的市场中，对时机的把握尤为重要，因此建议选择主动管理偏股型基金。

债券型基金或能实现较小涨幅，在流动性宽松预期下存在阶段性机会。对于固定收益类基金的投资，考虑到当前债市处于高位，且与权益类市场挂钩的可转债难言企稳，在这样的背景下，对于债基的配置，基金投资者不可期望类似 2015 年的高收益，而以配置型为目标，可选择固定收益类的分级债基 A 份额代替债券基金的配置，平滑股市的波动。

混合型基金大幅扩容，也表现出新一批基金愈来愈重视创造绝对收益。建议优选时机把握能力较强，能够灵活调整仓位的基金。

在流动性趋于宽松和利率下降的背景下，货币基金将继续维持稳健收益。而对于风险规避型的投资者，依旧建议选择货币基金作为配置的首选，也可当作流动性管理的工具，以备其他资产出现投资机会时进行灵活转换。

（九）信托市场规模增长减缓，收益继续下行

规模方面，2015 年三季度出现的信托资产环比负增长，说明信托业开始积极实现资产结构的转变，从通道转向主动管理，从融资转向投资，从市政房地产转向其他领域。信托行业逐步进入发展成熟期，预计 2016 年信托规模仍将稳定增长，但增速会下降。

收益方面，2016 年央行基准利率和存款准备金率都在下行通道，市场无风险利率下行，整个社会企业的融资成本会随着下降。而且，市场上活跃着大量的资金无处可投，所以信托产品的收益率进一步下降的空间仍然存在。另外，信托是私募类产品，缺乏一个流通市场形成有效的市场定价，导致信托产品收益率对于市场利率变化相对不敏感。2016 年初银监会

表示将在 2016 年设立中国信托等级有限责任公司，建立信托产品统一登记制度，为信托收益凭证入市交易流通打下基础。如果信托产品流动性增大，相应的，收益会随之下降。因此预计 2016 年信托产品的收益也是下降的。2016 年优质企业融资成本可能会在 5% ~10% 之间，固定收益类信托年化收益率在 6% ~8% 之间的产品较为常见。

分类别来讨论，一直以来，基础产业、房地产、工商企业是信托业的三驾马车，但目前整个实体经济都比较疲软。尤其是房产类信托，成为爆出风险最多的类别。房地产迎来“去库存”时期，压力较大，项目普遍存在销售进度缓慢的问题，不建议稳健型的投资者参与房地产信托。各地房产市场两极分化严重，一边是三四线城市的房产去库存化，和土地贬值、流拍等情况；另一边同时存在像上海和深圳这样的一线城市房价有升且地王频现的情况。而房地产行业又是一个需要大量资金投入的行业，所以未来一定还会有地产企业需要融资发展，相应也就一定会出现地产类信托。这种局面下，如果要选择地产类信托，就一定得要求交易对手也就是地产商的实力足够强大，财务能力优秀，抵押物的折扣率充足，如果能提供担保或者其他增信措施更好。相反如果是地方小开发商，实力不强，房子卖不动，还款能力没有保障，负债率又很高，这样的信托产品收益再高也不建议参与。

基础产业类信托由于我国城镇化进程进一步加深，还存在一定的发展空间，而且尚未出现 1 例风险暴露项目。虽然地方政府债务问题严重，但国家也出台了债券置换等一系列缓冲政策。不过，基础产业类信托项目虽然有政府隐性担保，有抵押物和第三方担保等风控措施，仍要关注项目自身的还款能力和还款来源，一些经济实力薄弱、债务负担过重的地方项目可能会出现延期兑付、处置资产兑付的情况。

高等级政府平台信托仍是较好的选择。随着政信类信托产品规模增大，各地政府的负债增多，而企业经营环境未有大幅改善，所以各地政府实际收缴的税收也不大会有大幅提高，另外地方收入中来自土地拍卖的款项也是非持续性收入，所以个别地方出现“资不抵债”“入不敷出”或者“借新债还旧债”的可能性在加大。所以征信类产品也应尽量选择有抵押物、质押物充足、地方政府负债率低且财政情况良好的项目。

证券投资类信托产品在2015年经历“冰火两重天”，有的上半年赚得盆满钵满，有的下半年遭遇伞形信托清盘。2016年这些产品可能成为信托的新爆发点，但这类产品的特性是“靠天吃饭”，不确定性强，信托公司自主发行的证券类产品也还有待积淀和考察，并不适合追求稳健的投资者。

整体而言，因为门槛和期限，信托产品对普通投资者来说性价比已经逐步下降，但在收益整体下行的环境中，其高收益仍然值得投资者关注。

（十）银行理财市场规模增长减缓，收益先降后平

规模方面，预计2016年银行理财产品发行量仍会呈现增长态势，但增速将会下降。一部分是由于互联网金融带来的冲击，更多的是由于外部经济和市场环境的变化而导致的个人对投资品偏好的改变。

收益方面，2016年货币政策仍将相对宽松，市场上的流动性较为充裕，考虑到监管部门定向政策的运用将日渐成熟，局部区域、行业的流动性将很有保障；从趋势来看市场利率将继续走低，这都将导致人民币理财产品收益走低。不过，受美元升息趋势的影响，国内利率下行空间被有所抑制，长期来说理财产品收益率持续下降或大幅下降的预期会有所削弱，全年理财产品收益率可能呈现“先降后平”的一个走势，2016年底收益可能在4%左右。

受汇率影响，2016年外币理财市场尤其是美元理财市场将更有投资机会。随着美联储加息落地，2015年底外币理财市场收益向好。2016年美联储加息仍有预期，美元在2016年仍有可能会走强，美元资产会继续受到追捧，相关的美元理财产品投资机会可能会多于2015年。人民币的突然贬值

以及不断加深的贬值预期，在产品端将催热外币理财，在投资端将提高跨市场大类资产配置的需求。考虑到美元的强周期通道以及人民币的未来贬值预期，境外中资美元债以及点心债等都是不错的投资产品。

银行理财产品的格局仍在进一步调整，净值型产品将更多涌现。最近一年已经形成的理财产品净值化的趋势将会在 2016 年持续下去，净值型产品对于过去预期收益型产品的替代作用将更明显。理财产品净值化正是回归代客资管本源的重要进程，不少银行的理财产品正从单一封闭逐渐向开放式转型。

（十一）阳光私募基金规模增加，收益较2015年下降，行业监管趋紧

2015 年上半年的疯牛行情，催生了大量阳光私募基金公司，因此整个行业竞争较为激烈，预计 2016 年规模将进一步增长，但增速放缓。

收益方面，2016 年市场充满不确定性，而且私募行业在经历一轮股灾后面临考验，同时行业竞争加剧，私募不可避免面临洗牌。2016 年对职业投资人的专业要求会更高，在长期慢牛短期震荡的环境中，收益基本取决于职业投资人的判断。整体而言，2016 年收益比 2015 年将有所下降。

私募行业方面，基金业协会发布《私募投资基金募集行为管理办法（试行）》公开征求意见，目前已经截止征询。规则的推出改变了过去行业无章可循的情况，登记备案之后须配以监管处罚规则，约束和规范作用才能得以发挥，若相关配套规则发布实施，2016 年将是私募行业真正意义上的规范元年。随着运行和操作规范、分层管理等制度出台，更多不规范的私募机构则会被曝光、受到处罚。

另外，私募行业的繁荣，也引来一批机构争抢“蛋糕”，既包括承接私募投研以外的各种事务的外包专业机构，也有集结私募产品做资产配置的 FOF 管理人，券商、银行、基金公司、第三方机构等都在积极行动。

对于私募来说，让专业的人做专业的事，可以大大提高效率。可以猜想2016年外包机构的专业性将不断提高，交易系统、估值核算、销售等方面的分工将更加细化。

2016年，预计阳光私募基金的投资范围也将进一步扩大。从专注于二级市场投资，到拥抱一级市场股权投资，登陆新三板抑或申请公募基金，阳光私募不断谋求自身变革和破局。首先，私募越来越走向一级市场，比如鼎锋资产、新价值投资、瀚信资产等，他们已不满足于资本利得，而是谋求通过成立新三板基金、参与上市公司定增、设立并购平台等，实现一二级市场联动创造收益。其次，2015年12月上海重阳投资提请设立重阳基金，此举成为私募进军公募领域的标志事件，此前，鹏扬投资、凯石益正资产等私募也涉足该领域。可以预想，2016年这几家公司中会涌现成功案例，也将鼓舞更多大私募以参股或直接申请等方式涉足公募领域。最后，2015年有多家阳光私募登陆新三板。从目前在股转公司排队的私募数量来看，2016年私募挂牌仍将是大趋势。但因为之前私募融资频繁、融资金额和投向引关注，监管层近期叫停私募基金挂牌新三板，使得未来更加扑朔迷离。

总体而言，2016年私募将成为资管行业的重要力量，规模和数量暴增，同时行业监管也在趋紧，资本市场竞争激烈，必将改变行业生态。同时私募通过投资一级市场、涉足公募等方式扩展多种业务，改变盈利模式，而券商、第三方等机构则紧盯私募基金市场，也为私募基金的发展出力。

（十二）P2P行业监管加强，收益下降

2015年《互联网金融指导意见》正式公布，《P2P监管细则》也在年底公开向社会征求意见。2016年，《P2P监管细则》出台已成定势，银监会出台的《网络借贷信息中介机构业务活动管理暂行办法（征求意见稿）》

明确了网贷平台信息中介的定位，并对网贷平台的监管主体、负面清单、信息披露等做了详尽说明。

监管加强后对于 P2P 网贷平台的合规性要求将提高，平台不能设立资金池，也不能违规进行自融等行为。监管的出台一定程度上将加速行业内的洗牌，并且对 P2P 网贷平台风控能力、运营能力的要求提高。优胜劣汰下，未来不符合监管要求的、业务违规的、实力薄弱的平台将会出局。监管的趋严将淘汰一大批不合规的平台，行业面临洗牌。具有强势背景和资金规模的互联网金融机构，将借此机会进行兼并重组，加速市场布局，扩张区域版图，后期互联网金融行业或将进入寡头时代。预计 2016 年 P2P 中小平台跑路，或者因实力不济而破产倒闭的平台数量将出现大幅上升。不过，更多的金融机构和产业巨头即将登场，未来将有更多的企业通过互联网融资，更多的用户通过互联网管理自己的财富。P2P 行业成交额和投资规模会不断扩大，预计 3 ~5 年 P2P 行业累计成交量将达到 10 万亿元。

收益方面，P2P 历来以高风险高收益著称。但随着 P2P 行业逐渐发展成熟、监管政策的出台、巨型平台出事、央行持续降息、投资人风险偏好逐渐降低等因素影响，P2P 行业的综合收益总体将呈下降趋势，预计 2016 年网贷平台收益率可能下降到 9% 左右。不过，在“资产荒”的背景下，与其他理财途径相比，P2P 的收益依然很有优势。

由于 P2P 主要是解决中小企业融资的需求，因此，要判断 P2P 行业发展的好坏，就要首先看 2016 年的经济走向。2015 年经济大环境不好，借款融资单位生产经营能否持续尚未可知，一定程度上加剧了资产荒。2016 年，企业对低速发展的经济新常态的适应力会有所提升。并且，随着信用评价机制的健全，大数据应用于信用管理，资产端会有起色。尤其是，在金融全球化概念的推动下，人民币跨境政策逐渐放宽，海外优质资产有望更多地被引进国内，弥补国内资产的不足。2015 年已经有一些平台在尝试接触海外优质资产，宜信财富和陆金所均引入境外 P2P 平台的金融产品，并通过基金形式发售给国内投资者。预计 2016 年将有更多的 P2P 平台进行尝试和创新。

P2P 行业发展方面，2015 年底公布的《网络借贷信息中介机构业务活动管理暂行办法（征求意见稿）》在很大程度上消除了 P2P 机构上市的政策阻碍和风险。2015 年，中国 P2P 平台宜人贷在美国成功上市，成为纽交所中国互联网金融第一股，此举也为 P2P 平台的上市起到了带头和示范作用。一直以来，陆金所、红岭创投等众多 P2P 平台都在积极谋划上市，无奈由于监管政策不明朗等原因，上市之路一直困难重重。而监管政策出台后，市场资本将向实力雄厚、风控完善的平台集中，同时也推动了 P2P 机构的规范化，预计 2016 年将有不少 P2P 平台踏上上市之路。

P2P 监管细则中明确规定，网络借贷信息中介机构不得在互联网、固定电话、移动电话及其他电子渠道以外的物理场所开展业务。禁止 P2P 线下收单，将线下财富管理公司与 P2P 划分开来，这样一方面有利于监管，另一方面也便于投资者判断是否是真正的网络借贷平台。因此，网贷平台将面临业务转型、模式转型、资金重组等多重压力。P2P 平台回归信息中介位置之后，投资人风险自担，大量的投资人撤资、观望甚至流失也将成为 P2P 平台所不得不考虑的难题，2016 年将是整个行业最为艰苦的一年。

综上，随着 P2P 平台竞争的激烈化，未来的 P2P 市场将会趋向细分化和垂直化，进入 2016 年，P2P 网贷行业迎来更大的挑战，而专注市场及细分化领域的平台或将更受投资人的青睐。

（十三）“宝宝”类产品收益继续走低

2016 年第一周数据显示，各家互联网理财“宝宝”类货币基金继续全线回落。除了蚂蚁金服的余额宝跌入“2.6”通道以外，腾讯的理财通中的“华夏基金财富宝”“易方达基金易理财”近 7 日年化收益率分别为 2.9510%、2.8980%，京东的“嘉实活钱包”为 2.8170%，均不超过 3%。微众银行的“活期 +”7 日年化收益率仍然有 3.31%，而陆金所该类活期产品收益率则相对较高，其“零活宝”7 日年化收益达到 4.96%，远远高于其他几家。

不过，相比目前各家银行的定期存款，货币基金无论从收益还是期限灵活度来说，仍然具有较高的优势。各家银行目前的定存利率一般上浮不超过 40%，维持在 2% 左右。因此“宝宝”类产品仍有 1% 的超额收益。

如果想要追求更多的收益，也可以选择互联网理财“宝宝”类产品中的 3 ~ 6 月长投资期限产品。例如民生加银理财月度、招商招利月度理财近 7 日年化收益率分别为 3.4000% 和 3.3170%，收益较活期产品要稍高。支付宝的“招财宝”、理财通的“光大永明定活保 168”，收益率分别达到 3.50% 和 5.6000%。此外，陆金所针对新客户提出的“财富汇—福佳禧 59H 号”，预期年化收益 6.00%，投资标的为平安车贷资产证券化信托计划，这项投资七天可转让。

不过，2016 年国内仍然处于降息通道中，这类中长期限的理财产品虽然预期最高收益率较高，但事实上并不保障收益，在市场波动的情况下，到期实际收益率存在一定的风险，不排除出现未能达到承诺的高收益的情况。

未来“宝宝”类产品比拼的是功能性和便利性，以及完善现金管理工具的属性，而不再是仅仅拼收益率了。货币基金因投资于短期债券、央行票据、银行存单、同业存款等短期货币工具，各家的收益率水平大同小异，所以只能通过增加便捷性、安全性、应用场景等来培养用户黏性以延续生命力。

展望 2016，由于货币政策的原因，“宝宝”类产品的收益走低是大势所趋，在此背景下，建议投资者配置收益率和流动性平衡的宝宝类产品作为现金管理工具来获得稳定收益。

主题投资

TOPIC
REPORTS

“一带一路” 主题下的投资机会分析

张志前

经济学博士，高级经济师，中国建投投资研究院高级研究员、副秘书长

投资提示

- “一带一路”给国内带来的机会包括：东部地区将进一步扩大对外开放，中部地区将加大交通基础设施建设，西部地区需要大力引进人才和资金，东北地区需用创新引领产业结构升级。

- “一带一路”主题下投资潜力巨大的国外地区如下。一是中亚。主要包括哈萨克斯坦、吉尔吉斯斯坦、塔吉克斯坦、乌兹别克斯坦和土库曼斯坦5国。二是中巴经济走廊。三是东南亚国家联盟。四是中蒙俄经济走廊。

- “一带一路”主题下具有投资机会的产业包括：交通基础设施建设、能源和资源开发、国际产能合作和文化旅游产业。重点是基于基础设施建设、能源和资源开发的国际产能合作。

一、“一带一路”战略新思路

（一）传统发展方式的挑战

发展中国家经济发展规律表明，在经历过一段较长时间的高速增长后，经济增长速度一般会呈现台阶式下降的特征，甚至掉入所谓的中等收入陷阱。经过30多年的高速增长，我国经济增长面临的问题也日益凸显，传统依靠劳动力、资本和资源大量投入的粗放式发展模式正在受到挑战，中国正处于经济增长速度换挡期、结构调整阵痛期和前期刺激政策消化期“三期叠加”的特殊时期。由于金融危机之后的大规模投入，国内基础设施已日臻完善，未来投资增长空间有限，而消费增长空间仍未打开，进出口仍未从金融危机的打击中完全恢复，为此中国需要发现新的增长路径。我国现有的产业结构已经不能满足经济发展的需要，包括出口在内的整个中国经济迫切需要转型。前期刺激政策带来工业产能大量过剩，导致国内产能利用率不足，部分落后产能亟待淘汰。虽然我国GDP总量已经排名世界第二，但人均GDP水平依然很低，为吸纳新增就业，必须保持一定的经济增长速度。

（二）扩大开放的历史机遇

全球金融危机之后，世界经济正在发生着深刻变化。在传统外需极度疲弱的情况下，我国一方面要加速产业结构的升级，另一方面还要寻找新的贸易合作伙伴和产业对接国。多年来，我国的对外开放主要以东南沿海地区为主，而西北内陆地区相对封闭。“一带一路”是借助古代丝绸之路的概念，以古代丝绸之路沿线为重点，面向整个亚洲，甚至包括欧洲、非洲和大洋洲的全方位深度开放。“一带一路”覆盖了中亚、西亚、东南亚、中东、非洲东部以及欧洲部分地区，涉及60多个国家，对于加强世界经济合作尤其是欧亚经济合作关系重大。虽然“一带一路”沿线主要是亚洲国家，且多数是发展中国家，但是“一带一路”战略是一个完全开放的战略，是无边界的开放式合作方式。这种大规模、全方位的深度对外开放，将使我们的开放战略由“引进来”和产品出口转变为“走出去”和国际产能合作，将给我国经济发展带来新的活力。

（三）“一带一路”的战略思维

我国传统的经济增长主要是靠投资拉动，但是由于长时间基础设施建设，房地产库存压力加大，很多行业产能出现了严重的过剩，因此，大规模投资对经济增长的拉动作用已经出现边际收差递减趋势。在国内消费尚未成长起来之时，净出口增长对经济增长的贡献意义巨大。但经过全球金融危机洗礼，我国传统出口市场尚未恢复，因此中国需要一方面巩固现有国际贸易地位，另一方面积极开拓新的出口市场。在新形势下，我们要扩大出口，就必须结合国内行业产能和技术优势，寻找国际上需求匹配的市场，一方面加深同国际贸易伙伴的贸易联系，另一方面对外输出产品和产能，化解国内的过剩产能。中国目前进出口贸易总额在全球市场的占比已经达到11%，但是进出口贸易结算仍是以美元为主，我国外汇储备中美元占比约为70%，一旦美元币值波动，将直接损害我国经济利益。因此打通贸易通道，稳固和增加我国同“一带一路”沿线国家的双边贸易关系，并且在此过程中推进人民币国际化，扩大中国在亚洲甚至世界的影响力，也是“一带一路”的目的。

（四）“一带一路”的深远影响

我国地处东亚，东临太平洋，西接亚欧大陆，邻国众多，地缘关系极为复杂。中国的崛起使得亚洲的格局发生深刻变化，日本在亚洲的影响力受到削弱，其他一些国家也感到了不安和挑战。大国的崛起不仅意味着实力和影响力的增大，同时也意味着更多的责任。“一带一路”战略是中国崛起之后，提出的第一个国际化的大战略，它不仅有利于我国实施全方位的开放战略和西部大开发战略，推动我国经济持续健康发展，同时也有利于推动区域经济合作，建立世界经济政治新秩序，实现亚洲乃至世界的共同繁荣。从国际战略上看，亚欧大陆国家众多，地理位置重要，资源丰富，是大国必争之地。美国 2011 年提出过新丝绸之路计划，日本提出过丝绸之路战略，俄罗斯提出过欧亚同盟战略。各战略出发点有所不同，但是目标大同小异，几乎都认为亚欧大陆是必争之地。

二、“一带一路”给国内带来的机会

改革开放以来，我国经济战略重心主要集中于东部沿海地区。虽然我国实施了“中部崛起”和“西部大开发”战略，但总体效果并不理想，地区经济不平衡仍在加剧。“一带一路”打破了传统上对海上通道的依赖，开拓了向西的陆上通道，将利用全球市场创造新的机遇，激活中西部地区的发展潜力，对促进我国东部、中部和西部区域的协调发展具有重要意义。“一带一路”战略的推进，将在构建全方位开放经济体系的基础上，从国际、国内两个层面促进东部与中西部区域协同发展，东部开放地区将会更加开放，原来相对封闭的西部地区也将迎来良好的投资发展机遇。

（一）东部地区：将进一步扩大对外开放

东部地区是我国对外开放最早的地区，为我国对外开放战略起到了示范作用。东部地区的开放区域可以分为北部沿海地区、东部沿海地区及南部沿海地区。

北部沿海地区，包括北京、天津、河北、山东四个省市，经济发展基础较好，工业体系完善，农业生产发达，是我国的政治、经济、文化中心。但如今，产业结构陈旧，技术创新不足，环境污染、资源紧缺等负面因素成为影响该地区经济发展的重要瓶颈，尤其是近年来频繁出现的雾霾，令人十分担忧。天津自贸区的建设将为京津冀协同一体化发展开辟新的空间，成为“一带一路”对外开放的桥头堡，推动京津冀地区产业结构调整和内部相互开放，形成优势互补的产业格局。

东部沿海地区，主要为长三角区域，包括江苏、浙江、上海三个省市，是我国经济最发达，也是对外开放力度最大的地区。虽然该地区经济活力较强、创新资源丰富，也面临着环境与资源的束缚、国际竞争压力日益加大的问题。在参与“一带一路”建设过程中，东部沿海地区将加强统筹协调，把三省市的援疆、援藏、援滇、西部大开发等重要任务与丝绸之路经济带建设紧密结合起来，加快建设连云港国家东中西区域合作示范区，打通向西开放的国际大通道。在对外开放方面，将以上海自贸区为中心推进长三角地区的重点领域对外开放，发展港口经济及自由贸易园（港）区，形成面向全球的高标准自由贸易区。

南部沿海地区主要包括福建、广东、海南、广西四省区，涵盖海峡西岸经济区、珠江三角洲、海南国际旅游岛、北部湾经济区等国家重点支持发展的经济区域。该地区临近港澳台地区，具有一定的地缘优势，是我国的制造业基地及生态旅游区，出口贸易发达，外向型经济特征显著。该地区将充分发挥深圳前海、广州南沙、珠海横琴、福建平潭等开放合作区的作用，深化与港澳台地区的合作，打造粤港澳大湾区，推进浙江海洋经济发展示范区、福建海峡蓝色经济试验区和舟山群岛新区建设，加大海南国际旅游岛开发开放力度。全面深化广西与东盟的合作，将北部湾经济区建设成为中国—东盟开放合作的中心。积极参与和助力“一带一路”建设，并为台湾地区参与“一带一路”建设作妥善安排。

综上，东部地区的对外开放将以沿线重要港口、国际机场枢纽、产业园区及自由贸易园（港）区的建设为中心，不断扩大辐射范围，形成高标准、深层次的开放经济，助力“一带一路”战略。重点加强天津、上海、连云港、宁波—舟山、广州、深圳、湛江、汕头、青岛、烟台、大连、福州、厦门、泉州、海口、三亚等“一带一路”海上战略节点城市港口建设。着力消除国际贸易壁垒、扩大市场准入、探索对外商投资实行准入前国民待遇和负面清单管理模式。在大力发展上海自贸区的基础上，加快推进北部天津及南部福建、广东的自贸区建设，不断推进自贸区的扩容，使我国东部地区四大自贸区的协同发展取得实质性进展，成为带动区域发展、深化对外开放的新高地。

（二）中部地区：将加大交通基础设施建设

中部地区自古以来就是我国连接东西海陆、贯通南北的交通枢纽，同时煤矿资源丰富，工业体系完善，但是发展模式较为粗放，城乡区域发展失衡，基础设施薄弱，交通运输方式单一，对外开放程度不足。此外，中部地区水资源紧缺、环境污染严重，发展遭遇瓶颈，在东部快速发展、西部持续开发的背景下，中部已成为我国经济发展的一块洼地。

中部地区要提升内陆开放的深度与广度，其着力点是增强交通及物流枢纽的战略支点地位，加快推进亚欧大陆桥的建设，加强与“一带一路”沿线国家和地区以及省际的沟通，协商制订推进区域合作的规划和措施。2014 年 4 月，“汉新欧”班列实现常态化运营。2014 年 7 月，湖北阳逻港开通武汉至东盟 4 国（泰国、柬埔寨、越南、老挝）试验航线，打通了中部地区通往“21 世纪海上丝绸之路”的通道，使中部地区货物进出口泰国和越南的时间分别缩短了 6 天和 4 天，同期，武汉—莫斯科直航航线正式开通。

作为中部九省通衢的武汉，将重点推进陆地和航空口岸建设，及产业园区发展，通过亚欧大陆桥加强与东西部省份及“一带一路”沿线国家的经贸合作。铁路、水运、航空大通道建设直接促进了湖北乃至中部地区对“一带一路”国家进出口贸易的较快增长。随着交通基础设施联通，中部地区与“一带一路”沿线国家的贸易更加紧密，江西对外贸易总额的三分之一将来自丝绸之路沿线国家。未来，在“一带一路”战略的引领下，中部地区将进一步加强交通基础设施建设，真正成为联通东部和西部的枢纽。

（三）西部地区：需要大力引进人才和资金

我国西部地区地域辽阔，自然资源丰富，交通地位重要，北部与俄罗斯、蒙古国、中亚等五国接壤，西南与印度、巴基斯坦、尼泊尔等国相邻，南部通往东盟各国，是我国重要的出海口。人烟相对稀少、基础设施薄弱、人力资源匮乏、财政支持不足，均制约了我国西部地区对外开放的进程，导致该地区经济发展乏力。在未来的发展中，西部地区将充分利用“一带一路”战略带来的红利，运用好专项资金，在加大基础设施建设力度的同时，引进专业技术人才，发展教育以促进人力资本的不断积累。

首先，在国内要以“一带一路”经济带为中心，大力发展城市群，将有限的资源加以整合共享，促进产业集聚，提升地区产业的比较优势，推动地区产业的协调发展和共同繁荣。如：以乌鲁木齐为中心的城市群、以西安为中心的关中城市群、以兰州为中心的兰白西城市群均已初具规模。“一带一路”发展战略将惠及该地区的城市发展，推动产业集聚、人力资本积累以及资源的有效配置，同时也有利于引进外资及缩小与东部发达地区的差距。

其次，还应该积极参与“一带一路”经济带与自由贸易区的合作建设，如加快推进“孟中印缅经济走廊”“中巴经济走廊”的建设，这将有利于实现我国西部地区与相关国家进行产业合作及产业优势互补，推动国内优势产业“走出去”。比如，我国与印度、巴基斯坦、斯里兰卡等国开展高铁及港口的合作建设，极大地推动了我国高端装备的“出海”，真正将高技术含量“中国制造”推向国际市场。

最后，各省市应根据自身条件扬长避短，形成优势互补。重庆、贵州和四川等内陆省市应以重点城市的主要园区为依托，加快建设出口加工区，积极引导加工贸易转型升级，鼓励有条件的企业采取跨国并购、股权置换、境外上市等方式，开展跨国投资经营，促进技术、设备和劳务出口，将自身生产体系纳入全球产业链条中。云南、西藏等省区应继续利用与东南亚、南亚国家相邻的优势，加快推进跨境经济合作区、边境经济合作区、综合保税区等海关特殊监管区建设，强化自身产业和地区优势，并形成优势互补。

（四）东北地区：用创新引领产业结构升级

东北地区自然资源丰富，工业基础雄厚，城镇化程度较高，但是出口产品中资源型、原料型、劳动密集型初级产品比重偏大，产业结构调整进程缓慢，科技创新能力不足，经济发展缺乏活力。实施“东北振兴”战略以来，东北地区对外贸易和利用外资快速增长，但对外开放度低、贸易结构失衡等问题仍然非常突出，经济增速仍然落后于全国。

东北三省应紧紧抓住“一带一路”带来的巨大政策红利，加快产业结构调整，扩大对外开放，积极融入国家“一带一路”发展战略。一是以珲春为为中心，依托图们江国际合作示范区，面向朝俄，打造环日本海经济圈桥头堡；二是以丹东为中心，依托辽宁沿海经济带面向朝韩日，打造环黄渤海经济圈桥头堡；三是以满洲里为中心，依托腹地面向蒙俄，打造内陆经济协作圈桥头堡，其战略是建立合理有效的协作机制和把握好重点任务发展的切入点，成为东北亚区域经济一体化发展的助推器。

在构建交通网络方面，要打通西伯利亚铁路，推进构建北京—莫斯科欧亚高速运输走廊，建设向北开放窗口，形成海陆联运航线，促进丝绸之路经济带的两翼齐飞。在推进经贸合作方面，应加快“走出去”步伐，以优势换资源、换资本、换市场。利用日、韩的资金与技术，加强与俄、朝、蒙在资源矿产领域的合作，构建与东北亚各国的共赢格局。在加强对外创新合作方面，要大力推进沈阳中德高端装备制造产业园、大连中日韩循环经济示范基地、大连中以高技术产业合作重点区域建设；推进大连跨境电商综合试验区建设，优先开展东北装备“走出去”和国际产能合作。

“一带一路”战略给国内相关省、市、区带来了难得的发展机遇，同时也给投资者带来了难得的投资机会。依据“一带一路”开放、包容的原则，应该说全国各省市区都迎来了难得的机遇和机会。但是，由于我国各省、市、区的基础条件不同，投资的机会有大有小。我们根据对影响投资的相关因素进行分析，将这些影响投资的因素分为：经济发展水平、投资发展状况、投资发展环境以及与“一带一路”战略的相关度等四大影响因子，同时对每一项因子给予不同的权重，这样我们就可以计算出国内每个省、市、区的“一带一路”投资指数。最后，根据“一带一路”投资指数排名，将这些省、市、区分为三大类，第一类投资机遇和价值最大，第二类、第三类依次递减（见表1、图1）。

表1 “一带一路”国内各省、市、区投资评级

投资分级	省、市、自治区
第一类	江苏、福建、广东、陕西、广西、浙江、山东、河南、新疆、河北、内蒙古
第二类	甘肃、四川、辽宁、湖北、湖南、海南
第三类	安徽、天津、云南、上海、宁夏、青海、江西、吉林、重庆、黑龙江、北京、贵州、西藏、山西

图1 各省、市、区“一带一路”投资评级指数

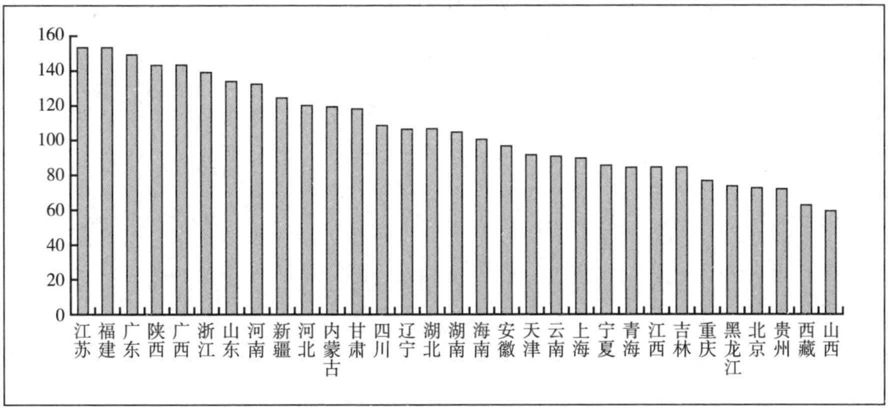

三、“一带一路”给国外带来的机会

“一带一路”涵盖中亚、南亚、西亚、东南亚和中东欧地区，涉及60多个国家，人口44亿，占全球人口的63%，经济总量约21万亿美元，占全球经济总量的29%。历史上，依托陆海丝绸之路，这些国家经济联系密切，人员往来频繁。近现代以来，受资源禀赋、产业分工、地缘政治等因素制约，许多沿线国家在现代化进程中明显落伍，多数属于中低收入国家，还有9个最不发达国家。这些国家基础设施落后、产业和社会事业发展水平低、对外开放程度不高，加快经济社会发展、实现国家现代化的愿望十分迫切。从投资的角度看，这些国家未来的发展潜力巨大，尤其是以下几个地区更值得关注。

（一）中亚腹地：路上丝绸之路的中心节点

中亚是丝绸之路经济带上的核心区域，主要包括哈萨克斯坦、吉

尔吉斯斯坦、塔吉克斯坦、乌兹别克斯坦和土库曼斯坦五国。中亚五国石油、天然气、有色金属、水力等资源丰富，被称为“21 世纪的战略能源和资源基地”。自 1992 年中亚国家相继从苏联独立以来，各国生产总值在 20 多年里都有了 10 倍左右的增长。经济总量最大的为哈萨克斯坦，是其他四国总和的两倍，属于中等发达国家，其次为乌兹别克斯坦和土库曼斯坦，塔吉克斯坦和吉尔吉斯斯坦经济总量较小。从 GDP 增长率来看，土库曼斯坦最高，吉尔吉斯斯坦最低。从人均水平看，哈萨克斯坦、土库曼斯坦较高，其他国家均为中低收入国家（见图 2）。

图2　2014 年中亚五国 GDP 及其增长情况

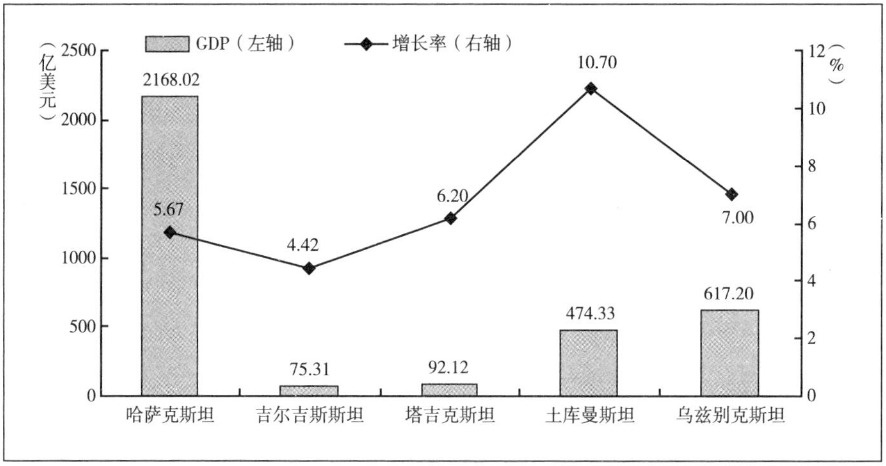

中亚五国具有丰富的矿产能源资源。哈萨克斯坦是中亚矿产资源最丰富的国家，不仅品种丰富，而且储量大，已探明 90 多种矿。石油、天然气资源也非常丰富，是里海地区油气开采量潜力最大的地区。土库曼斯坦 80% 的领土蕴藏着丰富的石油、天然气等重要能源，其中天然气资源储量居世界第四位，盛产各类石化产品。乌兹别克斯坦也有丰富的天然气、石油、煤炭、有色金属等资源。吉尔吉斯斯坦油气资源相对匮乏，但拥有丰富的有色金属矿产资源，其中黄金总储量为 2149 吨，探明储量

565.8吨，居独联体国家第3位，世界第22位。塔吉克斯坦能源及矿产资源均较短缺。

中亚五国的基础设施建设进程缓慢，很多还是苏联时期遗留的产物，交通运输以公路为主。哈萨克斯坦公路里程为9.7万公里，与我国的辽宁省相当；乌兹别克斯坦和吉尔吉斯斯坦公路里程分别为4.3万、3.4万公里；土库曼斯坦和塔吉克斯坦均仅有1.4万公里，与我国的上海市相当。乌兹别克斯坦和土库曼斯坦国内均无高速公路。在铁路方面，全国铁路里程最长的为哈萨克斯坦，达到1.5万公里。其次为乌兹别克斯坦和土库曼斯坦，分别为6000公里和3000公里。而塔吉克斯坦、吉尔吉斯斯坦铁路里程均不足1000公里。

中亚五国曾是苏联的粮仓和重要的优质长绒棉产区，农业和畜牧业相对发达，制造业和加工业相对落后。哈萨克斯坦国内经济以石油、天然气、采矿、煤炭和农牧业为主。乌兹别克斯坦国民经济支柱产业是“四金”：黄金、“白金”（棉花）、“黑金”（石油）、“蓝金”（天然气），是世界第六大棉花生产国和第二大棉花出口国。土库曼斯坦以石油天然气工业为支柱产业，而农业方面则以种植棉花和小麦为主。吉尔吉斯斯坦经济以农牧业为主，工业基础相对薄弱，主要为农产品加工。塔吉克斯坦经济基础相对薄弱，结构较为单一。由于能源资源较为短缺，国内缺乏支柱产业，其发展对国际社会具有一定的依赖性。

（二）中巴经济走廊：“一带一路”的旗舰项目

巴基斯坦位于南亚次大陆西北部，面积79.6万平方公里，人口高达1.97亿，是世界第六人口大国。巴基斯坦属于伊斯兰国家。巴基斯坦南濒阿拉伯海，东、北、西三面分别与印度、中国、阿富汗和伊朗为邻，与印度在克什米尔地区存在领土争端。巴基斯坦最主要的资源为煤炭，其他能源储量相对匮乏。巴基斯坦属于经济增长较快的发展中国家，

2013 年 GDP 为 2323 亿美元，其中农业、工业、服务业分别占 25.11%、21.08%、53.81%，重点产业包括纺织业、皮革业、制糖业、化肥业等。巴基斯坦基础设施建设相对滞后，公路密度远低于南亚其他国家，铁路年久失修以致运输能力下降显著。（巴基斯坦近 10 年来 GDP 增长情况见图 3。）

图 3　巴基斯坦近 10 年来 GDP 增长情况

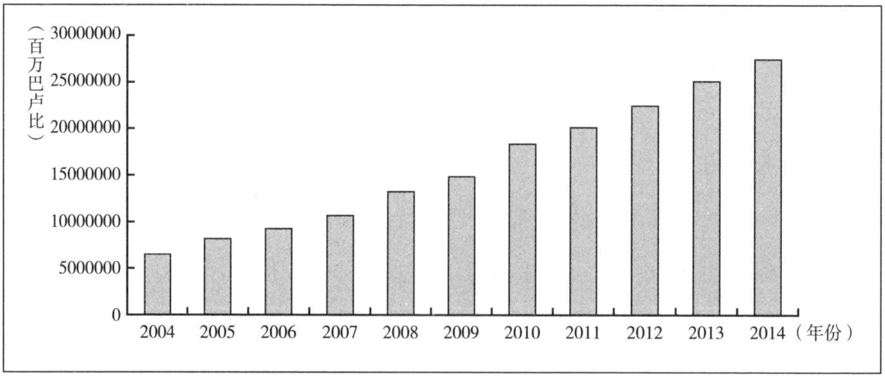

中国与巴基斯坦长期以来都是友好邻邦，被称为是中国全天候的战略合作伙伴。中巴在政治诉求上具有一定的一致性，巴基斯坦是中国在南亚地区最重要的战略合作伙伴之一，二者在对印度、美国等西方国家政治倾向以及打击恐怖主义上具有利益一致性。2005 年以来中巴外交关系不断深化，中国也是巴基斯坦最重要的援助国。2015 年是“中巴友好交流年”，两国致力于在经济和安全问题上全面加强合作。巴方支持“一个中国”原则，全力支持中方打击“三股势力”，积极深化与中方在国际及地区事务中的协调和合作。

2013 年 5 月，李克强总理访问巴基斯坦时正式提出了“中巴经济走廊”的概念。2014 年 2 月，中巴双方同意加速推进中巴经济走廊建设。巴基斯坦处于“一带一路”海外路线的交汇点上，中巴经济走廊贯通后能把南亚、中亚、北非、海湾国家等通过经济、能源领域的合作紧密联合在一起，进一步强化巴基斯坦作为桥梁和纽带连接欧亚及非洲大陆的战略地位，对于推进"一带一路"建设具有十分重要的意义。中巴经济走廊北起新疆喀什，南至巴基斯坦境内的印度洋出海口瓜达尔港，计划建设公路、铁路、油气和光缆通道等，力争在瓜达尔港、能源、交通基础设施、产业合作等领域首先取得收获。

图4 中巴铁路模拟路线图

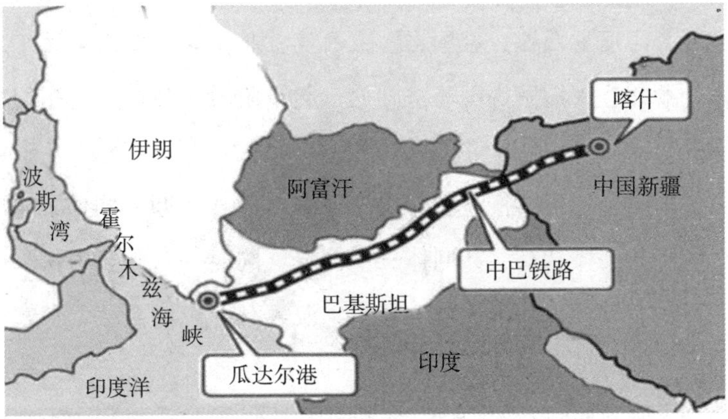

中巴经济走廊的重点投资领域是交通运输等基础设施建设，这是未来能源、产业等其他各层面合作的基础。目前中巴经济走廊项目正式启动公路建设招标，总里程数逾4000公里，已向包括中国在内的企业进行邀投标。2015年1月中国交建17亿元人民币承建巴基斯坦瓜达尔港新机场项目正式获批。能源电力紧缺是巴基斯坦政府最急于解决的问题。目前巴方积极与中国企业开展核电、水电、风电、燃煤发电等方面的合作。中国将在巴基斯坦承建6座核电站，核电行业将迎来重大机遇。巴基斯坦钢铁产业对外依存度极高，原材料完全依赖海外进口，炼钢工业技术也不发达。未来，中国钢铁过剩产能将加快向巴基斯坦转移。随着产业转移的推进，工业园区建设、机械设备制造相关行业也将迎来投资机遇。

（三）东盟：海上丝绸之路的明珠

东南亚国家联盟（简称“东盟”）成立于1967年，目前成员国包括印度尼西亚、马来西亚、菲律宾、新加坡、泰国、文莱、越南、老挝、缅甸和柬埔寨，是东南亚地区以经济合作为基础的政治、经济、安全一体化合作组织。东盟地区人口众多，十国的经济发展水平参差不齐，除新加坡属发达国家外，印度尼西亚、泰国、马来西亚、菲律宾、越南等属于新兴市场经济体，缅甸、柬埔寨等国经济则处于起步阶段，整体而言东盟是经济增速最快的地区之一。（近6年东盟国家GDP平均增速情况见图5。）近年来，东盟各国间合作不断推进和深化，2015年建成东盟共同体，包含安全共同体、经济共同体和社会共同体三个部分。同时，东盟努力作为一个整体积极参与多方外交，已与美国、日本、澳大利亚、新西兰、加拿大、欧盟、韩国、中国等形成对话伙伴关系。

图5 近6年东盟国家GDP平均增速

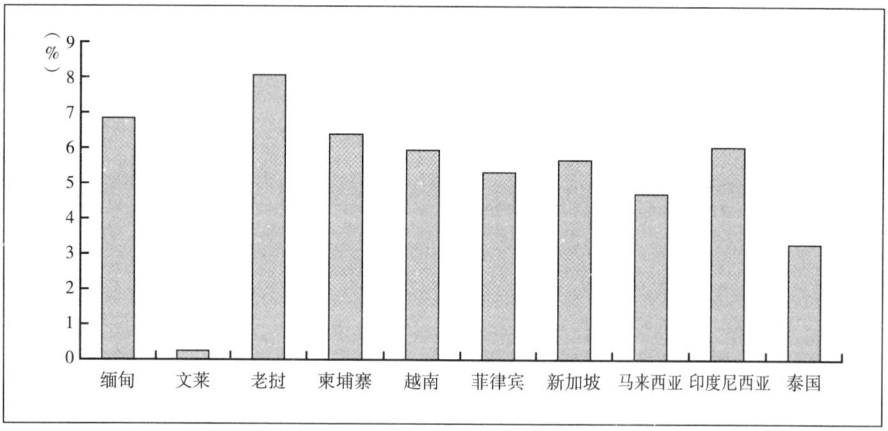

中国与东盟属于近邻，是东南沿海产业及资本“走出去”的最重要目的地，东盟十国也是我国21世纪海上丝绸之路的起点和关键所在。东盟各国产业结构和发展阶段各异，与我国在资源和产业结构上都存在契合度，

例如，中国从一些东盟国家进口资源产品，并向东盟出口机电产品等。此外，中国与东盟之间的技术转移合作也日益增强，涉及生物制药、通信、航天、农业、新能源等领域。2010 年，中国 – 东盟自由贸易区正式建成，两者经贸合作逐年发展。2014 年中国 – 东南亚贸易同比增长 8.3%，中国 – 东盟贸易增速较中国整体对外贸易平均增速高出 4.9 个百分点；中国与东盟贸易额占中国对外贸易总额的 11.16%。

2015 年 12 月 31 日东盟共同体成立，废除东盟内部以及与外部的各类关税与非关税壁垒变得至关重要。东盟正加紧谈判，目前废除 69 项非关税壁垒的 45 项谈判已取得进展。一直以来贸易保护主义是中国 – 东盟经贸合作最大的阻碍之一，随着贸易壁垒的淡化，中国与东盟经济或迎来新发展。尽管如此，中国与东盟的经济合作依然面临重重障碍，如领土及领海争端、部分地区的反华情绪、贸易保护主义等。双方的经济合作还需与外交、文化的交流、合作相配合。

中国在东盟的投资较为多样化，涉及农业、基建、能源、医药、旅游、工业制成品等众多方面，投资企业不仅包括大批实力雄厚的国企，更包含众多生机勃勃的民营企业。未来一段时期内大力开展基础设施建设是东盟各国的一致发展方向，中国应努力加强双方交流，增强双方的理解，改善东盟国家的敌视态度，努力在道路、高铁、电力等领域加强投资。除此之外，努力扩大在农林渔业、资源开发等传统领域的经贸合作，同时创造在通信、环保等新兴领域的合作机会。

（四）中蒙俄经济走廊：横跨欧亚的大陆桥

中蒙俄三国地缘毗邻，有着漫长的边境线，且发展战略高度契合。蒙古国地处俄罗斯与中国之间，是中俄贸易与通道不可替代的桥梁。蒙古国是一个内陆国家，矿藏资源丰富，经济发展最大的瓶颈是交通运输。此前，蒙古国对外贸易完全是通过俄罗斯与中国边境口岸实现的，在过境运输、出海口等方面需要中俄两国提供便利。伴随着蒙古国每年对外贸易的增加，急需加快铁路、公路、水路、航空等基础设施建设。蒙古国畜牧业发达，国内产品需要出口欧洲市场。加入“中蒙俄经济走廊”的建设，不仅会带动经济发展，还会打通陆路、铁路与海港的跨国通道，极大地方便蒙古国对西欧市场产品的出口。

俄罗斯横跨欧亚大陆，各种资源非常丰富，拥有石油、天然气、煤炭、木材等自然资源，不仅是全球重要的能源战略市场，也是具有巨大战略价值的过境运输国家。“中蒙俄经济走廊”打通中国、蒙古国了与俄罗斯的运输动脉，具有重要的战略价值。由中国的连云港出发，经中部省份，穿越蒙古国，与俄罗斯境内的乌拉尔及南方公路干线相连，抵达克里米亚半岛的深水港，再通过船运，由地中海发往欧洲、中东与非洲，这将会是最安全、经济的运输线路。一旦北极航道中的东方航道（大部分航段位于俄罗斯北部沿海的北冰洋离岸海域。从北欧出发，向东穿过北冰洋巴伦支海、喀拉海、拉普捷夫海、新西伯利亚海和楚科奇海五大海域直到白令海峡）开通，俄罗斯作为重要的运输过境大国的战略地位会更加凸显。

2014 年 9 月，习近平在出席中俄蒙三国元首会晤时提出共建丝绸之路经济带，打造中蒙俄经济合作走廊的倡议。中蒙俄经济走廊联通中国、蒙古国、俄罗斯三国，共有两个通道，一是华北通道，由京津冀到呼和浩特，再到蒙古国和俄罗斯；二是东北通道，沿着原有中东铁路从大连、沈阳、长春、哈尔滨到满洲里和俄罗斯的赤塔。与从西北地区走新亚欧大陆桥相比，中蒙俄经济走廊运输成本低、时间短，经过的国家少，海关通关成本低，具有较大优势。该经济走廊把丝绸之路经济带同俄罗斯跨欧亚大铁路、蒙古国“草原之路”走廊计划对接，将促进我国东北地区的发展，也符合中蒙俄的切身利益。目前，已开通“津满欧”“苏满欧”“粤满欧”“沈满欧”等“中俄欧”铁路国际货物班列，并基本实现常态化运营。

四、“一带一路”给相关产业带来的机会

“一带一路”涉及国家多为发展中国家，经济发展程度较低，产业结构不均衡，在资源禀赋及产业结构上与我国均有不同程度的契合性。综合来看，“一带一路”主要涉及四类产业，即交通基础设施建设、能源和资源开发、国际产能合作，以及文化旅游产业，其重点是基于基础设施建设、能源和资源开发的国际产能合作。

（一）交通基础设施建设

互联互通是经贸往来的基础和前提，交通基础设施建设将是“一带一路”战略实施中最先发展的行业。目前中、西亚地区的交通基础设施供给不足，很多交通设施都是苏联时期建的，年久失修，运输效率不高。以中亚五国为例，2012 年的铁路运线密度仅为 56.57 公里/万平方公里（见表 2）。交通运输的发展滞后，限制了外部世界同中亚的经济合作，阻碍了中亚各国充分利用丰富资源谋求发展的道路。据亚洲开发银行预测，2010～2020 年，亚太地区基础设施建设需要约 8 万亿美元。21 世纪海上丝绸之路建设首先要解决的也是相关国家交通运输的互联互通问题。这需要加快建设海运基础设施，将各国城市和沿海经济带串起来，因此，要落实 21 世纪海上丝绸之路的规划，首先要加强港口等海运基础设施的建设，并以此为战略支点提升物流集散功能，为推动各方经贸合作提供良好的基础条件。随着基础设施的建成，物流、仓储业，机械维修业也将得到发展。

表 2　中国与亚洲各区域基础设施比较

国家/地区	外债/GDP	资本形成总额/GDP	铁路(总公里数)	铁路密度(公里/平方公里)	车辆密度(每公里道路)	人均耗电量(千瓦时)	每百人互联网用户
中　国	7.95	48.66	66298	0.7	23	3298	46
南　亚	22.57	29.37	25029	1.8	14	471	20
中　亚	31.12	28.92	4533	0.56	42	2464	28
东南亚	28.47	22.89	3652	0.7	78	2905	35
西　亚	26.94	23.58	4295	1.02	91	5819	52

（二）能源和资源开发

能源和资源开发也是“一带一路”建设的重点。中亚是世界上石油和天然气资源蕴藏最丰富的地区之一。当前，海湾地区和中亚地区均面临着产业结构单一，基础设施薄弱和加工业、服务业不强的困境。2014 年，我国进口原油 3.1 亿吨，对外依存度为 60%，其中一半来自中东海湾地区。随着“走出去”战略的实施，这些地区也有引进中国资本参与其工业发展的迫切愿望，因此，依托“一带一路”建设，加快中海自由贸易区谈判进程，早日开启中国中亚自由贸易区谈判，有利于推进中国与上述地区国家在能源、工业园区和基础设施建设的深层次合作。我国是世界第一大钢铁生产国，但铁矿石主要依靠进口，对外依存度已接近 80%，其中近 60% 来自澳大利亚。虽然澳大利亚传统上不属于“一带一路”沿线国家，但我们还是本着“一带一路”开放包容的理念，将澳大利亚列入海上丝绸之路战略合作国家。目前两国正在探讨将“一带一路”战略与澳大利亚的“北部大开发”倡议进行对接，进一步提升双方合作的范围和层次。

（三）国际产能合作

国际产能合作最早是李克强总理 2014 年底在访问哈萨克斯坦期间提出

的，针对哈方加强基础设施建设的需要，中方提出将钢铁、水泥、平板玻璃等生产线转移至哈国。2015 年 3 月，李克强总理在《政府工作报告》中对国际产能和装备制造合作的思路再次进行了阐述。2015 年 5 月，国务院发布了《关于推进国际产能和装备制造合作的指导意见》，明确提出将钢铁、有色、建材、铁路、电力、化工、轻纺、汽车、通信、工程机械、航空航天、船舶和海洋工程等 12 个行业作为国际产能合作的重点，分类实施，有序推进。国际产能合作是“一带一路”战略推进的重要内容，需要对其在内涵上加以丰富，也需要不断拓展合作的模式；而亚投行、丝路基金等金融机构的设立也为国际产能合作提供了金融服务与支持。从国家战略规划与实施的情况来看，未来，我国与中亚、西亚国家及俄罗斯、蒙古国的合作将主要在能源资源开发领域，而与东南亚国家的合作将主要在制造业领域。

（四）文化旅游产业

“一带一路”沿线国家历史悠久，文化灿烂，诞生了世界四大文明古国，中国的“长城”、埃及的“金字塔”、伊拉克的“巴比伦”、柬埔寨的“吴哥”、印度的“泰姬陵”等世界著名文化遗产熠熠生辉。“一带一路”是世界三大宗教即佛教、基督教和伊斯兰教的发祥地，它还孕育了盛极一时、地跨亚非欧三大洲的四大帝国即罗马帝国、波斯帝国、阿拉伯帝国和奥斯曼帝国，它对丰富人类文化及促进其传播交流有着深远的影响。一直以来，“丝绸之路”都是国际旅游的黄金线路，而东南亚，包括新马泰等国家，是很多中国人出国旅游的首选。随着道路、机场等交通设施的完善，“一带一路”沿线旅游业也将迎来发展机遇，并带动餐饮业、住宿业等的发展。根据国家旅游局的预计，“十三五”时期，我们将为“一带一路”沿线国家输送 1.5 亿人次中国游客、2000 亿美元中国游客旅游消费；同时我们还将吸引沿线国家 8500 万人次游客来华旅游，拉动旅游消费约 1100 亿美元。

五、“一带一路”投资的风险及应对

“一带一路”战略具有远大的发展前景，同时也面临巨大的挑战。“一带一路”覆盖众多沿线国家，涵盖各个产业领域，是一个长期、复杂、艰巨的工程，面临政治、经济、安全、法律、文化等多方面的风险和挑战。积极认识潜在风险，主动应对挑战，制定风险应对策略，才能更加顺利高效地推动“一带一路”战略的实施。

（一）地缘政治风险

“一带一路”上许多国家与我国接壤，一些国家与我国存在领土或领海争议，尤其是海上丝路的一些国家如越南、缅甸、菲律宾等。外交关系的紧张直接制约了双方经贸及投资合作的发展，这也是海上丝路比陆上丝路相对更难铺开的主要原因。“一带一路”合作国家绝大多数为发展中国家，许多国家的政治稳定性和政策连续性不佳。以斯里兰卡为例，斯里兰卡反对党在2015年1月的总统大选中获胜，新政府决定重新评估前任政府与中国签订的多项合作项目，并叫停了中国交建的15亿美元港口城项目，此类风险给我国企业与资本走出去敲响了一记警钟，提醒我们要更加谨慎冷静地对待海外投资市场。

（二）经济金融风险

许多沿线国家经济体量小、发展程度偏低的客观事实导致了其经济及产业结构的不均衡，结构性风险显著。例如，中东国家及俄罗斯对能源出口的过度依赖、中亚国家大多仅有矿产行业这一个支柱产业，经济增长波动性很大，形成了“一带一路”合作的又一潜在风险。2008 年国际金融危机后，世界各国普遍出现了贸易保护主义升温的迹象。目前世界经济复苏依然乏力，各国对外国企业及资本的进驻仍存有警惕情绪，客观上给“一带一路”合作带来了障碍。在全球市场出现波动时，我国企业在直接对外投资中面临较大的汇率风险。为了降低汇率波动风险给企业带来的不利影响，我国政府实施了多项对策，包括积极开展与其他国家的国际金融合作，推行人民币国际化战略等。

（三）社会法律风险

“一带一路”沿线国家的社会制度和法律不同，在对外投资中可能面临的问题包括环境保护、劳工、知识产权、税务等多个方面。在对外投资中需要持续关注东道国法律政策的调整与变革。东道国政府执法部门的执法状况以及对待外商投资企业的态度也会在一定程度上影响境外直接投资企业面临的法律风险。一些国家对生态保护非常重视，如果在相关问题上处理不当，会引发海外投资者和当地居民关系的紧张和冲突。例如，2011 年紫金矿业被指没有披露里奥布兰科矿项目的重大环境和社会风险，当地的环境保护机构对紫金矿业当地公司及其高层处以了罚款。中石油和中石化在蒙古国、印度尼西亚、墨西哥及加蓬的某些项目也都遇到了当地环保组织的抵制及政府环境规制方面的问题。

（四）风俗文化风险

“一带一路”沿线许多国家与欧美国家不同，在文化、宗教上存在自身的特点。尤其是陆上丝绸之路经济带，覆盖古埃及、古巴比伦、古印度和中国等四大古文明发祥地，同时也是伊斯兰教、基督教等多种宗教的起源地。因此这些地区民族、种族关系复杂，不同宗教之间、同一宗教不同派别之间、不同种族和国家之间，常常因宗教信仰问题，或土地、资源问题爆发局部冲突，使得这些地区社会环境较为动荡。此外，一些宗教国家有着许多不为中国企业所熟悉的文化禁忌，国内企业在一些国家的经验往往并不适应于其他国家。比如，伊斯兰金融作为一个特殊的金融系统，必须遵守禁止利息，禁止投机行为，禁止投资于酒类、博彩业等规定，如果到伊斯兰国家进行投资，就必须学习了解这些风俗文化，以规避在与伊斯兰国家金融合作时由宗教、文化差异引起的相关风险。

参考文献

[1] 张志前、蒋学伟、沈军：《一带一路——架起中国梦和世界梦的桥梁》，新星出版社，2015。
[2] 首创证券：《一带一路：未来五至十年的核心战略与机遇》，2015 年 3 月 18 日。
[3] 光大证券：《走出去，境界大不同——国际产能合作专题》，2015 年 5 月 31 日。

制造升级主题下的投资机会分析

文玉春

博士，美国加州圣何塞州立大学访问学者，现为中国建银投资有限责任公司博士后，主要研究方向是产业发展、产业政策与产业投资

投资提示

- 高端装备制造产业领域投资机遇集中以下几方面：机器人、高档数控机床、航空航天装备、海洋工程装备、先进轨道交通装备。

- 信息技术产业领域投资机遇集中在以下几方面：集成电路及专用设备、信息通信设备、软件业。

- 节能环保产业领域投资机遇集中在以下几方面：高效节能产业、先进环保产业、资源循环利用产业。

- 新材料产业领域投资机遇集中在以下三方面：先进基础材料、关键战略材料、前沿新材料。

- 生物产业领域投资机遇集中在以下两方面：生物医药、生物医学工程行业。

- 节能与新能源汽车产业领域投资机遇集中在以下两方面：节能汽车、新能源汽车。

一、制造业升级的路径

（一）制造业的内涵和分类

制造可以看作是通过物理变化或化学变化生成新产品的过程。不论这个过程是动力机械制造，还是手工制作；也不论产品是用来批发销售，还是零售，都被称为制造。[①] 而制造业（Manufacturing Industry）是指对制造资源（物料、能源、设备、工具、资金、技术、信息和人力等），按照市场要求，通过制造过程，转化为可供人们使用和利用的大型工具、工业品与生活消费产品的行业。随着大数据、云计算、物联网、互联网等新一代信息技术的发展，制造业的内涵将发生改变，新产品、新潮流和新服务必须基于互联网实现技术再造。

按照在生产中使用的物质形态来划分，制造业可分为离散制造业和流程制造业。按照我国行业分类标准来划分，制造业可分为 31 个行业大类。[②] 从产业演进角度看，制造业可以分为传统产业和战略性新兴产业。其中，战略性新兴产业主要包括环保、新一代信息技术、生物、高端装备制造、新能源、新材料、新能源汽车等。[③]

（二）制造升级的路径

1. 产业升级

产业升级是产业发展能力的累积与培育的动态过程，是产业加快高级化进而不断适应新常态的过程。升级就是更有效地制造更好的产品或从事需要

---

① 国家统计局在对国民经济行业分类时对“制造”的定义。

② 采用国家统计局国民经济行业分类（GB/T 4754－2011）方法对制造业的分类。

③ 国务院关于印发《“十二五”国家战略性新兴产业发展规划》的通知（国发〔2012〕28 号）。

更多技能的活动（Kaplinsky）。产业升级的层次有很多。如 Gereffi 把产业升级分为产品层次上的升级、经济活动层次上的升级、部门内层次上的升级、部门间层次上的升级。Ernst 将产业升级划分为五种类型：产业间升级、要素间升级、需求升级、功能升级、链接上的升级。较为普遍的划分，是 Humphrey 和 Schmitz 在 Gerefti 分类的基础上所提出的一种以企业为中心、由低级到高级的四层次升级分类方法：流程升级（Process Upgrading）、产品升级（Product Upgrading）、功能升级（Functional Upgrading）、部门间升级（Intersectorai Upgrading，也称链条升级）。普遍认为产业升级一般遵循从流程升级到产品升级，再到功能升级，最后到链条升级这样一个渐进的过程。

2. 制造业的升级路径

制造业的转型升级，即从低附加值转向高附加值，从高能耗高污染转向低能耗低污染，从粗放型转向集约型。从行业管理的角度来看，制造业升级就是要通过全面优化技术结构、组织结构、布局结构和行业结构，促进制造业结构整体优化提升。[①] 制造业的升级，既有传统产业的改造升级，又有战略性新兴产业的培育和壮大。

制造业的升级可以通过以下路径来实现：一是加强制造业的技术创新，推进原始创新、集成创新和引进消化吸收再创新，突破关键核心技术；二是加强技术改造，通过增量投入带动存量调整，促进企业走内涵式发展道路；三是推动信息化在制造业中的深度应用，不断提高制造业信息化的层次和水平；四是在制造业中推进节能减排和淘汰落后产能，推进制造业节约、清洁、低碳发展；五是合理引导企业兼并重组，适度提高行业集中度，形成大企业与中小企业协调发展的产业组织结构；六是强化制造业质量和品牌建设，增强新产品开发能力和品牌创建能力；七是推动制造业有序转移，促进区域产业协调发展，优化制造业空间布局；八是利用国外资源和市场，扩大制造业开放，推进制造业“走出去”。

① 国务院关于印发《工业转型升级规划（2011—2015 年）》的通知（国发〔2011〕47 号）。

二、我国制造业中长期升级的趋势和方向

制造业的升级和变迁更多地依靠市场力量自发地进行，遵循一定的规律。但从全球主要国家制造业发展的历史来看，各国都注重制造业发展的顶层设计，加强政策引导、统筹规划和前瞻部署。

（一）制造升级的推动因素

1. 技术驱动

当前，以新一代信息技术、新能源技术、新材料技术、生物技术等为代表的集群式技术创新正在多个领域孕育突破，强有力地推动新的产业革命[①]发展，促进制造模式、生产组织方式和产业发展形态的深刻变革。

从信息技术来看，信息通信技术成为支撑和引领新一轮科技革命和产业变革的基础和动力。信息通信技术是全球技术创新最为活跃的领域。高速光纤网络和高速无线网络建设为信息应用业务开辟了广阔的空间，集成电路开始进入“后摩尔时代”[②]。新一代移动通信、量子通信、大数据等技术的快速演进，正在引领新的创新浪潮。信息通信技术的迅猛发展为制造业领域的技术突破提供了重要手段。

从制造技术来看，智能制造模式正引领制造业生产组织方式和产业发展形态发生重大变革。数字化、虚拟化、智能化技术将贯穿产品的全生命周期。智能化装备、智能化系统、智能化服务构成的智能制造体系正成为重构全球制造业发展格局的重要力量。

---

① 用“新一轮科技和产业革命”来表述更能体现当前全球科技和产业发展的最新动态。

② 后摩尔时代是指摩尔定律失效后的时代。所谓的摩尔定律，是指在价格一定的条件下，集成电路上可容纳晶体管数目大约每隔 18 个月会增进一倍，而性能也提升一倍。

从新能源技术来看，新能源技术的突破正推动能源生产方式和利用方式的深刻变革，倒逼制造业的转型升级。可再生能源技术的创新发展将推动全球能源结构不断优化，页岩气、可燃冰等非常规油气的技术突破可能引发全球能源供给格局的重大调整，核能能源加快向可持续性、安全性、可靠性和经济性发展。绿色能源革命是新产业革命最重要的内容之一，[①]也将成为推动制造业升级的重要因素。

从新材料技术来看，材料复合化、纳米化、智能化深入发展，碳基新材料、金属材料、非金属材料取得重大突破。新材料是材料工业发展的先导，将支撑战略性新兴产业、保障国家重大工程建设和推进国防科技工业发展。

从生物技术来看，基因工程、干细胞、生物育种等技术不断突破。[②]据 OECD 预测，到 2030 年生物技术对化工和其他制成品领域的贡献将达到 35%，对药品和诊断产品领域的贡献将超过 80%。在民众需求和巨大的市场潜力驱动下，干细胞治疗、人造器官、基因治疗等发展将给生物医药产业带来革命性变化。

2. 市场拉动

国内居民消费结构升级。国内居民消费结构正在由生存型消费向发展型消费、由物质型消费向服务型消费升级。服务型消费需求不断增长；信息消费迅速崛起，成为推动信息产业尤其是内容服务产业发展的动力；新型文化消费日益成为消费时尚，将推动创意文化产业快速发展；健康消费水平急剧上升，促使生物医药、保健产业快速发展；以汽车、住房、耐用品为主的热点消费需求不断提升。这些将成为制造业转型升级的强大动力。

城镇化深入推进。城镇化是扩大内需的最大潜力所在。从 2007 年到

---

① 杰里米·里夫金：《第三次工业革命》，张体伟等译，中信出版社，2012。

② 现代生物技术已有近 70 年的深厚积累。

2014 年七年间，我国城镇化率由 45.89% 提高到 54.77%，城乡结构发生了历史性变化。世界工业化发展规律表明：一个国家实现工业化后，城镇化率一般要达到 70% 以上。这说明，到 2020 年我国基本实现工业化的时候，城镇化还有很大提升空间，将产生大量产品和服务需求。

新一轮产业转移呈现新趋势。近年来，欧美等发达国相继提出“再工业化”战略；广大发展中国家也以更低成本优势积极承接国际产业转移，使得国际产业出现“双向转移”的新特征。这有利于国内制造业企业利用国内外资源，构建更具竞争力的现代产业体系。

人口结构将发生重大变化。一方面，新增劳动人口呈现下降趋势。世界银行预测，2015 年我国劳动年龄人口①达到峰值，为 9.93 亿人，到 2020 年下降到 9.79 亿人。劳动力短缺，将带来对劳动替代需求的增多，推动制造业采用自动化、智能化等先进设备；也推动制造业由生产制造型模式向生产服务型模式转变。另一方面，基于高素质劳动者的“新人口红利”期即将开启。2015～2020 年，我国每年大学毕业生总数高达 700 多万人，年轻一代高素质人才的加快积累，配合以相关激励和扶持政策，将会推动越来越多的新兴制造业萌发、成长、壮大。

3. 政策推动

围绕从制造大国向制造强国这一历史性的转变，仅在 2015 年我国就先后出台了一系列的规划、政策和文件。如表 1 所示。

（二）制造升级的方向

1. 智能化：加快由传统制造向智能制造转型

今后一段时期，智能制造成为我国工业化和信息化“两化”深度融合的主攻方向。我国将大力发展智能装备和智能产品，加快推进生产过程智

① 劳动年龄人口是指年龄在 15～64 岁的人口。

能化，全面提升企业研发、生产、管理和服务的智能化水平。从 2015 年开始启动实施智能制造试点示范专项行动，推进“互联网 +”行动。

表1　2015 年国家促进制造转型的相关政策文件

发布时间	发布部门	文件名称
5 月 3 日	工业和信息化部	《2015 年智能制造试点示范专项行动实施方案》
5 月 8 日	国务院	《中国制造 2025》
7 月 5 日	国务院	《“互联网 +”行动指导意见》
7 月 24 日	工业和信息化部	《2015 年工业转型升级重点项目指南的通知》
9 月 29 日	国家制造强国建设战略咨询委员会	《〈中国制造 2025〉重点领域技术路线图》
10 月 19 日	工信部办公厅和国家标准化管理委员会办公室	《国家智能制造标准体系建设指南（2015 年版）》（征求意见稿）
10 月 29 日	党的十八届第五次全体会议	第十三个五年规划建议
11 月 17 日	工业和信息化部	《产业关键共性技术发展指南（2015）》
11 月 18 日	国务院常务会议	部署加快企业技术升级改造，推动产业迈向中高端
11 月 25 日	工业和信息化部	《国务院关于积极推进“互联网 +”行动的指导意见》行动计划（2015 ~2018）

资料来源：建投研究院。

2. 绿色化：加快由资源能源消耗向绿色低碳转型

资源环境约束已成为倒逼制造业转型升级的重要因素，可持续发展成为建设制造强国的重要着力点。未来产业的发展，必须以低能耗、低污染、低排放为基础，减少对非再生资源的依赖和使用，全面推行清洁生产，加强对再生资源的开发利用。

3. 高端化：加快由 OEM 向 ODM 转型或由 OEM 向 OBM 转型

近几年来，我国制造业持续快速发展，建成了门类齐全、独立完整的产业体系，220 多种工业产品产量位居世界第一。然而，我国制造业大而不强。长期被低端锁定，处于产业价值链的低端，缺乏真正拥有核心技术的产品和品牌。因此，未来制造业的发展必须朝向高精尖发展，着力于掌握关键核心技术，完善产业链条，形成自主发展能力。

4. 网络化：加快由单一制造向开放、共享制造转型

当前，新一代信息技术成为支撑和引领新一轮科技和产业革命发展的基础动力，并以前所未有的广度和深度加快向各类制造技术渗透融合。互联网与各领域的融合发展具有广阔前景和无限潜力，已成为不可阻挡的时代潮流。我国是制造业大国，也是互联网大国，互联网与制造业融合空间广阔，潜力巨大，能够为制造业的升级发展提供新的领域。

5. 个性化：加快由大规模批量生产向个性化定制生产转型

新工业革命对人类生产、生活方式将产生革命性影响。大规模按需定制、个性化、网络化生产获得突破式发展。企业将利用互联网采集对接用户个性化需求，使企业生产出来的产品不再大量趋同而是更具个性化。并且不断开发基于个性化产品的服务模式和商业模式。

6. 服务化：加快由单一提供产品向提供产品和服务转型

随着信息技术的发展和企业对“顾客满意”重要性认识的加深，越来越多的企业不再仅仅关注实物产品的生产，而是更加关注产品价值的实现，提供“服务 + 产品”的解决方案，不断由“生产型制造”向“服务型制造”转型。制造环节在整个价值链中的比重日趋下降，产品研发设计、交付、安装、维护和服务等各环节需求及所占价值愈加提升。①

7. 国际化：加快由更多地依靠国内资源和市场向更多地统筹利用国内外两种资源、两个市场转型

伴随着“一带一路”国家战略的深入推进，我国制造业的发展将实行更加积极的开放战略。将实施双向开放，国内国际要素加快有序流动、资源高效配置、市场深度融合。产业国际合作的水平和层次将不断提升，产业合作领域将不断由加工制造环节为主向合作研发、联合设计、市场营销、品牌培育等高端环节延伸。

---

① 相关资料表明，在发达的制造业市场上，产品生产所创造的价值仅占总价值的1/3左右，而基于产品的服务所创造的价值占到了2/3。如IBM、戴尔、GE、耐克等一大批制造业企业加快向服务化转型。

三、制造升级过程中的投资需求分析

制造业的升级转型涉及面广、点多、链长，需要投资的领域非常广、资金需求量大。总体上应该按照“产业链部署创新链、围绕创新链完善资金链”①，集中政府、企业、社会资本多方资源、资金。本报告主要从机构投资者的角度，来研究剖析中长期我国制造升级的投资问题。

（一）高端装备制造产业

我国的高端装备制造业发展滞后，高端装备制造业带动整个制造业升级的引擎作用尚未发挥出来。按照《中国制造2025》的部署，把高端装备制造业培育成为我国经济发展的支柱产业，推动高端装备制造业不断向智能化、精密化、绿色化转型。该产业的转型升级，重在做大做强，促进企业跨地区兼并重组，培育起行业龙头骨干企业，带动大量中小企业发展。在中长期内，高端装备制造产业领域投资机遇集中在以下几个方面。

1. 机器人

我国机器人技术发展很快，已具有相当的技术基础。目前在家用服务、卫生清洁、养老助残、救灾救援、公共安全等领域已进入大规模的示范应用阶段。其中，工业机器人市场规模全球第一，2014年工业机器人销量达到5.6万台。基于机器人技术优势和巨大的市场需求，机器人产业将迎来快速发展期，形成很大的产品规模。据工信部预测，到2020年工业机器人销量将力争实现15万台，保有量达到80万台。其中，自主品牌工业

---

① 2013年9月30日，习近平总书记在主持中共中央政治局以实施创新驱动发展战略为题举行第九次集体学习时的讲话。

机器人国内市场占有率和国产关键零部件国内市场占有率均要达到50%。因此，可以针对工业机器人和服务机器人两种类型的机器人进行投资。

2. 高档数控机床

我国是全球最大的机床装备消费国和进口国。未来一段时期，要加强高档数控机床的国内供给水平，通过进口替代，推动高档数控机床高端化、智能化、个性化发展，加快进入世界强国行列，为七大战略性新兴产业快速发展壮大提供强有力的支撑。根据《中国制造2025》要求，到2025年我国高档数控机床与基础制造装备国内市场占有率超过80%。对于社会投资机构来说，可以重点围绕航空航天装备、汽车、电子信息设备等产业发展的需要，部署资金来开发高档数控机床、先进成形装备及成组工艺生产线。

3. 航空航天装备

航空服务需求的飞速增长为飞机制造业发展提供了广阔的市场空间。随着国内空域管理改革和低空空域开放的推进，未来十年我国的通用飞机、直升机和无人机市场巨大。据国家制造强国建设战略咨询委员会预测，到2025年民用飞机产业年营业收入将超过2000亿元；国内干线客机对大型涡扇发动机的市场累计需求总量将超6000台，总价将超过500亿美元；卫星应用产值预计会接近万亿元，形成巨大资金需求。航空航天装备产业发展政策导向性非常强，资金需要量特别大，机构投资者可以通过投资于产业链上的相关配套产业和企业，来寻找投资机会。

4. 海洋工程装备

我国的海洋工程装备及高技术船舶发展历史悠久，产业基础较好。随着海上资源开发需求的不断扩大、加深，海事安全、海洋权益维护形势日益紧迫，这将会进一步提高海洋工程装备及高技术船舶需求。预计到2025年，将产生2600亿美元的市场需求。未来，重点围绕促进产业体系化和规模化、突破部分核心关键技术、增强国际竞争力来推动产业升级。超级生态环保船舶、极地运输船舶、远洋渔业船舶和高性能执法作业船舶等，是值得重点投资的领域。

5. 先进轨道交通装备

我国已经掌握了比较成熟的高铁技术，拥有全球最大的轨道交通装备市场①，高铁成为我国“走出去”的重要代表。未来，全球轨道交通装备市场呈现强劲的增长态势。据预测，“十三五”期间全球轨道交通车辆需求将达到600亿欧元；国内新建铁路接近2.3万公里，投资需求将超过2.8万亿人民币。在“一带一路”国家战略的推动下，我国轨道交通装备产业市场需求将迅速增多。可以围绕安全可靠、先进成熟、节能环保的绿色智能谱系化产品进行投资。其中，350km/h中国标准高速动车组、30吨轴重载电力机车、城际快速动车组、100%低地板现代有轨电车、中低速磁悬浮系统是投资的重点。机构投资者可以采取联合投资或参股的方式投资于先进轨道交通装备产业。

（二）新一代信息技术产业

信息技术是当今创新最活跃、渗透性最强、应用范围最广的先导技术，正以前所未有的速度转化为现实生产力②，促进传统产业转型升级。新一代信息技术对于推动以数字化、网络化、智能化、服务化为核心的产业变革，提升制造业发展水平具有重要作用。未来十年，新一代信息技术产业的投资集中在建设宽带、融合、安全、泛在的下一代信息网络，加快发展突破超高速光纤与无线通信、物联网、云计算、数字虚拟、先进半导体和新型显示等新一代信息技术方面。

1. 集成电路及专用设备

目前我国集成电路对外依存度高。工信部统计数据显示，2013年，我

---

① 我国目前已有38个城市经国家批准建设城市轨道交通。

② “十二五”期间，新一代信息技术产业销售收入年均增长20%以上。

国共进口 IC（集成电路）产品 2313 亿美元，进口额超过原油，成为第一大进口商品。未来一段时期内，国内集成电路的发展，要立足于国家战略和产业发展需求，推进集成电路关键领域的国产化替代，提升高性能集成电路产品的国产化水平。力争到 2030 年，集成电路实现跨越发展，产业链主要环节达到国际先进水平。虽然 2014 年 9 月 24 日，在工信部、财政部等部委指导下，我国已设立国家集成电路产业投资基金，首批规模 1200 亿元，但是集成电路未来的发展仍然需要大量的资金，融资瓶颈仍然是制约集成电路产业发展的重要问题。对于机构投资者来说，这蕴含着大量的投资机遇。

2. 信息通信设备

我国是互联网大国，随着信息化和工业化的深度融合，新一代信息技术业务不断增长，信息通信设备的市场需求也在不断增加，所能投资的领域在不断拓展，投资机会将会很多。这主要集中在三个领域：一是无线移动通信设备。据 Gartner（高德纳咨询公司）预测：未来十年内，全球移动用户数将增加 5 亿，移动通信系统设备市场规模将增加 240 亿美元。5G 移动通信系统设备、仪器仪表、移动终端和关键芯片是值得投资的重点产品。二是新一代网络。Gartner 和中国信息通信研究院联合研究表明，到 2025 年，全球光通信设备市场规模将超过 200 亿美元，路由器与交换机市场规模将超过 300 亿美元，国产光通信设备占国际市场的比重将接近 60%。三是高性能计算机。我国需立足于国际产业发展新趋势，重点提高产品研发和工业设计能力，完善产业链，提升自主品牌国际竞争力。

3. 软件业

目前，我国在软件业没有国际竞争话语权，发达国家控制着软件核心技术，主导着产业的发展。未来，我国操作系统和工业软件发展的重点，是要充分发挥互联网大国与软件应用的领先优势，加强自主创新能力，掌握操作系统与工业软件的话语权，形成完全自主工业互联网，构建自己的软件技术标准和生态系统，争取到 2025 年自主工业软件市场占有率超过

50%。值得重点关注的投资领域集中在以网络化操作系统、海量数据处理软件、新型企业管理软件等为代表的基础软件，云计算软件，以工业 4.0 工控系统为代表的工业软件，智能终端软件，信息安全软件等领域。

（三）节能环保产业

当前，资源能源环境制约是促进制造业转型升级的重要因素，可持续发展成为统领建设制造强国的重要着力点。未来制造业的升级，必须加强节能环保技术、工艺、装备的推广应用，全面推行清洁生产，大力发展循环经济，坚持走节约、集约、绿色、低碳的可持续发展道路。因此，节能环保产业存在巨大的投资需求。

1. 高效节能产业

发展高效节能产业是降低能源资源消耗的有效途径。在传统产业升级改造过程中，许多领域涉及节能产业，将会运用到节能产品和技术，市场需求巨大。未来十年，高效节能产品市场占有率要由目前的 30% 左右提高到 40% 以上。因此，以高效节能新装备，高效节能电器、高效照明等产品等为主体的高效节能产业蕴含着大量的投资机会。

2. 先进环保产业

基于建设资源节约型、环境友好型社会的要求，环保产业未来的发展将进入快车道。发展环保产业，立足于解决危害人民群众身体健康的突出环境问题，着手加强环保产业技术创新和市场化应用。水污染、大气污染（雾霾）、土壤污染、重金属污染、有毒有害污染物防控，垃圾和危险废物处理处置设备，环境监测仪器等，将会成为社会关注的热点产品，是值得投资开发的重点领域。

3. 资源循环利用产业

当前，国内“三废”（废水、废气、固体废弃物）综合利用技术装备得到广泛应用，再制造表面工程技术装备达到世界领先水平。未来资源循环利用产业的发展，要重点提高固体废物和废旧资源的综合利用水平，促进产业规模化发展。投资需求集中的领域是：汽车零部件、工程机械、机床等机电产品再制造，废金属资源再生利用，废旧电器电子产品资源化利用，废橡胶、废塑料资源再生利用。

（四）新材料产业

新材料涉及领域广泛，是材料工业发展的先导。新材料具有产业间技术关联性大、同一领域的技术种类多、同一产品的技术多元并行等特点。大力发展新材料产业，不仅对于支撑战略性新兴产业发展、保障国家重大工程建设具有重要意义，而且可以带动大量相关产业的发展，衍生大量的投资需求。

1. 先进基础材料①

虽然目前我国许多基础材料产量很大，但是缺乏核心竞争力，高端产品对外依存度很高。高性能、差别化、功能化是今后先进基础材料发展的主要方向。争取在未来十年，要加快攻克先进基础材料关键共性技术，掌握核心技术，加强基础材料产品国内供给，力争使国内市场占有率超过90%。围绕先进基础材料这一发展思路，预计在先进钢铁材料、先进有色金属材料、先进石化材料、先进轻工材料等产业将会产生大量的资金需求，投资者可以合理部署资金。

2. 关键战略材料

关键战略材料是支撑和保障战略性新兴产业高端应用的核心。目前，关键战略材料某些产品的话语权受国外严密控制，对外依存度较高。未来一段时期，要加强关键战略材料的国内自主生产能力，提高重要核心装备水平。争取到2025年，高端制造业重点领域所需战略材料基本实现国内自

① 这里主要是指钢铁、有色、石化、纺织等基础材料中的高端材料。

主供给，国内市场占有率达到85%，摆脱国际制约。对于社会投资者，高端装备用特种合金，高性能分离膜材料，高性能纤维及复合材料，太阳能电池、锂电池、燃料电池等新型能源材料，新一代生物医用材料，稀土功能材料值得关注和重点投资。

3. 前沿新材料

与发达国家相比，我国的前沿新材料发展比较滞后，自主创新能力严重不足。迫切需要整合社会各方资源和力量，推动重大关键技术突破和产业化发展，促进行业骨干企业整合产业链创新资源，加强产学研联合攻关、专利池集聚等，带动全产业链发展。力争在十年内，前沿新材料实现跨越式发展，并进入大规模和产业化应用阶段。因此，前沿新材料将产生大量的投资需求。据有关产业协会预测，到2025年，仅3D打印金属粉末需求量就将达2000吨，智能电网、大科学装置方面对超导材料的市场规模将达到150亿元，智能仿生与超级材料的市场规模将达到700亿美元。这些产业的发展，隐藏着庞大的投资需求。

（五）生物产业

生物技术是21世纪科技发展的制高点，发展生物产业已成为国际竞争的焦点。我国在生物技术研发、产业培育和市场应用等方面已初步具备一定的产业基础和制造能力。如今，人口老龄化、食品安全、资源能源环境等问题的出现，既给生物产业的发展带来了新的挑战，也带来了新的机遇，并且也会给社会投资者带来很多投资机会。

1. 生物医药

我国目前正处于快速老龄化阶段①。截至2014年底，我国人口老龄化率为15.5%。根据IMF（国际货币基金组织）的预测，到2050年我国

① 按照国际通用标准计算，我国在2000年已进入老龄化社会。

老年人口占比将超过33%，意味着每三个人当中就有一位老年人，我国将迈入重度老龄化阶段。这将使生物医药行业产生巨大的市场需求。同时，我国生物医药自主研发能力薄弱，未来要加强生物医药关键技术攻关。因此，建议社会投资者，可以围绕生物医药自主产品研发，通过技术攻关、技术创新，提高产业科技含量和产品附加值，增强产业的国际竞争力来部署资金，对治疗重大疾病的中药、生物技术药物等生物医药新产品进行重点投资。

2. 生物医学工程行业

生物医学工程行业主要是为社会提供医疗器械等产品。据统计，2014年我国医疗器械市场总值约为3000亿元，到2025年产业规模将超过万亿元。然而，我国医疗器械90%依赖进口。因此，在生物医学工程行业升级过程中，投资需求主要聚焦在发展涉及人体生命的高端诊疗器材，提高国内生产供给能力和装备水平，摆脱一些重大、多发性疾病药物和高端诊疗设备依赖进口的局面。

（六）节能与新能源汽车产业

当前，节能与新能源汽车已成为全球汽车产业的发展方向。世界主要汽车生产国纷纷调整汽车产业发展战略，加强汽车行业的节能和减排水平。经过十多年的发展，我国在节能环保汽车方面已经具备一定的产业基础和某些技术优势，形成了一定的市场规模。然而，我国节能环保汽车整车和部分核心零部件的关键技术亟待突破，核心技术仍然缺失。因此，针对以上问题的解决和攻克，将产生大量的投资机会。

1. 节能汽车①

目前，传统汽车还是社会所用汽车的主体。面对日益严峻的环境约束

① 节能汽车是仍然以内燃机为主要动力但综合工况燃料消耗量优于下一阶段目标值的汽车。

压力，汽车平均油耗标准持续降低，大力推广和发展节能汽车成为汽车行业转型升级的重要趋势和方向。据中国汽车行业协会预测，到2025年，中国节能汽车年销量将达到汽车市场需求总量的40%。同时，节能关键核心技术的攻克和研发，也将产生大量的投资机会。因此，节能汽车具有很好的发展前景。尤其是节能内燃动力乘用车、混合动力乘用车、混合动力商用车、替代燃料汽车等，具有很高的投资价值，可以合理部署资金来投资开发。

2. 新能源汽车

新能源汽车是七大战略性新兴产业之一，发展新能源汽车有利于缓解能源与环境压力。目前，我国是全球第二大新能源汽车市场。① 根据国际汽车联盟协会预测，未来五年内，我国将成为全球最大的新能源汽车市场；到2025年，我国新能源汽车年销量将超过300万辆。新能源汽车是全球各大汽车集团发展的重要目标，发展新能源汽车是促进汽车产业优化升级，推动我国由汽车工业大国向汽车工业强国转变的重要举措。因此，在这个行业发展过程中，巨大的消费需求将产生庞大的市场空间；同时，新能源汽车发展将带动许多产业衍生发展，像电机、电池、逆变器、机电耦合装置、轻量化车身等核心零部件，要实现自主化生产，都会存在巨大的投资需求和投资空间。

四、投资风险分析

制造业的转型升级是一项巨大的系统工程，需要突破技术、资金、人才和市场等多种瓶颈。因此，在投资制造业的升级过程中，需要认真考虑甄别其内在的风险，合理把握投资机会。

① 2014年我国新能源汽车销售量达到7.5万辆。

（一）产品和技术创新成果的产业化程度不高，资本要素投入产出率低

与国外相比，我国制造业的科技成果转化率一直处在较低水平上。据世界银行统计，我国的科技成果转化率平均为15%左右，而发达国家的科技成果转化率高达40%～50%。在未来制造业的升级过程中，虽然有些技术非常先进，有些产品非常具有创新性，但是如果产业化和市场化程度不高，就会影响到社会投资者的收益率，所以投资者需要认真分析和谨慎把握。

（二）与国民经济、国防建设和人民生活密切相关的重大领域，社会资本进入门槛高

当前，世界经济和全球制造业格局正在发生新的变化，产业国际分工面临深刻调整。我国制造业的转型升级涉及很多核心支柱产业，涉及国家战略必争的领域，需要以国家意志强力推进，加强战略谋划和前沿技术布局，更多通过国家投资和财政支持方式来发展。对于民间资本和民营企业来说，往往由于资金需求量大、国有资本要求等原因，进入门槛较高。

（三）制造业行业成本偏高，实体经济企业经营风险大

我国制造业长期依赖的低成本竞争优势逐渐消失，要素成本压力持续加大。随着刘易斯拐点的到来，我国劳动力人口持续减少，劳动力成本居高不下。企业税费负担重，制造业增值税税率高。企业融资成本偏高，尤其是中小企业融资成本更高。据中国人民银行温州中心支行随机抽取50家中小企业调查显示，中小企业融资成本高达24%。企业运输成本高，一些

商品物流成本的比例比美国高出 40% ~50%。综合劳动力、融资、物流、能源等方面的成本，中国制造业总体成本偏高，这使得原本盈利水平普遍较低的制造业企业，盈利空间进一步压缩，经营风险加大。

（四）资源环境约束日益趋紧，制造业转型升级压力巨大

长期以来，我国制造业发展方式粗放，重化工比重偏高。能源、资源和土地利用效率偏低，环境污染严重。随着中国特色新型工业化进程的持续推进，能源资源供给趋紧和生态环境保护压力加大的状况将在较长时间内存在，制造业企业必须加快转变发展方式，改变主要依靠资源要素投入、规模扩张的粗放式发展道路，塑造综合竞争新优势。投资者在做投资分析决策之前，必须要认真研究产业的绿色化发展水平，前瞻分析行业的可持续能力。

（五）新型生产方式、产业形态和商业模式不断涌现，市场培育慢

随着新一轮科技革命和产业变革的孕育兴起，制造业的发展日益呈现出网络化、智能化、个性化、平台化的发展趋势。基于信息物理系统的智能制造加快引领制造方式变革。互联网与各行各业融合程度不断加深，催生大量新的商业模式。网络众包、协同设计、大规模个性化定制、精准供应链管理、全生命周期管理、电子商务等正在重塑产业价值链体系。虽然这些新的生产方式、产业形态和商业模式的出现，能够一定程度上引领制造业的发展，促进转型升级，然而这些领域的市场培育需要过程，距离大规模的应用和实现产业化还需要较长的时间。投资者需要认真分析市场成熟度，进行合理投资。

参考文献

[1] 王喜文：《中国制造业转型升级的未来方向》，《国家治理》2015 年 7 月 1 日，第27～32 页。

[2] 德勤有限公司全球制造业组、美国竞争力委员会：《2013 全球制造业竞争力指数》，2013。

[3] 王一鸣：《"前有围堵、后有追兵"产业升级的迫切性》，《中国产经》2013 年第5 期，第8～11 页。

[4] 贾根良：《第三次工业革命与新型工业化道路的新思维——来自演化经济学和经济史的视角》，《中国人民大学学报》2013 年第 2 期，第 17～30 页。

[5] 王伟光：《中国产业自主创新实证研究》，科学出版社，2013。

[6] 张世龙、马尚平：《技术突变下后发国家自主技术创新战略研究》，科学出版社，2013。

[7] 王金照等：《典型国家工业化历程比较与启示》，中国发展出版社，2010。

[8] 金碚：《中国的新世纪战略：从工业大国走向工业强国》，《中国工业经济》2000 年第 5 期，第 10～15 页。

[9] Winning the future markets for UK manufacturing outputs（EP25），2013，Government Office for Science.

[10] Offshore wind industrial strategy：business and government action，2013，Department for Business，Innovation & Skills，Department of Energy & Climate Change.

[11] Industrial strategy Government and industry in partnership，2014，Department for Business，Innovation and Skills.

[12] National Network of Manufacturing Innovation：A Preliminary Design，January 2013，Advanced Manufacturing National Program Office.

[13] The future of manufacturing：a new era of opportunity and challenge for the UK project report，2013，Government Office for Science，Department for Business，Innovation & Skills.

[14] A National Strategic Plan For Advanced Manufacturing，February 2012，National Science and Technology Council.

[15] Clean Energy Manufacturing Initiative，April 2013，United States Department of Energy.

[16] Information economy strategy，2013，Department for Business，Innovation & Skills.

“互联网＋”主题下的投资机会分析

张璐璐
中国建投投资研究院研究员

投资提示

- “互联网+”产业将进一步分化。从规模上看，并购潮仍将继续；从结构上看，“互联网+”行业的发展将进一步分化。

- 消费领域的“互联网+”依然会快速发展，并应用互联网思维不断创新服务业态，物流、互联网金融、移动终端等影响“互联网+”发展的直接元素也将得到快速发展。

- 相较于消费互联网的快速发展，产业互联网由于业务链条长、服务模型复杂、产业组织变革要求高等原因发展没有那么迅速。

- 智慧互联纵深演进。目前起步发展的智慧城市、智能交通、智慧农业、智慧能源等均是“互联网+”下传统行业与领域的创新形态。

- 在消费互联网领域，商业模式较成熟（如文化产业中的互联网）、介入程度较深、盈利模式较清晰的领域存在投资机遇；在产业互联网领域，智能制造领域投资空间较大；在智慧互联领域，物联网、3D打印、智能物流、互联网金融、智能交通、智慧医疗等存在投资机遇。

2015 年 3 月，李克强总理在政府工作报告中首次提出制定“互联网＋”行动计划。2015 年 7 月，国务院发布《关于积极推进“互联网＋”行动的指导意见》，提出了“互联网＋”创业创新、协同制造、现代农业、智慧能源、普惠金融、益民服务、高效物流、电子商务、便捷交通、绿色生态、人工智能等重点行动。传统产业和新兴产业通过“互联网＋”的模式融合，基于互联网的新业态成为经济社会发展的新动力，“互联网＋”也成为投资市场的重要题材。

一、“互联网＋”对当下经济发展的意义

“互联网＋”即是“互联网＋各个传统行业”，是利用信息通信技术以及互联网平台，让互联网与传统行业进行深度融合，创造新的发展生态。它代表一种新的社会形态，即充分发挥互联网在社会资源配置中的优化和集成作用，将互联网的创新成果深度融合于经济、社会各领域之中，提升全社会的创新力和生产力，形成更广泛的以互联网为基础设施和实现工具的经济发展新形态。

“互联网＋”是社会经济活动、人们生活方式全面改变的起点，其趋势性发展的背后是经济社会发展质效的提高。“互联网＋企业”是对经济系统在生产、流通、交换和消费各环节的再造，使市场分工不断深化，促进了产业的转型升级与产业生态的改善；更大限度地匹配供给与需求，提高了资源使用效率。

（一）“互联网＋”成为产业转型升级和融合创新的重要平台

互联网正在重塑传统产业，推动信息通信技术与传统产业的全面融合。在广度上，“互联网＋”正在以信息通信业为基点全面应用到第

三产业，形成了如互联网金融、互联网交通、互联网教育等新业态，并正在向第一和第二产业渗透，如工业互联网正在从消费品工业向装备制造和新能源、新材料等工业领域渗透，将全面推动传统工业生产方式的转变；农业互联网也在从电子商务等网络销售环节向生产环节渗透，将为农业带来新的机遇，提供广阔的发展空间。在深度上，“互联网+”正在从信息传输逐渐渗透到销售、运营和制造等多个产业链环节，并将互联网进一步延伸，通过物联网把传感器、控制器、机器和人连接在一起，形成人与物、物与物的全面连接，促进产业链的开放融合，将工业时代的规模生产模式转向满足个性化长尾需求的新型生产模式。

（二）“互联网+”推动产业生态共赢，促进大众创业、万众创新

创新是互联网发展的生命线，如以微信为代表的“快速迭代式”创新模式，迅速满足用户需求、解决用户痛点，同时通过开放接口和开放平台，推动了“生态协同式”的产业创新，带来了新产品、新模式与新生态，促进了大众创业、万众创新。腾讯、阿里巴巴、百度、小米等一批平台型的互联网企业已形成了一定规模的产业生态系统，基于这些平台又创造出了新业态，如O2O（线上与线下结合）、移动支付、可穿戴设备等。各平台将用户资源和技术资源开放给合作伙伴，通过大数据分析和个性化营销，降低了中小微企业与创业者进入市场的门槛，提高了创业成功率，形成了互利共生的生态系统。

（三）“互联网+”整合并优化公共资源配置，极大地惠及民生

“互联网+”打破了信息不对称，减少了中间环节，提升了劳动生

产率，从而提升了资源使用效率。通过“互联网+”，公共服务可以辐射到更多有需求的群体，提供跨区域的创新服务，为实现教育和医疗等公共稀缺资源均等化提供全新平台。如互联网教育打破了地域限制，并连接了全球的优质教育资源，为三、四线城市及偏远农村的学生提供了新的选择。目前腾讯已与多家教育机构合作开设腾讯课堂，面向中小学、大学、职业教育、IT 培训等多层次人群开放课程，每周上课人数约7.3 万人，课程总数达三万多门。另外，“互联网+医疗”的模式为民众就医提供了便捷、高效的解决方案。目前全国已有近 100 家医院通过微信公众号实现移动化的就诊服务和快捷支付，累计超过 1200 家医院支持微信挂号，服务累计超过 300 万患者，为患者节省超过 600 万小时，大大提升了就医效率，节约了公共资源。同时，“互联网+公共服务”的模式可以提升政府服务能力，提高效率，便利民众。例如微信的广州城市服务接口开通了包括医院挂号、违章办理、汽车年检、出入境业务等 17 项公共服务入口，极大地为民众提供了便利，提升了公共服务效率和水平。

（四）“互联网+”促进共享经济发展，提高资源使用效率

共享经济的核心是提倡互利共享，高效对接供需资源，提升闲置资源利用率，提供节能环保与资源再利用的创新模式。当前，以商务专车、拼车、房屋互换、二手交易、家政服务为代表的共享经济模式正在快速发展。例如商务专车服务正在探索通过“汽车共享”优化利用社会闲置资源，提升服务品质，缓解城市交通拥堵，解决市民出行难的问题。同时，通过供需双方的高效对接，提高了闲置资源利用率、减少了空驶率，在提高劳动生产率、推动城市节能环保上做出了贡献。未来将形成汽车共享、出租车、公共交通等多元融合的移动交通解决方案，大大便利了民众出行，并提供了大量的就业和创业机会。

二、2015 年“互联网 +”发展回顾

2015 年，拥抱互联网的热情在现实面前冷却下来，大量互联网公司倒闭，资本与行业开始回归理性。如果说互联网至少曾以平台的身份几乎与全产业结合，创造了诸多的融资神话和泡沫，那么如今以及未来，互联网与行业的融合将由简单的“＋互联网”走向深度融合的“互联网＋”。符合商业逻辑、具备价值提升能力的“互联网＋”模式才具有更长久的生命力。

（一）2015年经历资本寒冬

据统计，截至 2015 年下半年，O2O 倒闭企业已超过 300 家，覆盖餐饮、房产、家居、金融、教育、医疗、美容、婚嫁、出行、汽车后市场、旅游、教育、社区、零售、运动健身等垂直领域。资本由前几年对 O2O 的趋之若鹜，转向闻 O2O 色变。同质化严重，烧钱模式造成资金链断裂，自身盈利模式不清晰是 O2O 企业倒闭的主要原因。首先，在餐饮、社区等诸多 O2O 细分领域，创业的同质化较高，以“烧钱”为特征的资本能力比拼成为竞争的主要方式，没有差异化和资源优势的企业逐渐被淘汰。其次，互联网与传统行业并不是简单的相加就可以产生创新的模式与巨大的收益。实践中逐渐暴露出市场分析不精准、商业逻辑不清晰、毛利不足以覆盖运营成本等问题。此外，2015 年，“互联网＋”的整体融资环境寒冷，一些企业无法保持持续的融资节奏，资金链断裂。

（二）大规模并购出现

2015 年，“互联网＋”，尤其是 O2O 行业开始经历行业整合。据统

计，2015 年全年 1420 笔并购交易的总额达到 1329 亿美元，几乎是 2014 年的 3 倍。一方面，"互联网+" 企业竞争激烈，试图培养用户黏性的持续高额补贴方式导致严重的资本消耗，而盈利模式的不清晰和资本的快速消耗导致业务难以为继；另一方面，2015 年下半年以来，O2O 融资遇冷，这为资金充裕、前景较清晰的 O2O 企业通过投资、并购的方式将市场份额较小的公司纳入其体系提供了机会。2015 年，"互联网+" 领域的前沿企业抱团取暖，几宗典型的合并事件使得行业出现寡头垄断的趋势。但值得注意的是，寡头垄断只是趋势，企业还并未从中攫取寡头利润，其根本原因是更具黏性的商业模式并未在新的业态中站稳脚跟，"烧钱" 仍在继续。

表1　2015 年 "互联网+" 领域典型并购事件

	典型合并事件
2015 年 2 月 14 日	出行领域，滴滴打车和快的打车宣布合并
2015 年 4 月 17 日	生活社区领域，58 同城宣布战略入股赶集网，以现金和股票的方式获得赶集网 43.2% 的股份
2015 年 10 月 8 日	美团和大众点评合作，成为中国最大的本地生活服务平台
2015 年 10 月 26 日	旅游领域，携程和去哪达成股权置换交易，成为中国最大的 O2O 联合体

资料来源：建投研究院。

（三）行业发展开始趋于理性

经历了投资冒进，投资人逐渐意识到并不是所有的行业都能通过与互联网结合而形成更高效的商业模式。行业中不合理的商业模式正在被淘汰，从创业者到投资人，再到整个行业正逐渐回归理性。目前的 "互联网+" 模式大致有三种类型：一是单纯的 O2O，这种模式占绝大多数，即传统产业通过互联网，实现线上与线下结合，互联网的主要作用是提供平台，主要商业模式与盈利模式没有改变；第二种是单纯的电商平台，它是“互联网＋”的中介，通过为传统业务提供互联网平台，实现流量、资金及其他衍生服务收益；第三种是基于互联网思维的创新业态，以共享经济为代表的商业模式创新便是这种模式的产物。我们认为，第一种模式是互联网与行业的物理结合，更倾向于用“＋互联网”来描述，在这种模式下，互联网与传统产业的契合度，对行业效率的提高程度不尽相同，是行业发展的延伸和衍生商业模式，并没有改变行业的主流商业模式，其发展会经历一个成熟度的考验。相对于第一种模式，第三种模式正在经历严峻考验。一方面，创新业态带来了更高效的商业和生活模式；另一方面，行业前景还要有赖于可持续发展的盈利模式。兼具二者的商业模式才有生存与壮大的空间。

三、2016年“互联网＋”新趋势及投资机会

（一）基本面：“互联网＋”产业进一步分化

1. 从规模上看，并购潮仍将继续。许多“互联网＋”企业是在2014年和2015年初获得的融资，此前互联网企业对流量和用户增长的看重胜于收入增长，这些企业将在2016年被重新估值。2016年，投资和增长模式将趋于稳健，那些无法继续获得投资者源源不断现金支持的企业将消亡或被并购。

2. 从结构上看，“互联网＋”行业将进一步分化。消费领域领将先于产业领域的发展，并进一步细分，如娱乐产业等互联网程度较深的细分领域将继续快速发展，而单纯依赖流量的如社区服务等互联业态可能面临发展瓶颈。产业领域的互联网化将通过对生产环节和流程的改造，向订制生产与服务转变。

（二）消费互联网继续活跃

“互联网 + 消费领域”，即消费互联网，指的是以互联网为平台和工具，利用新的商业模式，满足人们消费需求的商业行为。互联网在我国快速发展这 20 年来，以 BAT（百度、阿里巴巴、腾讯）为代表的互联网巨头，在电商和诸多个人消费领域取得快速发展。消费互联网带动了消费领域、技术领域、金融领域的创新发展。如，率先在购物、阅读、搜索、娱乐、出行等相关领域构建新的生态系统；同时带动互联网技术、移动终端等硬件设施的创新；在金融领域，实现在线支付、结算、物流，互联网金融等商业模式创新。2016 年，消费领域的“互联网 +”依然会快速发展，并应用互联网思维不断创新服务业态，物流、互联网金融、移动终端等影响“互联网 +”发展的直接元素也将得到快速发展。

（三）产业互联网进一步发展

产业互联网是指以生产者为用户、以生产活动为主要内容的互联网应用，涵盖了企业生产经营活动的整个生命周期，通过在设计、研发、生产、融资和流通等各个环节的互联网应用和渗透，借助互联网提供的技术、云资源和大数据分析，重构企业内部的组织架构，改造和创新生产经营和融资模式以及企业与外部的协同交互方式，从而实现提升效率、降低成本、节约资源和协同发展的目的。相较于消费互联网的快速发展，产业互联网由于业务链条长、服务模型复杂、产业组织变革要求高等原因发展没有那么迅速。未来，“互联网 +”对传统产业的改造升级将进一步加深，核心是需求引导供给。在生产环节，改造和重构流程，实现定制化生产；在流通环节，实现销售模式的创新；在企业组织环节，向网络化、扁平化组织架构变革。

在工业经济时代，生产的范式是 B2C，即以厂商为中心，以商业资源的供给来创造需求、驱动需求的模式。B2C 典型的特征是标准化大生产、大众营销、大流通、大众消费、大金融。

互联网释放了消费者多元化、个性化的消费需求。个性化消费需求倒逼柔性化生产的加速，按需获取制造资源成为可能。所谓柔性化的供应链，就是供应链具有足够弹性，产能可以根据市场需求快速做出反应，通过大数据与互联网的结合，实现生产定制化、个性化，实现匹配需求的生产以减少资源浪费，提高生产端效能。基于互联网的生产制造可以在信息协同、品类精细规划、物料准备、生产线改造、管理方式等诸多方面得到提升，实现产品供应与成本控制的完美结合。

在生产供给端，互联网大大提高了信息的流动性和穿透性，削减了交易费用，极大地促进了大规模社会化分工、协作，可以根据市场需求，快速集聚资源，通过在线协作的方式完成项目任务。长尾经济、创客、众包、维基、分享经济等都是对这一模式的多角度描述。例如，服装消费需求的个性化、社群化特征驱动（大小可变的）柔性化生产；往上游进一步驱动面辅料商、劳动力、物流仓储设施按需配置；再往上游，倒逼扎花厂甚至棉花种植、土地、职业教育等按需配置。由需求驱动生产的范式正在逐渐形成。

降低交易成本、减少信息不对称、根据销售组织生产的特点同样也使得“互联网 + 农业”极大地降低了销售风险，催生了消费者订制、订单农业、农场直供等新型农业生产经营模式，提升了农业生产的效率与现代化水平。

从最基础的农业种植，到产品的原材料采购、设计生产，基于技术进步与大数据运用的“互联网 + 生产”逐步走向按需配置资源的道路。在这种模式下，可推动供需高度匹配、资源高效利用、产品和服务价值高度体现、各市场主体更加平等。这也是中国传统产业转型升级的有益方向。

（四）智慧互联纵深演进

智慧互联即充分应用现代信息技术成果，集成应用计算机与网络技术、大数据技术、物联网技术、音视频技术、无线通信技术及专家智慧与知识，在传统行业与领域发展中，实现可视化远程诊断、远程控制等智能管理。目前起步发展的智慧城市、智能交通、智慧农业、智慧能源等均是“互联网+”下传统行业与领域的创新形态。

智慧互联的核心资产是数据，计算模式是云计算，基础设施是云端。进入2015年，互联网已经走到新的拐点——“互联网+”时代，同时真正的大数据时代即将来临。作为这一时代来临的标志之一，所有的数据和信息都会存在云端。与此同时，移动互联网，尤其是物联网、车联网，包括可穿戴设备、各种智能硬件，将会拥有比PC互联网更实时、更广阔的数据采集能力。各行各业的互联网化与现实世界数据化的趋势不断加强，无论是医疗、健康、交通、公共安全，还是生活、购物、旅游、娱乐都已经逐渐建立起了大数据的分析系统，无论是国家还是企业对大数据的投入都数以亿计。大数据的应用也从早期的数据密集型行业（例如电信、金融、能源、科研、互联网），逐步向非数据密集型行业扩张。基于互联网与大数据产生的新技术、新的商业模式，甚至新的行业产业也正在逐步成为“互联网+”时代的主流，逐渐改变产业模式、商业模式与人们的生活模式，实现效率的提升。

图1 “互联网+”的动力：云、大数据、智能终端

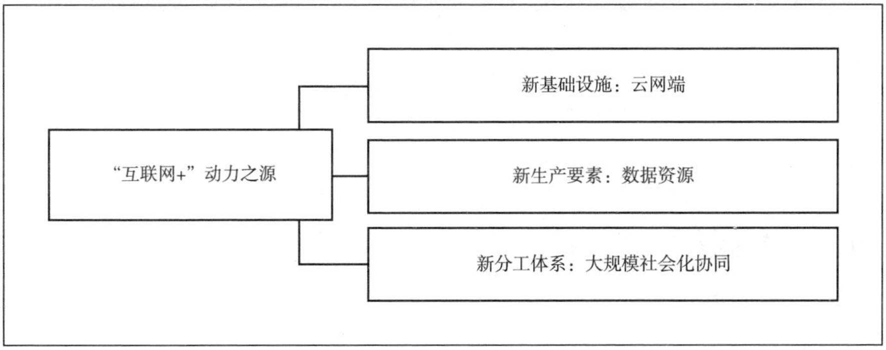

资料来源：阿里研究院。

物联网是典型的基于互联网与大数据结合产生的、在经济发展和产业升级中将具有重要作用的新技术，是互联网 + 数据的重要应用。物联网可以实现电力业安全、经济运行，能做到及时发现故障快速控制损失；对交通运输业，物联网可以实现智能交通，并可影响物流运输，实现货物的实时信息分享；对医疗产业，物联网有助于对医疗物资进行监督管理，实现医疗信息的数字化，并且使远程医疗变成可能；对制造业，物联网可以使传统制造业实现智能监控、智能管理和智能物流，还可以带动新型制造业的发展；对农业，物联网可以改变生产模式，实现科学种植、精确控制、高效生产和绿色农业等；对零售业，物联网可以帮助企业实现产品的质量监管、销售分析、消费者偏好分析、库存优化等。在经济社会领域，物联网是信息化与工业化“两化融合”的切入点，逐渐转变着经济发展方式。同时物联网促进了“智慧城市”的建立，可以帮助管理者更好地管理城市。

（五）2016年众多投资机遇可期

基于对 2016 年“互联网 +”发展新趋势的分析，我们认为，在消费互联网领域，商业模式较成熟（如文化产业中的互联网）、介入程度较深、盈利模式较清晰的领域存在投资机遇；在产业互联网领域，智能制造领域投资空间较大；在智慧互联领域，物联网、3D 打印、智能物流、互联网金融、智能交通、智慧医疗等存在投资机遇。

四、“互联网 +” 的问题

“互联网 +”的迅速渗透，对经济社会多方面都产生了深刻影响，在提高效率、提供便捷的同时，也在冲击着旧有的观念与生产方式，对行业、企业的发展和监管提出了更高的要求。我们需要关注“互联网+”发展中存在的一些问题。

（一）行业发展存在泡沫

一是估值过高。据统计，在私募市场，中国已经有超过50家估值过10亿美元的企业，其中多数为互联网企业。整个“互联网+”行业还不成熟，竞争还不规范，用户忠诚度不够，而任何一种互联网商业模式，如果不能够降低行业的交易成本，不能够提升行业交易效率的话，就不会走得长远。二是风险投资大量集聚。风险投资的多寡，几乎是泡沫与否的一个风向标，风险投资额越大，泡沫化的可能性越大。根据Venture Source的调查报告，中国在2014年获得的风险投资额已经跃居全球第二，仅次于美国，风险投资越来越高，而商业模式不甚成熟，加剧了互联网市场的风险。

（二）社会认知存在不足

一方面，一些传统企业受经营方式、经营理念、思维惯性等因素的影响，对“互联网+”带来的新的商业模式、生产经营方式仍然存在怀疑和抵触的心态，主观上还不愿意积极主动地去拥抱互联网；一些企业虽然有意愿利用“互联网+”提升效率、促进原有商业模式的革新，但由于自身惰性、历史惯性等原因而不愿主动做出改变，不想承担革新原有商业模式所需的成本，不愿放弃固有的企业经营方式和既得利益。另一方面，互联网企业对传统行业的认知、了解还不够深，互联网企业的高速发展、多行业扩张与其自身对各行业了解和认知的局限形成了矛盾。

（三）发展支撑不够充分

“互联网+”的基础设施包括三个层面：网络基础设施、数据基础设施和标准接口的基础设施。首先，在网络基础设施上，需要加快实施“宽带中国”战略并加强宽带移动通信网络的建设。虽然近年来我国宽带网络发展很快，已具备了较好的发展基础，但确实也存在网速相对较慢、网费偏高等问题。各领域的信息孤岛问题依然存在，需要开放公共数据资源，推动全社会对信息资源的开发利用。新兴行业生产服务标准的滞后和相关接口不统一是“互联网+”发展的重要屏障，在跨界融合中已遇到了诸多因接口不统一而导致的重复开发和效率低下的问题。此外，标准规范不完善、跨界服务型人才匮乏都是制约“互联网+”发展的因素。

（四）监管还不完善

在市场准入方面，部分行业还存在着市场开放程度比较低、准入门槛比较高的问题；在监管方面也存在过程比较复杂、协同机制不健全、效率比较低等问题。同时，由于互联网与各行各业融合程度不断加深，催生大量新的商业模式，对监管形成新的挑战。

在市场信用方面，征信体系还不够完善，“互联网+”依然存在诚信问题。这一方面需要提高人们的诚信意识；另一方面需要迅速完善征信系统建设，加强多手段的市场监管。

参考文献

[1] 邹传伟：《“互联网+”的经济学分析》，中国改革论坛，2015年10月20日。http：//

www. chinareform. org. cn/Economy/Macro/report/。
[2] 筱薇：《2016 年互联网创新十个趋势》，新华网，2015 年 12 月 4 日。http：//news. xinhuanet. com/info/2015 -12/04/c_ 134883220. htm。
[3] 张勇：《下一波互联网机会在哪里》，阿里研究院，2015 年 12 月 3 日。
[4] 游五洋：《从 B2C 到 C2B——互联网驱动的商业范式转换》，《阿里商业评论》2015 年 4 月 28 日。
[5] 王淑翠：《互联网+传统企业：从一条价值链说起》，《阿里商业评论》2015 年 8 月 7 日。
[6] 旷实团队：《共享经济——下一个万亿级市场，缘起 + 动力 + 未来》，中银国际证券，http：//www. 360doc. com/content/15/1012/12/23188220_ 505081032. shtml。
[7] 于琦（编辑）：《关于以“互联网+”为驱动 推进我国经济社会创新发展的建议》，央广网，2015 年 3 月 6 日。http：//finance. cnr. cn/gundong/20150306/t20150306_ 517911345. shtml。
[8] 王吉伟：《“互联网+”未来发展十大趋势》，网易科技报道，2015 年 4 月 3 日。
[9]《“互联网+”——中国经济新引擎》，阿里研究院，2015 年 3 月 18 日。
[10]《其实：“+互联网”不是“互联网+”》2015 清华五道口全球金融论坛“新常态 新金融”会议实录，搜狐财经，2015 年 5 月 24 日。
[11] 企鹅智库：《2015 中国互联网年度趋势报告》，中商情报网，2015 年 12 月 29 日，http：//www. askci. com/news/chanye/2015/12/29/16273x8lo_ 5. shtml。
[12] 黄渊普：《一篇文章读懂“互联网+”的内涵!》，百度百家，2015 年 6 月 25 日，http：//huangyuanpu. baijia. baidu. com/article/90108。
[13] 余竹：《以“互联网+”提升经济社会发展质效》，新华网，2015 年 5 月 7 日，http：//news. xinhuanet. com/finance/2015 -05/07/c_ 127773105. htm。

人口老龄化主题下的投资机会分析

方伊奇　邹继征

方伊奇，信达风投资管理有限公司高级经理、高级研究员、经济学学士、金融硕士

邹继征，中国建投研究院高级研究员

投资提示

- 养老产业的四大投资机会：商业养老保险的大规模扩张带来投资机会；养老服务机构的连锁化扩张带来投资机会；医养结合政策落实对养老服务机构服务升级带来投资机会；PPP 大范围推广对养老地产的投融资利好带来投资机会。

- 从医疗健康的细分领域分析，机会蕴藏在医疗服务、医疗器械、药品制造、康复医院四大领域。

一、中国人口老龄化加速，人口政策调整难以影响根本趋势

人口老龄化是我国目前面临的主要社会问题之一。中国老龄化呈现大规模老龄化、高龄老龄化、失能老龄化、激进式老龄化和高成本老龄化等特征。

（一）大规模老龄化

新中国成立60多年来，我国人口结构发生了一次根本性转变——从典型的“金字塔”形转变为“重檐庙顶”形。1953年的第一次人口普查结果显示，我国0～14岁人口占总人口的比重为36.28%，老年人口占总人口的比重仅为1.44%，属于典型的年轻人型人口结构。而在世纪之交，根据2000年的人口普查数据，我国老龄化程度[1]突破性地增长到6.96%，同时老龄化指数[2]为30.4%（见图1）。参照国际标准，我国正式步入老龄化社会行列。

从老年人口总量上看，截至2000年，我国65岁及以上老年人口已达8827.40万；截至2010年，我国65岁及以上老年人口达到1.19亿，老龄化程度达到8.92%。

截至2013年，我国已经有65岁及以上老年人口1.32亿，占总人口的比重为9.70%，老龄化程度增速和数值进一步提高。根据联合国经济和社会事务部人口司预测，到2050年，中国的老年人口将达到4.50亿，占总人口的三成以上（见图2）。

---

① 老龄化程度指65岁及以上老年人口占总人口的比例。

② 老龄化指数，又称老少比，指65岁及以上人口与0～14岁人口的相对比值，该指标被作为反映老龄化程度以及人口年龄架构的综合性指标。

图1　中国老龄化指数及老龄化程度（2000～2011年）

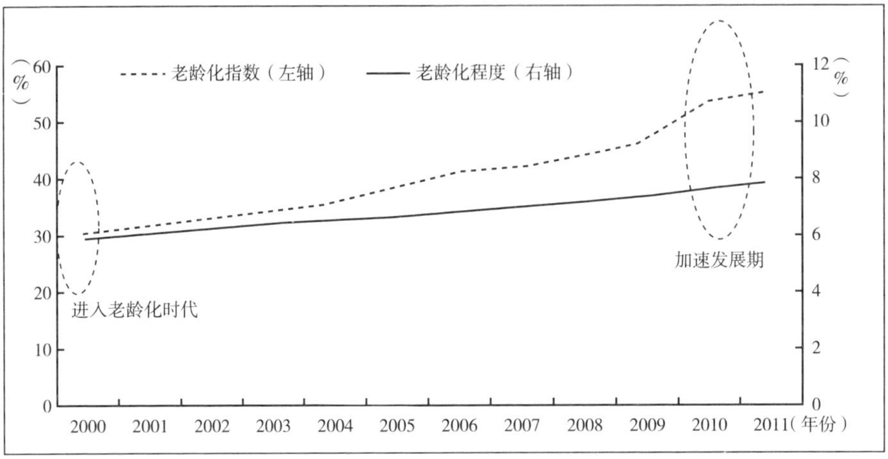

资料来源：国家统计局，《中国统计年鉴2011》《中国人口和就业统计年鉴2010》《2011年我国人口总量及结构变化情况》。

图2　中国65岁及以上老年人口总量测算（2013～2050年）

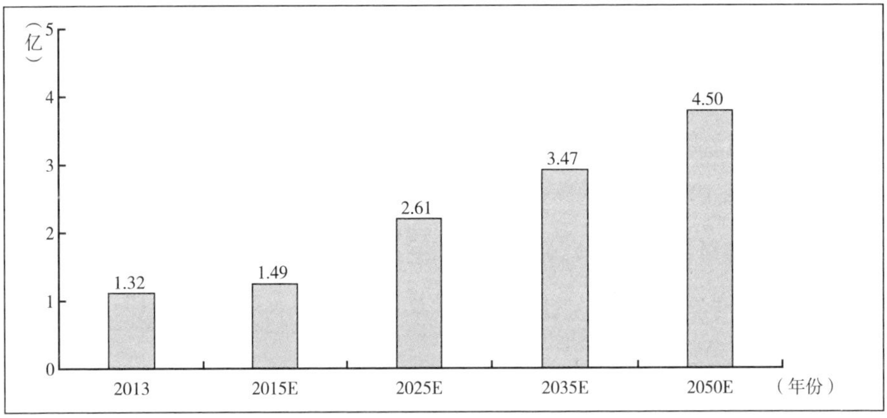

资料来源：联合国经济和社会事务部人口司《世界人口前景》。

（二）高龄、失能老龄化

从老年人口结构上看，主要呈现高龄化、失能化特征。在高龄化趋势方面，2000年，80岁及以上老年人口占老年人口的比例为13.58%；2010年，该比例上升至15.75%。2000～2010年，80岁及以上老年人口总量的CAGR

（年复合增长率）为5.76%，而同期老年人口数量的CAGR为3.03%，高龄老人增速明显快于老年人口增速，老年人口内部年龄结构呈现高龄化特征。在失能化趋势方面，60岁及以上半失能、失能人口①占60岁及以上总人口的比例达到16.85%。（中国高龄老人变动趋势预测见图3。）

此外，亦有数据估算出我国需要长期护理的人口将于2050年达到1.21亿人（见表1）。

图3 中国高龄老人变动趋势预测（2010～2050年）

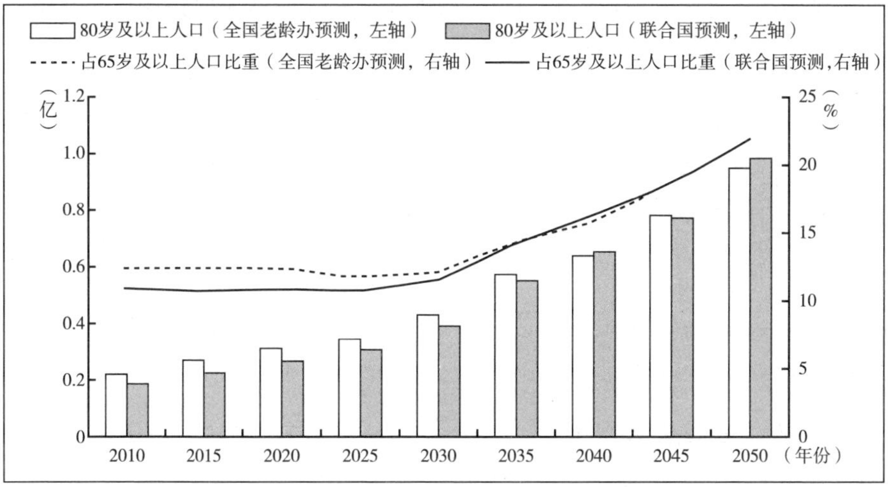

资料来源：李公本《中国人口老龄化发展趋势百年预测》；联合国经济和社会事务部人口司《世界人口前景》。

表1 中国长期护理需求者总量预测（2020～2050年）

护理级别	2020年	2025年	2030年	2035年	2040年	2050年
一级护理	3280	4014	4837	5769	6399	7782
二级护理	1393	1694	2063	2531	2847	3669
三级护理	84	103	125	153	172	222
四级护理	175	213	259	318	358	461
合计	4932	6024	7284	8771	9776	12134

注：表中数据单位为“万人”。

资料来源：《中国国家资产负债表研究》。

① 半失能、失能人口分别指不健康但生活能自理、不能自理两类人群。

（三）激进式老龄化

中国的人口老龄化从演变速度上看，呈现激进式老龄化特征，即“未备先老”问题。国际上将老龄化社会发展阶段划分为三种不断演进的状态：轻度型、深度型和重度型。当一国社会65岁及以上老龄人口占总人口比例低于7%时，该社会属于轻度老龄化阶段；当该比例从7%增长到14%时，该社会进入深度老龄化阶段；而当该比例进一步上升到20%时，该社会开始步入重度老龄化或超级老龄化阶段。从理论上说，由一种社会形态向另一种社会形态的转变，是一个循序渐进、比较缓慢的过程。在西方发达国家，老龄化社会由轻度型过渡到深度型，平均花了100年左右的时间。其中，法国为115年，瑞典为85年，美国为70年，加拿大为66年，英国为45年（见图4）。而在中国，仅15年时间就完成了人口结构从成年型向老年型的过渡。预计正式进入老龄化社会之后，从轻度型向深度型老年社会形态的转变也仅需26年，也就是说，中国老龄化的速度非常之快，可以预见中国将“跑步”迈入深度老龄化社会。在发达或较发达国家中，与中国情况类似的只有新加坡。新加坡进入深度老龄化社会的时间预计为18年。

对比中国和一些发达国家的老龄化发展进程发现，美国、希腊、瑞典和德国等国家虽然老龄化程度较高，但长期趋势是老龄化速度在减缓。而中国与日本相似，从20世纪50年代至今，老龄化程度一直在不断加深。若以30年为一个考察期，中国和日本在1980～2010年的老龄化速度均快于1950～1980年。1950～1980年，中国老龄人口比例年均增长0.02个百分点，1980～2010年则上升到0.12个百分点；日本在1950～1980年，老龄人口比例年均增长0.14个百分点，而1980～2010年则大幅上升了0.46个百分点（见表2）。根据中国老年学会会长李本公等专家学者的预测，中国在2010～2025年的老龄人口比例将年均增长0.34个百分点，远超除日本以外的其他发达国家。

图4 中国与其他国家进入深度老龄化社会时间对比

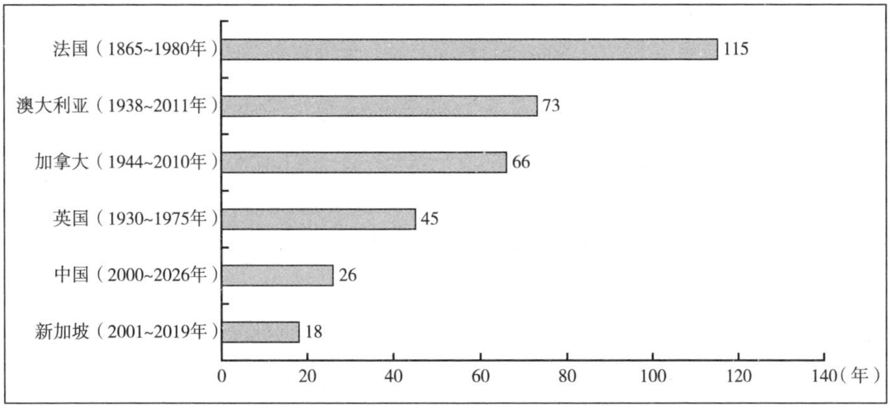

资料来源：美国人口普查局国际项目中心《全球老龄化报告（2006）》。

表2 中国与一些发达国家的老龄化速度对比

国家	65岁及以上老龄人口比例（%）			年均增长（%）		趋势
	1950年	1980年	2010年	1950~1980年	1980~2010年	
德国	9.70	15.60	20.10	0.20	0.16	放缓
希腊	6.80	13.10	18.60	0.21	0.18	
瑞典	10.30	16.30	18.20	0.20	0.06	
美国	8.30	11.30	13.10	0.10	0.06	
日本	4.90	9.00	22.70	0.14	0.46	提速
中国	4.50	5.20	8.90	0.02	0.12	

资料来源：联合国经济和社会事务部人口司《世界人口前景》。

（四）高成本老龄化

从人口老龄化对社会经济的冲击来看，中国的人口老龄化呈现高成本老龄化特征。中国的老龄化推进速度十分惊人，按照前文引用的研究成果（预测中国将于2026年进入深度老龄化社会），中国迈向深度老龄化社会的进程已经过半，而至今国内还没有建立起一套有效率的、普惠的养老体系，这是国家政策大力倡导政府投资、社会资本并举兴办养老事业的大背景。

政府无力独自承担兴办养老事业的重担，老龄化已经成为政府不能承受之重。随着人口老龄化的推进，“人口红利”一定会消失。根据人口学规律，人口年龄结构演变一般将依次经历高人口抚养比[①]（高少儿抚养比、低老年抚养比），低人口抚养比（低少儿抚养比、低老年抚养比），高人口抚养比（低少儿抚养比、高老年抚养比）三个阶段。在第二阶段，即低人口抚养比阶段，人口结构表现为“中部厚、顶（底）部薄”的特征，劳动力供给充足，具备“人口红利”。回顾改革开放以来的中国经济增长史，“人口红利”是常规生产要素贡献之外的重要经济增长源泉。蔡昉等学者通过测算得出[②]，1982～2000年，我国人均国内生产总值增速约为8.6%，同期总抚养比下降20.1%，抚养比变动推动人均国内生产总值增长率的年均复合增长率为2.3%，抚养比每下降1个百分点将促进我国人均国内生产总值增长0.115个百分点。

但是，在人口老龄化加速的趋势下，“人口红利”已经步入消失的边缘。国内人口学家预测，我国15～59岁劳动年龄人口占总人口的比例将在“十二五”期间达到最高点，然后缓慢下降，“人口红利”将在“十二五”期间彻底消失。实证研究的结果也支持了理论界的预测，我国劳动年龄人口数量从2011年的峰值9.4亿下降到2012年的9.39亿，2013年继续下降到9.36亿。这意味着中国“人口红利”消失的拐点确已在2012年出现。随着老龄化程度进一步深化，在人口结构变化的第三阶段，劳动年龄人口下降，人口抚养比上升，人口红利消失，转而形成的是与“人口红利”相

① 人口抚养比，即非劳动年龄人口和劳动年龄人口的比率。依据国际惯例，一般将劳动年龄人口组别定位为15～64岁年龄段人口，0～14岁年龄段和65岁及以上年龄段人口则定位为非劳动年龄人口。于是，人口抚养比又可具体分为少儿抚养比、老年抚养比和总抚养比三个指标。

② 蔡昉：《中国人口与劳动问题报告No.10：提升人力资本的教育改革》，社会科学文献出版社，2007。

对应的“人口负债”，经济和社会发展将受到剧烈冲击。这是人口老龄化带来的未来成本。

此外，人口老龄化目前已经对我国政府的资产负债表造成较大的冲击，其中最明显的是政府在养老金、医疗保障以及养老服务等方面的支出呈刚性上升态势（见表3）。

表3 未来中国城镇养老金缺口测算

	2015年	2020年	2025年	2030年	2040年	2050年
企业养老保险统筹账户总收支平衡（亿元）	156	-1105	-7996	-30065	-172113	-584147
机关事业单位养老保险统筹账户总收支平衡（亿元）	-303	-1077	-3865	-9753	-32702	-83224
城镇职工养老保险总收支平衡（亿元）	-147	-2183	-11861	-39818	-204815	-667372
城镇职工养老保险累计缺口/GDP（%）	-0.06	-0.71	-2.84	-8.28	-32.25	-83.37
其中：企业	0.03	-0.27	-1.59	-5.60	-25.02	-69.25
机关事业单位	-0.09	-0.44	-1.25	-2.68	-7.23	-14.12

资料来源：马骏等，《中国国家资产负债表研究》，社会科学文献出版社，2012。

（五）全面二孩政策意义重大，但对人口老龄化影响有限

中国总人口数量将在2023年前后达到最高峰，然后开始下降。人口年龄与数量红利渐行渐远，人口老龄化趋势形成。随着1950~1970年婴儿潮的人逐步步入退休年龄，而2000年以后出生率大幅下降使得15岁以上的劳动力供给不足，15~64岁劳动年龄人口占比自2010年达到73.5%后开始下降，劳动年龄人口在2015年前后将见到绝对数量顶部。根据联合国预测，不论中高低生育率哪种情形下，2015年前后中国劳动年龄人口都将见顶。根据国家统计局统计，我国的劳动年龄人口（15~60岁）自2012年以来已经连续3年下降。

中共十八届五中全会公告提出：坚持计划生育的基本国策，完善人口发展战略，全面实施一对夫妇可生育两个孩子政策，积极开展应对人口老龄化行动。这是自20世纪70年代末实施独生子女政策以来，也是继2013年十八届三中全会决定启动实施“单独二孩”政策之后的又一次人口政策调整。全面二孩政策下的人口数量和一胎政策下的人口数量差1700～2000万。维持现有的计划生育政策不变，到2030年峰值为14.3亿，而全面二孩政策后的峰值是14.47～14.5亿。因此，全面二孩政策调整意义重大，但对人口老龄化影响有限（见图5）。

图5　中国总人口数量预测示意图

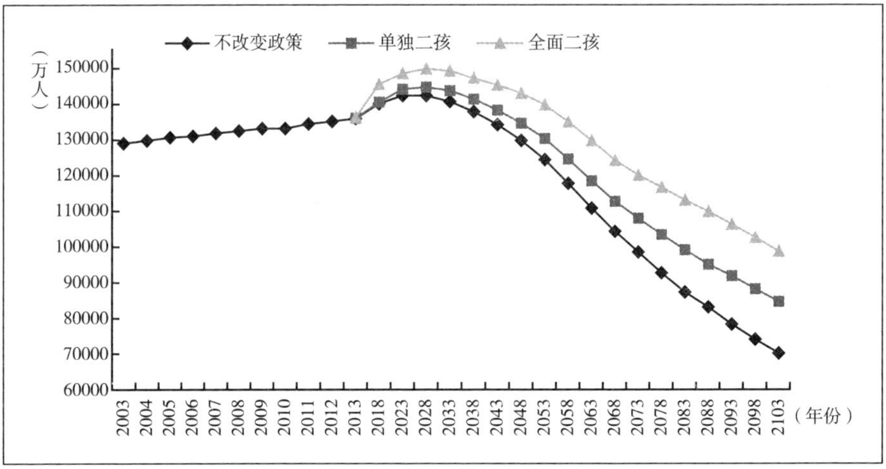

资料来源：中国建投研究院。

从长期来看，人口政策调整增加了我国低年龄段的人口占比，到2030年，与初始政策相比，0～14岁的人口占比提升了2%，但总体上对我国人口年龄结构影响不大。因此并也不能从根本上改变我国的老龄化问题，据测算到2030年我国的65岁及以上人口占总人口的比例为17%，比2014年增加7%。人口老龄化所带来的问题并不能通过生育政策得到完全解决，而需要通过科技创新、社会治理以及其他公共政策加以完善解决。（美国、中国、日本 15 ~ 64 岁人口占比示意图见图 6，中国 15 ~ 64 岁人口增长率示意图见图 7。）

图 6　美国、中国、日本 15 ~64 岁人口占比

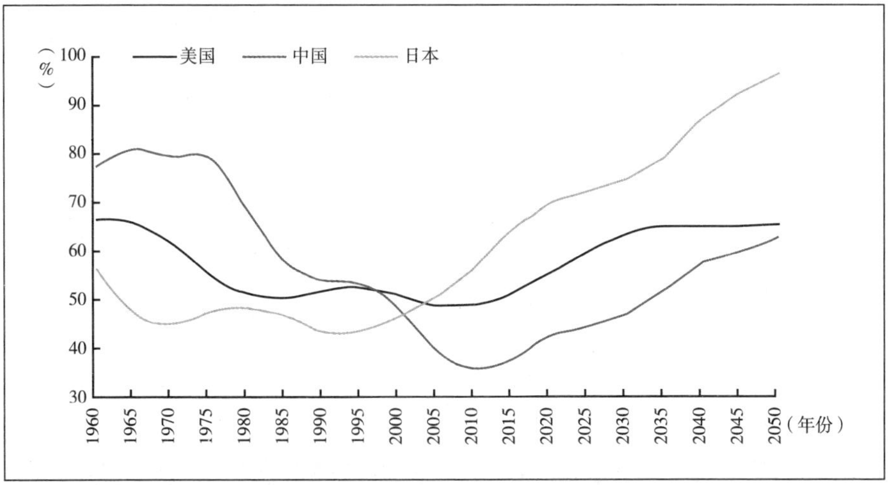

资料来源：Wind 资讯，中国建投研究院。

图 7　中国 15 ~64 岁人口增长率

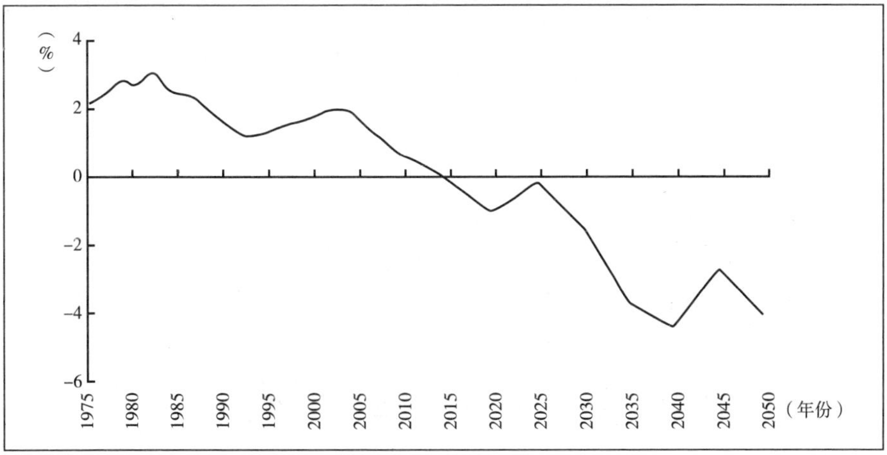

资料来源：联合国人口署，Wind 资讯，中国建投研究院。

二、人口结构变化促消费升级加速，新兴服务业迎来景气周期

（一）中年群体成为消费升级的中坚力量

从消费总需求上来看，人口占比最高的部分从35～44岁转向45～54岁，可以释放消费红利。也就是说，70后目前是社会的中坚力量，10年内，这批人逐渐步入45～54岁，成为消费主力。根据生命周期的产出和消费理论曲线，在60岁前后，人口的消费开始大于产出（见图8）。美、日的经验数据显示，45～54岁是人生中人均消费支出较高的阶段，45～54岁的消费支出比35～44岁要明显增加。

图8　生命周期的产出和消费理论曲线

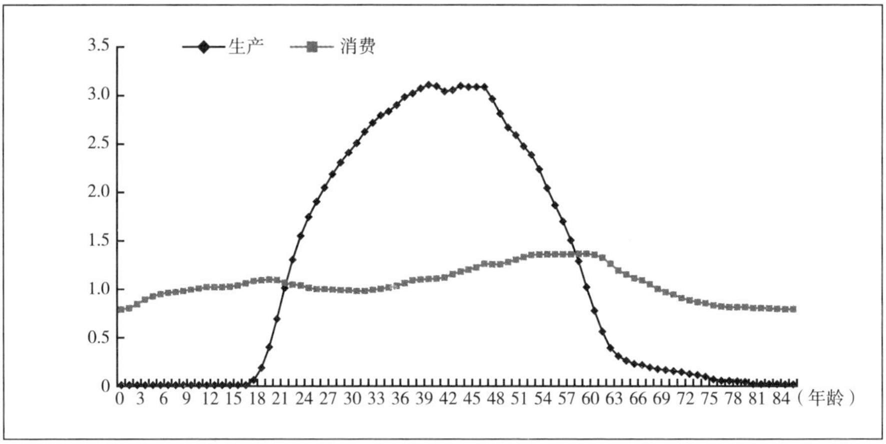

资料来源：《伟大的中国经济转型》。

（二）与健康相关的新兴服务业迎来景气周期

人口年龄结构变化和居民收入水平提高都是驱动消费结构变化的主要力量。不同年龄段的消费者消费特征不同，从年龄结构变化来看，未来

5～10年，医疗保健、健康保险、高端教育、居家照护、文体娱乐将获得相对较高的收益。

1. 医疗保健。医疗保健的支出占比随着人口年龄的增加不断上升，65岁及以上人口的医疗保健支出占比超过11.1%。未来10年，随着65岁及以上人口占比的不断提升，医疗保健的整体支出将进一步上升。

2. 健康保险。与医疗支出占比上升同步的是保险类支出。与医疗支出不同的是，保险支出并不会随着年龄的增长而不断增长，而是在45～64岁达到峰值。投保成本的大幅上升和退休后收入的减少，使得保险消费集中在45～64岁之间。未来10年，人口占比最高的部分恰好从35～44岁转向45～54岁。

3. 高端教育。45～54岁教育支出占比会出现较大幅度上升，这与下一代通常在这一时期集中进入高中或大学阶段有关。但中国同时面临15～24岁人口占比下降，这意味着教育支出的总金额未必会上升，但是供养者上升和需求者萎缩同时出现，可能会导致教育相关产品高端化。

4. 居家照护。随着我国老龄化进程加快，高龄族群与慢病族群增加，对疾病的预防与治疗的特殊需求也随之增加，健康照护的服务形态也在进行相应的改变。国民医疗费用节节攀升，医疗科技逐年进步，对居家型照护服务的需求持续增加，预期将驱动居家照护产业的发展，创造出一个广大且成长快速的居家健康照护产业市场。居家健康照护虽然是在非医疗场所之外所进行的相关服务，但实际上对医疗诊断与治疗的需求并未减少，而是增多。在居家照护趋势的发展浪潮影响下，将重新定位医疗院所的角色与服务项目，同时也会使得居家环境朝专业化方向发展。未来5年占比上升的25～34岁年龄段以及65岁及以上年龄段都是对家庭服务需求最旺盛的阶段。

5. 文体娱乐。从总量上看，45～54岁是消费购买力最强的阶段，这一阶段的娱乐支出也是各个年龄段的巅峰；从结构上看，65岁及以上人群，特别是65～74岁这一阶段的娱乐消费支出占比最高。

表4　美国各年龄段人均支出占比

项目	<25 岁	25～34 岁	35～44 岁	45～54 岁	55～64 岁	65～74 岁	75＋岁
家庭食用	8.57%	7.40%	7.90%	7.77%	7.57%	7.97%	8.22%
外食	6.90%	5.49%	5.58%	5.30%	4.44%	4.90%	3.84%
酒及饮料	1.25%	1.02%	0.75%	0.90%	0.83%	0.86%	0.67%
买房/租房费用	22.86%	22.28%	20.88%	18.52%	18.34%	17.99%	20.02%
公用事业费用	6.06%	6.63%	7.31%	7.07%	7.40%	8.18%	8.79%
家庭服务	1.41%	2.92%	2.74%	1.69%	1.85%	2.10%	3.02%
洗护用品	1.06%	1.03%	1.15%	1.24%	1.26%	1.72%	1.55%
家具及家用设备	2.77%	2.93%	3.00%	2.88%	3.24%	3.46%	2.45%
服装及相关服务	4.98%	3.81%	3.33%	3.02%	2.80%	2.61%	2.23%
交通	18.68%	19.10%	17.89%	17.81%	16.96%	17.05%	14.98%
医疗保健	3.10%	4.55%	5.42%	6.28%	7.83%	11.10%	14.28%
娱乐	4.09%	4.60%	5.03%	5.07%	4.74%	5.32%	4.14%
个人护理服务	1.13%	1.12%	1.14%	1.19%	1.14%	1.32%	1.43%
阅读	0.15%	0.12%	0.18%	0.15%	0.24%	0.31%	0.37%
教育	6.77%	2.12%	1.54%	3.25%	2.22%	0.75%	0.81%
烟草及用品	0.72%	0.64%	0.56%	0.74%	0.78%	0.55%	0.26%
杂项	0.68%	1.20%	1.09%	1.13%	1.50%	1.44%	1.66%
现金	1.56%	2.02%	2.45%	3.32%	4.26%	5.11%	8.19%
保险及养老金	7.25%	11.03%	12.05%	12.68%	12.58%	7.25%	3.11%

资料来源：CEIC，中国建投研究院。

随着居民收入水平的提高，消费水平进入相对富裕阶段，发展型、享受型消费比重会明显上升，表现为服务型消费占比上升、商品型消费占比下降；消费需求差异化加大，消费带来的附加值增高。

（三）养老产业链雏形渐现，产业化过程尚处初期阶段

1. 养老服务业。养老的核心是“老有所养”和“老有所医”，在激进式老龄化背景下，养老产业发展的核心是解决全国大量老人的养老服务需求和

养老医疗需求，因此养老服务业是养老产业的核心和第一发展梯队。从养老服务的需求总量来看，所有 65 岁及以上老年人都有养老服务需求，其中 80 岁及以上老年人有刚性需求。从养老服务供给总量和结构来看，主要有以下特征：①养老床位总量依然不足；②养老医疗供给较少；③养老床位利用率不高。从养老服务供给总量方面看，全国养老床位截至 2012 年共有 416. 5 万张，收养老人和残疾人的托养机构 44304 家（见图 9）。

图 9　全国养老机构数量和养老床位数量（1980 ~2012 年）

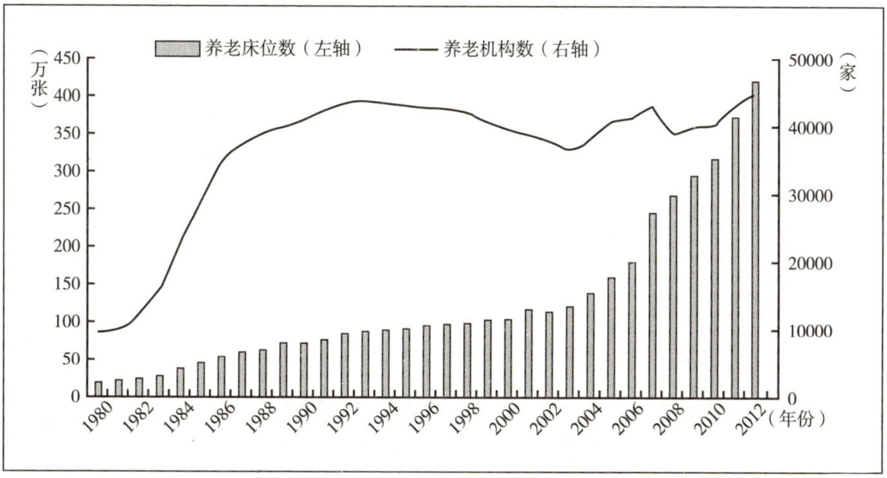

资料来源：《2013 中国民政统计年鉴》。

从发展速度来看，中国养老服务业在 2012 年之前经历过两次加速发展期。1982 ~1987 年是养老服务业发展的第一个加速期，公办的城市养老福利机构大范围铺开。2004 ~2009 年是养老服务业发展的第二个加速期，公办农村养老福利机构和民办养老机构开始涌现（见图 10）。经过两个加速发展期，全国老年人每千人拥有养老床位数达到 21. 48 张。

从养老服务床位供给的城乡分布结构来看，截至 2012 年，全国城市养老床位数达到 261. 1 万张，占总床位数的 37. 33%（见图 11）。从 2010 年开始，城市床位环比增速大幅度提高，城市床位增速提高的主要动力是办养老机构的大规模发展。

图 10　养老服务业发展速度和每千名老人拥有养老床位数（1980 ~2012 年）

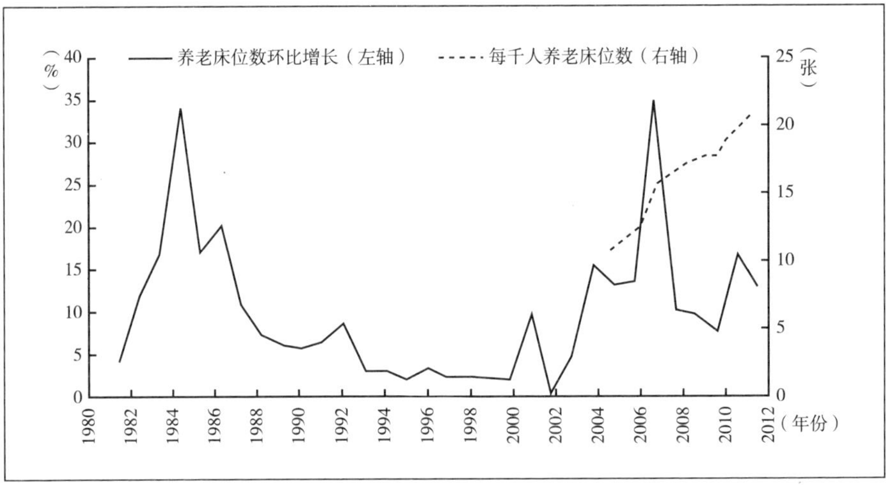

资料来源：《2013 中国民政统计年鉴》。

从养老机构和养老床位的地域分布结构来看，环渤海地区、华东地区、成渝地区等几个城市群是分布最为密集的地区（见图 12）。

图 11　城市、农村养老床位数及城市养老床位数环比增速

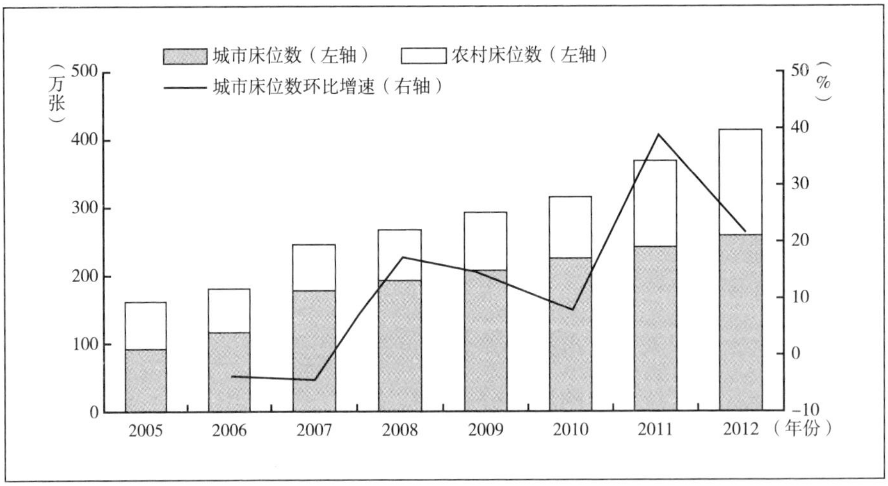

资料来源：《2013 中国民政统计年鉴》。

图12　中国养老机构、养老床位地域分布

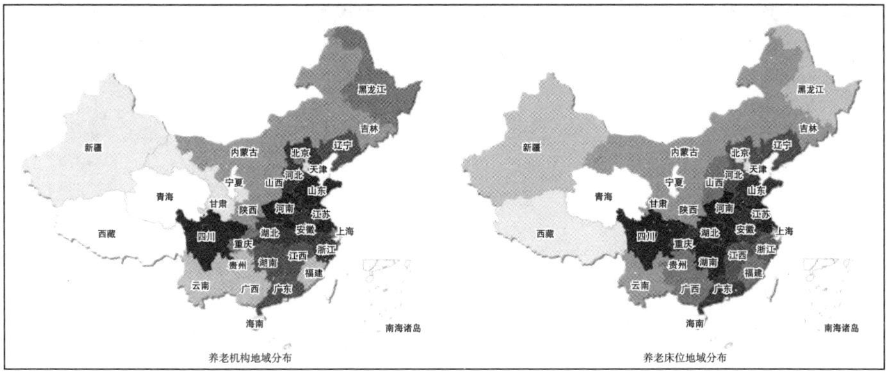

资料来源：《2013 中国民政统计年鉴》。

按照国家养老服务供给规划，截至 2012 年我国尚需养老床位 92 万张，按照发达国家 5% 的机构养老水平，尚需养老床位 219 万张（见表 5）。

表 5　养老床位总量供给不足

	2007 年	2008 年	2009 年	2010 年	2011 年	2012 年
65 岁及以上总人口（万人）	10636	10956	11307	11894	12288	12714
实际床位数（万张）	242.9	267.4	293.5	316.1	369.2	416.5
4% 水平床位数（万张）	425.44	438.24	452.28	475.76	491.52	508.56
4% 水平床位数缺口（万张）	182.54	170.84	158.78	159.66	122.32	92.06
5% 水平床位数（万张）	531.8	547.8	565.35	594.7	614.4	635.7
5% 水平床位数缺口（万张）	288.9	280.4	271.85	278.6	245.2	219.2

资料来源：信达风投资管理有限公司《大健康产业投资机会分析报告》。

在养老服务需求中，养老医疗的服务供给量严重不足。养老医疗的主要提供方式是由护理院、康复医院、老年病医院、护理科、康复医学科、老年科等医疗机构、科室提供。截至 2012 年，全国共有护理院床位数 15512 张（见表 6），康复医学科床位数 90763 张，康复医学科床位数占同期全国医疗床位总数的比例不到 2%。护理院床位数加康复医学科床位数共 106275 张，占同期医疗床位数的 2.33%。截至 2012 年，每千名老人拥有护理床位和康复医学床位仅为 0.76 张。

表6　护理院全国分布（2012年）

省份	机构数（个）	床位数（张）	省份	机构数（个）	床位数（张）
北　京	1	70	安　徽	1	126
内蒙古	1	110	山　东	2	250
辽　宁	2	245	河　南	1	50
吉　林	2	230	湖　南	1	49
黑龙江	1	30	广　东	1	240
上　海	13	4471	广　西	1	50
江　苏	45	8792	贵　州	2	165
浙　江	8	590	陕　西	2	44
机构合计	84个		床位合计	15512张	

资料来源：《2013中国卫生和计划生育统计年鉴》。

从民政部门的调查情况看，现有养老床位利用率普遍不超过60%。按人/天计算的养老床位利用率作为利用率指标，全国利用率最高的是江西省，达到63.81%，利用率最低的是海南省，仅为15.01%（见表7）。

表7　养老床位利用率（2012年）

北　京	25.20%	安　徽	56.10%	重　庆	56.64%
天　津	48.43%	福　建	27.62%	四　川	49.64%
河　北	52.94%	江　西	63.81%	贵　州	42.52%
山　西	40.09%	山　东	61.91%	云　南	42.69%
内蒙古	52.55%	河　南	48.55%	西　藏	49.75%
辽　宁	41.27%	湖　北	52.79%	陕　西	52.76%
吉　林	40.12%	湖　南	58.23%	甘　肃	26.53%
黑龙江	46.19%	广　东	45.76%	青　海	35.26%
上　海	51.24%	广　西	51.57%	宁　夏	51.46%
江　苏	43.12%	海　南	15.01%	新　疆	37.22%
浙　江	40.51%				
	全国水平		48.96%		

资料来源：《2013中国民政统计年鉴》。

总体来看，中国的养老服务业尚处于发展初期，发展潜力巨大，供给侧进行结构调整亦有较大空间。

2. 养老金融业。近年来，随着老龄化趋势的不断发展，养老金融业获得了较大发展，负债端、资产端的绝对规模不断增长。参与养老金融业的主体主要是保险机构、银行机构和私募股权投资机构，此外，政府出台的相关政策也为老年人提供类商业保险的资金支持。从负债端来看，以企业年金和人寿险为主的保险机构养老金融产品规模不断增加。（1999～2014年寿险保费收入总量及同比增速情况见图13。）城镇职工基本养老保险、企业年金和城乡居民养老保险的人均及累计结存也有不同程度增长，稳步推动养老支付能力提升（见图14）。从资产端来看，近年来各保险公司针对养老产业的投资明显增加，社保基金运作收益稳中有升，养老金投资提上日程。

3. 养老用品业。养老用品行业为老年人提供满足其特殊需求的各类用品。由于老年人的生理、心理有区别于年轻人，因此老年用品也在功能上区别于一般生活用品。从老年人的需求来看，根据《中国老龄产业发展报告（2014）》相关数据显示，21.9%的老年人平常会服用保健品，其中经常服用的占到了10.5%。中国老龄科学研究中心对北京老年人的调研显

图13　寿险保费收入总量及同比增速（1999～2014年）

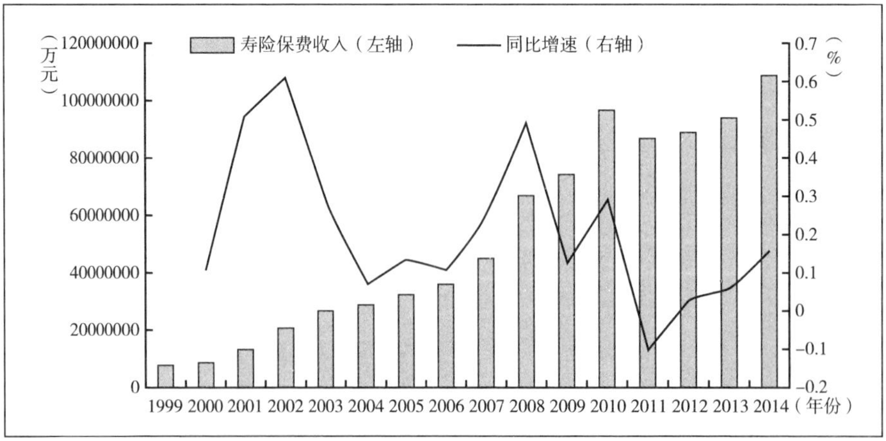

资料来源：Wind资讯。

图14 城镇职工基本养老保险、企业年金和城乡居民养老保险变化情况（1998～2014年）

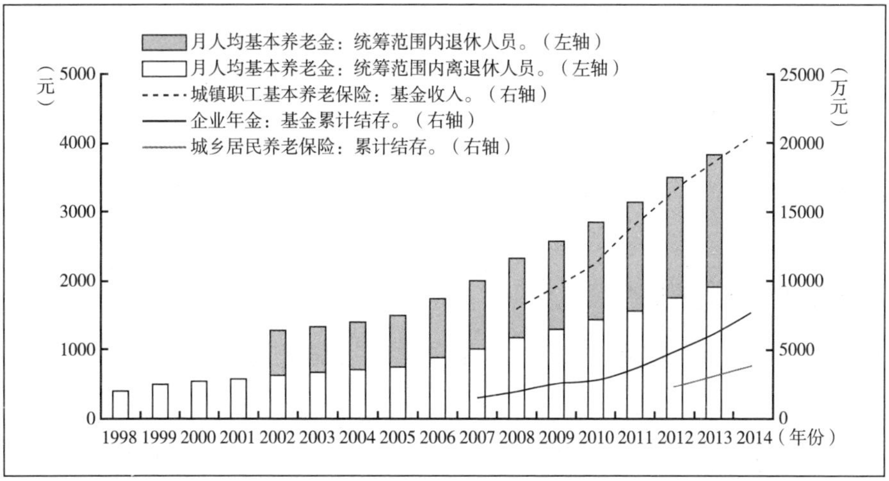

资料来源：Wind资讯。

示，27.3%的家庭购买过老年人用的水杯、假牙收纳杯、药品收纳盒等用品；35.7%的家庭购买过轮椅、拐杖、助行器、助听器等用品；17.3%的家庭购买过坐便器、浴用椅、护理床等用品；34.2%的家庭购买过老年人手机，13.3%的家庭购买过其他电子产品；78.0%的家庭购买过老年人按摩器具、血压计、保健床上用品等保健用品。

4. 养老地产业。养老地产是指专为老年人提供住宿等生活条件、以社区形式存在的房地产业态。养老地产既有一般房地产的特点，也有因老年人的特殊需求而带有的特殊性。养老地产与一般轻资产型的养老机构的主要区别是养老地产运营商持有该物业，而轻资产型的养老机构的物业来源主要是租赁。

日本的典型养老地产模式是日医集团开发的“二代居”模式，老人与家庭其他成员并不同屋居住，但是家庭成员居住在一个比较近的物理距离范围内，即所谓的“一碗鸡汤原则”，老人的儿孙带一壶鸡汤去看望老人，到达老人的居住地点时鸡汤不能凉。日本的养老地产具有强调城

市规划的特点，养老地产规模普遍不大，并且属于城市综合体的一部分，其兴建时用途就比较明确，这与日本重视养老产业的产业政策相适应（见图 15）。

图 15 日本的养老地产模式

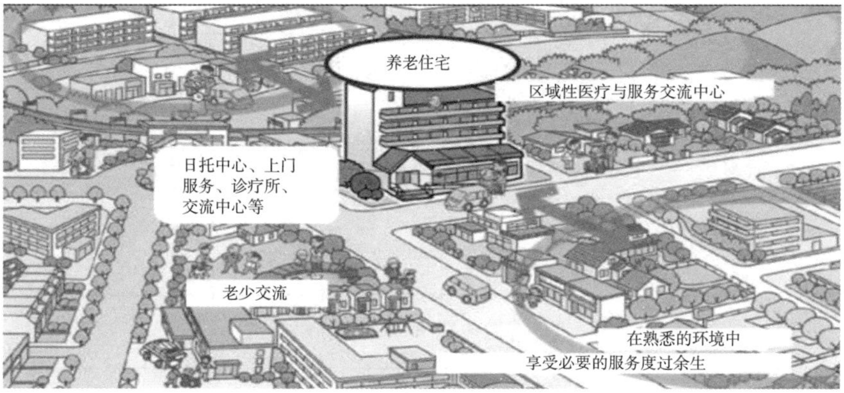

资料来源：http：//www. satsuki - jutaku. jp。

美国养老地产的典型代表是 CCRC 模式。CCRC 模式指“持续照料退休社区”，老年人入住该社区后即可享受从退休时点开始的全年龄段服务。CCRC 模式的典型运营公司是 BKD 公司，该公司是美国标普 500 成份股之一。CCRC 盈利的方式是入门费 + 年费的方式，只提供租赁权和服务享受权，不提供房屋的产权，通常入门费 20 万 ~ 100 万美元不等，年费根据老年人需求不同有所区分，通常独立老人 3000 美元/月，半护理老人 4000 美元/月，全护理老人 5000 ~ 6000 美元/月。CCRC 的前期投入虽然较大，但可以结合 REITs（房地产信托投资基金）来完成，只要具备专业化的运作模式，进入门槛相对较低。因而 CCRC 模式下公司更像是运营商而非地产开发商（见图 16）。

中国目前运营的养老地产模式多样。如保险公司运营的 CCRC 社区模式、房地产商运营的地产模式、养老服务机构运营的租赁/销售使用权模

图16 CCRC模式示意图

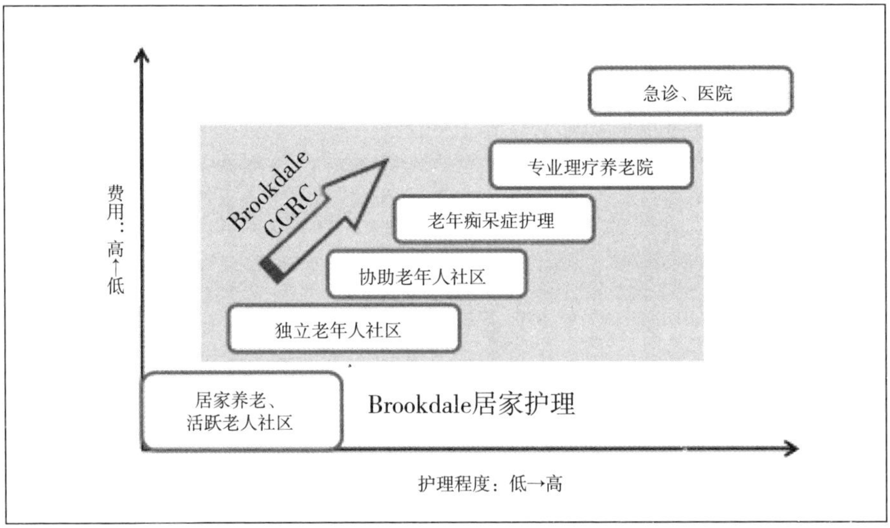

资料来源：信达风投资管理有限公司《大健康产业投资机会分析报告》。

式等（中国养老地产典型模式见表8）。从目前国内养老地产发展情况来看，限制养老地产发展的主要问题是地价过高、土地性质问题、市场需求不旺盛等。第一，如果养老地产运营公司以自己拿地的形式介入养老地产行业，则拿地成本过高。如果以住宅用地兴建养老地产，则面临老年人对换房居住的需求不旺盛的问题。如果以医卫慈善用地或养老用地兴建养老地产，则无法出售产权，在没有REITs市场支持的情况下，养老地产运营公司现金流压力较大。（2010～2015年一线城市养老或相关性质用地成交情况见表9。）第二，老年人换房居住需求不旺盛。造成该现象的原因主要是养老地产消费对家庭来说属于不动产投资，因此家庭对该种投资都较为慎重。同时大量养老地产项目实际上是把普通滞销房地产改头换面后进行销售，并不具备针对老年人的服务能力，也无法吸引老年人购房。

表 8　中国养老地产典型模式

典型代表	有无产权	盈利模式	规模
上海康桥亲和源	无产权	销售会员卡	占地 125 亩，总建筑面积 10 万平方米，容纳 800 户居民
北京太阳城	有产权	销售房屋	自持物业建筑面积达到 6.7 万平方米
泰康之家・燕园	无产权	销售保单	总建筑面积约 31 万平方米，容纳 3000 户居民

资料来源：中国建投研究院。

表 9　一线城市养老或相关性质用地成交情况（2010～2015 年）

时间	城市	区域	用途	土地面积（平方米）	规划建筑面积（平方米）	容积率（%）	成交价（万元）
2015	北京	平谷区	A61 机构养老设施用地	23106	27727	—	8000（挂牌）
2014	深圳	宝安区	社会福利用地	10861	27000	2.50	40000（挂牌）
2014	深圳	宝安区	社会福利用地	6920	15220	2.20	28000（挂牌）
2014	广州	越秀区	医卫慈善用地	48337	101991	2.11	12427（协议）
2012	广州	萝岗区	医卫慈善用地	33333	70333	2.11	5142（协议）
2012	广州	萝岗区	医卫慈善用地	49664	104791	2.11	7586（协议）
2012	广州	萝岗区	医卫慈善用地	26667	56267	2.11	4140（协议）

资料来源：Wind 资讯，中国建投研究院。

三、人口老龄化主题下的投资机会分析

（一）关注养老产业的四大投资机会

1. 关注商业养老保险的大规模扩张带来的投资机会。中国商业健康保险规模小、渗透率及人均保费尚低，潜在社会需求旺盛。在“3+1”基本医疗保障制度基本实现全面覆盖的背景下，商业健康险领域自主设计、开发创新型差异化产品，满足多样化健康需求，与基础医保互补的公司或模式前景看好（见图 17）。商业养老保险的大规模扩张带来三方面投资机会：其一，对发行保单的保险公司来说，具有快速扩展线下服务能力、扩张保单市场占有率的服务机会；其二，对地方政府来说，具有依托商业保险发展本地养老服务业、解决本地养老问题的投资机会；其三，对养老服务机构和养老地产来说，具有与保险公司合作从而为本机构带来入住老人的投资机会。从投资逻辑方面来讲，由于我国目前的养老支付实际上是由国家和个人两个支柱组成的“瘸腿”支付体系，因此商业养老保险作为一种新的资金来源，具有广阔的市场空间。而保险公司发行的保单一方面是资产凭证，另一方面也是资格凭证。保单的上述特点决定了保险公司可以作为地方政府、养老服务机构、养老地产的资金来源方，也可以作为养老服务机构和养老地产的分销方。从具体的投资机会来讲，保险公司可以依托发行保单的便利和渠道优势，以廉价资金收购或投资线下的养老服务机构和养老地产行业，从而形成增量、长期、廉价资金与长期资产的匹配。地方政府可以通过整合医保结余、福利彩票基金、财政资金和商业养老保险资金等几方面资金来源，为本地提供覆盖更广、支付水平更高、服务能力更强的养老服务补贴政策。养老服务机构和养老地产可以向保险公司寻求投融资支持，迅速扩大自身规模。

图17　“3 +1” 基本医疗保障制度中商业健康险生存空间

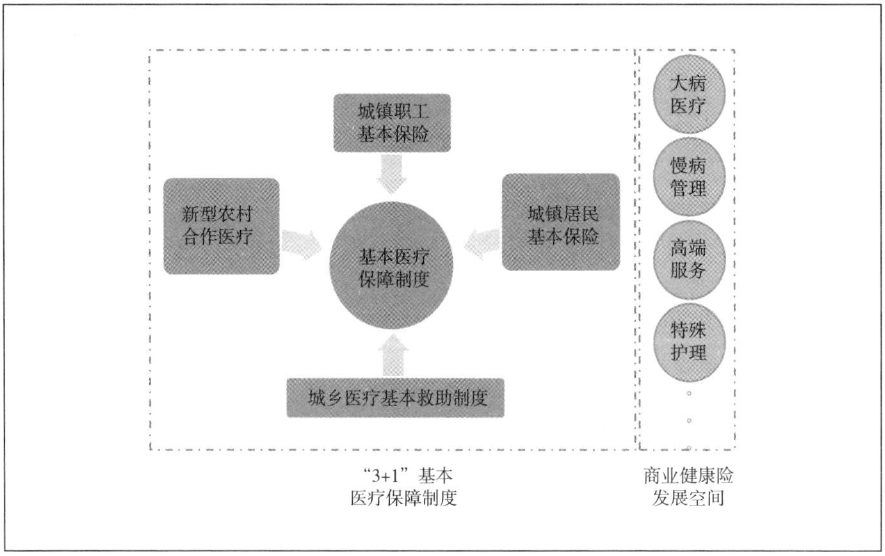

资料来源：中国建投研究院。

2. 关注养老服务机构的连锁化扩张带来的投资机会。从目前较为成功的养老服务机构的情况来看，在当地规模较大的养老服务机构一般经营范围不超过区或者市，目前极少有养老服务机构跨省或全国化连锁经营。2016年将是养老服务机构规模扩张、连锁化扩张的一年，投资逻辑是政策支持及金融支持。政策支持方面，支持社会资本举办养老机构的各项顶层设计逐步落实，医养结合政策落地，各地支持养老服务业发展的政策逐步推出，养老服务业目前处于历史上政策最为宽松、政策支持力度最大的时期。金融支持方面，险资中的固定收益资金和股权投资资金、银行（尤其是政策性银行）的信贷资金、私募股权投资机构的股权投资资金纷纷进入养老服务业投资市场。信达风曾经做过测算，如果养老服务企业想新开一家养老机构，需要一个单体机构运营约4年的时间才能完成资本积累（包括2年入住期，住满后需要2年运营）。在各路金融资本介入的情况下，养老服务企业的规模扩张和连锁化扩张速度将大大提高。

3. 关注医养结合政策落实对养老服务机构服务升级带来的投资机会。医养结合政策落地一方面增强了养老机构的服务能力，另一方面提高了养老机构的利润。根据信达风公司的投资实践经验，中高端的不具备医疗条件的纯养老服务机构单床年利润为1万~1.5万元（不扣税），而医养结合型养老机构中的医疗床位带来的收益高于以上数字。同时，医养结合型养老机构对老人和家庭更有吸引力，使机构入住速度更快。同时运营养老机构和医疗机构的连锁养老服务企业能够发挥协同效应，加速新开店的入住速度。医养融合领域正处于跑马圈地阶段，机会主要集中在两个方向：一是能够提供专业服务，有产品、技术（包括大数据、医疗）支持的公司；二是医养融合模式下，提供医、养服务，采用整合照料模式的公司。

4. 关注PPP大范围推广对养老地产的投融资利好带来的投资机会。养老机构的物业获取始终是限制养老服务机构发展的瓶颈，廉价获取物业的能力、地方政府对养老机构物业的支持力度决定了一个地方养老服务业能否快速发展。PPP 政策的落实和推广为地方政府加速提供养老物业创造了条件。PPP 模式在养老服务业和养老地产业的应用中，社会资本一方是养老服务企业、养老地产运营商和金融机构，政府一方是地方政府和地方政府财政资金。金融机构和地方政府合作进行 PPP 模式兴建养老物业，养老服务企业和养老地产运营企业负责运营，可以形成一个完整的闭环，各方均能获利，并且降低了养老服务业发展的成本、提高了所在地老人的福利水平。

（二）关注医疗健康产业的四大细分领域

从医疗健康的细分领域分析，机会蕴藏在医疗服务、医疗器械、药品制造、康复医院四大领域。（中国医疗保健产业结构见图 18。）

图 18　中国医疗保健产业结构图

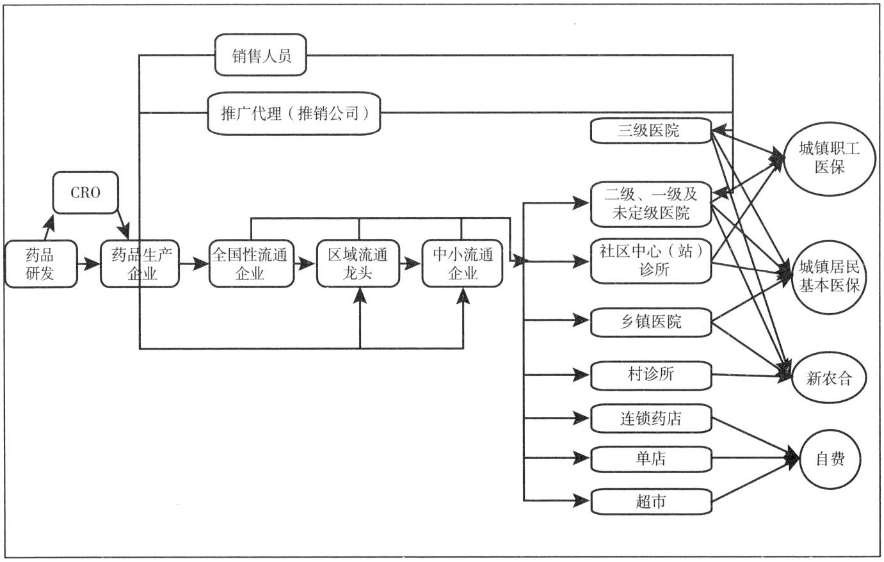

资料来源：和君咨询，中国建投研究院。

1. 医疗服务。投资机会集中在专科连锁医院、公立医院改制和综合医院集团。考虑到人口和消费的巨大基数，我国医疗服务市场在将来还有广阔的提升空间。医疗服务供需结构特殊，医院对产业链各主体的强势地位、行政监管力量的薄弱、行业垄断的竞争格局，共同形成了当下医疗服务对上游生产、流通和下游患者双向垄断的格局，且这种强势地位在短时间内无可撼动。在市场化改革之下，产业资本参与公立医院改制，A 股上市公司介入医疗服务行业都尚处于早期阶段，医疗服务是绝对意义的朝阳行业，未来将会是资本逐利的蓝海。

2. 医疗器械。投资机会集中在内需拉动和出口高端化两个方面。在人口老龄化、健康产业发展的“大健康”的时代背景下，无论是家庭市场还是医院市场，医疗器械在不断渗透、多角化发展的同时都实现了内需的飞速发展。由于国内医疗器械的技术升级和成本优势，国内颇具实力的医疗器械企业不断抢占海外市场，出口结构高端化态势愈演愈烈，投资者可重点关注并购型公司、互联网医疗、医疗诊断类公司。（我国医疗器械行业增长动力源见图 19。）

图 19　我国医疗器械行业增长动力源

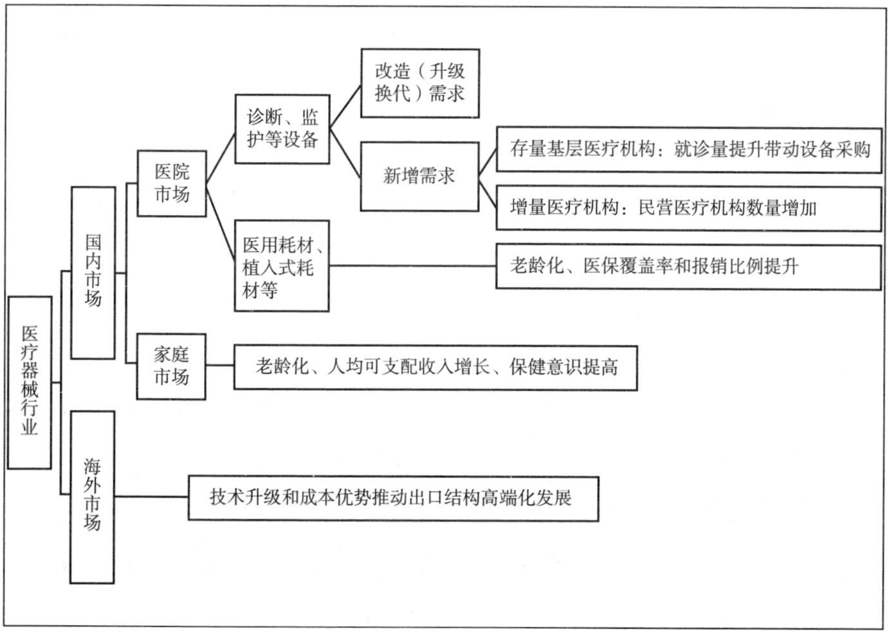

资料来源：中国建投研究院。

3. 药品制造。投资机会主要集中于在创新药方面具有较长时间积累的行业龙头上。制药行业在医改的后红利时代增速逐步放缓不可避免，但在人口老龄化加剧的情况下药品需求依然稳定。2014 年医药制造业利润总额 2322.20 亿元，同比增长 12.1%，2010～2014 年利润总额持续增长（见图 20）。制药行业从不缺乏新产品、新技术、新商业模式，行业中长期前景依然向好，只是不同公司间的分化趋势会愈发明显。创新是国内医药行业发展的长期趋势，但短期而言创新药还不会为大部分公司贡献明显业绩，结合国内的实际情况，“仿制＋创新”可能是短期和中期较为现实的策略。

图 20　2010～2014 年中国医药制造业利润情况统计

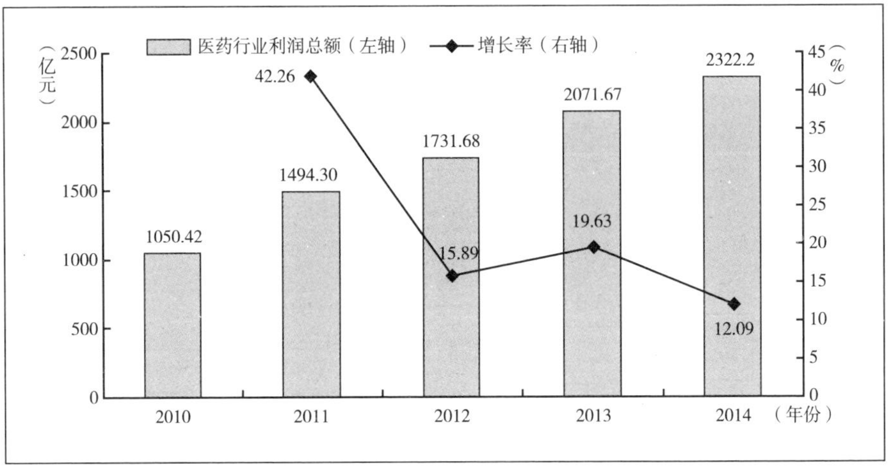

资料来源：中国建投研究院。

4. 康复医院。康复医疗在我国发展水平较低，国家政策对康复医疗扶持力度逐年增加。从规模角度来看，我国目前康复医疗市场规模仅 200 亿元（人均 15 元），而美国的康复医疗市场规模已达 200 亿美元（人均 80 美元）。从供给角度看，我国康复医院数量共 322 家，全国仅 1/3 的城市拥有康复医院。康复医院可承接综合性医院部分患者，两种医疗机构相辅相成实现共赢。通过承接综合医院的稳定期患者，康复医院不但能够提高综合医院的病床周转率，同时又能提高康复医疗服务质量，降低患者的医疗费用。因此，康复医院在当今情形下有望快速发展和扩张。

参考文献

[1]〔美〕劳伦·勃兰特、托马斯·罗斯基：《伟大的中国经济转型》，格致出版社，2009。

[2] 李扬主编《经济蓝皮书：2015 年中国经济形势分析与预测》，社会科学文献出版社，2014。

[3]〔美〕哈瑞丹特：《人口峭壁》，萧潇译，中信出版社，2014。

国企改革主题下的投资机会分析

王勇华　解蕴慧
王勇华，清华大学法学博士，中国建投投资研究院副秘书长，高级研究员
解蕴慧，北京大学管理学博士，中国建投与清华大学联合培养博士后

投资提示

- 国企改革中存在投资机会的行业甄选应充分结合当前供给侧改革、产业结构调整升级、“一带一路”等宏观经济战略综合考虑。

- 国企改革中值得关注的行业有以下几个：产能过剩行业、战略性新兴行业、公共服务领域、“一带一路”相关行业，以及放开市场准入的行业。

- 国企改革中存在大量投资机会的地区应该是：国资体量较大、国企效益较好、地方政府对国企改革响应较快、经济政策环境较好的省市。综合来看，投资机会较多的地区依次是：上海、浙江、北京、山东、安徽、广东、贵州。

一、国企改革的主要方向和实现路径

2015 年 8 月 24 日，中共中央、国务院出台《关于深化国有企业改革的指导意见》，确立了新一轮国企改革的顶层设计方案，该方案指出了国企改革未来的主要方向和实现路径。

（一）国企改革的主要方向

1. 国企改革的主要内容

概括而言，本轮国企改革的主要内容包括：国企分类改革、市场化改革以及国企改革中应守住的三条底线。国企分类改革主要是将国有企业分为商业类和公益类两类，对两类国有企业实行分类发展、分类监管、分类定责、分类考核。市场化改革的内容包括产权多元化、发展混合所有制经济、国有资本市场化、市场化选聘职业经理人、对一些行业放开市场准入等。国企改革中应守住的"三条底线"主要指坚持党的领导、保持国有经济的控制力和影响力、防止国有资产流失。

2. 国企改革的主要方向

从本轮国企改革的主要内容来看，国有企业的产权多元化、资本市场化，以及国有资本的规模化、平台化、集聚化及国际化是改革的主要方向，蕴藏着巨大的投资机会。

对两类不同性质的国有企业，需要确立了不同的改革方向。对于主业处于充分竞争行业或领域的商业类国企，改革集中在产权改革和充分利用资本市场方面，即通过实行公司制股份制改革，引入其他国有资本和非国有资本，实现股权多元化，国有资本可以绝对控股、相对控股、参股，并可通过整体上市，实现价值提升；对于主业处于国家重要行业和关键领域的商业类国企，改革主要集中在产权领域，即放开竞争性业务，引入其他国资，或在保持国有资本控股地位的情况下吸收非国有资本参股。公益类国企改革的方向，主要是经营方式的改革，在采取国有独资的前提下推行投资主体多元化，鼓励非国有企业参与经营。

对于国有资产管理体制而言，改革方向主要集中在国有资本的规模化和平台化、集聚化，以及国际化战略。国有资本规模化和平台化，主要是指通过投融资、资本整合、股权运作等方式改组组建国有资本投资和运营公司，探索有效的国有资本经营模式。国有资本集聚化，主要是指通过国有资本投资和运营公司，利用市场化手段，对相关企业进行创新发展、重组整合和清退，推动国有资本向重点基础设施、重要行业和关键领域集中。国有资本国际化，主要是指支持国有企业开展国际化经营，加快培育一批具有世界一流水平的跨国公司。

（二）国企改革的实现路径

根据国企改革相关文件精神，以及对国企改革未来方向的把握，可以提炼总结出国企改革的实现路径主要包括三种：混合所有制改革（简称“混改”）、并购重组、国有资产证券化。

产权多元化可以通过混改、并购重组和国有资产证券化等三种方式实现，国有资本和非国有资本均有可能从中获益。资本市场化的实现路径主要是国有资产证券化，其中国资及其投资主体是最大受益方。国有资本实现规模化和平台化的主要方式是混改和并购重组，国有资本和非国有资本均可从中受益。国资集聚化，即国有资本向重要行业和关键领域聚集，主要可以通过并购重组的方式来推进，国有资本是主要受益方。国有资本的国际化主要通过混合所有制改革，以及对外企的并购重组来实现，国有资本和外国资本均可从中受益。国企改革方向、相应的实现途径，以及所惠及的投资主体可归纳总结为表 1 的内容。

表 1　国企改革的方向、实现路径、惠及的投资主体		
国企改革方向	实现路径	惠及的投资主体
产权多元化	混改、并购重组、国有资产证券化	国资、非国资
资本市场化	国有资产证券化	国资
规模化和平台化	混改、并购重组	国资、非国资
集聚化	并购重组	国资
国际化	混改、并购重组	国资、非国资

二、 国企改革投资机会的产生逻辑和表现形式

（一） 总论

国企改革的主要实现路径包括混改、并购重组和资产证券化。混改是国企改革的主要方向，也是实现国企改革的重要途径。并购重组可以做大做强国有企业，剥离不良资产，优化国有资产配置。资产证券化可以让国有资产获得市场价值和社会监督，上市后的市值管理成为促进国有资产实现价值的重要方式。国企改革的三种主要实现路径中均存在巨大的投资机会。

国企改革的三种实现路径并非彼此独立，而是相互交织的。对微观国企改革项目而言，既可以单独使用其中任一改革方式，也可以综合利用其中两种或三种改革方式。对三种改革路径而言，彼此也可互为目的和手段：并购重组、资产证券化可以是实现混合所有制改革的途径；资产证券化也可以被认为是国企通过并购重组和混合所有制改革“做大、做强”的最终目的。

图 1 是国企改革投资机会的示意图，各投资主体可以在图中区域寻找到相应的投资机会。其中，非国有资本的投资机会仅存在于国企混合所有

制改革中，无论具体的实现路径是并购重组还是资产证券化，均在图 1 “混合所有制改革” 圈内部；国有资本的投资机会可分布于图中的任一区域。

国企改革并非仅通过某个单一路径来实现，投资主体可能通过其中一个、两个或三个路径来获取投资利益。国企可以通过对非国有企业的并购重组来实现混合所有制改革（图 1 的 A 区域），也可以通过资产证券化来实现混合所有制改革（图 1 的 B 区域）；国企的改革实践可以是并购重组后的资产证券化（图 1 的 C 区域），也可以通过并购重组和资产证券化的方式共同实现混合所有制改革（图 1 的 D 区域）。

图 1　国企改革投资机会示意图

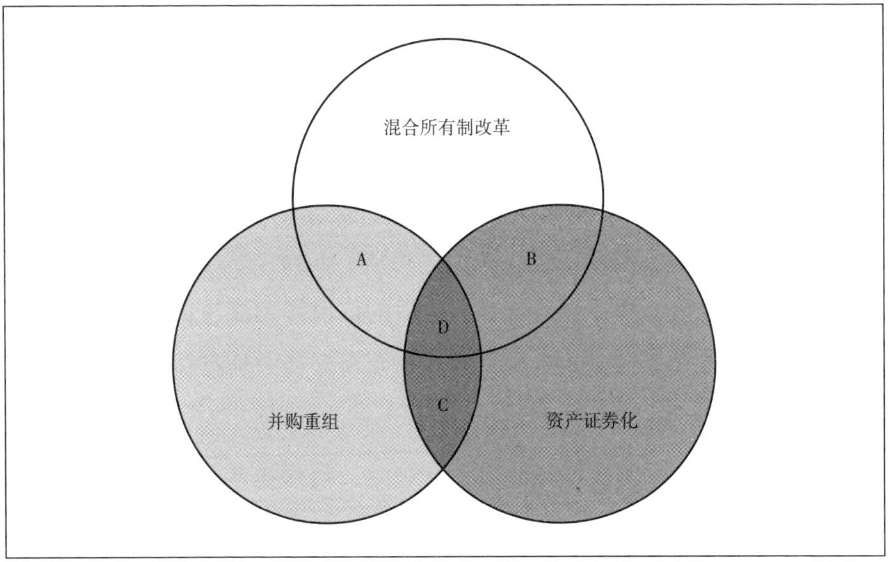

（二）混合所有制改革

发展混合所有制经济，即国有资本和非国有资本的融合，是新一轮国企改革的重头戏。国有资本和非国有资本均可通过国企混改找到投资机会和适合的投资方式。

1. 混合所有制改革的动力

为什么混改存在投资机会？也就是说，国有资本和非国有资本参与混改的动力是什么？各投资主体参与混改的主要动力是通过开拓新领域、获取互补优势，最终实现获利，如表 2 所示。

表 2　混合所有制改革的动力

投资机会	投资动力	结果
混合所有制改革	开拓新领域	利润增加、分红获利
	优势互补	

第一，开拓新领域，优化业务结构。国有资本和非国有资本可通过混改涉足新领域。一方面，非国有资本参股主业处于重要行业和关键领域的商业类国有企业，如电力、石油、天然气、铁路、民航、电信、军工等领域；另一方面，国有资本为进入一些竞争性行业，可以通过混改参股或购买非国有企业的部分股权或控股权实现。

第二，优势互补，即在市场、技术、管理或者资源上形成互补、协同、放大和共赢效应。非国有企业在一些行业或领域具有技术优势和渠道优势，在某些领域市场化程度较高，机制更灵活；而国有企业的政策优势、资源优势和融资优势比较明显。国有资本和非国有资本的融合，可以在利用彼此的比较优势和资源禀赋方面，实现合作共赢，以获得更好的发展。

2. 混合所有制改革的表现形式

混改实践的具体方式和特点可以总结为表 3 的内容。实践中的混改可以是竞争性行业中的强强联合、自然垄断国企中竞争性业务引入战投、竞争性行业国企兼并龙头民企。正如《国务院关于国有企业发展混合所有制经济的意见》提出“非公有资本投资主体可以货币出资，或以实物、股权、土地使用权等法律法规允许的方式出资”，实践中混合所有制改革的出资方式包括股权投资和资产投资等。

表3　混合所有制改革的表现形式

投资机会	表现形式	案例	案例特点	出资方式
混合所有制改革	国企入股民企	中国交建入股绿城	竞争性行业中的强强联合	股权
	民企入股国企	奥瑞金入股中粮包装	竞争性行业中的强强联合	股权
	众多社会资本共同入股国企	25家机构入股中石化	自然垄断国企竞争性业务引战	股权
	国企兼并众多行业龙头民企	中国建材兼并众民企	竞争性国企并购重组	股权、实物

实践中的国企混改主要表现为四种形式：国企入股民企、民企入股国企、众多社会资本共同入股国企、国企兼并众多行业龙头民企。

第一，国有企业入股民营企业，如中国交建入股绿城地产。在这种类型混改中，国有企业可以充分利用民营企业的优势，开拓新市场，充实业务实力，提升市场竞争力，实现快速发展壮大。

第二，民企入股国企，如奥瑞金入股中粮包装成为第二大股东。国有企业联合行业内优质民营企业，“强强联合”实现管理、技术、资源上的优势互补。

第三，众多社会资本共同入股国企，如中国石化销售有限公司引入战投。这是在垄断行业或半垄断、准垄断行业中利润率不太高的竞争性业务中引入非国有资本以增加其活力的典型案例。

第四，国企兼并众多行业龙头民企，如中国建材兼并众多民营水泥企业。国企通过牵头对行业内资源进行整合，通过扩大业务规模，再造全业务链，最终在传统产能过剩行业也能获得可观的经济效益。

（三）并购重组

并购重组可以是国企之间的重组，也可以是国企和非国有企业之间的重组。

1. 并购重组的动力

为什么并购重组存在投资机会？各投资主体参与并购重组的动力是什么？如表4所示，并购重组有三种内在动力，包括加快业务转型、优化产品或服务结构、开拓新市场。

表4　并购重组的动力

投资机会	投资动力	投资结果
并购重组	加快业务转型	体量增大、利润增加、为上市创造有利条件
	优化产品或服务结构	
	开拓新市场	

第一，加快业务转型。企业间的并购重组逐渐成为获取资源、扩大规模、战略实现的重要方式。新一轮国企改革加大了国企重组的力度，通过这种方式清理一批国有企业，包括“僵尸”企业、长期亏损企业和低效无效资产，推动国有资本向某些行业、产业或领域集聚。并购重组的实质是通过产权交易，实现国有资本形态上的转换，使其服务于国计民生和国家战略需要。

第二，优化产品或服务结构。一方面，国企可以对相关业务，或业务上下游链条上的国企或非国有企业进行并购重组，从而优化产品和服务结构，实现做大做强；另一方面，国有企业可以通过兼并重组剥离非主营业务或无竞争优势的业务，实现产品和业务结构的调整，集中精力经营好具有比较优势的资源禀赋。

第三，开拓新市场。国有企业对国内企业的并购重组有助于开拓国内不同区域和市场，而国有企业与外资企业的并购重组有助于开拓海外市场。国际化是国企改革的一个重要方向，通过“引入外资参与国企改制重组、合资合作”“海外并购、投融资合作、离岸金融等方式”，可以使国内企业参与国际竞争和全球产业分工。国有企业对外资企业的并购重组，是充分利用国内外两种资源，快速开拓全球市场最为有效的方式。

2. 并购重组的表现形式

除国企与非国有企业之间的并购重组外，还可以从另外角度区分四类国企并购重组：行业内部央企之间的重组、地方国企之间的整合、央企对地方国企的兼并、海外并购。如表5所示。

表5　并购重组的表现形式

投资机会	表现形式	案例	方式
国企间的并购重组	行业内部央企之间重组	中国南车和中国北车合并	资产合并
	地方国企之间的整合	保利集团并购久联集团	资产、现金
	央企对地方国企的兼并	中铝并购有色新金属	购买股权
国企兼并外资企业	海外并购	中国交建收购澳大利亚约翰·霍兰德全部股权	购买股权

第一，行业内部央企之间的重组，如中国南车和中国北车的重组。通过资本和资产的叠加，国企规模扩大，实现规模效应。

第二，地方国企之间的整合，如保利集团对久联集团的并购。保利集团以其持有的民爆业务资产和自有资金合计135576.06万元对久联集团进行增资，取得久联集团51%的股权，取代贵州省国资委成为久联发展的控股股东。而久联集团通过与保利集团的合并，实现了民爆主业的横向并购和纵向产业链延伸。

第三，央企与地方国企之间的并购重组，如中国铝业并购中国有色新金属有限公司。中国铝业收购中国第二大锡生产商柳州华锡集团有限责任公司旗下全资子公司中国有色新金属有限责任公司，根据双方签署的协议，中国铝业将受让华锡集团所持有的有色新金属公司全部股权。有色新金属公司在铝加工产品添加剂生产方面的明显优势，使得并购后的中铝进一步完善了自身产业链，扩大了企业综合竞争力。同时，并购也将为中国有色新金属公司提供更加广阔的发展平台。

第四，国有企业的海外并购，如中国交建全资收购澳大利亚第三大建筑工程公司约翰·霍兰德公司。该项并购为中国交建拓展城市综合开发运营业务和轨道交通业务提供了有力支撑，同时为中国交建开拓海外市场创造了支点。

（四）国有资产证券化

国有企业特别是国有大型企业集团需要通过资产证券化的方式，建立有效的公司治理结构和高效灵活的经营机制。在新一轮改革中，大型国企可以通过资产证券化的方式积极引入各类投资者实现股权多元化，创造条件推进集团公司整体上市。

1. 国有资产证券化的动力

国有资产证券化的动力在于，通过证券化，国有企业的融资渠道扩大、管理能力提升、变现能力增强，最终实现市值和现金流的增加，如表6所示。下面针对国有资产证券化的三种投资动力分别进行分析。

表6　资产证券化的动力

投资机会	投资动力	结果
资产证券化	融资渠道扩大	市值、现金流均增加
	管理能力提升	
	变现能力增强	

第一，融资渠道扩大。资金仍然是国有企业发展中最为稀缺的资源，经济的增长和企业的发展仍然要倚靠资本市场上更加创新和多元化的融资工具。国有资产上市是最直接的国有资产证券化的方式。国家监管层已经充分认识到股票市场对经济发展和国企改革的价值，通过股票

市场，企业可以获得无限期的低成本融资。无关国家和经济安全的国有资产，以股权形式在证券交易平台进行交易，可以获得更广阔的融资渠道，争取更大的发展空间。

第二，管理能力提升。在资产证券化过程中，重构股东结构，引入现代公司治理和社会监督制度，有利于增强企业的活力。一方面，国企通过证券交易平台重新构建股东结构，进而构建全新的管理团队，改良企业内部的管理基因；另一方面，在国企上市后，投资者要看业绩，企业和经营者必须把企业运营得更好，改变管理方式，实现财务透明，接受公众监督，而在股价停滞不前时也将加强市值管理。

第三，变现能力增强。一方面，国有资产证券化后可以借助市场化定价机制，充分体现资产的市场价值。国企在资产证券化之后，其市值有望增加数倍甚至数十倍。另一方面，国有企业可以通过股权转让、定向增发或二级市场来调节企业资金流的现状，改善财务指标。这些现金流为企业的基础设施建设、技术研发、业务开拓以及高层次管理人员和技术尖兵的保留和激励提供了资金保障。另外，国有资产证券化，为国有资产退出提供了市场化的便利机制，对股权持有人来说，极大增强了自身资产配置的灵活性。

2. 国有资产证券化的表现形式

国有资产证券化有四种主要表现形式，分别是国资控股公司的整体上市、国资控股公司的主业资产上市、国有控股集团多元化经营业务分别上市，以及国有企业的借壳上市，如表7所示。

表7 国有资产证券化的表现形式

投资机会	表现形式	案例
国有资产证券化	整体上市	江淮汽车
	主业资产上市	大唐集团
	多元化经营业务分别上市	中石化
	借壳上市	上海现代建筑设计有限公司

第一，国资控股公司整体上市，例如江淮汽车的整体上市。国有企业整体上市是以实物资产和无形资产为基础发行证券并上市的过程。国资控股公司的整体上市可以优化公司的股权结构，减少不合理的关联交易，实现规模经济；可以盘活存量资本，提升资本的边际收益，提高资本的使用价值；可以使控股股东、上市公司、中小投资者的利益趋于一致，改善公司的治理状况。

第二，国资控股公司的主业资产上市。如果国企实现短期内整体上市有困难，可以选取主业资产进行整合上市，利用好资本市场的优势以增强主业发展的竞争力。主业资产上市后可以通过向控股股东定向增发的形式把控股股东的部分核心资产注入上市公司，以加快控股公司内部的同业整合。例如，大唐集团将其在湖南地区的优质电力资产整合，拟在 2017 年 6 月 30 日前以定增方式注入华银电力，实现大唐集团在湖南地区电力资产的上市。

第三，国有控股公司的多元化经营业务分别上市。一些特大型国企所涉足的多元化业务，可能是这一行业中上下游关联的业务，也可能是不同行业的业务。这样的企业可以选择将不同的业务板块分别上市。例如，中石化近年来一直在策划旗下的销售公司独立上市。在销售公司独立上市后，中石化旗下将有四家上市公司——中石化股份、炼化工程、石油工程公司和销售公司。

第四，借壳上市，例如上海现代建筑设计有限公司借壳棱光实业上市。借壳上市指的是，一家公司通过收购、资产置换等方式取得已上市公司的控股权，从而以上市公司增发股票的方式进行融资，实现上市的目的。有一些国企集团缺少上市平台，可以通过两种运作方式上市：一是向已有多个上市平台的公司借壳上市，二是先与具有上市平台的集团公司进行重组合并，之后再将公司资产注入已上市公司，以此实现证券化。

三、 国企改革投资机会的行业和区域分布

（一） 投资行业

国企改革中存在投资机会的行业甄选应充分结合当前供给侧改革、产业结构调整升级、“一带一路”等宏观经济战略综合考虑。因此，由国企改革的政策导向和国家发展战略看，国企改革中值得投资者关注的行业有以下几个：产能过剩行业、战略性新兴行业、公共服务领域、“一带一路”相关行业，以及放开市场准入的行业。

第一，产能过剩行业。国企在产能过剩相关行业中占比最大，国企改革的一个重点工作是调结构、化解过剩产能。供给侧改革有五个“关键着力点”，即去产能、去库存、去杠杆、降成本、补短板。其中，“去产能”是产能过剩行业的改革重点，即清理“僵尸”企业，让相关企业退出市场。解决产能过剩的路径包括：一是解决“僵尸”企业，关停并转，用产权转让、关闭破产方式进行清理；二是重组合并，重新配置资源；三是换产品、换技术、换运营方式；四是扩大出口，开辟新市场，从需求端加快去产能；五是加快产能输出，从供给端消化产能。

而产能过剩行业中并购重组的投资机会是各投资主体的关注重点。从原则上讲，国有资本和非国有资本均应避免投资钢铁、水泥等过剩产能的企业，但也不能一概而论。在投资前，各投资主体应对预投资的产能过剩企业进行产能和未来发展趋势分析，甄别出优质资产板块和非优质资产板块。对优质资产板块进行财务投资或资产投资，对非优质资产板块的投资进行多方考证，若能为“我”所用则进行并购重组。当然，甄别的标准可以是多样的，但核心是能否在未来为投资主体创造价值。

第二，战略性新兴产业。战略性新兴产业包括节能环保、新一代信息技术、生物、高端装备制造、新材料、新能源，以及新能源汽车等。这些产业体现了当今世界知识经济、循环经济、低碳经济发展的潮流，也代表了未来科技和产业发展的新方向。尽管战略性新兴产业尚处于成长初期，但它们具有巨大的发展潜力，对于推进产业结构升级和经济发展方式转变具有重要意义。政府对这些行业的发展非常重视，给予了较多政策支持。在发展战略性新兴产业方面，国家的政策思路是：坚持发挥市场基础性作用与政府引导推动相结合，科技创新与实现产业化相结合，以企业为主体，推进产学研结合，把战略性新兴产业培育成为国民经济的先导产业和支柱产业。因此，国有资本应抓住国企改革机会加大对战略性新兴产业的投入，并通过股权投资的方式投资这些行业中的优质企业，而非国有资本应利用国企混合所有制改革的机会参股相关的国有企业，与国有资本共同支撑起战略性新兴产业的发展。

第三，公共服务领域。在加快新型城镇化建设中，公共服务领域的有效供给是很大的投资机会。国家在《关于在公共服务领域推广政府和社会资本合作模式的指导意见》中提出，在能源、交通运输、水利、环境保护、农业、林业、科技、保障性安居工程、医疗、卫生、养老、教育、文化等公共服务领域吸引社会资本参与，鼓励采用政府和社会资本合作（Public - Private Partnership，PPP）模式。过去地方政府融资建设的公共服务项目，可以转换成 PPP 项目引入社会资本来管理运营，一方面可以把腾出来的资金用于建设新项目，另一方面可以使地方政府省去融资成本。一些机构资本、民间资本，甚至是国有资本均可以关注公共服务领域的 PPP 合作模式，通过与地方政府合作的方式实现公共服务领域的投资和盈利。

第四，“一带一路”相关行业。在国家“一带一路”战略下，政府要实现对外投资，一些行业将迎来进入国际市场的好时机，因此潜在投资者应关注国企改革中“一带一路”相关的行业。“互联互通”不仅仅是交通基础设施方面的建设，也包括互联网和物联网等通信基础设施的建设。"一带一路"有两个层次的战略愿景，一是近期的"基建互通、金融互通、产业对接、资源引入"，相关行业包括交通运输、铁路建设、航空设备和服务、飞机的整机生产、建筑、基建制造等；二是远期的"商贸文化互通、区域经济一体化和共同繁荣"，相关行业包括商贸与文化旅游产业、信息产业等。各投资主体应结合自身的资源禀赋积极投身到"一带一路"相关行业的投资和建设中去。

第五，放开市场准入的行业。关系国家安全、国民经济命脉的重要行业和关键领域，国家此前一直实行国有独资，没有放开社会资本的准入。此次国企改革提出对这些行业保持国有资本控股地位，支持非国有资本参股。根据《国务院关于国有企业发展混合所有制经济的意见》，国家对一些军工领域进行分类，逐步放宽市场准入，非国有企业可以参与一些武器装备的科研生产、维修服务和竞争性采购等业务模块。此外，提高军工企业的资产证券化率是一个重要的投资机会。目前我国十大军工集团的资产化率仅有 30%，而国外军工平均的资产证券化率为 80%。军工行业的国有企业可以选择通过资产证券化率的方式来推进改革，据海通证券估计，我国军工资产证券化比例可以提高 2～3 倍，市值可能增长 5～10 倍。军工企业之间的兼并重组，或向已有军工上市公司注入资产，以达到体量和市值的增加，是军工国有企业在改革中不可小觑的投资机会。

另外，我国进一步放开生态环保、农业水利、市政、交通、能源、信息、社会事业等七大领域的市场准入，吸引社会资本参与。《国务院关于创新重点领域投融资机制鼓励社会投资的指导意见》提出对此七大领域进一步放开市场准入机制、投资运营机制、政府投资方式、融资方式和渠道，以及价格形成机制等创新措施，解决了"谁来投""怎么投"的问题，指出重点是"吸引社会资本特别是民间资本的参与"。非国有资本应根据政策相关规定，寻求对这些领域的投资机会。

（二）投资区域

国企改革中存在大量投资机会的地区应该是，那些国资体量较大（见图2）、国企效益较好、地方政府对国企改革响应较快、经济政策环境较好的省市。

图2　国有资产体量超过5000亿元的省市

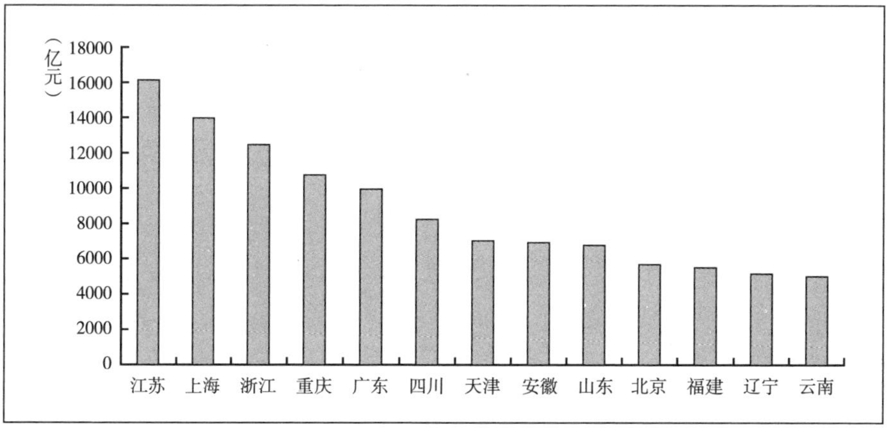

资料来源：WIND资讯。

综合考虑上述因素，投资首选地是上海。上海在国企改革中蕴含比较大的投资机会，适宜投资。第一，上海市国企规模体量大，产业类型齐全，第三产业和新兴产业发达。上海市的国有企业资产总额在全国名列前茅，且国企发展历史悠久，积淀了较多优质的国有资产。第二，上海市政策配套较全面规范，是国企改革的重点区域。上海是国企改革的试点城市，政策支持力度较大，如在2013年12月率先推出《关于进一步深化上海国资改革促进企业发展的意见》，后又于2014年7月发布《关于推进本市国有企业积极发展混合所有制经济的若干意见》。此外，上海已推出一些有影响力的国企改革实践，如华东建筑设计院（上海现代建筑设计有限公司）借壳棱光实业、临港投资借壳自仪股份、绿地借壳金丰投资等国有资产证券化的案例。第三，上海市的社会经济政策环境较好。上海市具备良好的经济政策环境和比较先进成熟的社会公共管理经验，这些都是成功实施投资的重要保障机制。

同样，浙江省是东部省份值得关注的国企改革投资地区。第一，浙江省国有资产总量较大，在全国各省市中排名第五，并且经济发达、市场化程度高。浙江省拥有 32 家国有上市公司，总市值在全国各省市中排名第七。第二，浙江省国有企业中混合所有制企业比重较大，高达 70%，但资产证券化率较低，约达 40%。浙江省国有企业以商贸产业与基础产业为主，规模较小，主业优势不明显，盈利水平不足。根据浙江省国有企业的这些特点，浙江省国企改革中的投资机会存在于向已上市国有企业进行资产注入，或是寻找较为优质的标的上市公司作为增资对象。此外，资产证券化率较低的浙江省国有企业可以通过寻找潜在壳资源，快速完成上市。

除上海和浙江外，中国东部省市北京、山东、安徽、广东等的国企改革投资机会值得关注。中国东部地区由于国有企业基础好，经济政治环境较好，是投资的重要地区。北京是我国的政治、经济和文化中心，投资环境比较好，同时国有企业多，又是央企的集中地，在国企改革的实践中有较多的投资机会。山东省国资委旗下的国有企业有 23 家，资产总额达 1.3 万亿元，然而其国有资产证券化的水平较低，在之后的国企改革中，通过向国有上市公司注入资产或者集团整体上市的方式来实现资产证券化，是各资本方应挖掘的投资机会。安徽省国资委直属企业集团公司共计 29 家，资产总额达一万多亿元，其中上市公司有 17 家。安徽省国企改革发展比较迅速，主要围绕整体上市和强强联合两个方面。在第一轮试点公司中，国元和铜陵有色在集团层面上引入战略投资者，江淮汽车、海螺集团等企业重组资产，实现整体上市。在未来，安徽省将有更多的国有企业进行改革，有条件的资本方应予以关注。广东省国资委规划目标是实现较高水平的资产证券化率。广东省国资委直属的 21 家国有企业中上市公司较多，通过资产注入和资源整合的方式提高资产证券化率，是应关注的投资机会。

在西部省市中，贵州省的国企改革步伐较快。贵州省早在2014年初就率先发起了以产权制度改革为核心的新一轮国企改革，出台了相应的国企改革方案。贵州省国有企业在引入战略合作伙伴方面走在了全国前列，截至2014年底已签署引战协议60个，其中，集团层面16个，子公司层面44个。例如，贵州化肥厂、盘化集团、茅台集团、保利集团等企业在改革方面都取得了实质性突破。因此，各资本方不应忽视西部地区国企改革的投资机会。

PPP 主题下的投资机会分析

叶继涛

工学、金融学双硕士，中国投资咨询有限责任公司研究总监

投资提示

- 国家发改委、财政部公布的PPP项目（2822个，投资总需求5.13万亿），不同领域、不同特点的项目，不同属性的社会资本，其投资机会也不尽相同。单体项目投资额度较小的领域，适合实力较小的社会资本；单体项目投资额度较大的领域，适合实力较强的社会资本；投资规模不大但对专业资质有要求的领域，适合专业的社会资本。

- 从PPP项目投资地区需求看。浙江、河北、北京、安徽、云南等省市PPP投资需求在3000亿元以上，其中云南的投资需求高达5000亿元，社会资本的投资机会多。河南、山东、福建、江苏、陕西、四川、天津等省市的PPP项目投资需求中等，投资机会较多。而黑龙江、广东、上海、广西、海南等省市区的PPP投资需求较小，社会资本投资的机会相对较小。

- 从投资的安全性看。一般而言，人均GDP越高、政府债务与GDP比越小、PPP项目投资需求越小的地区，投资的风险越小（当然也要看地方财政收入及增长情况、土地收入占比等因素）。

- 从不同区域PPP项目投资领域需求看。在污水处理领域，除辽宁、上海、江苏、浙江、山东、广东的城市日处理能力较高外，其他省市的城市日处理能力均有待提高，这些省市未来污水处理PPP项目的投资需求较大，投资机会较多。在城市生活垃圾处理领域，吉林、辽宁、黑龙江、湖南、广东、云南、甘肃、青海、新疆等省市区的城市生活垃圾无害化处理率有待提高，生活垃圾处理的PPP项目的投资需求较大，投资机会较多。

改革开放以来，中国城镇化飞速发展，取得了巨大成就。城镇常住人口由 1978 年的 1.72 亿人猛增到 2014 年的 7.49 亿人，城镇化率由 1978 年的 17.9% 上升到 2014 年的 54.8%①，由此带来了城镇基础设施建设巨大的投融资需求，也由此导致了政府融资平台债务高企。为有序推进城镇化建设，规范地方政府融资平台发展，化解城镇融资问题，降低基础设施和公用事业发展的投资建设运营成本，提高公共产品和服务的供给质量，近年来国家在城镇建设领域的投融资改革力度不断加大。2013 年党的十八届三中全会发布了《全面深化改革的决定》，明确要求要允许社会资本通过特许经营方式参与基础设施投资和运营，为城镇建设领域投融资改革指明了方向。2014 年 9 月国务院印发了《关于加强地方政府性债务管理的意见》（国发〔2014〕43 号），提出要修明渠、堵暗门，剥离融资平台公司政府融资职能，倒逼地方推广使用政府与社会资本合作模式（PPP）；2014 年 11 月，国务院印发了《关于创新重点领域投融资机制鼓励社会投资的指导意见》（国发〔2014〕60 号），明确要求要建立健全 PPP 机制，正式拉开了 PPP 发展的序幕。

一、 2015 年国内 PPP 发展回顾

为落实国务院推进 PPP 的文件精神，2014 年底国家发改委、财政部分别出台了《关于开展政府和社会资本合作的指导意见》（发改投资〔2014〕2724 号）、《政府和社会资本合作模式操作指南》（财金〔2014〕113 号），就 PPP 的适用范围、实施主体、联审机制、部门责任、实施流程等提出了明确的指导意见。实际上，PPP 在中国并不是新鲜事物，PPP 最主要的形

① 资料来源：国家统计局网站的年度数据查询，http：//data. stats. gov. cn/easyquery. htm？ cn = C01。

式——基础设施特许经营在国内的实践探索已有将近30年的历史，对推进高速公路、隧桥、污水处理、生活垃圾处理等建设运营发挥了积极作用。但受到地方政府融资平台政策、部分特许经营项目运作不规范等因素影响，近10年来国内PPP发展相对缓慢。

2015年，国内新一轮PPP全面推进。国家部委出台了一系列政策文件，进一步细化和完善PPP操作规则。各地方政府出台了PPP实施意见，并公布和推介了大量PPP项目。专业中介机构积极参与PPP的咨询服务，提供实施方案，协作各级政府发布PPP项目的采购招标信息。社会资本积极参与PPP项目投资建设。总体上看，政策多、项目多、资金多是2015年PPP发展的主要特征。

（一）PPP政策文件密集出台

2015年，国家部委、各级政府密集出台了一系列PPP政策文件、部门规章，促进和规范PPP运作。据不完全统计，2014年以来国家部委出台的与PPP相关的文件多达65份，其中2015年出台50份，指导和规范全国PPP发展；各省级行政区政府层面出台的PPP文件66份，落实国家要求和推进本地区PPP工作。总体上看，PPP政策涉及面广，政策密集度大。

一是出台行业领域的PPP实施政策。在财政部、国家发改委的文件推动下，相关部委针对水电站、海绵城市、重大水利工程、水污染防治、收费公路、公共租赁住房、投资建设运营、城镇棚户区和城乡危房改造、铁路、城市停车设施、地下综合管廊、电动汽车充电基础设施、医疗设施等领域，分别出台了行业PPP实施意见，推动上述行业的政府与社会资本合作，吸引社会资本参与这些领域设施的投资建设运营，提高公共产品和服务的供给质量。

二是规范PPP操作。规范操作是PPP成功运作的前提。财政部、国家发改委在2014年政策文件的基础上，2015年又陆续出台了一系列政策文件，对 PPP 项目的推介、PPP 项目财政承受能力论证、政府采购信息公开、PPP 项目信息平台管理、物有所值论证等做出了明确规定，进一步细化和规范了 PPP 的操作规定。国家发改委、财政部等 6 部门联合印发了《基础设施和公用事业特许经营管理办法》，将 PPP 的引导规范由指导性文件上升到部门规章。

三是加大财政金融政策支持。2015 年，财税部门出台文件，明确将政府付费 PPP 项目的政府支出纳入地方年度财政预算和中长期财政规划，并明确地方政府用于 PPP 项目的付费总额不能超过年度财政总支出的 10%，以稳定社会资本的投资预期，保护投资安全。同时，还出台了政府投资基金暂行管理办法、实施 PPP 项目以奖代补、公共基础设施项目享受企业所得税优惠等政策，进一步从财政资金支持、税收优惠等方面支持 PPP 发展。国家发改委、中国人民银行等联合发文，支持政策性金融机构 PPP 项目的贷款最长可达 30 年，支持 PPP 项目发债和设立产业基金等，拓宽 PPP 的融资渠道。

（二）PPP 项目推介力度空前

2015 年，国家有关部委加强了 PPP 项目库、示范项目建设，地方政府也同步加大了 PPP 项目推介招商力度，国内 PPP 项目热度前所未有。

一是加强示范项目引导。加强 PPP 示范项目管理，是推广运用规范 PPP 模式的重要抓手，旨在形成可复制、可推广的实施范例，形成一套有效促进 PPP 规范健康发展的制度体系。经过地方推荐和专家评选，2014 年 12 月，财政部印发了《关于政府和社会资本合作示范项目实施有关问题的通知》，公布了第一批 PPP 示范项目 30 个，总投资规模约 1800 亿元，涉及供水、供暖、环保、交通、新能源汽车、地下综合管廊、医疗、体育等多个领域①。2015 年 9 月，财政部印发了《关于公布第二批政府和社会资

① 来源于财政部网站：http：//jrs. mof. gov. cn/zhengwuxinxi/zhengcefabu/201412/t20141204_1162961. html。

本合作示范项目的通知》，公布了第二批 PPP 示范项目 206 个，总投资金额 6589 亿元[①]。截至 2015 年底，财政部公布的 PPP 示范项目 236 个，总投资金额约 0.84 万亿元。

二是建立 PPP 项目库。为加快推广 PPP 模式，更好地鼓励和引导社会投资，在各省、自治区、直辖市、计划单列市发展改革委推荐的基础上，国家发改委审核并建立了国家发改委 PPP 项目库，先后向社会公布了两批次 PPP 项目。2015 年 5 月，国家发改委公布了第一批 PPP 推介项目共计 1043 个，预计总投资 1.97 万亿元。2015 年 12 月，国家发改委公布了第二批 PPP 推介项目共计 1488 个，总投资约 2.26 万亿元[②]。截至 2015 年底，国家发改委公布 PPP 项目 2522 个，计划总投资约 4.24 万亿元，项目涉及水利设施、交通设施、市政设施、公共服务、生态环境等多个领域，并明确项目所在地、所属行业、建设内容及规模、政府参与方式、拟采用的 PPP 模式、责任人及联系方式等基本信息，便于各类社会资本积极参与。

三是地方加大 PPP 项目推介力度。2015 年下半年以来，各地以省级政府组团推介、地市级政府各自推介、政府部门网站发布等方式，邀请相关金融机构、社会建设运营企业参加项目推介会，不断加大 PPP 项目的推介招商力度。据初步统计，截至 2015 年底，江苏、广东、山东、安徽、福建、河南、河北、重庆、湖南、辽宁等省市公布了其行政区域内的 PPP 项目信息，公布推荐的 PPP 项目总共达 6650 个，计划总投资约 8.7 万亿元[③]。

（三）社会资本参与方式多样

截至 2015 年底，各地签约项目数量达 755 个，签约总投资额达 1.8 万

---

① 来源于财政部网站：http：//jrs. mof. gov. cn/zhengwuxinxi/zhengcefabu/201509/t20150929_1481655. html。

② 来源于国家发改委网站：http：//tzs. ndrc. gov. cn/zttp/PPPxmk/。

③《8.7 万亿元 PPP 项目盛宴开席》，新华网 2015 年 12 月 23 日。http：//news. xinhuanet. com/fortune/2015 -12/23/c_ 128558488. htm。

亿元。从已签约的项目看，社会资本包括融资方、承包商和分包商、原料供应商、专业运营商、保险公司、金融机构以及专业机构等，参与形式有股权投资、直接投资。参与投资资金的来源有企业直接融资、银行间接融资、PPP 产业基金等。2015 年以来，在国家政策的鼓励下，各地政府与社会资本共同设立了多只 PPP 产业基金，采取市场化的运作方式，用于 PPP 项目的投资。

二、2016 年国内 PPP 投资形势分析

2016 年，国内经济结构调整和保持稳定增长的压力进一步增长，进出口增长不容乐观，国内新的消费热点和支撑点短期内难有较大起色。在此背景下，要保持国内经济增长处于合理区间，需要在“区间调控”的基础上，加强“定向调控”和“相机调控”能力建设，进一步鼓励投资特别是 PPP 项目投资，提高投资的有效供给，积极发挥 PPP 投资在稳定经济增长中的作用。

（一）PPP 投资的政策形势分析

2015 年中央经济工作会议明确指出，要扩大有效供给，补齐软硬基础设施短板，提高投资有效性和精准性，推动形成市场化、可持续的投入机制和运营机制，进一步加强 PPP 项目社会资本投资的信心。2015 年 10 月，党的十八届五中全会通过的《中共中央关于制定国民经济和社会发展第十三个五年规划的建议》（以下简称“十三五”规划建议）、中央城市工作会议等都与 PPP 密切相关，可以说国内 PPP 迎来了前所未有的政策机遇。

一是“十三五”规划政策机遇。“十三五”规划建议中多次提到基础设施和公用事业发展要利用社会资本，鼓励基础设施投资，“十三五”规划建议明确提出要加强新一代信息基础设施，水利、铁路、公路、水运、

民航、通用航空、管道、邮政等基础设施网络、公共服务设施的投资和建设运营。养老服务设施、城市地下管线、铁路建设、新能源汽车充电设施、城镇保障性安居工程、重大水利工程、电力工程、水污染防治工程、收费公路、公共租赁住房、城市公立医院、交通运输、城镇棚户区和城乡危房改造、城市停车设施、城市地下综合管廊、旅游服务等国家部委鼓励实施 PPP 的领域，与“十三五”规划建议的大方向高度一致。可以预计，随着 PPP 政策体系和法律的完善，未来社会资本参与 PPP 项目投资的环境不断向好，政策机遇不断增多。鼓励社会力量兴办健康服务业，推进非营利性民营医院和公立医院享受同等待遇，对于具备相关资质和经验的社会资本而言，投资医疗设施必将随着医疗市场的开放而获得收益。鼓励水利项目，“十三五”规划建议明确要加强雨洪资源利用、再生水利用、海水淡化、国家地下水监测系统建设，以及水生态保护、水利系统的治理和开发等，其中势必需要大量资金和技术的投入。鼓励污染防范与环境治理。“十三五”规划建议以“坚持绿色发展，着力改善生态环境”为题，描述了环境保护对于我国永续发展的重要性以及国家将会采取的环境治理策略，可见污染防范与环境治理工程的重要性。总体上看，“十三五”规划建议为 PPP 发展指明了方向，有利于社会资本提前布局。

二是中央城市工作会议精神的政策机遇。2015 年 12 月召开的中央城市工作会议，对城市规划与城市建设问题进行决策部署①。会议明确要提升建设水平，加强城市地下和地上基础设施建设，建设海绵城市，加快棚户区和危房改造，有序推进老旧住宅小区综合整治，力争到 2020 年基本完成现有城镇棚户区、城中村和危房改造。要提升管理水平，着力打造智慧城市。推进改革创新，为城市发展提供有力的体制机制保障。可以看出，中央城市工作会议要求的城市建设领域，与 2015 年国家部委文件要求的

① 《中央城市工作会议在北京举行》，新华网 2015 年 12 月 22 日。http://news.xinhuanet.com/politics/2015-12/22/c_1117545528.htm

PPP 领域高度一致，再次表明国家对 PPP 发展的支持，未来国家可能会出台更多的支持城市建设发展的政策，将对城市建设管理领域 PPP 发展提出明确支持意见和更多支持举措。

三是供给侧改革的政策机遇。2015 年底的中央经济工作会议明确，坚持实行宏观政策要稳、产业政策要准、微观政策要活、改革政策要实、社会政策要托底的总体思路，在适度扩大总需求的同时，着力加强供给侧结构性改革，着力提高供给体系质量和效率，供给侧改革思路凸显。同年 11 月，国务院发布《关于积极发挥新消费引领作用加快培育形成新供给新动力的指导意见》，部署消费升级来引领产业升级，通过制度创新、技术创新、产品创新来增加新供给，标志着“新供给”改革已进入国家治理实践。而推广 PPP 模式就是为了加快城镇化建设，拓展建设融资渠道，提升公共产品的供给质量，且 PPP 所涉及的范围广，受众多，很多项目关系到重大的国计民生，是供给侧结构性改革的重要内容。可以预计，2016 年将会有更多的文件出台支撑供给侧结构改革，PPP 很有可能会作为供给侧改革的重要内容，得到更多、更细的支持举措。

（二）PPP 投资的宏观形势分析

从国外发展的经验看，PPP 投资与经济发展阶段、城市化进程、资本市场等因素密切相关。（1929 ~ 2011 年美国 GDP 总量及各级政府支出占比情况见图 1。）国内发展的宏观形势总体上对 PPP 发展有利。

从中国城市化进程看。1995 ~ 2014 年，中国进入快速城市化发展阶段，第三产业在国民经济中的比重稳步上升，由 1995 年的 33.66% 上升到 2014 年的 48.11%；第二产业占比逐步下降，由 1995 年的 46.68% 下降到 2014 年的 42.72%；全社会固定资产投资额基本都保持在 10% 以上的高速增长，特别 21 世纪的头 10 年几乎是保持在 20% 以上的超高速增长水平，极端年份甚至是 30% 的增速。全社会固定资产投资额占 GDP 的比重由

1995 年的 31.4% 上升到 2014 年的 80.61%，由此可见，固定资产投资对稳定我国经济增长具有不可替代的作用（见图 2）。2016 年要保持国内经济稳

图1 1929 ~2011 年美国 GDP 总量及各级政府支出占比情况

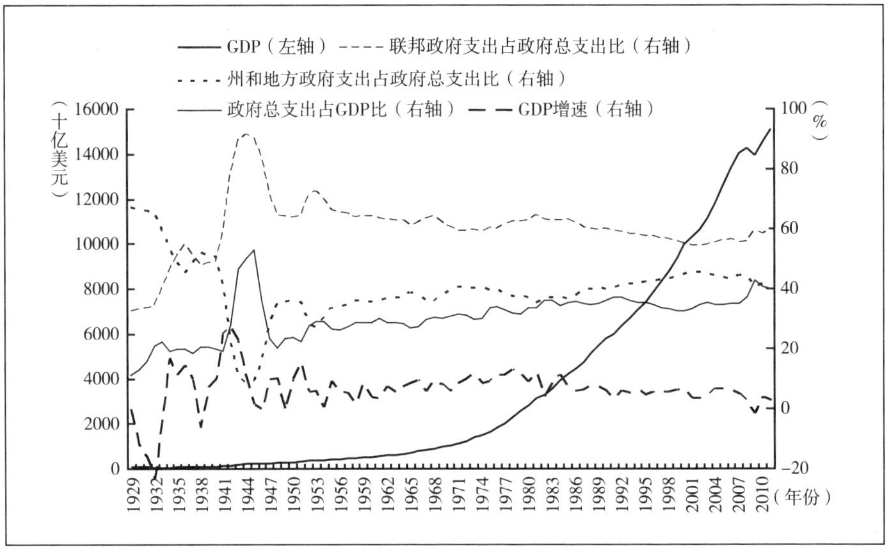

资料来源：根据美国商务部数据库的数据整理而成。

图2 1995 ~2014 年第二、三产业增加值以及全社会固定资产投资占 GDP 的比重

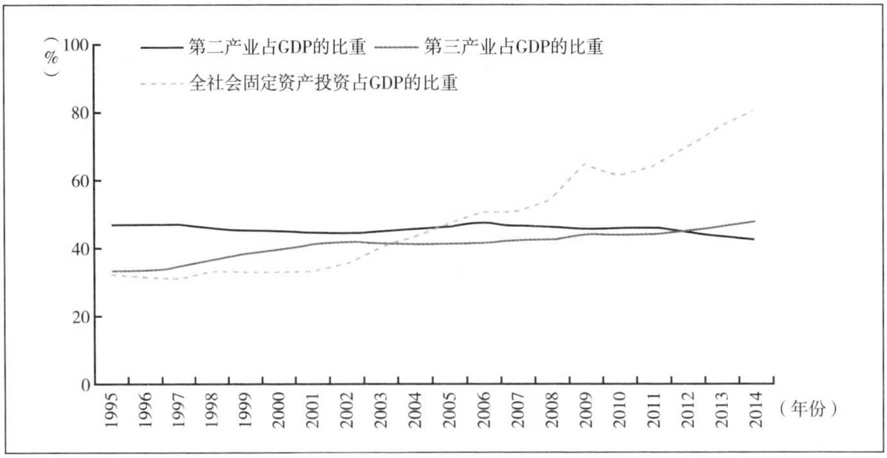

资料来源：根据国家统计局年度数据整理而成。

定增长，需要继续吸引社会资本参与 PPP 项目投资，促进城镇化持续推进。

从全社会固定资产投资趋势看。我国全社会固定资产投资构成包括将近 20 个子类，其中基础设施和公用事业、制造业、房地产投资三者之和在全社会固定资产投资的占比为 80% 左右。近 10 年来，基础设施和公用事业、制造业、房地产投资占全社会固定资产投资的比重总体上呈现前升后降的趋势；年度增长幅度呈现波动下降的趋势，其中，基础设施和公用事业的年度增长幅度波动最大，2011 年甚至为负增长（见图 3、图 4）。尽管如此，我国基础设施和公用事业的投资规模仍不断扩大，由 2003 年的 18442.48 亿元增加到 2014 年的 118826 亿元。英国等发达国家 PPP 项目投资占基础设施总投资的 20% 左右，据此计算，预计 2016 年我国 PPP 项目的投资需求可达到 2.8 万亿元。因此，从固定资产投资的情况来看，2016 年国内 PPP 项目的投资需求巨大，投资机会很多，关键是要把握好投资的机遇和控制好投资的风险。

图 3　1995 ~2014 年中国 GDP 及固定资产投资总额年度增长情况

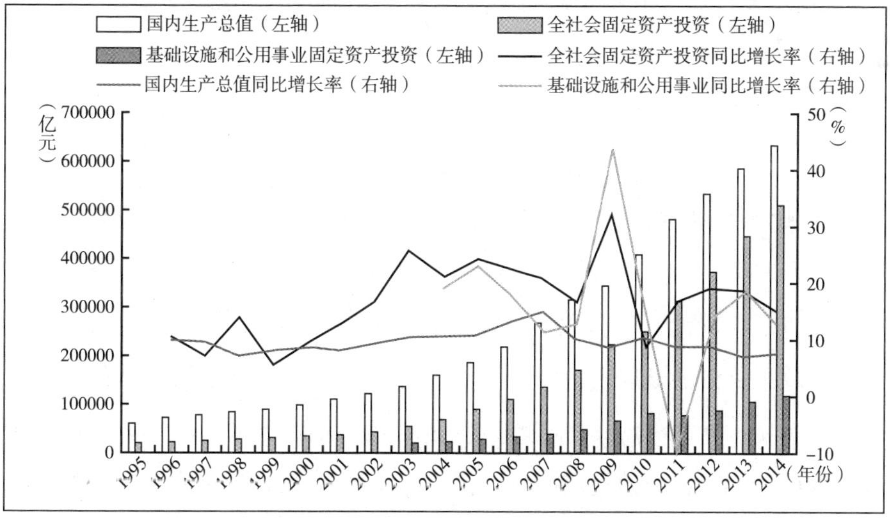

资料来源：根据国家统计局数据整理而成。

图4　2003～2014年中国基础设施和公用事业、制造业、房地产业固定资产投资占全社会固定投资的比重及增长情况

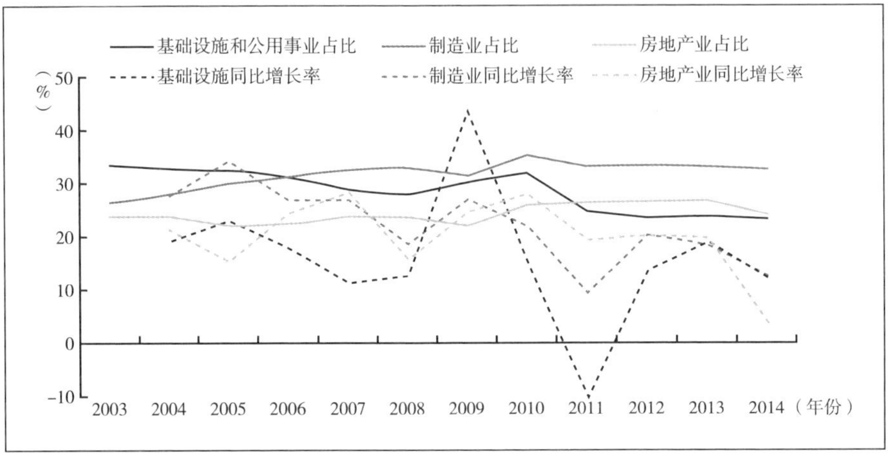

资料来源：根据国家统计局年度数据整理而成。

与发达国家相比，我国全社会固定资产投资占GDP的比值是偏高的。纵观美国1929～2009年的投资统计数据，其全社会固定资产投资占GDP的比重基本上保持在20%左右（见图5）。而我国固定资产投资占GDP之比近20年来持续上升，2014年达到80%，即使扣除统计口径的不一致，我国的比重也是远远高于美国的。有人分析认为，除了我国整体上还处于城市化大规模建设期外，固定资产投资效率、利用率不高也是一个重要原因。因此，亟须通过PPP模式来提高固定资产的投资效率。

从社会资金供给看。2015年央行实施了稳健的货币政策，进行了五次降息和四次降准，金融机构一年期贷款基准利率从年初的5.6%降至目前的4.35%，下调金融机构人民币存款准备金率2.5个百分点。应该说，随着货币政策效应的显现，国内短期资金、中长期资金供给相对充分，资金使用成本相对降低。这其中有不少资金需找长期稳定的投资产品，而PPP则被看作是相对适合的投资产品。据不完全统计，2015年以来，江苏、湖南、河南、四川、新疆、贵州、湖北纷纷成立了省级政府PPP项目支持基金，其中湖北省成立的长江经济带产业基金规模最大，基金由省财政出资

图5　美国1929~2011年各类投资占比情况

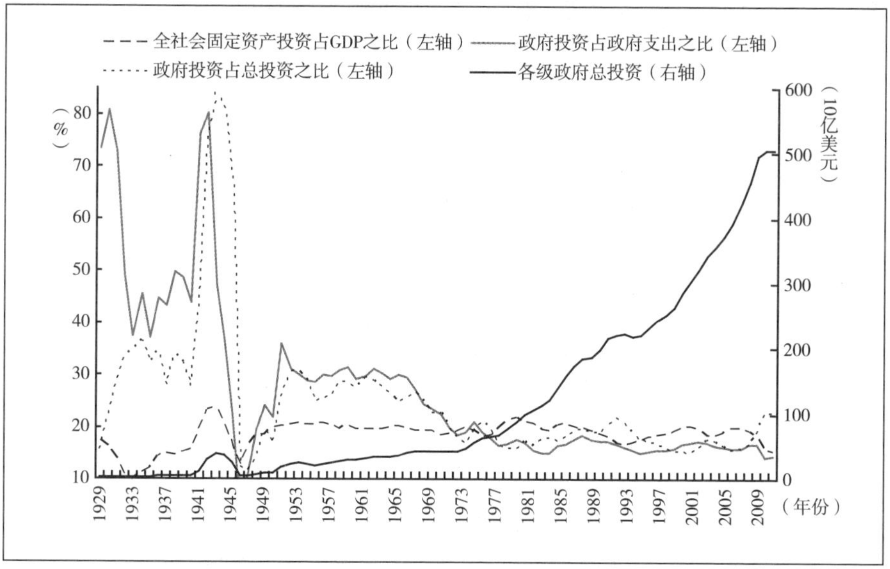

资料来源：根据美国商务部数据库的数据整理而成。

400亿元作为引导基金，发起设立总规模达2000亿元的母基金（见表1）。在国家层面，财政部联合建行等金融机构共同发起设立中国政府和社会资本合作（PPP）融资支持基金，总规模1800亿元，重点支持公共服务领域PPP项目发展。随着越来越多的PPP基金的组建，社会资金的供给将更为充足，PPP项目的融资变得相对容易。

表1　国内主要PPP基金设立情况

名称	规模（亿元）	政府方	参与方
中国政府和社会资本合作融资支持基金	1800	财政部	建行、中储银行、农行、中行、光大银行、交行、工行、中信银行、全国社会保障基金会、中国人寿保险
长江经济带产业基金	2000	湖北省财政厅	央企占12%，银行机构占33%，社会机构占29%，湖北省属平台公司占26%
新疆PPP引导基金	1000	自治区政府	招商银行、浦发银行
江苏省医药健康产业投资基金	200	江苏省产权交易所	中国信达资产管理公司江苏分公司、江苏天汇红优投资管理公司
四川省PPP项目投资基金	100	川投集团	中航信托、交银国信

续表

名称	规模（亿元）	政府方	参与方
洛阳新型城镇化发展基金	900	洛阳市财政局	河南豫资城乡投资公司、交行河南省分行、浦发银行郑州分行、建行河南分行
湖南健康养老产业投资基金	45	湖南高新创业投资集团	建行、交行、中信银行、招行、浦发银行、兴业银行、民生银行、渤海银行等的湖南分行
江苏省 PPP 融资支持基金	100	省财政厅，部分市、县财政局	江苏银行、浦发银行南京分行，交行、建行、农业银行等的江苏分行

资料来源： 根据互联网上公开报道的信息整理而成。

（三） PPP 投资的区域态势分析

目前，北京、天津、上海、江苏、浙江、广东、辽宁等省市的城镇化率超过了60%（见图6），服务业占 GDP 比重超过 60% 的仅有北京、上海、西藏（因工农业不发达）。由此可见，我国绝大多数省市还处在城市化加速过程中，对基础设施和公用事业发展的投资需求还将持续增长。从人均 GDP 看，超过 5 万元（8000 美元）的省市有北京、天津、内蒙古、上海、江苏、浙江、广东（见图6），对这些省市而言，随着人均收入的增加，对更高层次的公共产品有

图6　2014 年各省市区城镇化率及人均 GDP

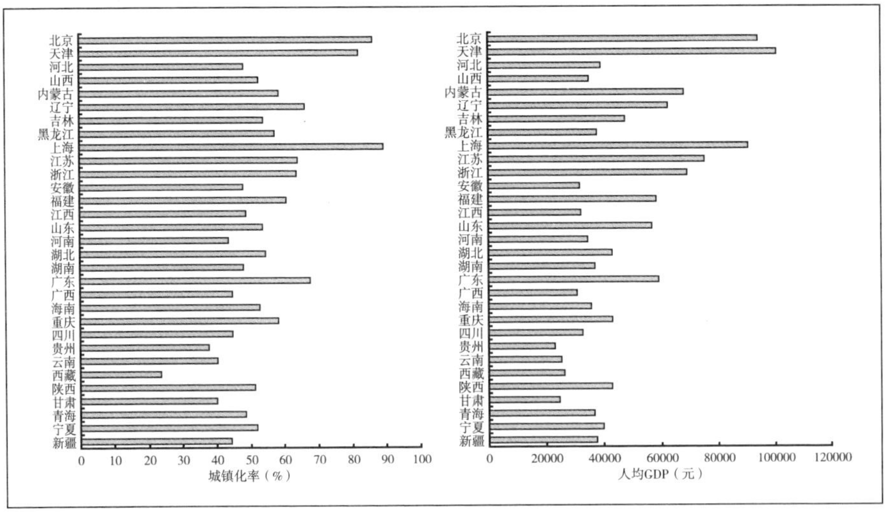

资料来源：国家统计局。

较大需求，需要引进社会资本通过 PPP 模式提供更好的公共服务。对于人均 GDP 较低的省市而言，则需要通过 PPP 模式加快基础设施和公用事业发展。

三、 2016 年国内 PPP 投资机会及对策建议

截至 2015 年，国内各级政府以及不同的政府部门公布的 PPP 项目投资需要约 8.7 万亿元，而 2015 年签约落地的 PPP 项目约 1.8 万亿元，再加上今后各地还会公布新的 PPP 项目，未来几年 PPP 项目的投融资需求至少在 7 万亿元以上。因此，2016 年 PPP 的投资机会非常多，社会资本应根据自身的能力和偏好，把握好 PPP 投资的重点领域、重点区域、重点企业。

（一）PPP 重点领域投资机会分析

国家发改委、财政部公布的 PPP 项目（2822 个，投资总需求 5.14 万亿元），主要涉及大桥、港口、高速公路、一级公路、公共停车场、轨道交通、铁路、供热、供水、垃圾处理、污水处理、综合管廊、保障性租房、水利水务、公园绿地、文化体育、旅游、教育、养老、医疗等领域（见表 2）。不同领域、不同特点的项目，不同属性的社会资本，其投资机会不尽相同。

表 2　国家部委公布的 PPP 项目主要领域分布及投资强度

PPP 领域	投资需求（亿元）	项目数（个）	单个项目平均投资额（亿元）	PPP 领域	投资需求（亿元）	项目数（个）	单个项目平均投资额（亿元）
大桥	538.5	18	29.9	综合管廊	772.5	37	20.9
港口	166.6	21	7.9	管网等市政设施	2006.8	229	8.8
高速公路	11855.9	136	87.2	旧改及保障住房	531.6	47	11.3
一级公路	1410.0	43	32.8	水利水务	1014.4	122	8.3
公共停车场	95.5	31	3.1	公园绿地	188.5	44	4.3

续表

PPP 领域	投资需求（亿元）	项目数（个）	单个项目平均投资额（亿元）	PPP 领域	投资需求（亿元）	项目数（个）	单个项目平均投资额（亿元）
轨道交通	7416.5	37	200.4	文化体育	616.3	46	13.4
铁路	2544.4	44	57.8	旅游	490.7	57	8.6
其他交通设施	4363.8	95	45.9	教育	232.5	64	3.6
集中供热	346.6	98	3.5	养老	539.7	76	7.1
供水	763.5	189	4.0	医疗	787.4	144	5.5
垃圾处理	336.2	141	2.4	其他公共服务	549.2	109	5.0
污水处理	1068.8	280	3.8	其他	—	—	—

资料来源：根据国家发改委、财政部网站数据整理而成。（截至2015年12月31日）

一是单体项目投资额度较小的领域，适合实力较弱的社会资本。港口（已对社会资本开放的）、公共停车场、管网等市政设施、水利水务、公园绿地、保障房、旅游等领域的项目数量多，单体项目投资额度较小，对资质的要求不是太高，对实力较弱的社会资本而言，具有较好的投资机会。

二是单体项目投资额度较大的领域，适合实力较强的社会资本。大桥、高速公路、一级公路、轨道交通、铁路、综合管廊等领域的项目，单个项目的投资额度较大，且对社会资本的资质要求较高，投资回报机制还不完善，投资的风险相对较大。因此，实力较弱的社会资本竞争这些项目的机会不大，而具备专业和资本实力的投资者获得这些项目的机会较大。

三是投资规模不大但对专业资质有要求的领域，适合专业的社会资本。供热、供水、垃圾处理、污水处理、文化体育、教育、养老、医疗等领域的项目数量很多，但对建设运营资质提出了较高的要求，适合专业的社会资本做长期运营的实体投资。一般社会资金可充当财务投资人，不参与项目的具体建设和运营管理。

（二）PPP 重点区域投资机会分析

从 PPP 项目投资地区需求来看。浙江、河北、北京、安徽、云南等省市 PPP 投资需求在 3000 亿元以上，其中云南的投资需求高达 5000 亿元，社会资本的投资机会多。河南、山东、福建、江苏、陕西、四川、天津等省市的 PPP 项目投资需求中等，投资机会较多。黑龙江、广东、上海、广西、海南等省市的 PPP 投资需求较小，社会资本投资的机会相对较小。（国家部委公布的 PPP 项目在各地的分布情况见表 3）

表 3　国家部委公布的 PPP 项目在各地的分布情况

地区	项目数（个）	总金额（亿元）	地区	项目数（个）	总金额（亿元）	地区	项目数（个）	总金额（亿元）
北京	29	4258.48	青岛	13	820.3	宁夏	83	284.17
河北	159	4288.71	广东	20	320.07	新疆	86	1279.02
内蒙古	115	815.9	深圳	1	187.8	兵团	170	737.5
辽宁	51	858.24	广西	83	865.98	西藏	1	0.5
吉林	57	1228.9	海南	23	117.48	天津	24	1631
黑龙江	21	782.1	重庆	19	1128.78	湖南	43	550.5
江苏	121	1275.98	四川	97	1000.12	湖北	57	672.01
浙江	129	4022.66	贵州	182	1791.89	山西	123	1183.79
安徽	277	3124.17	云南	159	5079.31	宁波	24	1103.63
福建	85	2282.8	陕西	91	1099.03	上海	2	120
江西	63	861.3	甘肃	127	2246	河南	98	1292.34
山东	77	1188.89	青海	112	1073.3	合计	2822	51387

资料来源：根据国家发改委、财政部网站数据整理而成。（截至 2015 年 12 月 31 日）

从投资的安全性来看。一般而言，人均 GDP 越高、政府债务与 GDP 之比越小、PPP 项目投资需求越小的地区，投资的风险越小（当然也要看地方财政收入及增长情况、土地收入占比等因素）。为方便直观理解，本报告将上述三个指标制成表格（见表 4），表 4 中越往右上、PPP 投资需求越小的省市投资风险越小，越往左下、PPP 投资需求越大的省市区投资风险越大。当然，因为有的省市区面积较大，发展不均衡，更准确的投资风险还要考虑具体项目付费主体的财政可持续增长能力，表 4 只作为风险提示性参考。在这里需要特别说明的是，本报告中的 PPP 项目投资需求主要是依据国家部委发布 PPP 项目需求，不涉及地方自行发布的 PPP 项目。实际上地方自行发布的 PPP 项目需求远远超过表 4 中的数据，比如四川省自行发布的 PPP 项目投资总需求达到 7000 多亿元。投资者在实际投资中需要做更详细的调查，本报告仅提供部分投资数据和投资思路参考。

表 4　国内各省市 PPP 的投资机会与风险

人均 GDP / 政府债务与 GDP 比	4 万元以下	4 万~6 万元	6 万元以上
小于 0.3	河南（中）、黑龙江（小）、河北（大）、江西（小）、安徽（大）	山东（中）、广东（小）、福建（中）、辽宁（小）	浙江（大）、江苏（中）、内蒙古（小）
0.3~0.45	广西（小）、宁夏（小）、湖北（小）、湖南（小）、新疆（中）、吉林（中）、山西（中）、四川（中）、陕西（中）	无	天津（中）、北京（大）、上海（小）
大于 0.45	海南（小）、甘肃（中）、青海（中）、云南（大）、重庆（中）、贵州（中）	无	无

注：（大）表示 PPP 项目投资总需求3000亿元以上，（中）表示 PPP 项目投资总需求1000亿~3000亿元，（小）表示 PPP 项目投资总需求小于1000亿元。人均 GDP 为国家统计局2014年度数值，地方政府债务占 GDP 的比重来自国家审计署2013年底的审计公报。

从不同区域 PPP 项目投资领域需求来看。在污水处理领域，除辽宁、上海、江苏、浙江、山东、广东的城市日处理能力较强外，其他省市的城市日处理能力均有待提高，这些省市未来污水处理领域 PPP 项目的投资需求较大，投资机会较多。在城市生活垃圾处理领域，吉林、辽宁、黑龙江、湖南、广东、云南、甘肃、青海、新疆等省市区的城市生活垃圾无害化处理率有待提高，生活垃圾处理领域的 PPP 项目的投资需求较大，投资机会较多（见图 7）。

图 7　2014 年各省市区城市污水、垃圾处理能力

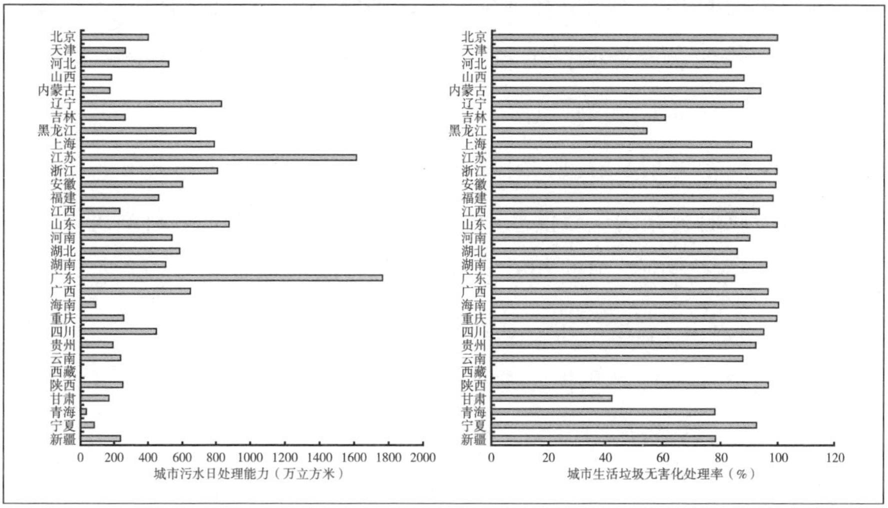

资料来源：国家统计局。

（三）PPP 重点企业投资机会分析

从 2015 年国内签约的 755 个 PPP 项目分布领域来看，市政建设和水务设施占比最大，分别为 35% 和 27%；交通运输次之，为 19%；医疗卫生达到 5%；科技、旅游、养老占比均为 3%；文化、教育为 2%；体育类为 1%。上述项目签约公司的有关信息均在互联网上公开，其中不乏有实力、

有专业能力的上市公司，包括铁路、基建、水务、环保等领域的央企、地方国企，以及知名的民营企业。实际上，PPP 项目因投资收益长期稳定，有利于中标签约上市公司、非上市公司的利润保持稳定，投资者可经常关注网上公开的项目中标企业信息，投资相关企业的股票或进行股权投资，甚至是收购。

（四）社会资本参与 PPP 的对策建议

国内过去的 PPP 项目存在不少问题，部分 PPP 项目提前终止，存在政府企业双方违约、投资回报机制不完善、专业中介的作用发挥不够等问题，增加了社会资本的投资风险。新一轮 PPP 政策已实施一年，过去 PPP 存在的部分问题得到了解决，同时也出现了新的问题，比如 PPP 政策政出多门，地方政府公布的项目信息不够全面等，不利于投资者科学决策。因此，政府应统一规则，理顺 PPP 工作机制，完善政策法规，为政企双方平等履约创造良好的制度环境。在此基础上，社会资本可积极参与 PPP 投资。一是政策性银行可积极发挥资金引导作用。二是商业银行可大胆参与，成为 PPP 投融资的主力。三是保险等机构可参与 PPP 基金的组建，做 PPP 项目的财务投资人。四是地方政府融资平台可作为政府基金的出资人，与社会资本联合成立 PPP 基金，拓展 PPP 的融资渠道。五是专业实体资本可以通过多种方式，参与 PPP 项目投资，提高 PPP 项目的建设运营效率。

投资市场

MARKET
REPORTS

2015年证券市场发展回顾与2016年展望

徐建华
复旦大学经济学硕士，目前任职于国泰基金董事会办公室

投资提示

- 2015 年实体经济的高基数以及金融业的高基数都出现在二季度，预计 2016 年四个季度的 GDP 增速分别为 6.6%、6.5%、6.6%、6.7%。整体经济增速将下滑至 6.6%。

- 2011 年底开始，中国经济进入去库存阶段，乐观假设下，到 2016 年年中，我们可能看到库存调整结束的迹象，新的库存周期的曙光可望在下半年出现。

- 2016 年的利率仍将以下行趋势为主，2015 年有 5 次降息，2016 年可能只降 1～2 次，2016 年的利率环境在边际上没有 2015 年宽松，利率中枢总体下移的同时利率波动可能会显著加大。

- 从政策面来看，对于信用风险的容忍程度在加大，在守住不发生系统性风险底线的前提下，打破刚兑是大势所趋。

- 2016 年的股票市场整体上将呈现趋势向上、大起大落的特征。

- 债券市场结构性分化可能性较大，信用风险增大。固定收益品种盈利主要来自信用债息票收益以及加杠杆的套息利差，资本利得有限。上半年债市牛市有望持续，下半年不确定性会大一些。

- 2016 年资产管理行业发展步伐将有所放缓，但发展前景依然可期。

一、2015 年证券市场发展回顾

（一）2015年证券市场概况

1. 股票市场发展概况

（1）沪深股指大幅震荡。

2015 年是沪深股票市场大幅动荡的一年。上半年在市场流动性充裕和杠杆资金的推动下，两市股指快速上升，上证指数在 6 月 12 日上涨至 5178.19 点，创下 7 年多新高；深证成指在 6 月 15 日创下 18211.76 点的 7 年多新高；创业板指更是在 6 月 5 日创出 4037.96 点的历史新高。

但进入 6 月中旬后，市场开始快速大幅下挫。短短两个多月，上证指数从高点一度下跌至 2850.71 点，相对年内高点下跌了 44.95%；深证成指最低下跌至 9259.65 点，相对年内高点下跌了 49.16%；创业板指最低下跌至 1779.18 点，相对年内高点下跌了 55.94%。沪深两市多次出现千股停牌、千股跌停的“奇观”，市场动荡幅度之大在两市 20 多年的历史上极为罕见。

虽然 2015 年沪深证券市场大幅动荡，但全年仍然以红盘报收。截至 2015 年 12 月 31 日，上证指数收盘报收于 3539.18 点，全年上涨了 9.41%；深证成指报收于 12664.89 点，全年上涨了 14.98%；创业板指报收于 2714.05 点，全年上涨了 84.41%（见图 1）。

沪深两市股票市盈率都有所上升。2015 年底，上海证券交易所股票平均市盈率为 17.63 倍，较 2014 年底的 15.99 倍提高了 1.64；深圳证券交易所股票平均市盈率为 52.75 倍，较 2014 年底的 34.05 倍提高了 18.7，其中创业板股票平均市盈率更是高达 109 倍。

图1 2015年沪深主要股指走势

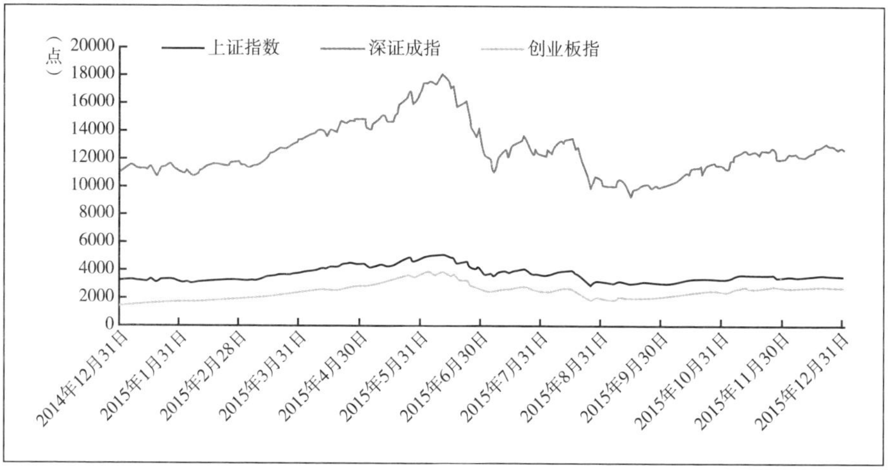

资料来源：Wind资讯。

（2）行业指数分化明显。

2015年沪深主要股指虽然都以上涨报收，但创业板指数的表现远远好于主板指数，表现在行业上就是不同行业指数分化明显。2015年，在28个申万一级行业指数中，有25个上涨，仅有3个下跌，表现最好的计算机行业指数全年涨幅高达100.29%，表现最差的非银行金融行业指数全年下跌了16.9%，两个行业指数的表现相差了117个百分点（见表1）。

整体来看，2015年沪深两市最为突出的特点就是小盘股的表现要远远好于大盘股。申万市场风格指数的表现就充分说明了这一点，全年申万大盘指数上涨了2.18%，申万中盘指数上涨了34.62%，申万小盘指数上涨了60.63%。

（3）市场规模显著扩大。

2015年，沪深两市股票市场规模显著扩大。截至2015年底，两市共有上市公司2827家，较上年增加214家，总股本43015亿股，同比增加了16.91%，两市股票总市值为531304亿元，同比增加了42.61%，其中流通市值为417926亿元，同比增加了32.41%（见表2）。

表 1　2015 年申万一级行业指数市场表现

序号	申万一级行业指数	涨幅（%）	序号	申万一级行业指数	涨幅（%）
1	计算机	100.29	15	商业贸易	45.51
2	轻工制造	89.86	16	房地产	44.85
3	纺织服装	89.17	17	家用电器	42.73
4	休闲服务	78.45	18	交通运输	32.56
5	传媒	76.74	19	国防军工	28.5
6	通信	72.69	20	建筑材料	26.85
7	电子	71.97	21	食品饮料	26.58
8	综合	71.18	22	公用事业	22.9
9	农林牧渔	66.77	23	有色金属	15.38
10	电气设备	60.47	24	建筑装饰	14.08
11	医药生物	56.68	25	钢铁	1.8
12	化工	55.01	26	采掘	-0.43
13	汽车	46.9	27	银行	-1.36
14	机械设备	46.77	28	非银行金融	-16.9

资料来源：Wind 资讯。

表 2　2014 ~2015 年沪深证券市场规模变化情况

时间	上市公司数	总股本	流通股本	总市值	流通市值
2014	2613 家	36795 亿股	32290 亿股	372547 亿元	315624 亿元
2015	2827 家	43015 亿股	37044 亿股	531304 亿元	417926 亿元
增加额	214 家	6220 亿股	4754 亿股	158757 亿元	102301 亿元
增幅	8.19%	16.91%	14.72%	42.61%	32.41%

资料来源：上海证券交易所、深圳证券交易所网站。

近 10 年来，沪深两市股票总市值曾经在 2007 年随着市场的大幅上涨突破 30 万亿元，但之后随着市场的快速回落，两市股票总市值连续多年徘徊在 30 万亿元以下。随着 2014 年市场的上涨，两市股票总市值时隔 6 年后再度突破 30 万亿元大关，达到 37 万亿元的历史新高，2015 年两市总市值首度突破 50 万亿大关，再度创出历史新高（见图 2）。

图2　2006～2015年沪深证券交易股票市值规模

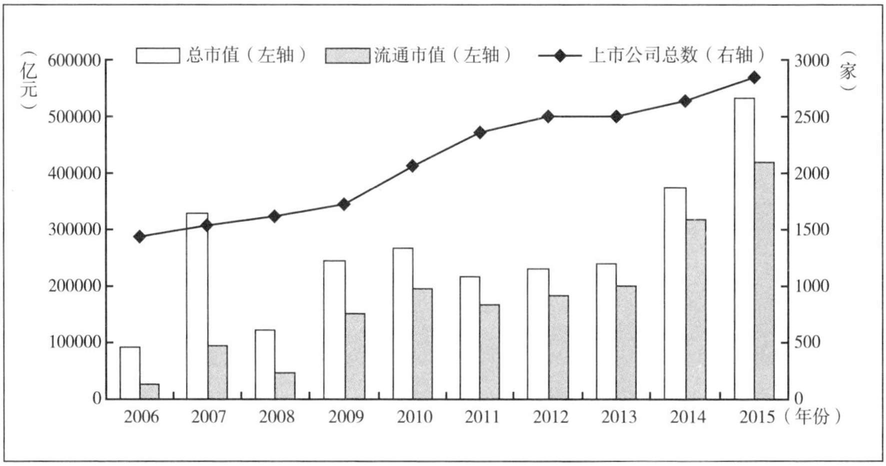

资料来源：Wind资讯。

（4）股票成交量大幅增加。

2015年沪深市场成交活跃。根据Wind资讯数据，两市股票成交量17.02万亿股，成交额达到253.65万亿元，分别较2014年的7.3万亿股和73.87万亿元增加133%和243%，创出两市成交的历史新高（见图3）。

图3　2006～2015年沪深证券交易所股票成交额变化

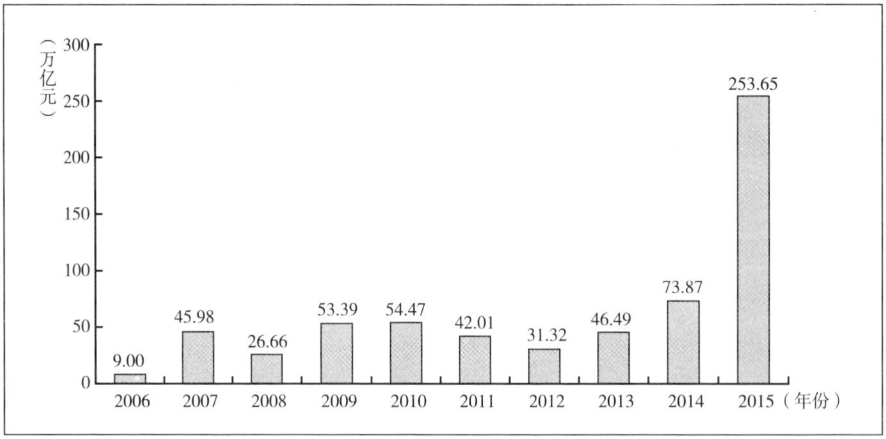

资料来源：Wind资讯。

（5）股权融资规模创新高。

根据 Wind 资讯数据，2015 年沪深两市股权融资总额 13995 亿元，其中 IPO 公司 224 家，融资 1578 亿元；增发 790 家，融资 12254 亿元；配股为 5 家，融资 163 亿元（见图 4）。

图 4　2015 年沪深证券市场股权融资情况

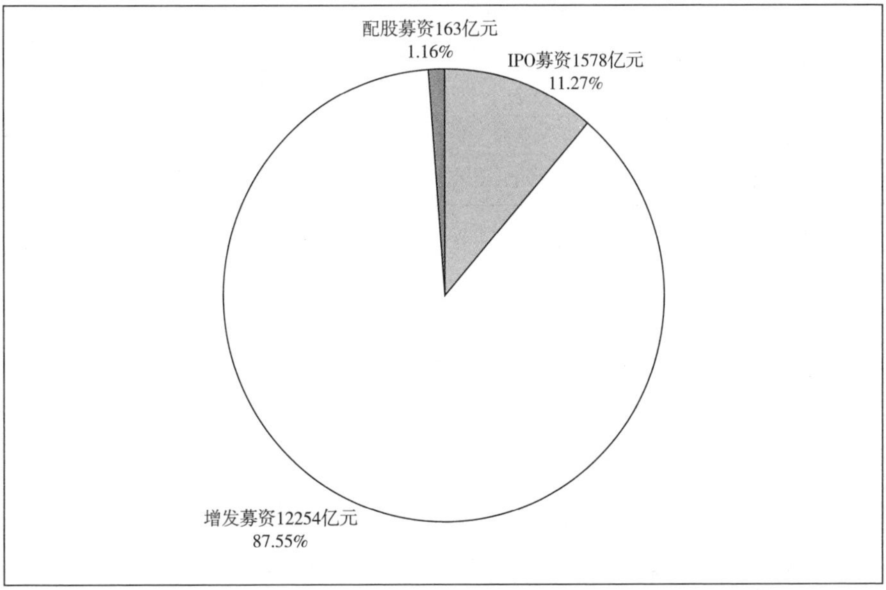

资料来源：Wind 资讯。

从历史比较来看，2015 年 13995 亿元的股权融资额创出沪深证券交易所股权融资规模的历史新高，但 IPO 募资额却远低于历史最高水平（见图 5）。

2. 债券市场发展概况

（1）债券市场持续牛市格局。

2015 年，由于我国经济增速放缓，经济下行压力加大，中国人民银行采取相对宽松的货币政策，全年共八次降低存款准备金率、五次降低贷款基准利率，为宏观经济运行提供了较宽松的货币资金环境，同时还多次在货币市场采取逆回购操作，降低逆回购利率，引导货币市场资金利率下行，资金整

图5　2006～2015年沪深证券市场股权融资和IPO融资情况

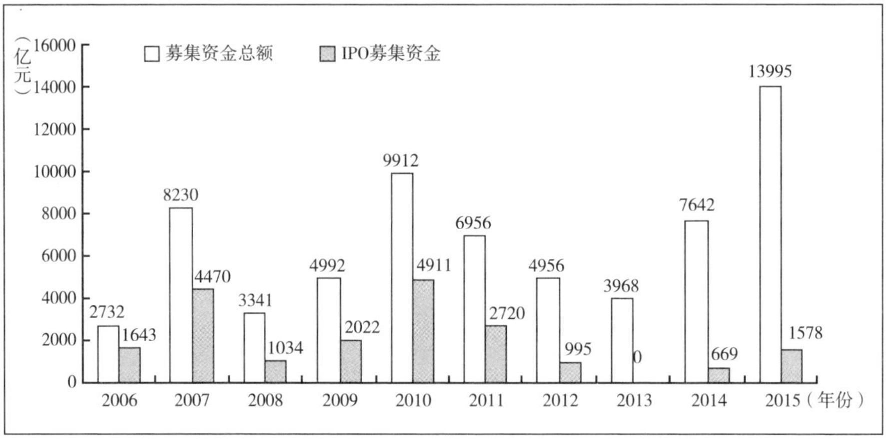

资料来源：Wind资讯。

体趋于宽松。受资金宽松、货币市场利率下行等多重因素刺激，2015年中国债券市场持续牛市格局，破天荒地出现了连续两年的大牛市。

2015年中国债券市场主要指数持续上行，债券收益率曲线下行。截至2015年12月底，中债综合财富（总值）指数报收于174.1点，较2014年底的160.98点上涨了8.15%，是继2014年上涨10.34%之后连续第二年大幅上涨（见图6）。

截至2015年底，各债券品种收益率基本都回到历史非常低位。从信用利差、各品种相对优劣来看，2015年与2014年基本相似，投资级信用债信用利差依然大幅收窄，所以信用债在2015年仍呈“牛市越牛”特征。同时，在细分品种中，国开债较国债的利差仍缩窄，不过缩窄幅度明显小于2014年。另外城投品种表现依然好于产业债。

①国开债流动性溢价继续保持。2015年，上半年国开债与非国开债溢价进一步扩大，10年品种利差中枢向30BP靠近，不过下半年又有所收窄。整体来看，国开债相对于非国开债的溢价在2015年依然持续。

②信用利差继续收缩，中高等级信用利差下行幅度相似。2015年信用

图6　2015 年中债综合财富（总值）指数走势

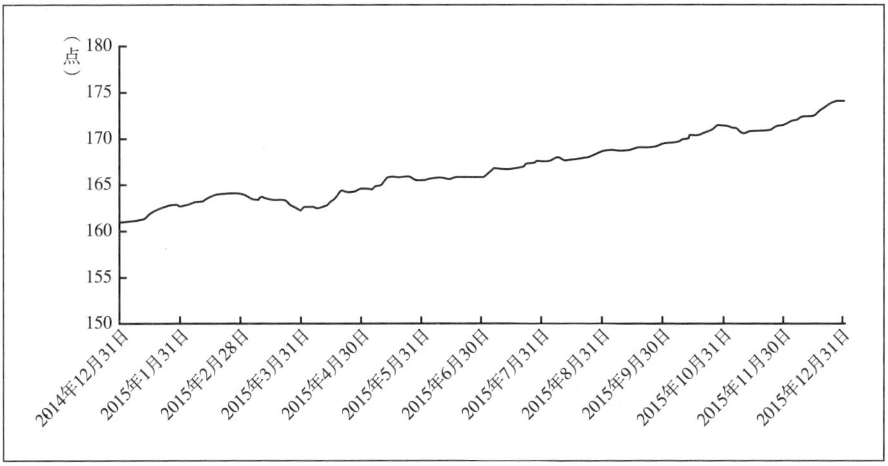

资料来源：Wind 资讯。

债的信用利差继续收缩，中高等级信用利差下行幅度基本相同。AAA 中票中，1 年、3 年和 5 年品种信用利差分别下行 79BP、79BP 和 62BP。5 年中票中，AAA、AA + 和 AA 信用利差分别下行 62BP、67BP 和 61BP。虽然 2015 年债券违约事件较 2014 年明显增加，但是整体投资级信用债信用利差仍保持了牛市收窄的规律，基本没有受到违约事件的影响。

③等级间利差，低等级分化延续。与 2014 年相似，2015 年以来 AA - 与 AA 品种等级间利差仍继续放大，1 年 AA - 与 AA 的利差上升 30BP 左右，5 年 AA - 与 AA 的利差上升 13BP 左右，利差绝对水平处在历史最高位。

④产业债分化成为常态。2014 年以来，产业债分化加剧，以同等级同期限中票发行利率分布来看，散点图分布越来越广，2015 年整体比 2014 年更加分散。

⑤行业间利差，AAA 煤炭利差扩大非常明显。2015 年，5 年 AAA 煤炭行业利差上行 50BP 左右，3 年 AAA 钢铁上行 7BP，行业间分化的状态仍延续。考虑到煤炭和钢铁行业盈利都在恶化，而且煤炭行业恶化状况更加明显，所以行业间利差与行业景气度的相关性仍非常显著。

⑥城投品种表现依然好于产业债。虽然 2014 年底的中证登 149 号文改

变了投资者对城投品种的风险偏好，但是2015年置换债的顺利推出，支持融资平台融资的文件相继出台，城投债负面事件也相对较少，投资者对城投债的偏好开始回升。2015年底，城投与中票的利差基本回到了2014年的最低点。

（2）债券发行量大增。

根据Wind资讯数据，剔除同业存单和定向工具，2015年债券市场共发行各类债券16.96万亿元，同比大幅增长65.14%。其中金融债发行额最大，达到4.28万亿元，其次是地方政府债和短期融资券，发行额分别达到了3.84万亿元和3.28万亿元（见表3）。

表3　2015年债券市场各类债券发行情况

类别	发行债券（只）	发行额（亿元）	占比(%)
金融债	1057	42838	25.26
地方政府债	1035	38351	22.62
短期融资券	2544	32806	19.35
国债	99	21216	12.51
中期票据	924	12759	7.52
公司债	1306	10037	5.92
资产支持证券	1441	6032	3.56
企业债	302	3421	2.02
政府支持机构债	21	1800	1.06
可交换债	21	180	0.11
可转债	5	108	0.06
国际机构债	1	30	0.02
合计	8756	169579	100.00

资料来源：Wind资讯。

（3）债券存量上升明显。

截至2015年底，全国债券市场各类债券存量余额为43.32万亿元，较2014年底增加了9.69万亿元，同比增幅达到28.82%。其中金融债余额规模最大，为14.23万亿元，其次是国债和地方政府债，余额规模分别达到了10.67万亿元和4.83万亿元（见表4）。

表4 2015 年底债券市场各类债券余额情况			
类别	债券数量（只）	债券余额（亿元）	余额占比（%）
金融债	1273	142315	32.85
国债	271	106749	24.64
地方政府债	1123	48260	11.14
中期票据	2800	41749	9.64
企业债	2380	30498	7.04
短期融资券	2079	24303	5.61
公司债	2293	16674	3.85
政府支持机构债	103	11475	2.65
资产支持证券	1655	6456	1.49
央行票据	9	4222	0.97
可交换债	19	218	0.05
可转债	7	143	0.03
可分离转债存债	1	68	0.02
国际机构债	2	40	0.01
合计	14015	433172	100.00

资料来源：Wind 资讯。

（4）市场交投活跃度提升。

2015 年，债券市场现券和回购交易结算量为651.79 万亿元，较2014 年增加了近300 万亿元，增幅为84.94%。其中全市场现券结算量为85.61 万亿元，同比增长了112.3%；全市场的回购交易结算量为566.18 万亿元，同比增长了81.4%。分市场来看，银行间债券市场仍然是成交的主战场，全年现券和回购交易总额达到525 万亿元，占比超过了80%；上海证券交易所成交了118 万亿元，占18.11%（见表5）。

表5 2015 年现券和回购交易情况						
交易市场	现券交易		回购交易		合计	
	金额（亿元）	比重（%）	金额（亿元）	比重（%）	金额（亿元）	比重（%）
银行间债券市场	839910	98.11	4410864	77.91	5250774	80.56
上海证券交易所	13409	1.57	1166702	20.61	1180112	18.11
深圳证券交易所	2792	0.33	84255	1.49	87047	1.34
合计	856112	100.00	5661821	100.00	6517933	100.00

资料来源：Wind 资讯。

3. 新三板市场发展概况

2015 年是新三板市场值得大书特书的一年，无论是市场规模、成交情况还是指数涨幅都有非常突出的表现。

首先是市场规模显著扩大。2015 年新三板挂牌公司数量大幅增加，当年新增挂牌公司 3557 家，截至 2015 年底挂牌公司总数为 5129 家；挂牌公司总股本 2960 亿股，同比增加了 350%；流通股本 1024 亿股，同比增加了 332%（见表 6）。

表 6　2014 ~2015 年新三板市场规模

年份	挂牌公司（家）			总股本 (亿股)			流通股本 (亿股)		
	合计	做市转让	协议转让	合计	做市转让	协议转让	合计	做市转让	协议转让
2014	1572	122	1450	658	62	597	237	28	209
2015	5129	1115	4014	2960	825	2135	1024	399	624

资料来源： Wind 资讯。

其次是随着新三板市场影响力提升，投资者入市积极性提高，市场成交活跃，融资额大幅上升。2015 年新三板共发行股票 229.9 亿股，融资金额为 1213.38 亿元，较 2014 年分别增长了 767% 和 819%；全年股票转让成交金额 1910.62 亿元，同比增长 1366%；截至 2015 年底机构投资者和个人投资者账户数量超过 22 万，同比增长了 355%（见表 7）。

表 7　2013 ~2015 年新三板市场融资、成交和投资者情况

项目	2015 年	2014 年	2013 年
股票发行情况			
发行次数（次）	2547	329	60
发行股数（亿股）	229.9	26.52	2.92
融资金额（亿元）	1213.38	132.09	10.02
股票转让情况			
成交金额（亿元）	1910.62	130.36	8.14
成交数量（亿股）	278.91	22.82	2.02
投资者账户数量			
机构投资者（户）	22717	4695	1088
个人投资者（户）	198625	43980	7436

资料来源： 全国中小企业股份转让系统 2015 年统计快报。

再次是新三板指数在大幅震荡中走高。2015 年新三板指数的表现与沪深 A 股市场如出一辙，三板成指在前几个月快速上涨，并在 4 月 7 日上涨至 2134. 31 点，短短 3 个多月的涨幅高达 113%，但随后股指开始持续下跌，最低下探至 1280. 12 点，最终收盘报收于 1485. 5 点，全年上涨了 48. 45% （见图 7）。

图 7　2015 年新三板成指走势

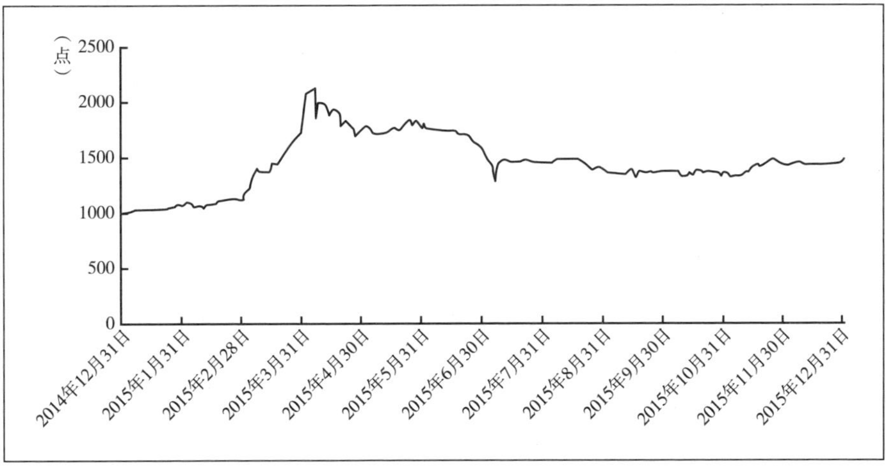

资料来源：Wind 资讯。

（二）2015 年证券投资基金业发展概况

2015 年是中国证券投资基金业快速发展的一年，根据中国证券投资基金业协会的数据，2015 年底证券投资基金业资产管理总规模为 20. 99 万亿元，较 2014 年的 10. 42 万亿元增加了 10. 57 万亿元，增幅为 101%；其中公募基金规模 8. 4 万亿元，非公募业务规模 4. 03 万亿元，基金子公司业务规模 8. 57 万亿元（见图 8）。

1. 公募基金发展概况

2015 年，虽然证券市场大幅震荡，但由于上半年市场所爆发出的赚钱效应，投资者入市积极性提高，公募基金也进入了快速发展期。随着公募基金业务进入门槛的降低，公募基金管理机构也不断增加。截至 2015 年 11 月底，我国境内共有公募基金管理机构111家，较2014年增加了10家，其中基金管理公司101家，取得公募基金管理资格的证券公司9家，保险资管公司1家。

图8　2009～2015年基金行业资产管理总规模及结构

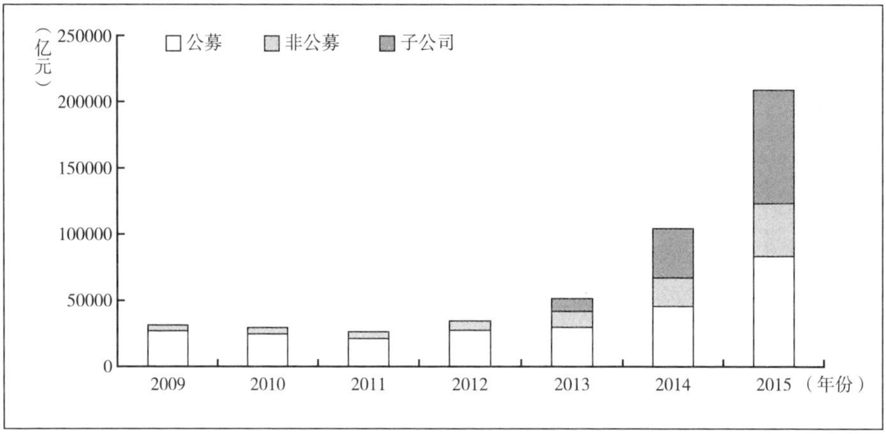

资料来源：中国证券投资基金业协会。

根据Wind资讯数据，截至2015年底，111家公募基金管理机构共管理公募基金产品2698只，较2014年增加了806只；合计管理公募基金77717亿份，较2014年增加了35564亿份，增幅为84%；公募基金净值为83477亿元，再度创出历史新高，较2014年增加了38932亿元，增幅为87%（见图9）。

图9　2006～2015年公募基金净值及数量变化

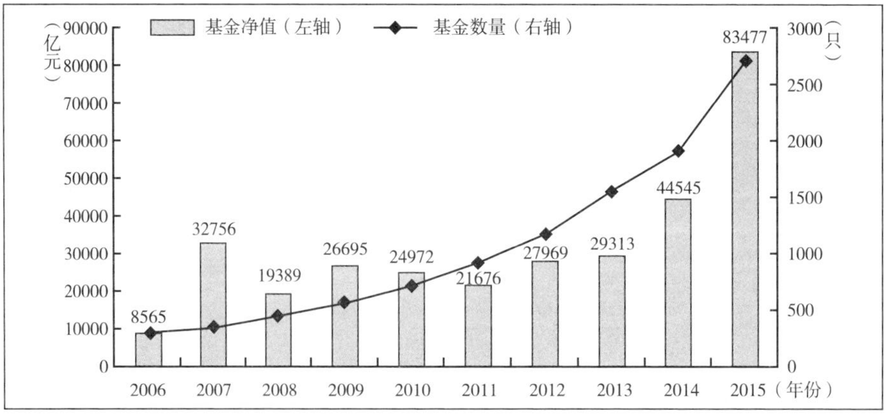

资料来源：Wind资讯。

（1）公募基金结构。

2015 年不同类别的公募基金都有所增长，但由于证券市场大幅震荡，投资者避险意识增强，固定收益类基金增速明显快于偏股型基金，尤其是货币基金占比持续上升，占据公募基金的大半壁江山。

截至 2015 年底，货币基金净值为 45797 亿元，同比增长 109%，行业占比从 2014 年的 49.18% 上升至 54.86%；债券基金净值为 7038 亿元，同比增长 102%，行业占比从 2014 年的 7.78% 上升至 8.43%；股票基金净值 7020 亿元，同比增长 24%，行业占比从 2014 年的 12.7% 下降至 8.41%；混合基金净值 22845 亿元，同比增长 76%，行业占比从 2014 年的 29.17% 下降至 27.37%（见图 10）。

图 10　2015 年底公募基金产品结构

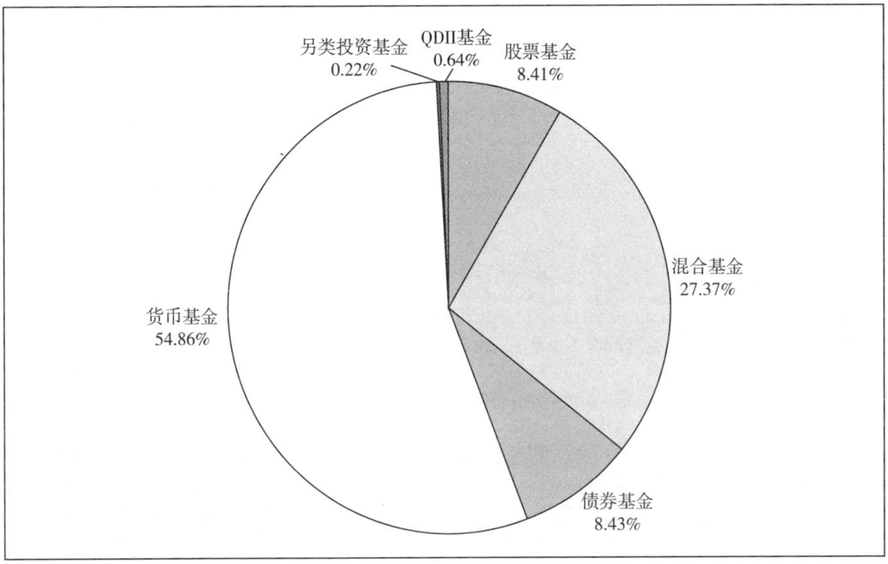

资料来源：Wind 资讯。

（2）新发基金情况

2015 年新基金发行提速，新发基金数量和规模大幅增加。根据 Wind 资讯数据，全年新发基金 823 只，较 2014 年增加 479 只，合计发行 16458 亿份，同比增加 12394 亿份，增幅达 305%，新基金发行数量和发行规模均创出历史新高（见图11）。

从新发基金的结构来看，混合型基金无论是数量还是规模均高居所有基金类别之首。2015年上半年新股IPO井喷，且新股上市收益可观，打新基金因受到投资者追捧而大量发行，而打新基金都为混合型基金，这是混合型基金发行数量和规模大幅增长的主要原因。全年新发混合型基金436只，发行份额11414亿份，占比近70%，平均发行规模26.18亿份，同样位居所有基金类别之首。其次是股票型基金，全年新发240只，合计发行3647亿份，市场占比为22%。其他类型基金发行数量和规模远低于混合型和股票型基金（见表8）。

图11　2006～2015年新基金发行数量和规模

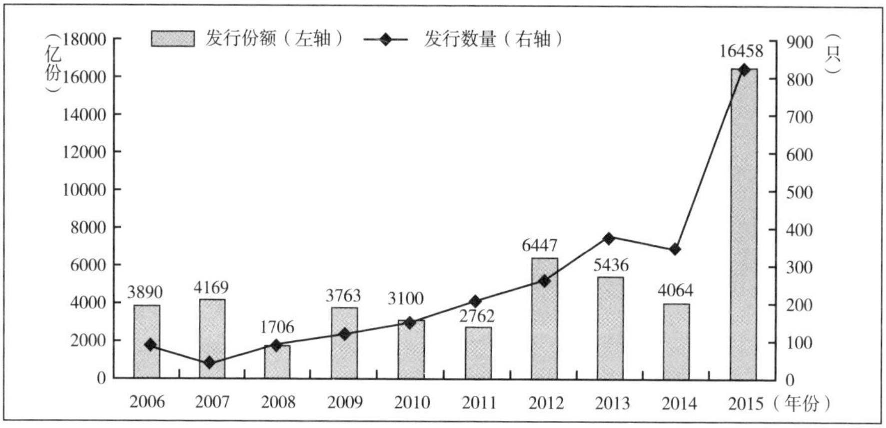

资料来源：Wind资讯。

表8　2015年新基金募集情况

基金类别	发行数量（只）	发行份额（亿份）	发行份额占比（%）	平均发行规模（亿份）
股票型基金	240	3647.1	22.16	15.20
混合型基金	436	11413.9	69.35	26.18
债券型基金	78	637.0	3.87	8.17
货币市场基金	48	560.4	3.40	11.68
另类投资基金	10	113.1	0.69	11.31
QDII基金	11	86.8	0.53	7.89
合计	823	16458.3	100.00	20.00

资料来源：Wind资讯。

（3）公募业务竞争格局

①千亿规模公司大扩容。

2015 年公募基金发展进入快车道，基金管理公司规模也快速扩张，千亿元基金公司数量明显增加。根据银河证券的数据，2014 年管理公募基金规模超千亿元的基金公司为 13 家，2015 年增加到了 21 家（见表 9）。

在行业排名前 10 的公司中，天弘基金以 6739 亿元的规模继续位居第一，但其公募基金规模仅较 2014 年增加了 14%，增幅最低，也远低于行业平均增速，而易方达、广发、建信、汇添富规模增加较快，同比增幅均超过了 100%。

表 9　2015 年公募基金资产净值排名行业前 25 的公司

行业排名	基金公司	基金数量（只）	基金净值（亿元）	市场占有率（%）
1	天弘	45	6739	8.01
2	华夏	59	5978	7.11
3	易方达	89	5760	6.85
4	工银瑞信	74	4430	5.27
5	嘉实	79	3474	4.13
6	南方	85	3342	3.97
7	广发	88	3300	3.92
8	建信	61	3147	3.74
9	中银	56	2778	3.30
10	汇添富	58	2525	3.00
11	招商	63	2503	2.98
12	博时	84	2059	2.45
13	富国	67	1924	2.29
14	华宝兴业	39	1827	2.17
15	鹏华	88	1728	2.05
16	华安	70	1558	1.85
17	银华	55	1521	1.81
18	大成	63	1307	1.55
19	华泰柏瑞	35	1299	1.54
20	上投摩根	47	1167	1.39
21	兴业全球	17	1131	1.34
22	国泰	58	990	1.18
23	融通	37	983	1.17
24	诺安	45	980	1.17
25	农银汇理	27	965	1.15

资料来源：银河证券。

②市场集中度有所下降。

2015 年，由于大型基金公司的规模增速低于行业平均增速，行业集中度有所下降。排名前 10 的基金公司公募基金净值合计占比为 49.3%，较 2014 年的 53.02% 明显下降。从历史数据来看，2007 年以来，前 10 名公司市场占比基本维持在 50% 左右，市场集中度较为稳定（见图 12）。

图 12　2007~2015 年公募基金市场集中度

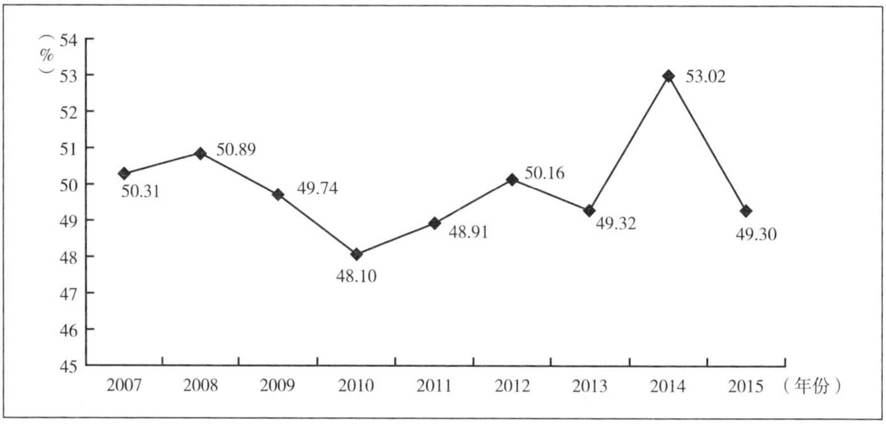

资料来源：银河证券。

（4）投资业绩

2015 年虽然证券市场大幅动荡，但偏股型基金整体上仍然取得了不错的投资业绩。表现最好的混合基金平均净值增长率达到了 43.45%，股票基金平均净值增长率为 22.69%，债券基金的平均净值增长率也超过了 10%（见表 10）。

表 10　2015 年各类基金数量及平均净值增长率

基金类别	统计基金数量(只)	平均净值增长率（%）
股票基金	592	22.69
混合基金	1413	43.45
债券基金	757	10.60
其他基金	9	-7.29
货币市场基金	386	3.68
QDII 基金	92	-4.90

资料来源：银河证券。

2. 非公募业务发展概况

近年来基金公司非公募业务保持持续快速发展势头，截至 2015 年第三季度末，全行业非公募业务总规模已达 32593 亿元，较 2014 年底增长了 52%（见图 13）。非公募业务中的专户理财、全国社保基金受托管理和企业年金受托管理业务都保持了稳定增长。

图 13　2009～2015 年第三季度基金公司非公募业务规模

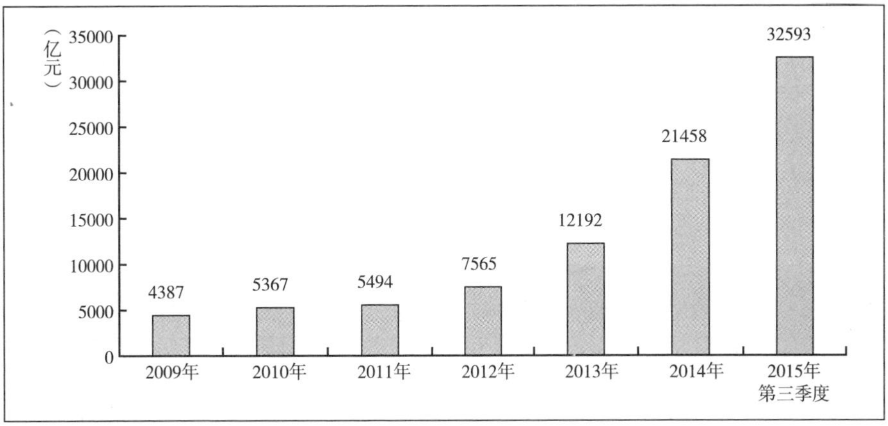

资料来源：中国证券投资基金业协会。

基金公司非公募业务呈现出强者恒强的格局，业务规模位居行业前列的公司基本都是公募基金规模排名居前的公司。截至 2015 年第三季度末，共有 93 家基金公司开展了非公募业务，中银基金以 2759 亿元的非公募业务规模排名行业第一，其次是嘉实、易方达等公司。前 10 名公司合计规模为 16752 亿元，行业占比达到了 51.4%（见表 11）。

表 11　2015 年第三季度非公募业务规模排名前 10 的基金公司

排名	机构名称	业务规模（亿元）	排名	机构名称	业务规模（亿元）
1	中银基金	2759	3	易方达基金	1895
2	嘉实基金	2442	4	工银瑞信基金	1880

续表

排名	机构名称	业务规模（亿元）	排名	机构名称	业务规模（亿元）
5	博时基金	1571	9	鹏华基金	1096
6	华夏基金	1542	10	汇添富基金	1000
7	银化基金	1307	合计		16752
8	南方基金	1260			

资料来源：中国证券投资基金业协会。

（1）专户理财业务

2015 年基金公司专户理财业务维持了近年来快速增长势头。截至 2015 年第三季度末，专户理财业务规模为 21998 亿元，较 2014 年底的 12240 亿元增加了 9758 亿元，增幅为 80%（见图 14）。其中一对一产品 15628 亿元，增长 79%；一对多产品 6370 亿元，增长 82%。

图 14　2009 ~2015 年第三季度基金公司专户理财业务规模

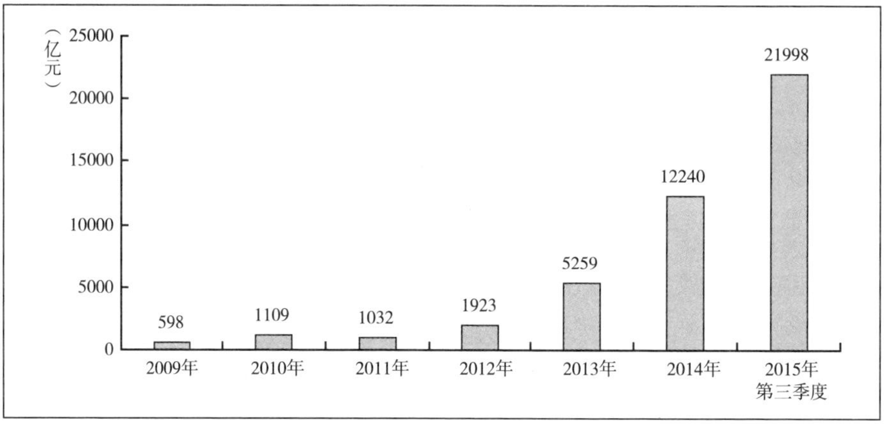

资料来源：中国证券投资基金业协会。

（2）全国社保基金受托管理业务

全国社保基金自成立以来规模稳定增长，截至 2014 年底，全国社保基金资产总额为 15356 亿元。出于社保基金保值增值的需要，专业化市场化投资运营日益重要，全国社保委托投资规模和占比越来越大。截至 2014 年底委托专业投资管理人运作的规模为 7638 亿元，占 49.74%（见表 12）。

表 12　2007～2014 年全国社保基金委托投资规模

年份	社保总规模（亿元）	委托投资规模（亿元）	占比（%）
2007	4397	2069	47.06
2008	5624	2566	45.62
2009	7766	3621	46.63
2010	8567	3589	41.90
2011	8688	3647	41.98
2012	11060	4554	41.17
2013	12416	5718	46.05
2014	15356	7638	49.74

资料来源：全国社保理事会。

根据全国社保理事会的数据，截至 2014 年底，全国社保基金自成立以来的累计投资收益额为 5611.95 亿元，年均投资收益率为 8.38%。社保基金年度投资收益率波动较大，近 10 年来最高为 2007 年的 43.19%，最低为 2008 年的 -6.79%（见图 15）。

图 15　2005～2014 年全国社保基金投资收益率变化

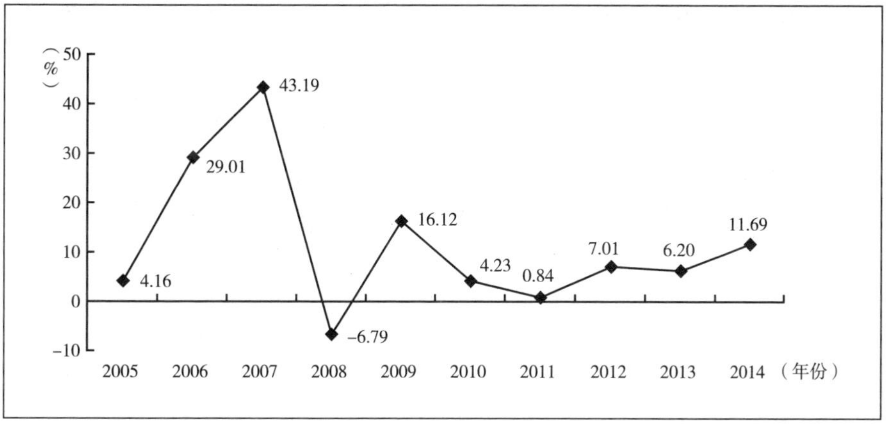

资料来源：全国社保理事会。

（3）企业年金受托管理业务

截至 2015 年第三季度末，全国共有 75152 家企业建立企业年金，参加职工 2314 万人，积累基金 9008 亿元，实际运作资金 8744 亿元，其中由基金公司管理的企业年金规模为 3448 亿元，占比为 39.44%（见图 16）。从收益率来看，2012～2014 年企业年金加权平均收益率分别为 5.68%、3.67%、9.3%，2015 年前三季度的加权平均收益率为 6.5%。

图 16　2009～2015 年第三季度企业年金动作规模及基金公司管理企业年金规模

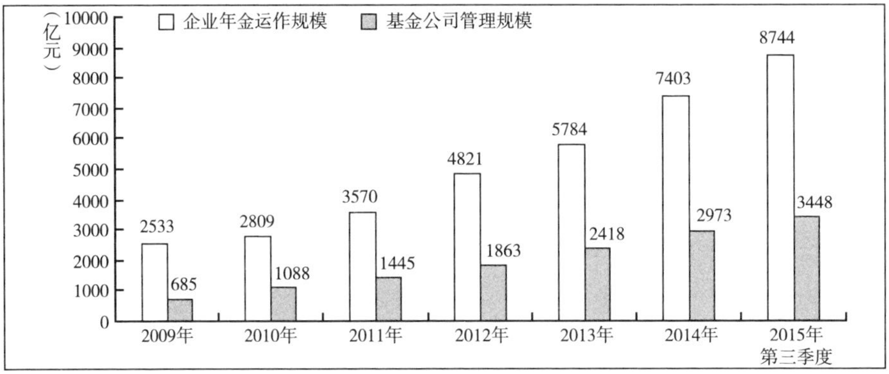

资料来源：人力资源和社会保障部。

3. 基金子公司业务发展概况

自 2012 年底获准成立以来，基金子公司的业务发展可以说是突飞猛进。截至 2015 年 11 月，共成立了 79 家基金公司境内子公司。截至 2015 年第三季度末，共发行了 14650 只产品，管理资产规模为 69131 亿元，较 2014 年底增长了 85%（见图 17），其中一对一业务规模 47251 亿元，一对多业务规模 21880 亿元。

图 17　基金子公司业务规模变化

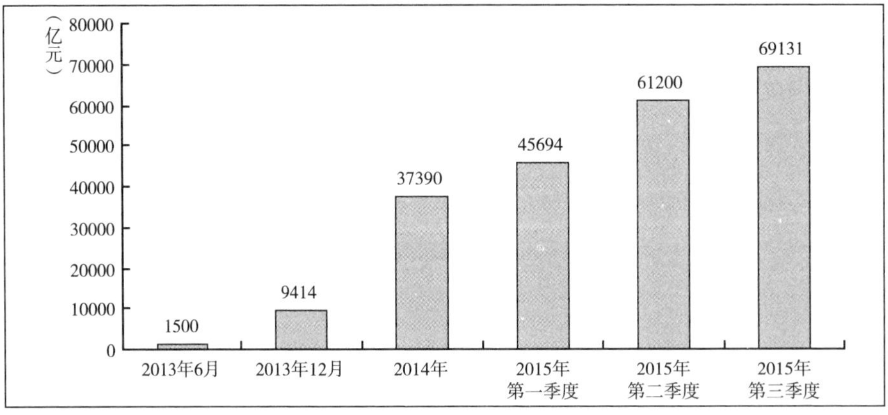

资料来源：中国证券投资基金业协会。

（三）2015 年证券公司资产管理业务发展概况

1. 发展概况

截至 2015 年第三季度末，证券公司共发行各类资产管理产品 16950 只，总规模已经突破 10 万亿元，达到 109669 亿元，较 2014 年底增加了 38%。其中集合理财计划 13641 亿元，增长 108%；定向资管计划 94905 亿元，增长 31%；专项资管计划 1123 亿元，增长 206%（见表 13）。

表 13　2014 年和 2015 年第三季度末证券公司资产管理情况

类别	2015 第三季度末		2014 年	
	产品数量（只）	规模（亿元）	产品数量（只）	规模（亿元）
集合理财计划	3076	13641	2139	6555
定向资管计划	13764	94905	10312	72542
专项资管计划	110	1123	34	366
合计	16950	109669	12485	79463

资料来源：　中国证券投资基金业协会。

近年来证券公司资产管理业务发展进入快车道，尤其是 2012 年以来，证券公司资产管理业务出现了爆发式增长（见图 18）。

图 18　2008 年以来证券资产管理业务规模变化

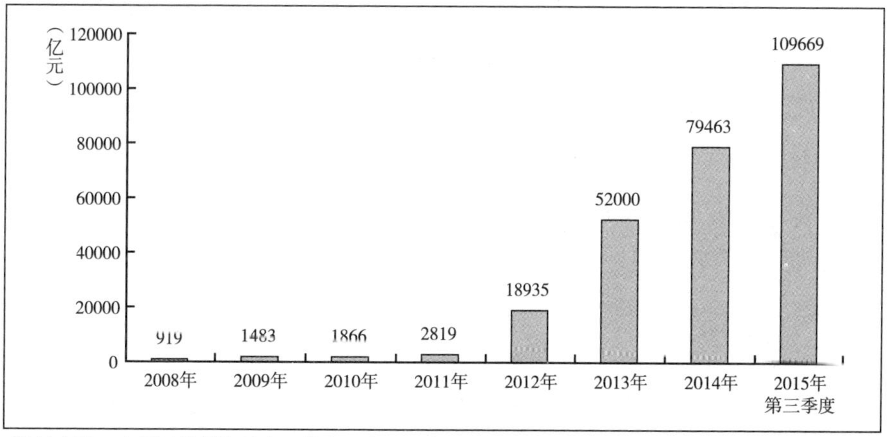

资料来源：中国证券投资基金业协会、中国证券业协会。

2. 市场格局

截至2015年第三季度末，有5家证券公司的资产管理规模超过5000亿元，其中最高的中信证券规模超过万亿元，达到了11538亿元。排名前10的公司规模合计达到了55738亿元，市场占比为51%（见表14）。

表14　2015年三季度末资产管理总规模前10名证券公司

排名	机构名称	规模（亿元）	排名	机构名称	规模（亿元）
1	中信证券	11538	7	中银国际证券	4755
2	申万宏源证券	6596	8	广发证券资管（广东）	4536
3	华泰证券(上海)资管	5595	9	上海海通证券资管	3803
4	上海国泰君安证券资管	5460	10	招商证券资管	3369
5	华福证券	5109	合计		55738
6	中信建投证券	4977			

资料来源：中国证券投资基金业协会。

3. 新发集合理财产品

2015年，证券公司新发集合理财产品4186个，合计发行3182亿份，平均发行份额为0.76亿份，分别较2014年增长了31%、115%和56%。但总体上来看，与公募基金相比，证券公司集合理财产品平均发行规模较低。从新发集合理财产品的结构看，股票型占据了超过50%的份额，货币型和包括另类投资型在内的其他类型产品发行规模相对较小（见图19）。

（四）2015年私募基金发展概况

1. 规模概况

2015年是我国私募证券投资基金继续高速发展的一年。截至2015年第三季度末，在中国基金业协会登记的私募证券投资基金公司8989家，较

2014 年底增加了 7551 家；备案的基金 12616 只，增长了 235%；实缴基金规模 17455 亿元，增长了 276%（见表 15）。

图 19　2015 年证券公司新发集合理财产品结构

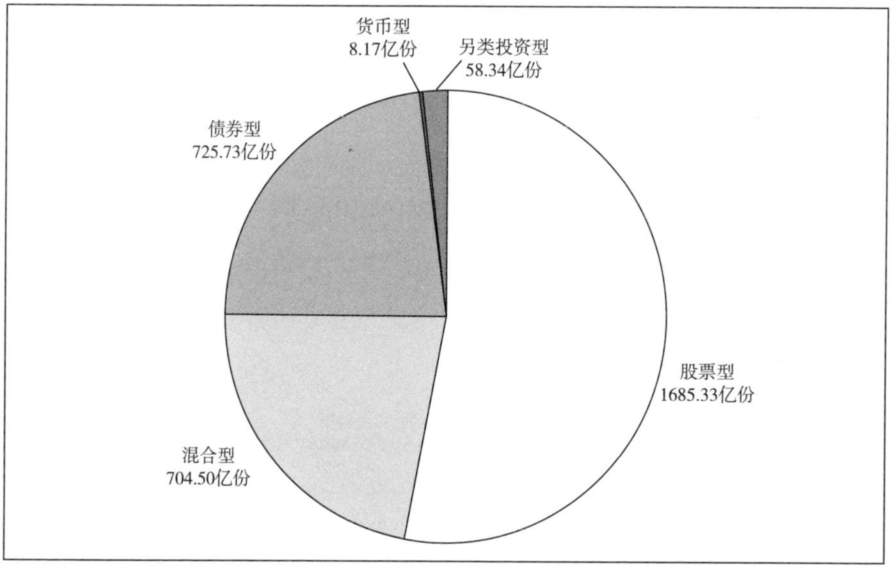

资料来源：Wind 资讯。

表 15　2014～2015 年 3 季度末私募基金概况

时间	公司数量（家）	基金数量（只）	认缴规模（亿元）	实缴规模（亿元）
2014 年	1438	3766	4878	4640
2015 第三季度	8989	12616	17630	17455

资料来源：中国证券投资基金业协会。

2. 新产品发行

根据 Wind 资讯数据，2015 年共新发私募基金 15834 只，合计募集资金 2294.6 亿元，其中以股票型基金为主，规模达到 2025.2 亿元，同比增长 272%；债券型、货币型和另类投资基金新发规模明显下降（见图 20）。

图 20　2015 年新发私募基金产品结构

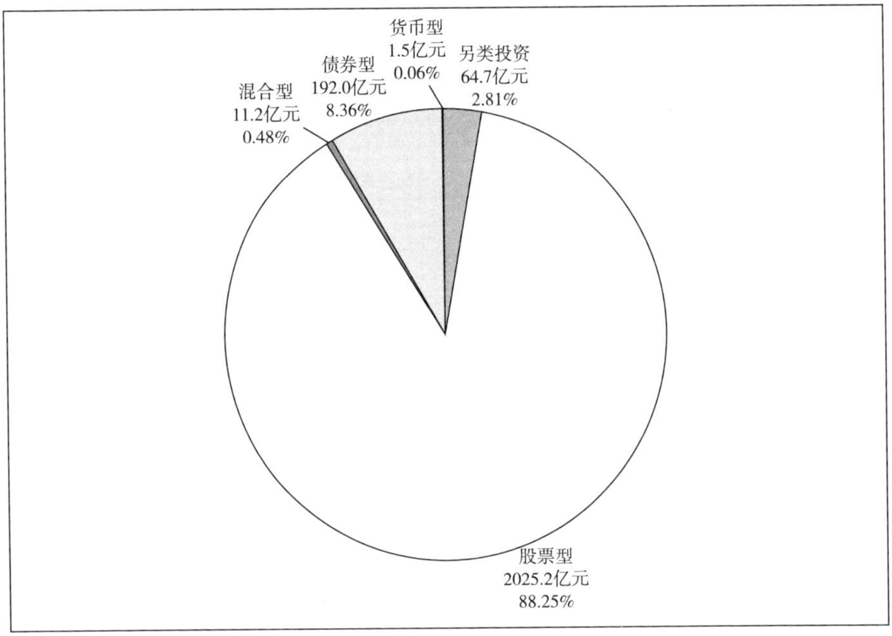

资料来源：Wind 资讯。

二、2016 年证券市场发展展望

（一）影响 2016 年证券市场走势的主要因素

1. 宏观面上，2016 年上半年经济下滑压力大，下半年可能有所改善。2016 年宏观经济将继续面临持续的下行压力，传统制造业去产能和房地产去库存任务艰巨。去产能、银行不良率攀升将持续制约经济增长。考虑到 2015 年实体经济的高基数以及金融业的高基数都出现在二季度，预计 2016 年四个季度的 GDP 增速分别为 6.6%、6.5%、6.6%、6.7%。

2016 年通货紧缩预期和通缩风险依然存在。回顾过去，在 PPI 为负增长的三个阶段，CPI 跟 PPI 保持了相对一致的节奏。而本轮 CPI 并没有出现负增长，主要是由于食品和服务项目价格的上涨，对制成品价格下跌进行了对冲。从服务项目来看，2016 年仍有支撑。

2. 供给侧改革带来的影响不容忽视。从去产能的角度看，中国经济去产能已经持续 4 年左右，但产能过剩状况并无缓解，甚至有恶化的趋势。其根源在于，过去几年工业经济运行质量相对较好，利润仍然能保持正增长，企业面临的压力较小。同时，企业对中国经济长期趋势认识不够，认为中国经济还能够重新回到过去的增长路径上来；而政府不断推出的稳增长政策，也给微观企业带来了良好预期。因此，企业并没有积极主动去产能或寻求转型。

但进入 2015 年后，企业层面的经营压力陡然上升。从利润情况来看，2015 年出现了同比下降态势，而 2013 ~2014 年还能维持 5% ~20% 的正增长。调研发现，企业普遍感觉到订单明显少于前几年。同时，企业对中国经济前景预期发生根本性改变，认为中国经济不会再回到依靠钢筋混凝土发展的老路上，传媒、体育、计算机等服务业以及高新技术行业才是中国的未来。在市场自身的压力与驱动下，企业层面开始积极主动去产能。

从去库存角度看，产能过剩导致漫长的去库存与经济下行之路，历史上去产能阶段基本都伴随持续地去库存。从 2011 年底开始，中国经济进入去库存阶段，已持续 4 年多。持续时间如此之长，根源在于产能过剩不断向生产过剩转化。去库存直接抑制了产出的扩张，并且导致中上游价格的下跌。在去产能与去库存的持续推动下，我们看到工业增加值与 PPI 在 2011 年以来都是下行的。

基于 2001 年以来产能周期过程中整体库存变动的情况，以及 2015 年以来工业部门去库存的节奏，我们判断，漫长的去库存之路可能只需要 6 ~8个月就能见到中期底部。乐观假设下，到 2016 年中，我们可能看到库存调整结束的迹象，新的库存周期的曙光可望在 2016 年下半年出现。

3. 无风险利率下行空间显著缩窄。稳增长、供给侧改革、降低融资成本等都需要一个宽松的货币环境，整体来看，2016 年的利率仍将以下行趋势为主，但考虑到2015年的5次降息，2016年可能只降1～2次，2016年的利率环境在边际上没有2015年宽松，利率中枢总体下移的同时利率波动可能会显著加大。

贬值预期浓厚，压制无风险利率下行空间。汇率波动对利率的影响主要体现在：若本币贬值形成进一步贬值预期，则资金进一步外流，本币供给下降，市场利率上升。私人部门持汇意愿上升，本币资产将遭到抛售，本币资产供给超过需求，这也会导致市场利率的上行。

打破刚兑可能对利率产生冲击。从政策面来看，对于信用风险的容忍程度在加大，在守住不发生系统性风险底线的前提下，打破刚兑是大势所趋。产业类国企先于城投企业、地方财力相对较弱的过剩产能企业打破刚兑的可能性较大。

4. 注册制将给证券市场带来重大变化。注册制改革将是2016年中国证券市场最重要的制度变革。2015年12月27日，全国人大表决通过注册制授权，注册制将于2016年3月1日施行，施行期为两年。注册制的推行将给中国证券市场造成重要影响。注册制对市场的影响主要体现在以下几个方面。

一是供给增加带来的股票估值体系的重新厘定。注册制对市场的影响首先体现在存量资金的分流上，如果注册制实施后新股IPO规模大幅增加，则将会对二级市场造成压力，同时会对现有估值体系造成影响。

二是壳资源价值下降。注册制的影响还体现在会使得A股壳资源价值逐渐下降上。由于上市受限，A股上市公司一直享有壳资源价值，这在近几年体现得尤为显著。但如果未来实行注册制，整体壳资源价值将下降，部分公司将面临退市风险。

三是存量公司外延式扩张可能受到限制。近几年上市公司的一个重要动作是并购，通过外延式扩张实现发展。并购的本质是通过上市公司的高PE融资收购未上市的低PE资产，如果未来实行注册制，很多有希望上市的公司可能不再愿意被收购，上市公司的并购成本可能会提升。

四是海外中概股私有化回归或加速。目前海外中概股估值明显低于 A 股同类公司。2015 年以来，已经有 28 家中概股宣布私有化，并有多家公司加快推进私有化进程以回归 A 股，例如巨人网络借壳世纪游轮、分众传媒借壳七喜控股等。海外中概股以 TMT、医药、休闲服务、教育等新兴产业为主，注册制的推进有望加速优质海外公司回归，未来可以关注中概股回归带来的投资机会。

（二）2016 年证券市场发展趋势展望

1. 股票市场。在经历了大幅震荡的 2015 年之后，2016 年的证券市场仍将难以平静，未来围绕“供给侧改革”这一方向所进行的一系列改革措施，将会成为决定 2016 年证券市场发展的重中之重。由于上市公司盈利增长与当前估值的匹配度基本处于历史平均水平附近，盈利增长对市场可能也体现出支撑力度有余但推升作用不足的特点。2016 年的股票市场整体上将呈现趋势向上、大起大落的特征。

2. 债券市场。2016 年宏观经济环境较为复杂。央行将维持稳健的货币政策，由宽融资向宽信用过渡，注重加强银行对资金供给结构的调控能力，引导货币市场资金流动到信贷市场。综合考虑到社会融资成本降低的迫切需求，通货膨胀低位运行以及宏观经济底部徘徊的现状，利率中枢下移是大趋势，下行空间在 30～50BP。受美联储加息以及资本外流的影响，短端利率波动会较大，从而带动债市收益率震荡加大，但单边上涨和下跌的概率都比较小。相对前两年，2016 年债券市场结构性分化可能性较大，信用风险增大。固定收益品种盈利主要来自信用债息票收益以及加杠杆的套息利差，资本利得有限。上半年债券市场牛市有望持续，下半年不确定性会大一些。

（三）2016 年资产管理行业发展展望

在经历了 2015 年的快速发展之后，随着宏观经济形势更为复杂多变，市场走势的震荡，2016 年资产管理行业发展步伐将有所放缓，但发展前景依然可期。

首先，全面深化改革的战略部署为行业发展奠定了制度基础。经济体制改革是全面深化改革的重点，“使市场在资源配置中起决定性作用”的定位，有利于转变经济发展方式，转变政府职能，充分激发市场活力和市场主体的自主经营与创新发展能力。

其次，居民收入日益增长和养老金规模不断扩大将创造巨大的资产管理需求。党的十八大提出，多渠道增加居民财产性收入，努力实现居民收入增长和经济发展同步，到 2020 年实现城乡居民人均收入比 2010 年翻一番，到 2022 年居民储蓄将达 80 万亿元人民币。居民财富管理需求的不断提升，将为各类资产管理机构提供重要发展契机。城乡居民社会保障体系不断健全，在税收递延政策不断完善的推动下，各类养老金对专业化投资运营需求巨大，将为行业发展带来难得的机遇。

再次，经济转型和金融改革为行业发展带来巨大空间。混合所有制改革和民营经济发展将促进企业股权结构合理化，为机构投资者改善自身治理和被投公司治理提供发展动力和操作便利；新型城镇化建设不断推进，将为债券类产品带来机遇；创新型国家建设，将为股权和创业投资基金发展创造空间；利率和汇率市场化推动资本市场价格体系更加成熟，为货币市场基金发展创造有利条件；资本市场双向开放和多层次资本市场的新发展，将为资产管理行业发展营造更好的投资环境。

2015 年信托市场发展回顾与 2016 年展望

王　俊　葛　枫
王俊，复旦大学金融学博士，现任中建投信托研究创新部研究员
葛枫，浙江大学产业经济学硕士，现任中建投信托研究创新部研究员

投资提示

- 供给侧改革加速推进信托行业创新。2016 年我国资产证券化发展将迎来历史机遇期；各家信托公司会根据自身股东背景以及对新兴产业未来发展空间的判断，选择1～2 个产业作为信托转型突破口；“十三五”规划大幅提高了多层次资本市场在经济发展中的地位和作用，2016 年信托业将加大资本市场投资比例，大力拓展证券投资类信托创新。

- 信托业监管将延续“八项机制”和“八大责任”的思路和要求，建立健全信托监管体系，打造行业发展的长效机制。

- 信托总资产规模将继续维持高位，规模因素对信托行业发展的贡献率将持续下降，信托发展模式将从规模驱动向结构优化驱动转变。利率市场化导致预期收益下行，利差缩小倒逼信托转型。

一、 2015 年信托市场回顾

2015 年信托业发展的外部环境充满了各种挑战：经济下行压力加大，增长动能不足，给信托公司经营带来了宏观风险；利率市场化改革再次提速压缩了传统信托业务利差，给信托公司经营带来了市场风险；年中股市断崖式回落，监管层清理整顿场外配资，导致股票投资类信托规模急剧下降，这给信托公司带来了政策风险。三季度末信托资产规模首现环比回落，很多人认为信托业已经站在了发展的“十字路口”，但令人欣慰的是，2015 年信托行业经受住了各种风险考验，业务结构持续优化，资产管理能力逐渐增强，经营效率显著提高，整体保持了良好的发展态势。

（一）2015年信托行业发展现状分析

1. 行业规模首现回落态势，规模增速持续放缓

信托业协会统计数据显示，2015 年信托业总资产规模在前两个季度屡创新高，尤其是第二季度得益于股市暴涨，信托资产无论是相对增速还是绝对规模均呈上升态势，第三季度受股市回调以及降杠杆等因素影响，信托资产规模出现微降，为近 5 年来首次环比负增长，同比增速也创下了近 5 年新低。截至 2015 年三季度末，信托业总资产规模为 15.62 万亿元，较 2014 年末增长 11.73%，季度环比增速为 -1.56%，同比增速为 20.63%。

从规模环比增速来看，2013 年第一季度为信托规模增长拐点，此前信托环比增速基本维持在 10% 以上，2012 年第四季度更是达到了 18.2% 的高点，2013 年第二季度信托规模增速开始进入平稳增长阶段，环比增速基本维持在 7% 左右。2015 年以来信托规模增速回调趋势更为明显，前三季度环比增速分别为 3.08%、10.1%、-1.56%。尽管第二季度增速恢复为两位数，但这一数据显然不具可持续性，受股市非理性繁荣影响，证券投

资类信托迅猛增长，信托规模快速上升，进入三季度后，随着股市泡沫破裂，信托规模首现回落，环比增速更是降至负值。从同比增速来看，剔除了季节性因素对信托规模的影响，信托同比增速放缓趋势非常明显，从2013 年第二季度的70.72%下降至2014 年第三季度的27.8%，连续6 个季度出现回落，2015 年前三季度同比增速分别为 22.88%、27.15% 和20.63%，整体上延续了规模增速下行态势（见图1）。

图1　2011～2015 年第三季度信托资产规模及同比、环比增速

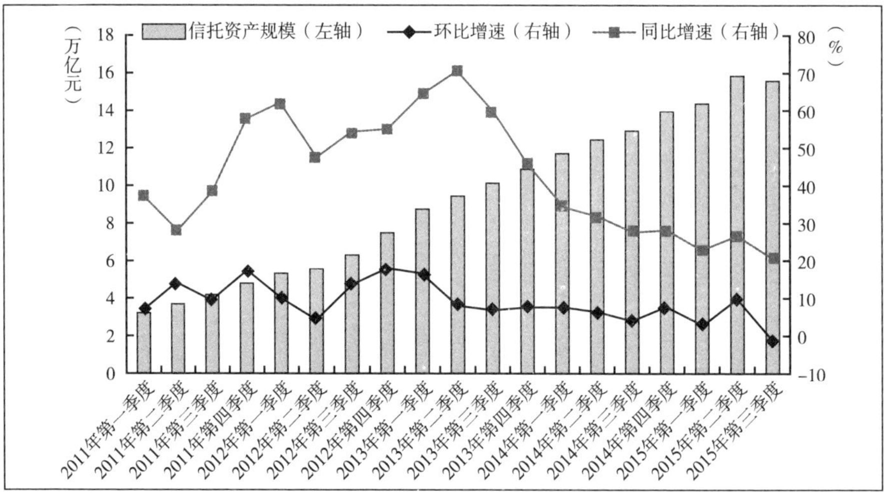

资料来源：中国信托业协会。

2. 经营效益显著提高，主营业务增长面临挑战

从经营效益来看，截至 2015 年第三季度信托行业累计经营收入为822.14 亿元，同比增长 35.09%，2015 年前三个季度新增经营收入分别为229.96 亿元、314.1 亿元、278.08 亿元，同比增速分别达到 28.72%、42.68%、32.54%，与2014 年平均 14.7% 的增速相比有很大提高。近五年信托行业经营效益逐年下降趋势非常明显，2011～2014 年经营收入同比增速分别为54.71%、45.33%、30.42% 和14.69%，2015 年尽管信托规模增速延续下滑态势，但经营收入增速较2014 年有明显提高，截至第三季度累计经营收入同比增速高达 35.09%，超过了 2013 年 30.42% 的增长速度，这表明信托增长方式正在从粗放型增长向内生型增长转变，在资产规模增型逐渐放缓的情况下通过调整业务结构、改变资产管理模式、提高资金运营效率，达到了增加营收的目的（见图 2）。2015 年信托行业基本实现了从旧增长方式向新增长方式的转变，摆脱了依靠单一通道类业务赚取牌照红利的落后模式，未来信托业将继续加快转型升级进程，逐渐形成行业发展核心竞争力。

图2　2011～2015 年三季度信托业累计经营收入及同比增速

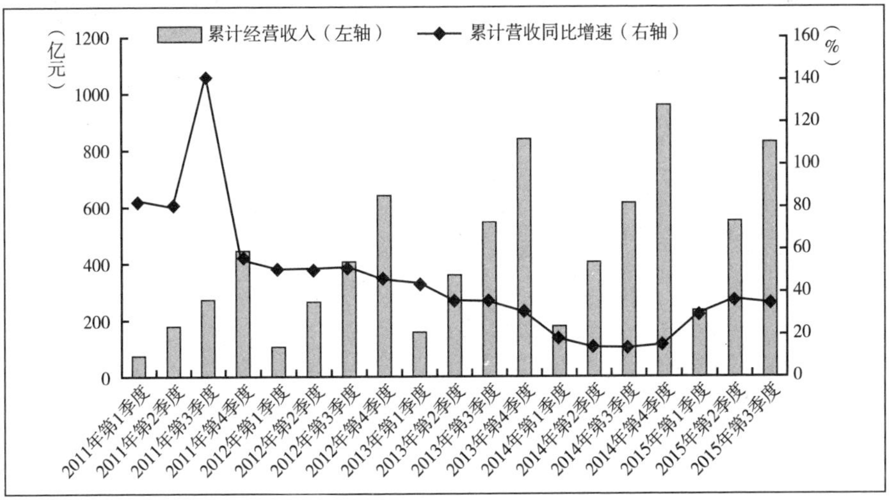

资料来源：中国信托业协会。

从收入结构来看，2015 年信托业务收入占比延续 2014 年下降趋势，投资收益占比大幅提升。2015 年前三季度信托业务收入占比分别为 55.64%、54.5%、56.76%，低于 2014 年同期水平；投资收益占比分别为 30.38%、35.68%、34.80%，较 2014 年上升态势非常明显（见图 3）。自 2007 年新的“一法两规”确立了以“受人之托、代人理财”为服务宗旨的信托业务在信托公司的主营业务地位后，信托业务收入稳步提升，并在信托公司营业收入构成中占据主导地位，2013 年每季信托业务收入占比均超过70%，从2014年开始，情况发生了较大变化，2014年第四季度信托业务收入占比为67.79%，较2013年同期下降了5.65个百分点，2015年第三季度末又下降了11.03个百分点，信托业务在信托公司业务发展中的地位正逐渐下降。

图3　2010～2015年第三季度信托业务收入及投资收益规模与占比

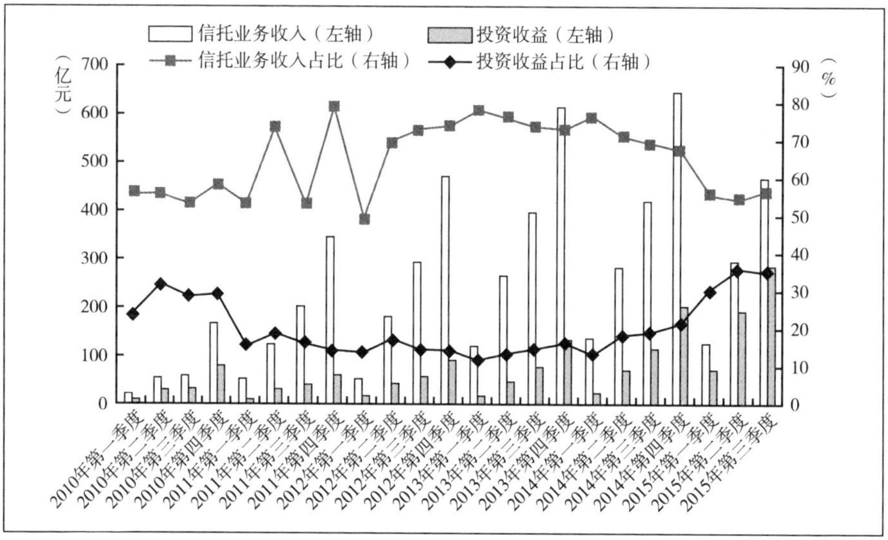

资料来源：中国信托业协会。

与信托业务收入占比逐年下降相对应的是投资收益占比大幅上升，2015年前三季度信托业投资收益占比均在30%以上，与2014年末的21.41%相比，上升幅度高达10多个百分点。信托投资收益占比大幅上升，一方面与信托固有资产规模增速大幅增加有关，另一方面也得益于信托资产投资回报率的明显上升。截至2015年第三季度信托业固有资产规模达到4177.94亿元，比2014年同期上升30.61%，同比增速较2014年末增加5.72个百分点，上升趋势非常明显；此外与同期信托规模20.63%的同比增速相比，固有资产上涨速度明显快于规模增速，这在一定程度上提高了投资收益占比。从投资回报方面来看，2015年前三季度信托业综合实际收益率分别为8.11%、10.19%、7.30%，除了第三季度有所下降外，前两季度的实际收益率均超过 8%，明显高于 2014 年同期水平（见图 4）。第三季度受证券投资类信托业务大幅萎缩的影响，信托业实际收益率环比下降 2.89 个百分点，降幅非常明显，但我们认为这种趋势不具可持续性，纵观近四年来实际收益率走势，上行趋势非常明显，在去通道化政策引导下，信托业将逐步提高资产主动管理水平，长期来看随着资本市场逐渐回归理性，信托业综合实际收益率仍将继续上行。

图 4　2012 ~2015 年第三季度信托固有资产规模、同比增速和综合实际收益率

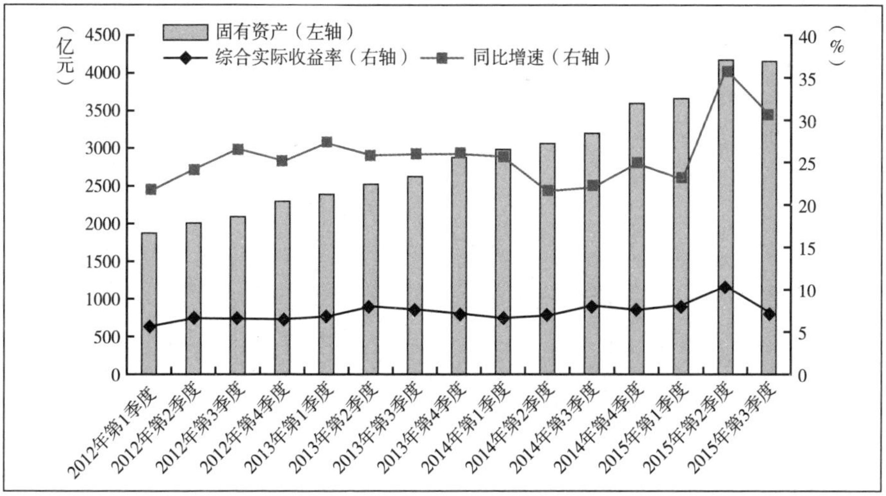

资料来源：中国信托业协会。

3. 集合信托延续上升态势，融资类信托再创新低

从信托资金来源来看，集合信托占比呈稳步上升态势，单一信托占比逐渐下降，财产管理类信托快速增长。截至 2015 年第三季度，集合信托总规模 5.286 万亿元，占信托总规模的 33.84%，与 2014 年末相比上升 3.14 个百分点。2015 年前两个季度集合信托占比分别为 33.26%、35.37%，与 2014 年同期相比增幅高达 8.29 个和 9.01 个百分点（见图 5）。环比来看，尽管 2015 年第三季度集合信托占比有所回落，但这并不能改变集合信托整体上行趋势，受政策监管影响，第三季度股票投资类信托规模大幅下降，而大多数股票投资类信托都以集合资金信托形式成立，这直接导致第三季度集合信托占比环比下降，因为其主要是受政策影响，所以不可据此做出趋势性判断。从2013年一季度开始集合信托占比呈稳步上升态势，这表明信托资产主动管理能力逐渐增强，信托转型成效非常明显。这也是信托在规模增速放缓的情况下依然保持较高盈利增速的主要原因，未来信托将继续向主动管理类业务转移，继续提高资产管理水平。

图5　2010～2015年第三季度集合信托和单一信托余额及占比

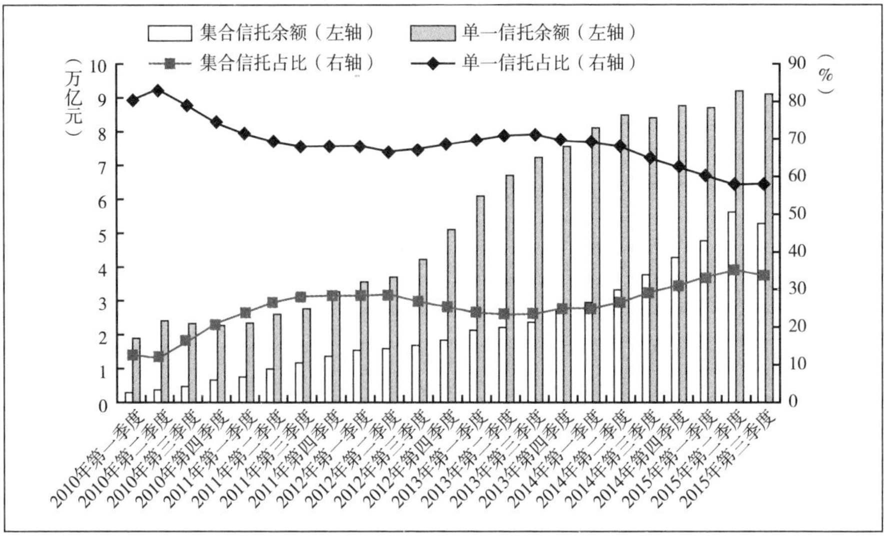

资料来源：中国信托业协会。

2015年前三季度单一信托占比分别为60.11%、58.01%和58.18%，与2014年同期相比分别下降9.37、9.98和6.83个百分点。单一通道类业务下降幅度非常明显，截至2015年第三季度，单一信托规模为9.088万亿元，环比下降1159亿元，单一信托占比处于历史最低水平，信托业务模式正由之前追求规模增长的单一信托模式向注重主动管理的集合信托模式转变，这一转变一方面是信托在转型压力大、市场竞争加剧环境下，为了生存发展而主动进行的转变；另一方面也是在“去通道化”政策约束下，为了符合相关法律规定而被动调整的结果。

从信托功能来看，融资类、投资类和事务管理类信托“三分天下”的格局已经开始发生转变，投资类和事务管理类信托占比延续上升态势，融资类信托占比持续下降。具体来看，2015 年前三季度融资类信托规模占比分别为 31.32%、26.55%、26.31%，下降趋势非常明显；事务管理类信托占比分别为 33.16%、34.13%、36.06%，这表明信托回归本源的发展路径日益清晰；投资类信托占比则分别为 35.52%、39.33%、37.63%，第三季度投资类信托占比微降，这主要受证券投资类信托规模锐减的影响，根本原因在于股市暴跌及去杠杆政策影响，与信托公司自身经营情况无直接关系，因此第三季度的数据不具参考性（见图 6）。

图 6　2010～2015 年第三季度融资类、事务管理类及投资类信托占比

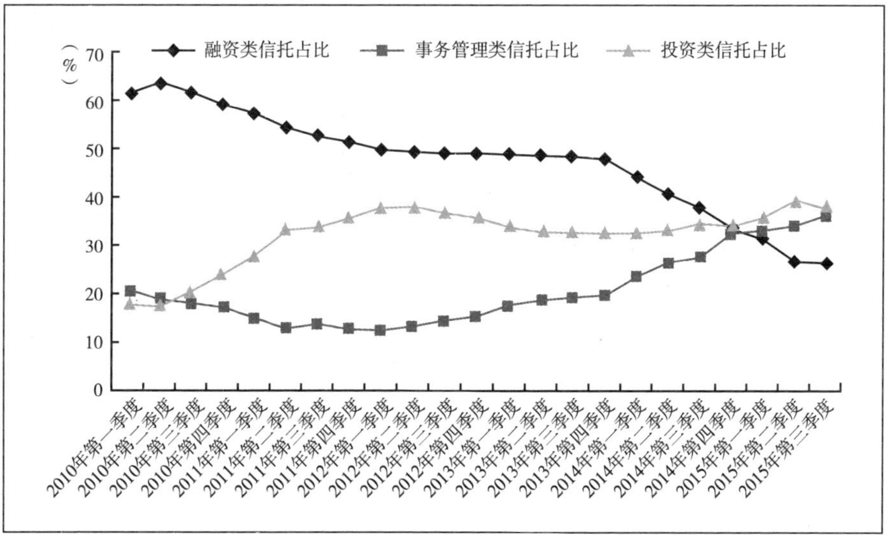

资料来源：中国信托业协会。

4. 证券投资类信托增长明显，传统业务持续萎缩

从信托资金投向来看，传统业务（包括房地产业信托和基础产业信托）持续萎缩，证券投资类信托增幅非常明显，股票投资类信托受股市波动影响呈现大幅震荡态势，受宏观经济疲软影响，工商企业类信托占比有所回调。据中国信托业协会数据显示，2015 年前三季度基础产业信托占比分

别为20.75%、18.48%、18.79%，房地产信托占比分别为9.93%、8.93%、8.96%，与2014年同期相比，这两项传统业务下行趋势非常明显，其中基础产业规模占比平均下降3个百分点，房地产信托占比平均下降1.42个百分点（见图7）。从规模环比来看这两个行业下行趋势也非常明显，2015年前三季度基础产业信托规模分别为2.79万亿元、2.74万亿元和2.7万亿元，房地产信托前三季规模分别为1.34万亿元、1.32万亿元和1.29万亿元；从规模绝对值来看，基础产业和房地产信托呈现持续回落态势。

图7　2010~2015年第三季度基础产业及房地产信托规模和占比

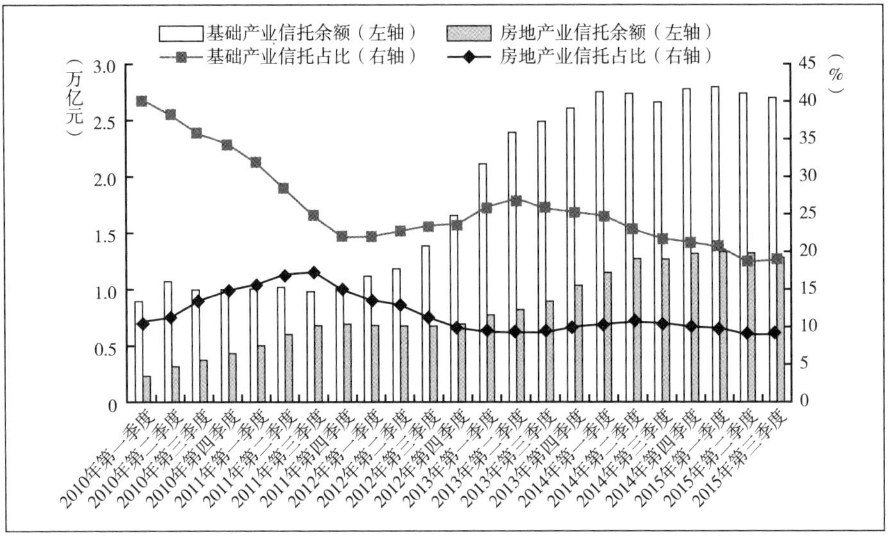

资料来源：中国信托业协会。

2015年前三季度证券投资类信托占比分别为16.56%、20.37%和18.57%（见图8），与2014年同期相比增幅分别高达5.41、8.42和4.89个百分点，截至2015年第三季度证券投资类信托规模高达2.67万亿元。近年来随着我国不断深化金融体制改革，资本市场已经成为信托转型的主要方向，在传统业务停滞不前的情形下，资本市场的发展给转型中的信托业带来了新机遇。证券投资类信托规模上市一方面支撑了信托在转型期的发展，另一方面也为整个行业的发展提供了坚实基础。

2015 年第三季度证券投资类信托规模和占比较第二季度均有不同程度下降，其中规模下降3464 亿元，占比减少1.8 个百分点，由于下半年股票投资类信托受股市波动以及政策调控影响，出现断崖式下跌，整个证券投资类信托出现环比下跌。从2015 年6 月中旬开始上证综合指数从5178.19 点直线下跌，其间曾一度下探至2850.71 点低位，波动幅度高达45%，很多主动管理类阳光私募由于触发平仓线遭遇清盘，这导致证券投资类信托规模环比下降。进入第三季度后，为了降低股票投资杠杆率，证监会逐步加强场外配资清理整顿，要求各家券商彻底清理涉嫌场外配资的证券账户，从禁止增量到清理存量的决策表明监管机构对配资业务的清理力度越来越大，大量股票投资类信托被提前终止，投资于股市的信托产品规模锐减。截至2015 年第三季度，投资股票的信托规模为9016 亿元，占比为6.27%，与第二季度相比，规模下降5099 亿元，占比下降3.26 个百分点，规模降幅达到了证券投资类信托降幅的1.47 倍，而债券和基金领域的投资规模则分别上涨283.68 亿元和1350.97 亿元。由此可见，在市场和政策双重打击下，股票投资类信托大幅下行是第三季度证券投资类信托环比下降的主要原因。

图8　2010 ~2015 年第三季度股票投资类和证券投资类信托余额及占比

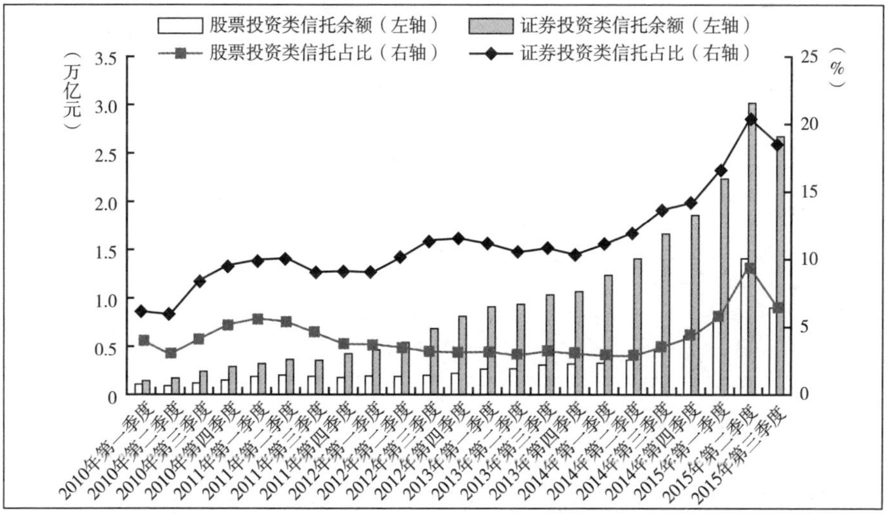

资料来源：中国信托业协会。

5. 固有资产稳步增长，资本实力不断增强

从固有资产和所有者权益构成来看，信托行业固有资产规模稳步增长，资本实力不断增强。截至2015年第三季度，68家信托公司固有资产总规模高达4177.94亿元，较2014年末增长16.51%，与2014年同期相比增长30.61%，增幅较2015年第二季度回落5.5个百分点。长期看，信托业固有资产规模同比增速整体比较平稳，在信托规模增速整体下行的背景下依然保持较高增长水平。从固有资产结构来看，投资类资产呈现稳步增长态势，2015年前三季度投资类资产占比分别为70.2%、71.15%和70.27%，稳居70%以上，与2014年同期相比增幅非常明显；贷款资产占比分别为10.32%、9.25%和9.14%，贷款资产比例首次降到10%以下，创近五年来新低，随着信托业进入新常态，在固有业务部分信托公司更加注重投资能力和专业水平的提升，固有资金贷款业务逐渐萎缩（见图9）。

图9　2010～2015年第三季度信托业各类固有资产余额及占比

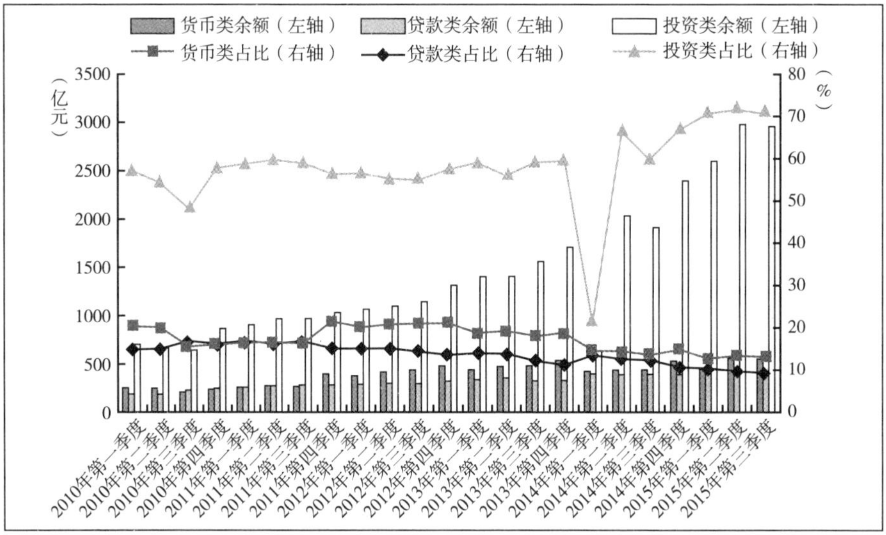

资料来源：中国信托业协会。

从所有者权益结构来看，全行业所有者权益呈稳步增长态势，这与信托增资扩股速度加快紧密相关。截至2015年第三季度，68家信托公司实收资本总额1624.62亿元，占所有者权益比重45.58%，与2014年底相比实收资本上涨17.17%。尽管2015年第三季度信托规模环比下降，但实收资本环比依然增长194亿元，占比增加5.25个百分点（见图10）。信托公司资金实力提升一方面是为了应对风险资本计提要求，根据《信托公司净资本管理办法》规定，信托公司净资本不得低于各项风险资本之和，尽管这几年融资类信托占比持续下降，但其绝对规模依然高达4.11万亿元，为了应对融资类业务增长所带来的风险资本增加难题，信托公司需要通过增资扩股提高净资本水平。另一方面随着《信托公司行业评级指引》规定出台，资本实力成为信托评级重要指标，资本不仅仅是业务发展的基石，更是信托抵御风险的最后屏障，较高的资本实力可以增强投资者的信心，提高公司的抗风险能力。

图10　2010~2015年第三季度信托业所有者权益及实收资本余额和占比

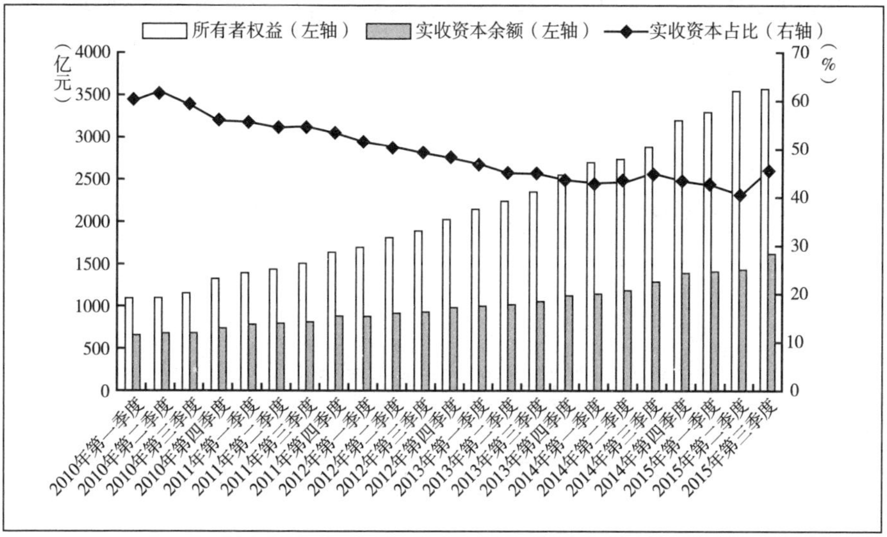

资料来源：中国信托业协会。

6. 监管政策密集出台，行业监管体系日益完善

2015年信托行业监管政策密集出台，行业政策重构开始进入加速阶段。截至2015年底监管机构共出台5条法律法规，与2014年99号文的监管思路一脉相承，2015 年信托新政主要体现了“控风险、强监管、促转型”的宗旨，下面将对这些法规做如下梳理：

（1）设立信托业保障基金，初步建立市场化风险处置机制。

2015 年 2 月 25 日银监会发布了《中国银监会办公厅关于做好信托业保障基金筹集和管理等有关具体事项的通知》，进一步明确了信托业保障基金的认购主体、时间、收益和分配等问题，要求 2015 年 4 月 1 日起新发行的资金信托须按新发行金额的 1% 计算并认购保障基金，新设立的财产信托，则按照信托实际收取报酬的 5% 计算并认购保障基金。保障基金将有助于建立信托市场化风险处置长效机制，通过保障基金介入信托风险处置，可以有效缓释和化解信托风险，将个体项目机构风险消化在行业内部，通过逐步释放存量风险，降低对金融市场乃至整个市场的冲击。

（2）行业评级体系正式发布，加剧公司优胜劣汰

2015 年 5 月中国信托业协会就《信托公司行业评级指引（试行）》征求各家信托公司意见，2015 年 12 月 16 日正式下发了《信托公司行业评级指引（试行）》，首次推出了对信托公司经营管理情况进行全面综合评价的具体办法，是协会进一步加强行业自律管理的重大举措。行业评级将加大对信托公司进行分级的力度，出于投资安全的考虑，投资者在筛选信托产品时，会倾向于那些高评级信托公司的产品，在收益相同情况下低评级公司的产品推广难度将随之增大。而对于金融同业来说，更可能根据评级来构建自己的白名单，低评级公司在项目来源和交易对手选择上都将受到较大的影响。

（3）行政审批日益简化，监管效率大幅提高。

2015 年 4 月银监会就《信托公司条例》和《信托公司行政许可事项实施办法》征求意见，2015 年 6 月 5 日正式发布了《信托公司行政许可事项实施办法》（以下简称《实施办法》），并通知之前的《非银行金融机构行政许可事项实施办法》不再适用于信托公司。

《实施办法》体现了简政放权的基本精神，将银监会之前取得的监管

架构改革成果通过法律程序予以总结和落实，使行政审批制度更加贴近市场和基层，将信托公司大部分变更事项审批权限下放至各地银监局。《实施办法》首次明确了信托公司发行金融债券、次级债券也由银监局审查并决定的规定。允许信托公司发行债券对行业发展具有非常重要的政策意义，这将有利于信托拓宽资金来源渠道，提高公司经营管理的透明度和开放度，为新时期信托发展带来新的政策红利。

（4）信托生存环境发生变化，基础法律日益完善。

目前信托业最为核心的《信托法》自 2001 年发布以来已经运行了十几年，十几年来信托行业的生存环境已经发生了翻天覆地的变化。国务院制订的《信托公司条例》（以下简称《条例》）也即将出台，2015 年 4 月银监会代国务院起草了《信托公司条例（征求意见稿）》，这将是国务院首次针对信托机构出台法规，条例的颁布将给信托业带来新的政策红利。

首先，《条例》将把信托公司注册资本最低限额提高至 10 亿元人民币。这一方面对信托公司的资本实力、风险抵抗能力提出了更高的要求；另一方面也会使信托行业掀起一波增资浪潮，有利于行业的集中化发展。其次，《条例》将鼓励信托公司设立专业子公司。通过子公司开展某一专业领域业务将有助于信托改变传统融资业务一支独大的局面，有利于信托公司拓展创新业务，促进信托转型升级。最后，《条例》将制定信托受益权登记、质押的相关制度。这有利于信托公司开展受益权质押融资业务，提高信托资产流动性，未来市场上将出现期限更长的信托产品。

（5）鼓励铁路专项信托创新，具体模式尚不确定。

2015 年 10 月银监会下发了《关于信托公司开展铁路发展基金专项业务有关事项的通知》，这是银监会鼓励信托公司开展铁路专项信托业务的指导文件，对铁路专项信托业务模式提出了较高要求，这有利于信托公司拓展业务发展空间，探索信托转型升级之路。

铁路专项信托具有两条政策优势，一是最低投资门槛仅为 1 万元，二是不受参与人数限制。这可使广大投资者通过投资铁路专项信托业务参与铁路建设，分享经济发展成果，还可以拓宽我国居民投资渠道，让普通百姓分享信托投资回报，有利于我国普惠金融体系的建立。但是由于我国铁路基础设施具有公共属性，具有投资规模大、期限长、收益低等特点，与信托在期限、收益等方面存在不匹配性，未来如何充分发挥信托的制度灵活优势，提高铁路专项信托业务对社会资本的吸引力，是我们迫切需要解决的问题。

（二）2015 年信托行业风险特征分析

截至 2015 年第三季度，全行业中信托产品明确公告“提前清算”“提前结束”或者“提前兑付”的已达两百余起，到期出现兑付困难的有近 20 起。华澳信托于 2013 年发行成立的“长盈 36 号”“长盈 37 号”于 9 月份到期，但未按期完成兑付；长城新盛信托于 2013 年成立的“长城财富 3 号”原定 2015 年 2 月到期，最终逾期至 8 月完成兑付；长城新盛信托的另一款产品“长城财富 9 号”应于 2015 年 10 月到期，但至 2015 年第三季度末仍未能兑付 B 类投资者的本金和部分收益；华鑫信托于 2013 年 8 月成立的“融鑫源 4 号”本应于 2015 年 8 月到期，因融资方无法正常还本付息，信托计划被延期三个月至 11 月到期，但在 11 月仍然出现逾期，后最终完成兑付。另外，新华信托、光大兴陇信托等也有多款产品产生逾期和兑付困难。除此之外，曾经国内第二大、河北最大的担保公司，河北融投于 2015 年初陷入危机，方正东亚信托、国民信托、厦门信托及华鑫信托等 10 家信托公司共 20 余款产品、50 多亿元规模的资金安全受到影响。

行业风险的积累和暴露与多种原因有关，既有宏观环境的原因，也有行业发展趋势的原因，还有监管环境变化的原因。

首先，在宏观环境层面，宏观经济下行压力一直存在，实体经济环境难有起色，同时货币政策延续宽松路径，市场利率持续下行。然而信托资金端产品收益率短期内下降空间有限，这增加了信托公司寻找适当资产标的的难度。

其次，在行业发展趋势层面，房地产投资增速连续下滑，三四线城市去库存压力不减；同时多家房地产企业选择低成本发债融资，房地产业对高成本融资的需求有所减小，可供信托展业的资产标的质量有下降趋势。基础设施建设投资维持较高增速，但不同区域发展状况不同，同时中央对地方债务控制力度逐渐加强，随着高成本债务逐渐被置换，存量市政类信托有提前到期风险，而新增市政类信托展业空间大幅缩小。工商企业受国内外市场需求减弱、生产成本高企等因素影响经营环境持续恶化，经营风险不断增大。

最后，在监管环境层面，随着 2015 年下半年股市回调，监管层进行了严格的降杠杆清配资行动。从新增伞形信托叫停，到存量伞形信托大面积清理，最后再到伞形信托消失，市场风险伴随着监管政策风险，大量证券类信托产品被提前清算。目前市场仅存单一结构化信托，但这些存量证券类信托也存在一定的风险。

整体来看，2015 年信托行业风险可控，无论是监管层还是信托公司都采取了切实有效的风险防范措施。首先，在监管方面，信托业保障基金的设立将有助于信托行业提高风险消化能力，防止行业风险外溢，有利于消除投资者对信托风险的过度担忧，提高行业安全性程度。行业评级制度则可以强化信托公司风控意识，加强信托行业自律管理，全面评价信托公司经营管理情况，对行业风险管理能力的提高大有裨益。

其次，随着经济进入新常态，信托行业也面临转型升级的压力，很多信托公司积极制定风险管理指引规定，建立了更为严格的合规和风控标准，对传统房地产和政府平台类业务的风控要求均有所提高，在交易对手筛选、规模控制和增信措施上都有更加严格的要求和约束。

截至 2015 年三季度末，信托行业风险项目共 506 个，比上季度末增加 56 个，规模达到 1083 亿元，比 2014 年同期增长 31.51%，较上季度末环比增长 4.74%。风险项目规模占信托资产总规模的比重为 0.69%，远远低于同期全国 16 家上市商业银行 1.52% 的不良贷款率。

（三）2015 年信托行业转型及产品创新情况分析

2015 年各家信托公司积极进行业务创新，寻找发展新动力，创新类产品频出，新三板、互联网金融、公益信托、家族信托、艺术品信托等创新类产品为信托业转型升级注入了新的活力，未来随着传统业务发展面临瓶颈，信托公司需要寻找新的业务增长点，大力发展创新类业务将是大势所趋。

1. 新三板信托前景广阔

2015 年，中建投信托、中信信托及中融信托率先发力新三板市场，截至 2015 年 11 月，已有 17 家信托公司共发行 49 款新三板集合资金信托产品。目前市场上大多数新三板信托产品采取与券商或私募基金（PE）合作的形式，以券商、私募基金或两者相结合作为投资顾问，直接或间接投资于已挂牌的新三板股权、定增、优先股、可转债，以及参与投资新三板挂牌资产包等。由于信托公司从事股权投资历史经验少，投研实力较弱，因此在业务发展初期采用了投顾合作模式。长期来看，信托作为连接资本与实体企业的纽带，对实体企业的组织架构、运营发展都有较为深入的了解，对如何挑选优质行业和企业积累了较为丰富的经验，将有助于新三板标的的筛选，未来新三板信托的投资前景广阔。

2. 消费信托逐渐受到市场青睐

2014 年，中信信托发行了国内第一款消费信托，此后这类产品逐渐成为信托公司的转型热点。2015 年，中信信托、长安信托、北国投、西藏信托、中航信托及中建投信托等公司皆发行了消费信托产品，投资或消费标的涉及钻石、高档手机、汽车、酒及旅行产品等。此外，中信信托还与百度合作推出了互联网消费众筹平台，在平台上发行舞台剧、食品、电影票等互联网消费信托产品。消费信托受到投资者热捧的重要原因在于，购买门槛低，当前市场上消费信托多数为单一事务管理类信托，不受集合信托投资者门槛的限制，消费信托可以将认购门槛降至相对较低的水平。总之，消费信托兼具投资与消费属性，同时门槛又大幅下降，这是其受到市场青睐的主要原因。

3. 土地流转信托快速发展

土地流转信托自 2013 年开端，在 2015 年进入快速发展阶段。中信信托、中建投信托、北京信托及交银国际信托等信托公司先后发行成立土地流转信托产品。市场上大多数土地信托产品，均采用“财产权信托 + 资金信托”的双信托模式。在操作模式上，以中建投信托为代表的信托公司采用了“全产业链模式”，即实现“前期资金支持 + 受托人 + 产业导入”的多层次管理，涵盖了融资服务、受托服务、产业导入及管理服务的完整产业链条。引入信托制度进行专业管理可以提高土地流转的运作效率，并且信托在土地流转过程中具有独特的制度优势。但现阶段，这一优势的发挥还有赖于土地流转过程中权属信托关系识别、统一土地登记托管等制度的完善。2014 年 11 月，政府下发文件决定五年内基本完成土地承包经营权确权的登记颁证工作，制约土地流转信托最大的障碍有望被清除。

4. PPP 业务有望得到推广

自 2014 年以来，政府对传统的基础设施建设融资模式进行了改革，在市场中着重加大 PPP 模式的推广。中信信托于 2015 年 7 月实施了行业首单由信托公司主导的 PPP 项目信托计划。中建投信托于 2015 年 9 月正式启动实施昆明滇池西岸生态湿地 PPP 项目，通过与中国十九冶集团共同设立项目公司的方式参与项目实际管理运作，信托到期后将由融资平台公司对社会资本股权进行回购，从而达到退出目的。信托公司参与 PPP 业务，能够延续市政平台类业务的操作，拓宽政府投资渠道，推动融资平台业务转型；同时，可以凭借丰富的股权投资经验优化 PPP 项目的识别、准备、实施和后期经营管理。由于 PPP 项目一般是带有公益性质的准经营性项目，因此，政府会支付一定的财政补贴弥补可行性缺口以实现社会资本的合理回报，这为信托公司进一步布局 PPP 业务提供了动力。

二、 2016年信托行业展望

2016年在宏观经济疲软、资产管理行业竞争加剧、信托监管模式升级的环境下，信托公司将继续推进战略转型，创造稳定的经营业绩，巩固其作为第二大金融子行业的地位。总体而言，供给侧改革将为信托转型升级带来发展新机遇；监管体系将逐步完善，打造行业发展长效机制；信托规模还将继续维持高位；利率市场化进一步压缩传统业务利差，倒逼信托行业提高资产管理能力。

（一）供给侧改革加速推进信托创新

供给侧改革为信托创新带来新机遇。首先，资产证券化作为一种金融工具，可有效盘活存量资产，增强经营性资产的流动性，降低实体经济融资成本，对促进我国经济结构调整和转型具有重大意义。2015年4月央行下发《信贷资产支持证券发行管理有关事宜的公告》，规定信贷资产证券化实行注册制管理，明确符合条件的机构可一次申请注册、自主分期发行，大幅提高了后续项目的发行效率。5月国务院部署了新增5000亿信贷资产证券化试点，超过了过去9年的累计发行总额。2016年我国资产证券化发展将迎来历史机遇期，2015年我国金融资产规模已超过百万亿元，按照发达国家证券化资产占比来计算，我国资产证券化的规模尚有巨大提升空间。

其次，供给侧改革需要通过科技创新和技术进步来扩大产品边界，而信托作为连接实体经济和资本市场的纽带，可围绕国家发展战略开展各项业务，加大新技术、新产业和新商业投资力度，实现经济发展模式由密集要素投入向要素效率提升转变。2016年，各家信托公司会根据自身股东背景以及新兴产业未来发展空间，选择 1 ~2 个产业作为信托转型突破口。例如中建投信托选择节能环保产业作为公司转型方向，充分发挥信托横跨资本市场、货币市场和产业市场三大领域的制度优势，灵活运用股权、债权和夹层等多种金融工具，将金融资本引入绿色产业。在国家大力倡导和推广绿色信贷，有效促进绿色经济、低碳经济和循环经济发展的政策引导下，绿色产业将成为中建投信托未来转型的蓝海。

最后，“十三五”规划大幅提高了多层次资本市场在经济发展中的地位和作用，明确提出积极培育公开透明、健康发展的资本市场，推动股票和债券发行交易制度改革，提高直接融资比重。2016 年信托将加大资本市场投资比例，大力拓展证券投资类信托创新，一方面信托公司可以借助资本市场拓宽业务边界，抓住产业结构调整机遇，积极拓展基于主动管理的并购定增业务；另一方面还可以深挖创新产业和新兴产业业务机会，主动开展私募股权投资业务，为创新、创业企业提供全方位的综合金融服务。

（二）监管将延续“回归信托本源”的基本思路

2013 年 12 月 19 日银监会主席助理杨家才在信托业年会上提出了完善信托治理体系的八项机制，2014 年 12 月 19 日杨家才在“八项机制”的基础上对信托公司管理提出了具体要求，提出信托公司需要承担八大责任。“八项机制”和“八大责任”以谋求信托业治理体系不断完善为目的，为信托监管指明了具体方向。目前，其部分内容已经开始落实，另一部分正在规划和征求意见阶段。2016 年我国信托业监管将延续“八项机制”和“八大责任”的思路，建立健全信托监管体系，打造行业发展的长效机制。

首先是建立产品登记制度，这是信托回归本源的基本保障，也是提高存量信托流动性的最基本要求。杨家才对产品登记机制提出了四个功能，一是产品公示功能，二是信息披露功能，三是确权功能，四是交易功能。早在 2014 年初银监会非银部就正式启动信托产品登记系统二期升级整合工作，发展信托二级市场转让。2014 年 9 月上海自贸区发布了《信托登记试行办法》，同年银监会对全国信托登记转让中心落户上海自贸区做出批复，同意将上海信托登记平台升级为全国信托登记转让中心，但从近一年来的政策的执行情况来看效果并不理想。这一方面是由于自贸区发布的登记办法仅局限于信托受益权转让登记，主要解决信托流动性问题，对信托财产登记没有提及，在一定程度上限制了非现金类信托业务发展，与信托回归本源的改革思路不符。另一方面是由于信托产品具有私募属性，受让人必须符合合格投资者的要求，准入门槛比较高，这也缩小了信托产品的流通范围。按照我国经济改革由易到难的发展思路，我们预测 2016 年首先需要解决信托受益权登记转让难题，完善相关法律建设，让受益权转让更具法律效力，建立信托受益权登记机构，使投资者可以通过交易平台直接实现信托受益权转受让。

其次是要落实信托受托责任。信托行业改革创新的主要方向是回归信托本源，但当前信托面临“刚性兑付”难题，这与信托“受人之托，代人理财”的原始定义相去甚远。解决“刚性兑付”问题的关键是要厘清信托受托责任，目前我国《信托法》对受托人责任缺乏明确约定，其规定：当受托人因处理信托事务不当造成信托财产损失时，受托人以固有财产为限向信托受益人承担责任，信托受益人享有对受托人类似债权的请求权。而在上述情形之外，信托受益人对受托人仅享有信托财产的剩余索取权，类似股权的权利。但《信托法》并没有在法律层面对受托人尽职方面有更为明确的解释，无法确认受托人的受托管理职责及相应的免责条件，在受托责任不明确的情况下多数信托公司采用“刚性兑付”方式解决产品兑付问题。从杨家才 2014 年信托年会讲话精神中，我们可以预测监管层将很快为信托公司制定“尽职指引”，一旦这一政策落地将彻底解决“刚性兑付”难题。

最后是监管评级和分类经营机制。2015 年 4 月银监会代国务院起草了《信托公司条例（征求意见稿）》，该条例在现有的《信托公司管理办法》

基础上，充分吸取了杨家才近两年提出的“八项机制”和“八大责任”的监管理念，形成了全新的信托业治理体系，其中最大亮点就是将企业经营范围与其监管评级相挂钩，提出分类经营的概念。2015 年 9 月在银监会先后征求高法、高检、发改委等 25 个部门以及 68 家信托公司意见后，起草了《信托公司条例（代拟稿)》，将分类经营、监管指标等细节内容予以删除，要求信托公司的业务范围应与其风险管理和风险承担能力相匹配，按照行业评级和监管评估情况，实施分类经营和分类监管。从政策变化轨迹来看，我们认为监管层对信托分类经营、分类监管的整体思路是持肯定态度的，建立信托公司监管评估体系和分类监管机制仍是未来的主要政策方向，但考虑到《信托公司条例》是由国务院发布的信托业基本法规，因此对监管评级不宜规定太细，未来具体监管指标会由银监会根据审慎监管原则和实际监管需要另行制定并动态调整。2015 年 12 月 16 日信托业协会正式发布了行业评级指引，这为监管评级细则出台提供了宝贵经验，2016 年随着《信托公司条例》出台，监管评级和分类经营相关细则也将逐步落地，信托公司经营分化趋势将更加明显，行业整合速度加快将有利于资源优化配置，个别公司将迅速做大做强。

（三）资产规模继续维持高位，增长方式由规模驱动向结构优化驱动转变

2016 年信托总资产规模将继续维持高位，规模因素对信托行业发展的贡献率将持续下降，信托发展模式将从规模驱动向结构优化驱动转变。尽管 2015 年第三季度信托规模首现环比下降，但本次规模回调具有很强偶然性，2015 年下半年股市泡沫破裂，监管部门出于防风险、降杠杆等目的对配资账户进行清理整顿，导致第三季度股票投资类信托大幅萎缩。长期来看，股票市场回归理性有利于证券投资类信托可持续发展，未来信托资产规模将重新回归稳定增长状态，增速会继续收窄，2016 年信托规模将处于

高位震荡状态，主要源于以下几方面原因。

一是在经济增速整体下行环境下，实体经济融资需求低迷，对信托贷款的需求将有所下降。但这并不会导致信托规模断崖式下跌，这是由于信托目前已经开始业务转型，投资类信托在2014年第四季度就已超过融资类信托，规模占比一直稳居首位。2016年融资类信托规模还将继续下行，投资类和事务管理类业务增长会在一定程度上抵消融资需求下降对信托行业的负面影响，信托规模依然会维持在一个较高的水平。

二是随着杠杆投资逐渐降低，资本市场回归理性，股票投资类信托将终止下行，证券投资类信托会成为未来信托转型的重要方向，其资产规模将重新进入上行通道。2016年信托基础资产会向资本市场转移，经过2015年下半年市场整顿，股市泡沫被大量挤出，资本市场投资价值凸显，信托特有的制度灵活性以及全牌照属性，决定了其开展业务时可以根据市场变化及时转变业务方向。从资产配置的角度来看，未来以资本市场为代表的高流动性权益类资产将成为信托资金的主要配置标的，资本市场回暖不仅支撑了信托在转型期的发展，也为整个行业的发展提供了坚实可靠的基础。

三是信托行业逐步进入成熟发展期，增速放缓是企业进入成熟发展期的显著特征。信托进入成熟阶段后会面临转型升级压力，其间新老增长动力相互转换，业务结构不断调整，短期内必然会影响行业增长速度，但长期来看有利于信托可持续发展。任何一个金融行业当资产规模达到一定程度时都将面临发展瓶颈。以保险业为例，在2007年第三季度前后我国保险业逐渐从高速增长阶段步入平稳发展阶段，资产规模增速由以前平均每季10%左右下降至6%，截至2015年第三季度我国保险业资产总规模为11.57万亿元，环比增速仅为1.3%。长期来看，金融行业的发展受国内外经济环境影响，面临人才储备、市场培养、政策监管、产品创新等多方面挑战，很难在较长时期内始终保持高速增长状态。信托行业也不例外，随着信托资产规模屡创新高，传统商业模式面临转型，在新业务尚未成熟的转型换挡期，必然面临增速放缓的困境。

随着信托业进入新常态，过去依靠扩大规模来增加盈利的业务模式已不再具备可持续性，2016 年信托将实现由传统规模驱动模式向结构优化驱动模式转变，规模对信托利润的贡献度将不断降低。通过提高资产主动管理能力，信托可实现在规模不变基础上大幅提高盈利的目的。尽管信托规模同比增速持续下行，但其经营收入同比增速从 2014 年第三季度开始呈稳步增长态势。截至 2015 年第三季度累计经营收入同比增长 35.08%，高出了信托规模增速 14.46 个百分点，这表明当前信托行业已经开始摆脱那种依靠信托通道提高资产规模，从而赚取制度红利的模式，转而通过提高资本使用效率、提升项目主动管理水平获取超额回报（见图 11）。

图 11　2011 ~2015 年第三季度信托规模和经营收入累计同比增速

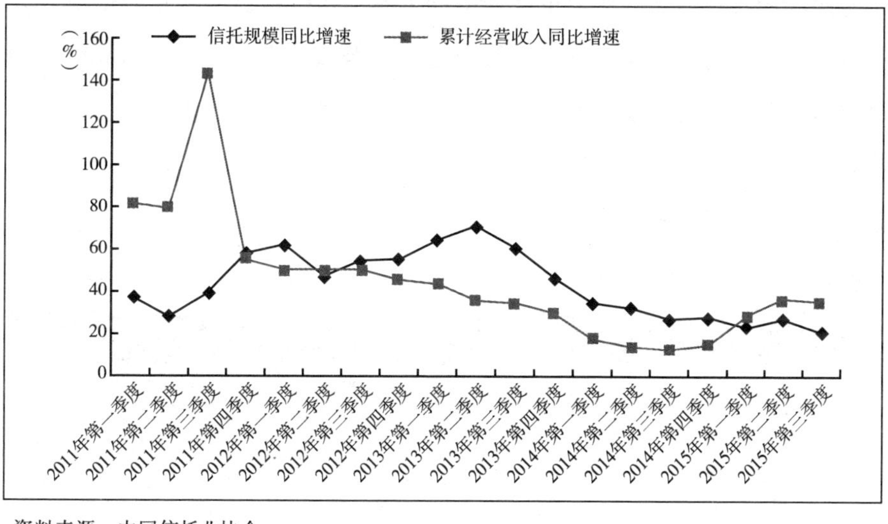

资料来源：中国信托业协会。

（四）利率市场化导致预期收益下行，利差缩小倒逼信托转型

2015 年央行连续 5 次下调存贷款基准利率，取消存款利率浮动上限，完成利率市场化改革最后一步，对信托业产生了重大影响。2016 年央行将

沿用“紧信用、松货币、宽政策”的调控思路，为了防范经济下行依然存在降息的可能，基准利率下行将使信托收益继续下降，利差收窄会倒逼信托转型升级。

用益信托网数据显示，从2015年7月开始信托产品预期收益呈现非常明显的下行趋势，下降幅度高达72个BP。2015年11月成立的集合信托产品平均收益率仅为8.28%，环比下降0.19个百分点，与2014年同期相比更是下降了0.66个百分点（见图12）。2016年信托产品收益将继续呈现下行趋势，这主要源于两方面。首先，当前我国经济下行压力依然较大，央行明年将继续实施宽松货币政策，保持市场流动性宽裕一方面可以降低社会融资成本，促使经济企稳回升；另一方面也可以降低投资者期望收益，减少信托资金募集成本，2016年信托期望收益还将继续下行。其次，债券市场回暖在一定程度上也倒逼信托下调期望收益，下半年股票市场大幅回调，市场避险情绪升温，大量资金回流至债券市场，导致债券票面利率显著下降，部分优质企业选择发行债券直接融资，标准化债券的低成本属性对信托、资管等理财融资方式产生了强烈的替代效应，很多企业会通过债务置换降低融资成本。未来随着债券发行规模不断增大，企业对信托融资成本的期望也会逐渐走低。

图12　2015年1～11月成立产品预期收益率

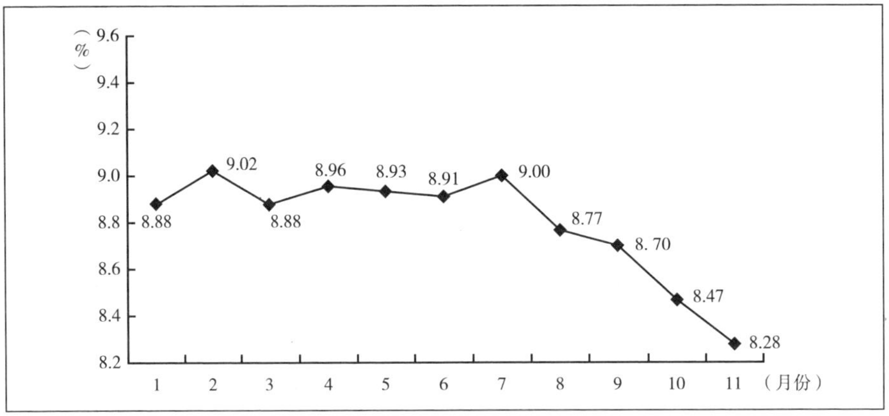

资料来源：用益信托网。

市场利率下调不仅降低了投资者的期望收益，同时也降低了实体经济融资成本。信托传统融资类业务利润主要来源于融资方和投资方两者间利差，在理想状态下基准利率下降会使融资方成本和投资方收益各自下调相同幅度，信托利差不变。但当前我国金融市场利率传导机制不健全，信托资产端投资收益下降幅度明显快于资金端期望收益下降幅度，导致信托利差加速收窄。2016 年随着利率持续下行，利差降低将倒逼信托转型升级，融资类信托规模占比继续降低，投资类和事务管理类信托业务占比将逐步上升，为了维持经营收入持续稳定增长，信托公司会提高资产主动管理水平，最大限度降低资产端收益下降对信托的负面影响，提高抵御风险能力。

2015年VC/PE市场发展回顾及2016年展望

孙　娟　黄　金

孙娟，中国人民大学工商管理学硕士，现就职于建投投资有限责任公司董事会办公室

黄金，武汉大学统计学学士，北京工商大学管理学硕士，现任建投投资有限责任公司高级投资经理

投资提示

- 随着监管部门针对资产管理市场出台一系列“新政”，券商、基金、保险等金融机构纷纷进入资产管理市场，中国资本市场也迎来“大资管时代”。

- VC/PE 的募资来源将会更加多元化，资管将会成为重要募资来源。

- VC/PE 将成为机构投资人重要的资产配置对象。

- 新兴产业估值较高，投资回报预期下降，高科技领域的发展将给 VC/PE 带来更多投资机会。

- 传统行业存在较大投资机会，但估值还有下降空间。

- 红筹回归为 PE 投资带来了机会。

- PE 参与国有企业混合所有制改革。未来，PE 机构可以通过直接投资国企股权和通过设立并购基金参与国企改革两种方式参与国有企业混合所有制改革。

- “双创”依然是 2016 年的重头戏。在投资策略上除了关注那些可能成为“独角兽”，即市值超过 10 亿美元的公司，还应该依托新三板市场培养一批小而美，小而精的企业，它们是细分市场的隐性冠军公司，但不一定是“独角兽”。

一、 2015 年 VC/PE 市场发展回顾

近几年以来，国内政策环境和资本市场不断完善，VC/PE 投资市场蓬勃发展，尤其是机构投资人随之兴起，除了海外主权基金、养老金、捐赠基金、家族基金以及保险、FOFs 等大型机构继续成为美元 VC/PE 重要出资人外，国内的全国社保基金、上市公司、引导基金以及保险资金等随着政策的放开，也快速崛起，正在逐渐成为人民币 VC/PE 的重要机构投资者。2015 年，我国经济迎来新常态，VC/PE 投资市场也获得了更多政策红利。

（一） 中国 VC/PE 市场与政策环境

在中国经济新常态下，经济转型、结构调整、产业升级带来新的投资方向。中国在经历了 30 多年的高速增长之后，已经正式进入新常态阶段，经济增长速度由高速增长转为中高速增长，经济结构不断优化升级，第三产业消费需求逐步成为主体，经济发展从要素驱动、投资驱动转向创新驱动。

1. 新常态下，中国经济结构优化升级，发展前景更加稳定

根据“十三五”规划的发展目标，中国正在协同推进新型工业化、城镇化、信息化、农业现代化发展，化解增速放缓带来的风险。新常态下，中国经济增长更趋平稳，增长动力更趋多元，不再单纯依靠出口、投资拉动。

2. 简政放权

新常态下，中国政府大力简政放权，改革在很多领域展开，包括国有企业、税务、金融系统和行政审批制度，这些领域的改革有利于改善企业运营环境，进一步释放市场活力。

3. 新业态新增长点凸显

互联网金融异军突起，电子商务、物流快递、信息消费等领域飞速成长，节能环保、旅游休闲、体育、健康保健、养老婴幼、文化等产业都呈现出强劲增长态势。传统制造业仍然面临产能过剩和环境污染问题，落后的生产力将被逐步淘汰，而高端制造业得益于政府的扶持，表现相较于传统制造业明显更好。服务业继续保持较高的增长速度。同时，国企改革亦给经济发展带来活力。

4. “双创”引导 VC/PE 投资方向

2015 年 1 月 14 日，国务院总理李克强主持召开国务院常务会议，决定设立国家新兴产业创业投资引导基金。会议强调基金要实行市场化运作、专业化管理，发挥政府资金杠杆作用，吸引有实力的企业、大型金融机构等社会、民间资本参与，形成总规模 400 亿元的新兴产业创投引导基金。

2015 年 1 月 28 日，国务院总理李克强主持召开国务院常务会议，确定支持发展“众创空间”的政策措施，为创业创新搭建新平台。随后，各类新型创业孵化器在 2015 年上半年创业服务市场中表现抢眼，并涌现了一大批以市场为主导的创业孵化器。

2015 年 3 月 11 日及 6 月 11 日，国务院分别出台了《关于发展众创空间推进大众创新创业的指导意见》与《国务院关于大力推进大众创业万众创新若干政策措施的意见》，政策红利持续推动社会创新创业。2015 年各个地方政府竞相出台相关政策并陆续成立引导基金，掀起发展政府引导基金的新一轮浪潮。随着各地政府对企业补贴模式的转变，形成了自身财政资金的资金杠杆作用。为解决财政资金紧缺的困境，各级政府设立产业基金以及基础设施基金的积极性高涨。

5. 保险私募基金快速发展

2015 年 9 月 11 日，保监会印发《关于设立保险私募基金有关事项的通知》和《资产支持计划业务管理暂行办法》。这是继 2014 年 12 月险资投资 VC 基金新规出炉后，险资资产配置向多元化、市场化方向发展的又一重大举措。

根据保监会 2012 年 7 月发布的《关于保险资金投资股权和不动产有关问题的通知》，保险机构 10% 的总资产可用于投资未上市企业股权、股权投资基金等相关金融产品。截至 2015 年 6 月末，全国保险总资产为 11.43 万亿元。按照监管政策，保险机构可将 1.14 万亿的险资配置于未上市企业股权、股权投资基金类资产。据投中研究院调研，截至 2015 年 6 月末，保险机构共向 PE 机构投资 650 亿元，在 1.14 万亿险资可配股权资产中占比仅为 5.7%。大型保险机构基于自身资金、渠道、资源、人员配置以及投资能力的优势，更倾向于进行直接股权投资。中小型的保险机构由于自身资源以及投资能力有限，更加倾向于对市场上的 PE 进行配置，把“股权基金 + 跟投”作为一种配置策略。

6. “新三板”不断深化改革

2015 年 11 月 20 日，为贯彻十八届五中全会提出的有关深化新三板改革的精神，进一步落实《国务院关于全国中小企业股份转让系统有关问题的决定》(国发〔2013〕49 号)，中国证监会制定并发布《关于进一步推进全国中小企业股份转让系统发展的若干意见》，加快推进全国股转系统发展，对全国中小企业股份转让系统分层制度、转板试点制度、摘牌制度等 7 个方面的制度完善作出了部署。更完善的制度，更快速的融资，会促使更多的优质企业进入新三板市场。坚持全国股转系统独立市场地位，而不是将公司挂牌作为转板上市的过渡安排。着眼于建立多层次资本市场的有机联系，研究推出全国股转系统挂牌公司向创业板转板试点，允许符合条件的区域性股权市场运营管理机构开展推荐业务试点，探索建立与区域性股权市场合作对接的机制。

为增强市场融资功能，探索放开挂牌同时向合格投资者发行股票新增股东人数 35 人的限制，加快推出储架发行制度和授权发行机制。为提高市场流动性水平和价格发现效率，《意见》要求大力发展多元化的机构投资者队伍，引入公募证券投资基金投资挂牌证券；优化完善现有交易制度安排，大力发展做市转让方式；强化主办券商交易组织者和流动性提供者的功能。为适应挂牌公司差异化特征和多元化需求，降低投资人信息收集成本，实施全国股转系统内部分层，现阶段先分为基础层和创新层，逐步完善市场层次结构。为引导证券公司转换理念，提升执业能力，鼓励证券公司建立适应全国股转系统特点的证券业务体系，培育全链条服务模式，支持证券公司设立专业子公司统筹开展全国股转系统相关业务，不受同业竞争限制。

7.《中华人民共和国证券法》（以下简称《证券法》）修订草案与股票发行注册制实施

2015 年 4 月 20 日，《证券法》修订草案提请十二届全国人大常委会一审。作为资本市场的根本大法，《证券法》在实施 16 年后迎来大修，据了解，提请全国人大常委会一审的《证券法》修订草案共 338 条，其中新增 122 条。修改 185 条、删除 22 条。修订草案共涉及 5 方面主要内容，包括实行股票发行注册制，建立健全多层次资本市场体系，加强投资者保护，推动证券行业创新发展，实施简政放权、加强事中事后监管等。市场推测修订草案会在 2015 年 8 月份提交全国人大常委会二审，由于 2015 年年中 A 股市场出现巨幅波动，修订草案二审与三审都被推迟了，但 A 股发行注册制改革依然在向前推进。

2015 年 12 月 27 日，十二届全国人大常委会第十八次会议在北京表决，通过了《关于授权国务院在实施股票发行注册制改革中调整适用〈中华人民共和国证券法〉有关规定的决定》（以下简称《决定》）。授权国务院对拟在上海证券交易所、深圳证券交易所上市交易的股票的公开发行，调整适用《证券法》关于股票公开发行核准制度的有关规定，实行注册制度，具体实施方案由国务院作出规定，报全国人大常委会备案。中国证监会主席肖钢此前表示，与股票发行核准制度相比，注册制是一种更为市场化的股票发行制度，其主要内容是以信息披露为中心，完善信息披露规则，由证券交易所负责企业股票发行申请的注册审核，报证监会注册生效；股票发行时机、规模、价格等由市场参与各方自行决定，投资者对发行人的资产质量、投资价值自主判断并承担投资风险。《决定》的实施期限为两年，自 2016 年 3 月 1 日起施行。

8. 战略新兴板方案初拟

战略新兴板方案将在《证券法》颁布后与注册制同步推出，预计时间为 2016 年上半年。其中，战略新兴板上市条件也逐步浮出水面，据了解，方案设置了四套评判标准，目前还处于与机构研讨阶段。战略新兴板定位与创业板相同，审核标准与主板一致。战略新兴板上市公司会优先在主板排队的公司中挑选，挑选机制为符合战略新兴产业标准，获得券商推荐以及招股书披露完备且符合资质的企业，其中，公司收入 50% 以上必须符合战略新兴产业标准。

上海证券交易所副总经理刘世安曾解释，战略新兴板将淡化盈利要求，主要关注企业的持续盈利能力。将引入以市值为核心的财务指标组合，增加“市值 + 收入”“市值 + 收入 + 现金流”“市值 + 权益”等多种财务标准。还允许暂时达不到要求的新兴产业企业、创新型企业上市融资。除此之外，战略新兴板也被视作拥有承接中概股回归的作用。短期内战略新兴板登陆主体以境内主体为主。对于红筹回归导致的实际控制认定问题、期权激励相关问题，证券交易所倾向于放松管制，但目前没有明确时间表和标准；对于拆红筹时所导致的税务成本会采取一些回避和减免措施。战略新兴板研讨方案还提到某些细节，比如将会放松对境内再融资的监管，逐步与香港相同；初步拟定的退市条件可能将以市值低于某值或交易量作为标准。

（二）2015 年 VC/PE 市场的运行情况

2015 年，与中国股市震荡相伴随的是股权投资市场的冰火两重天：上半年创业企业融资估值飙升，下半年大量企业则不得不面对融资困难。然而，2015 年前 11 个月，中国 VC/PE 市场基金募资状态整体有向暖的趋势，开始募集和完成募集的基金数量和规模都表现良好，开始募集基金的目标募集规模更是创下了近几年来的新高。从投资机会上看，重要的投资领域首先是中国的互联网和无线互联网领域；其次是和健康医疗、生命科学相关的领域；再次是先进制造业领域，包括新材料、环保、能源领域。

1. 基金募资情况

（1）募资数量与规模

根据 CVSource 投中数据终端统计，2015 年 1～11 月中国 VC/PE 市场共披露 796 只基金开始募集或成立，总目标募集规模为 1626 亿美元，目标募集规模达到了近几年的峰值；2015 年 1～11 月共披露出 1055 只基金募集完成（见图 1），披露的募集完成基金的金额规模为 473 亿美元（见图 2）。从整体来看，前 11 个月的募集完成基金数量同时也创下了近几年的新高，这主要是因为 2015 年涌现出新三板基金（NEEQ Fund）的募集热潮。

图1　2010～2015 年 11 月中国 VC/PE 投资市场募集基金数量

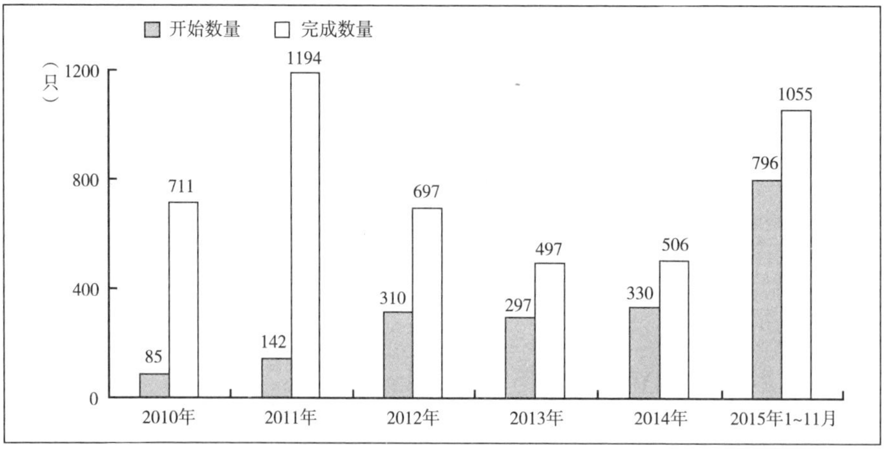

资料来源：CVSource。

图2　2010~2015 年11月中国 VC/PE 投资市场募集基金规模

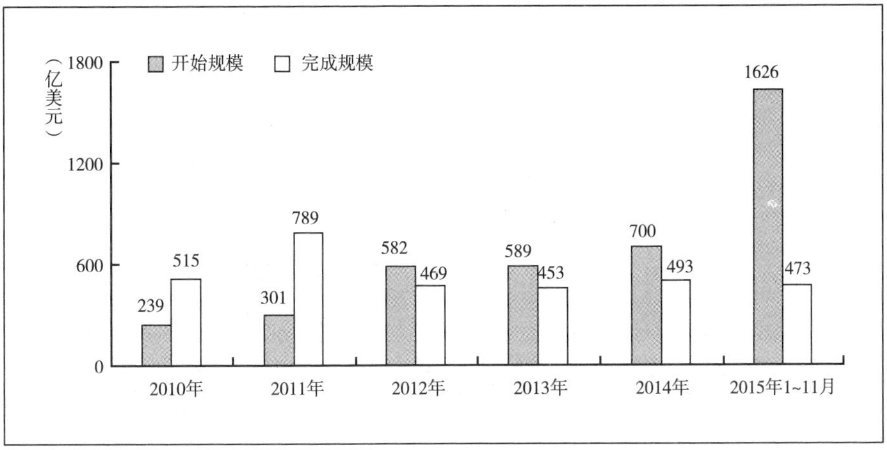

资料来源：CVSource。

2015 年 11 月，中国 VC/PE 市场披露 53 只基金成立并开始募集，目标募集规模为 90 亿美元；在募资的完成方面，11 月共有 44 只基金募集完成（见图 3），募集完成的规模约为 39 亿美元（见图 4）。基金的目标募集规模和募集完成的基金规模，无论是同比还是环比都有一定程度的下降。

图3　2014 年11 月~2015 年11 月中国 VC/PE 市场募集基金数量

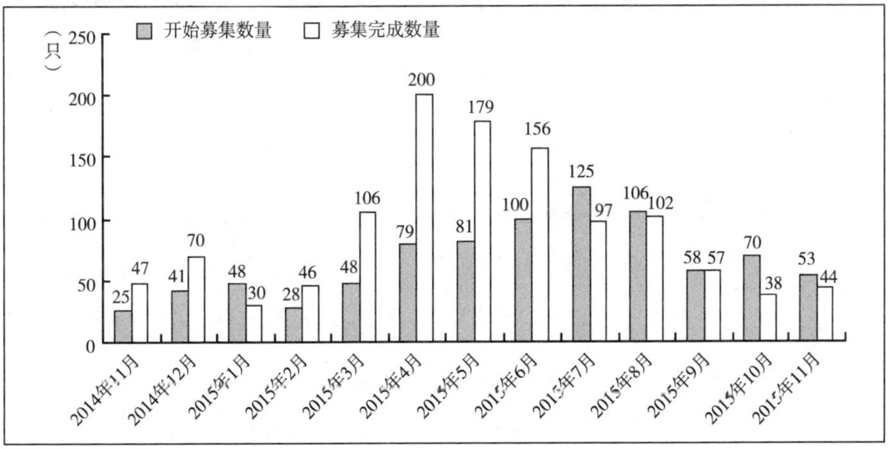

资料来源：CVSource。

图4 2014年11月~2015年11月中国VC/PE市场募集基金规模

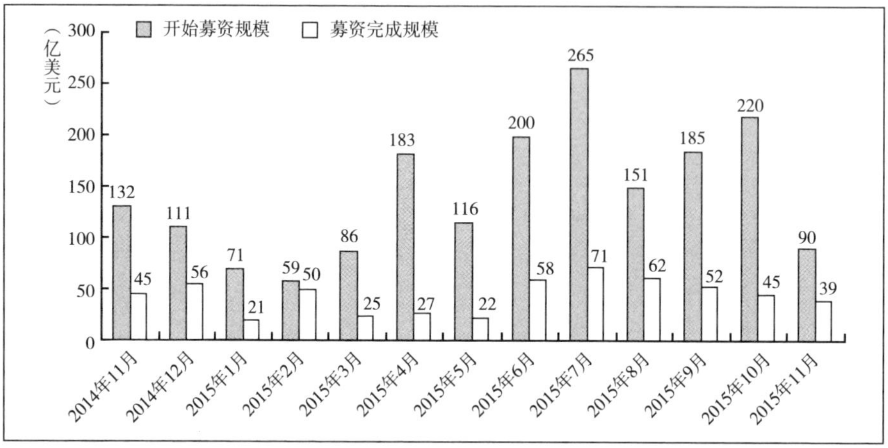

资料来源：CVSource。

（2）VC人民币基金募集数量占优，单只基金规模仍低于外币基金

从创业投资市场上基金募集情况来看，2013~2015年人民币基金持续保持领先地位。

2013年共有189只人民币基金完成募集，募资总额为63.78亿美元；共有10只美元基金完成募集，募资总额为5.41亿美元。人民币基金无论从数量上还是规模上都遥遥领先。

2014年，258只新募集完成的基金中有228只为人民币基金，占88.4%；人民币基金募资总额为108.43亿美元，占57%。人民币基金继续保持领先优势。

2015年上半年，人民币基金完成新募集基金94只，募资总额为36.16亿美元；外币基金完成新募集基金11只，募资规模总额26.94亿美元。人民币基金依然占据优势，但是外币基金在单只基金募资规模上要远高于人民币基金（见图5）。2015年上半年，人民币单只基金的募资规模为0.38亿美元，外币单只基金的募资规模为2.45亿美元。

（3）PE本土机构募资日趋活跃，单只基金的规模增幅明显

从2014年的数据来看，本土机构明显活跃于外资机构及合资机构。

图5 2004~2015 年上半年 VC 募资情况（币种对比）

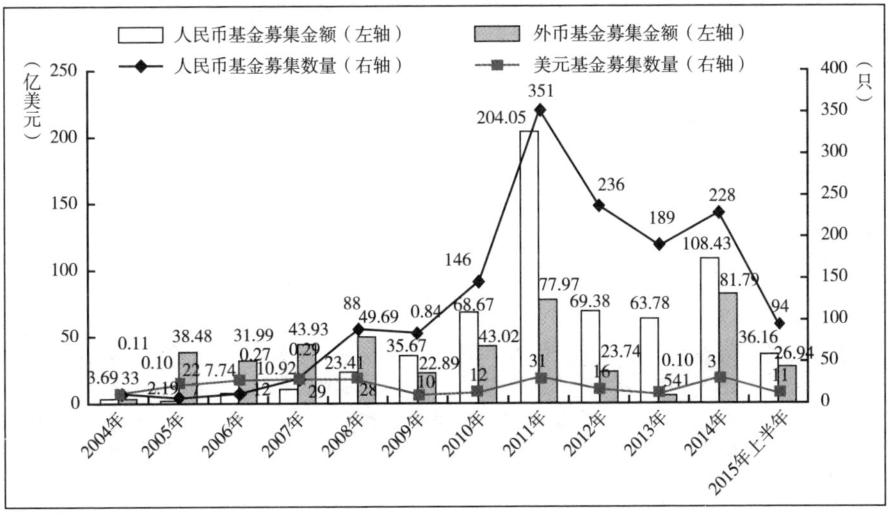

资料来源：私募通 2015. 08。

2014 年本土机构共募集完成 408 只基金，占年度募集基金总数的 91. 1%。从募集金额来看，本土基金共募集 487. 7 亿美元，占年度募资总额的 77. 3%。同时，本土机构平均单只基金的募资规模达到 1. 27 亿美元，增幅明显（见表 1）。

表 1 2014 年新募集私募股权基金统计

机构类别	新募基金数（只）	比例（%）	募集总规模(亿美元)	比例（%）	单只规模(亿美元)
本土	408	91. 1	487. 70	77. 3	1. 27
外资	35	7. 8	124. 85	19. 8	3. 67
合资	5	1. 1	18. 48	2. 9	3. 70
合计	448	100	631. 29	100	8. 64

资料来源： 私募通 2015. 08。

（4）PE 人民币基金在数量和规模上大幅超越外币基金

2014 年新募集基金中人民币基金共 409 只，占新募集基金总数的 90%

以上，其中披露金额的385只募资总额为483.04亿美元，占76.5%，较2013年有较大幅度的提升（见表2）。其中，由财政部牵头组建的国家集成电路产业投资基金首期募集规模为780亿元人民币，成为历史上规模最大的基金。

2015年上半年，新募集388只基金。其中，人民币基金379只，占97.7%，依然占据绝对优势，募资总规模为248.2亿美元，平均募资额达到6548.81万美元（见图6）。

表2　2014年新募集私募股权基金募资币种统计

币种	新募基金数	比例（%）	募集总规模（亿美元）	比例（%）	单只基金规模(亿美元)
人民币	409	91.3	483.04	76.5	1.25
外币	39	8.7	148.25	23.5	3.90
合计	448	100	631.29	100	1.49

资料来源：私募通2015.08。

图6　2007～2015年上半年PE募资情况

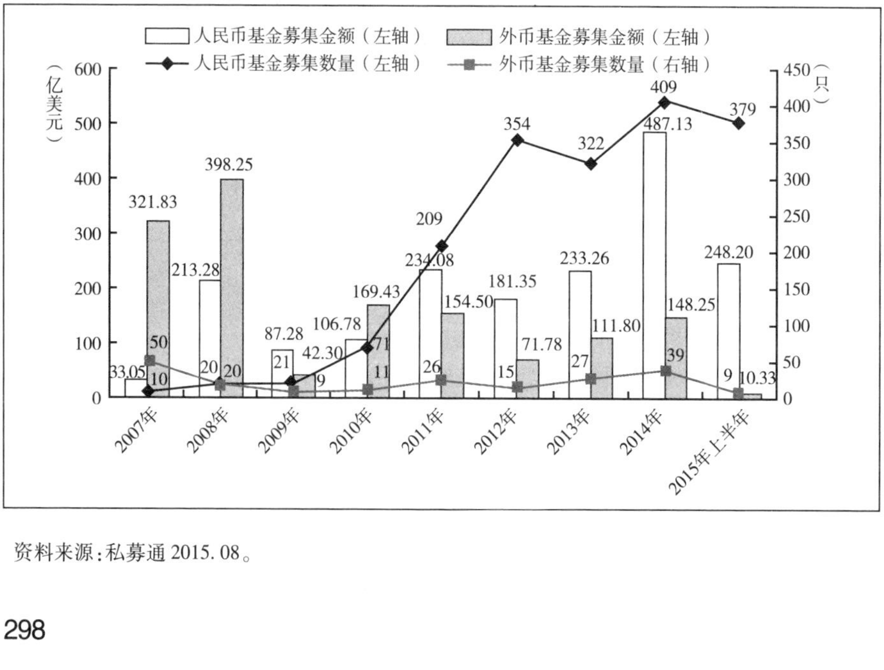

资料来源：私募通2015.08。

2. 基金投资情况

（1）创业投资基金（VC）

2015 年 1～11 月，国内创投市场共披露 2506 起案例，投资金额高达 312.03 亿美元，相比 2014 年全年的 VC 市场投资数据，投资数量和投资规模都有大幅度提升（见图 7）。从图 7 中可以看到，2012 年国内的 VC 市场遇冷，2013 年和 2014 年开始逐步回暖，2015 年继续大放异彩，持续向好，投资数量和规模达到了历史最高点。

图7　2010～2015 年 11 月中国 VC 市场投资规模

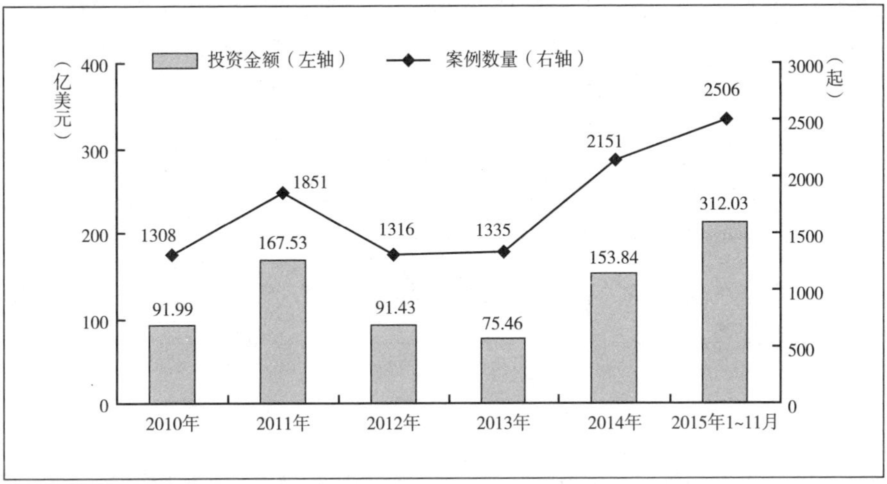

资料来源：CVSource。

从月度统计数据来看，2015 年 11 月国内 VC 市场共披露 157 起投资案例，投资金额为 33.29 亿美元，投资案例数量同比与环比皆基本持平，投资规模环比有些许程度的回升，整个市场的投资活跃氛围依旧（见图 8）。

从 2015 年 1～11 月 VC 投资的行业分布情况来看，互联网行业是最活跃的行业，披露案例 988 起，投资规模为 181.61 亿美元，分别占总体的 39% 和 58%。紧随其后的是电信及增值行业和 IT 行业，两个行业的投资业绩也是表现不俗，披露案例分别为 435 起和 416 起，投资规模分别为 36.08 亿美元和 46.36 亿美元。电信及增值行业因移动互联网的兴起，涌现出大量投资机会，投资者也非常看好这个行业的发展，因此成为继互联网之后新兴的创业活跃领域，预计未来其投资活跃度仍将保持增长。相比2014年度的投资数据，2015年11月以来，依旧呈现出互联网行业居首位，电信及增值和IT行业表现活跃的态势（见表3、图9、图10）。

图8　2014年11月~2015年11月中国VC市场投资规模

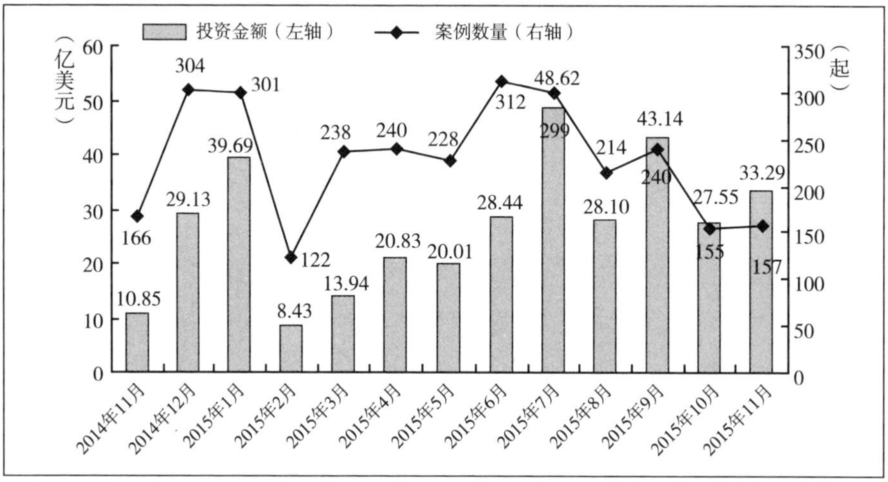

资料来源：CVSource。

表3　2015年1~11月中国VC市场不同行业的投资规模

行业	案例数量（起）	融资金额（亿美元）	平均单笔融资金融（百万美元）
互联网	988	181.61	18.38
电信及增值	435	36.08	8.29
IT	416	46.36	11.15
制造业	143	4.60	3.21
金融	94	8.90	9.47
综合	84	6.96	8.29
医疗健康	77	3.93	5.10
文化传媒	65	3.71	5.71
连锁经营	35	3.20	9.14

续表

行业	案例数量（起）	融资金额（亿美元）	平均单笔融资金融（百万美元）
教育及人力资源	32	3.47	10.83
交通运输	23	3.75	16.31
能源及矿业	23	0.77	3.37
汽车行业	20	5.68	28.42
化学工业	16	0.38	2.39
农林牧渔	15	0.21	1.38
食品饮料	14	1.49	10.67
建筑建材	14	0.28	2.01
旅游业	8	0.51	6.43
公用事业	4	0.13	3.24
总计	2506	312.03	12.45

资料来源： CVSource。

图 9　2015 年 1 ~11 月中国 VC 市场行业投资案例占比

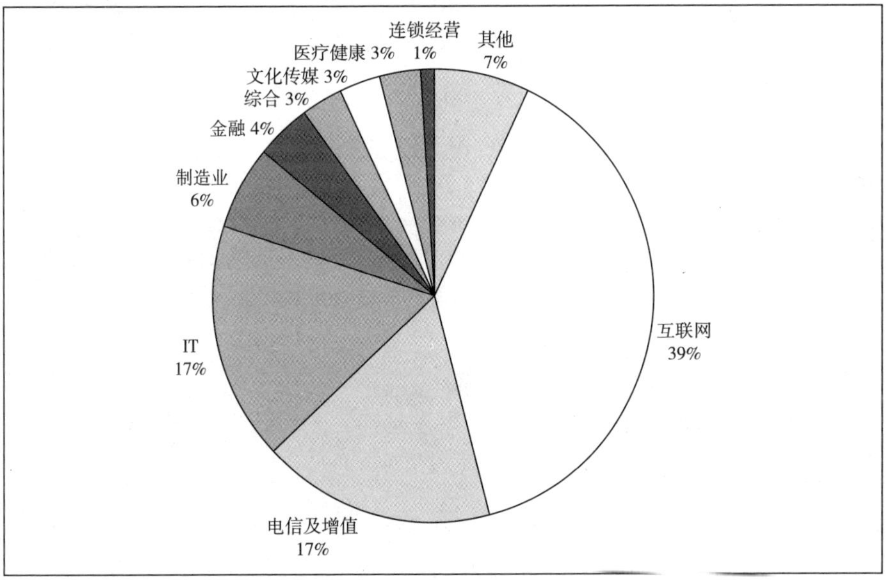

资料来源：CVSource。

图10　2015年1~11月中国VC市场行业投资金额占比

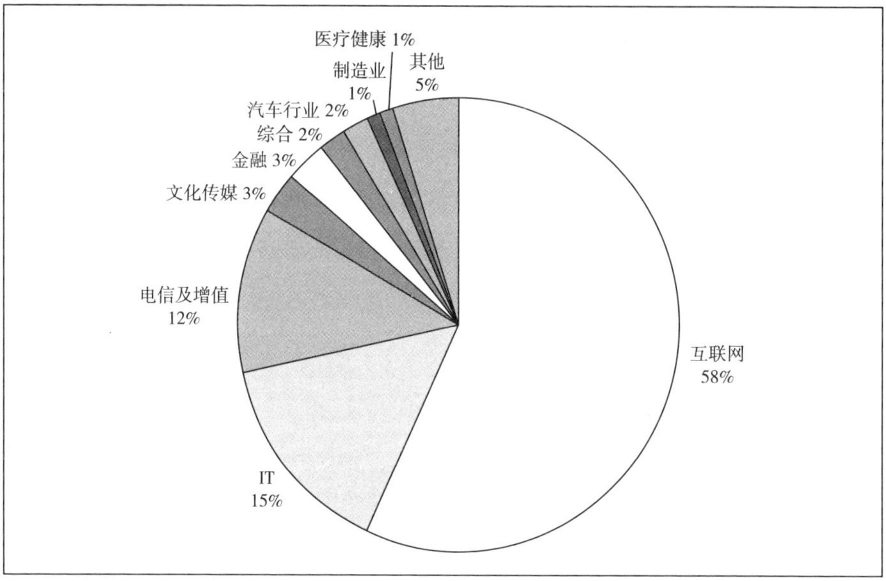

资料来源：CVSource。

从投资地域分布来看，2015年1~11月投资最活跃的地区是北京、上海、广东和浙江。这几个地区投资案例数量分别是925起、462起、385起和199起，投资规模分别为155.10亿美元、60.73亿美元、34.11亿美元和25.98亿美元。表4为2015年1~11月中国VC市场投资规模地域分布TOP10。

表4　2015年1~11月中国VC市场地域投资规模TOP10

地区	案例数量（起）	融资金额（亿美元）	平均单笔融资金额（百万美元）
北京	925	155.10	16.77
上海	462	60.73	13.15
广东	385	34.11	8.86
浙江	199	25.98	13.06
江苏	124	8.15	6.57
四川	77	4.62	5.99
福建	58	2.72	4.69
湖北	47	1.07	2.27
陕西	25	0.91	3.65
安徽	24	1.21	5.06

资料来源：CVSource。

从投资轮次来看，2015 年 1～11 月披露的创投案例中，A 轮融资 1818 起，投资规模为 90.55 亿美元，B 轮融资 442 起，投资规模为 70.05 亿美元。无论是从案例数量还是融资金额方面考量，A 轮融资都位居榜首（见表 5）。从企业阶段来考量近 1 年的 VC 市场可发现，国内 VC 市场的融资企业主要集中在早期和发展期（见表 6）。

表 5 2015 年 1～11 月中国 VC 市场不同投资轮次的投资案例及规模

融资类型	案例数量（起）	融资金额（亿美元）	平均单笔融资金额（百万美元）
VC－Series A	1818	90.55	4.98
VC－Series B	442	70.05	15.85
VC－Series C	163	45.81	28.10
VC－Series D	56	45.12	80.58
VC－Series E	27	60.50	224.07
总计	2506	312.03	12.45

资料来源： CVSource。

表 6 2015 年 1～11 月中国 VC 市场不同企业阶段

企业阶段	案例数量（起）	融资金额（百万美元）	平均单笔融资金额（百万美元）
早期	1285	7718.80	6.01
发展期	962	22214.57	23.09
扩张期	259	1269.60	4.90
总计	2506	31202.97	12.45

资料来源： CVSource。

（2）私募股权投资基金（PE）

2015 年 1～11 月国内共披露私募股权投资案例 1029 起，投资总额为 403.02 亿美元，相比 2014 年的全年，投资案例有大幅度提升，投资金额规模也相应有小幅提升（见图 11）。造成 PE 市场投资案例数量激增的主要原因是，新三板企业定增发行备受追捧。中国 PE 市场活跃度自 2011 年开始呈现下滑态势，2012～2013 年投资规模一直处于较低水平，2014 年投资规模出现略微提升，总体来看，PE 市场的投资趋势保持平稳。从 2015 年 1～11 个月的投资业绩来看，PE 市场呈现出稳中有升的态势。

图 11　2010～2015 年 11 月中国 PE 市场投资规模

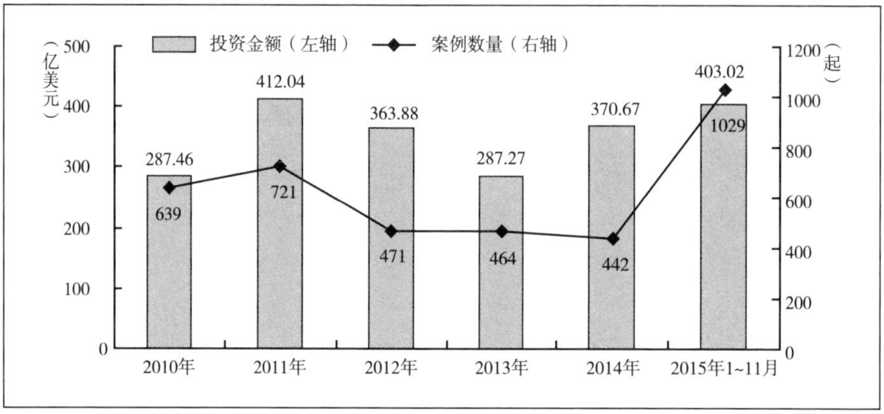

资料来源：CVSource。

根据 CVSource 投中数据终端统计，2015 年 11 月份披露私募股权投资案例 57 起，投资总额 24.67 亿美元，投资数量较上月回落一些；但投资规模无论同比还是环比数据，都有些许程度的提升（见图 12）。

图 12　2014 年 11 月～2015 年 11 月中国 PE 市场投资规模

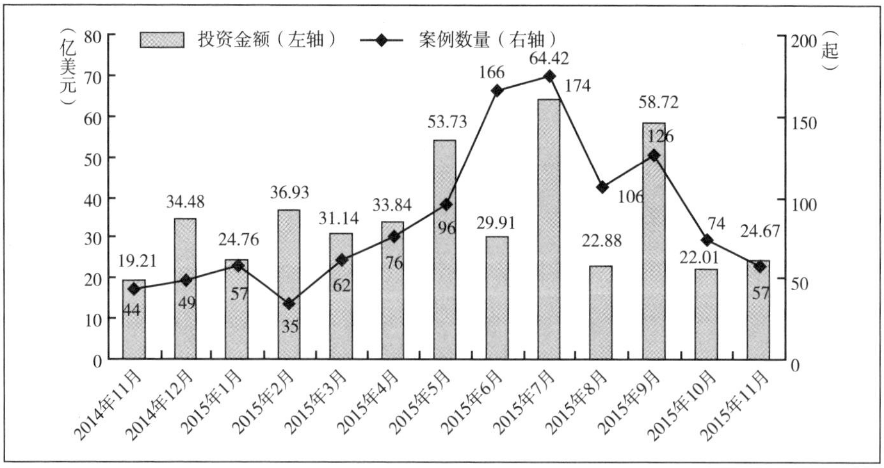

资料来源：CVSource。

从 2015 年 1 ~ 11 月 PE 投资行业分布来看，PE 投资涉及 20 个行业。其中制造业和 IT 行业最为活跃，从投资案例的数量来看，制造业的投资案例最多，共 258 起，占比为 25%，紧随其后的是 IT 和医疗健康业，占比分别为 17% 和 9%。从投资规模来看，IT 业位居榜首，投资规模为 88.34 亿美元，占比为 22%，紧随其后的是制造业，占比为 13%（见表 7、图 13、图 14）。

表 7　2015 年 1 ~11 月中国 PE 市场不同行业投资规模

行业	案例数量（起）	投资规模（亿美元）	平均单笔融资金额（百万美元）
制造业	258	54.17	21.00
IT	176	88.34	50.20
医疗健康	91	28.17	30.96
能源及矿业	72	21.25	29.51
综合	68	8.03	11.80
文化传媒	49	11.39	23.25
农林牧渔	47	15.14	32.21
电信及增值	46	47.46	103.18
化学工业	43	4.42	10.27
建筑建材	39	9.12	23.38
金融	33	20.05	60.76
汽车行业	25	4.12	16.47
交通运输	19	14.51	76.37
互联网	15	42.71	284.72
房地产	15	22.56	150.39
公用事业	9	2.12	23.59
食品饮料	8	0.75	9.31
教育及人力资源	7	0.96	13.67
连锁经营	6	7.57	126.19
旅游业	3	0.20	6.58
总计	1029	403.02	39.17

资料来源： CVSource。

图13　2015年1~11月中国PE市场投资案例数量占比

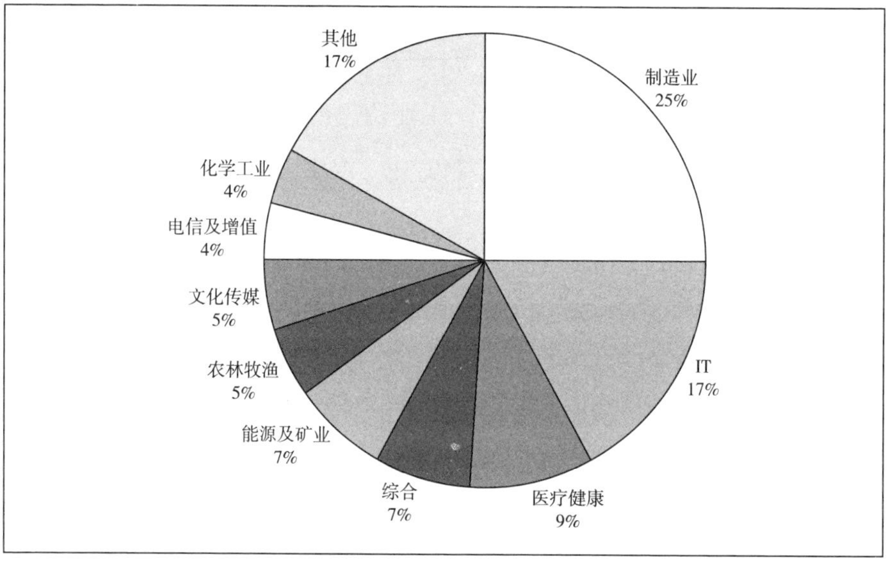

资料来源：CVSource。

图14　2015年1~11月中国PE市场行业投资规模占比

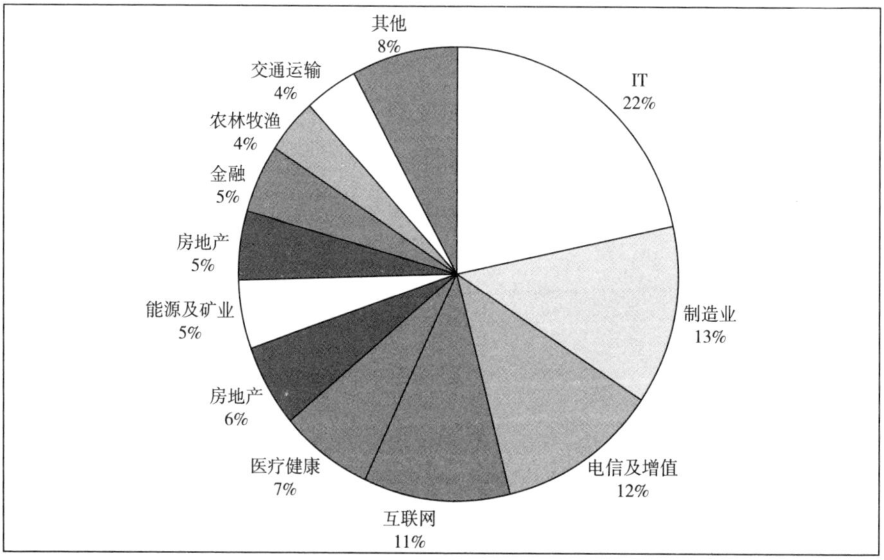

资料来源：CVSource。

从投资地域分布来看，2015 年 1 ~ 11 月 PE 投资案例分布最多的三个地区分别为北京、广东和上海，案例数分别为 176 起、163 起和 137 起，紧随其后的江苏和浙江也是表现不俗，投资案例数分别为 104 起和 62 起（见表 8）。

表 8　2015 年 1 ~11 月中国 PE 市场地域投资规模 TOP10

地　区	案例数量（起）	投资规模（亿美元）	平均单笔融资金额（百万美元）
北　京	176	125.05	71.05
广　东	163	50.21	30.81
上　海	137	70.08	51.15
江　苏	104	21.52	20.69
浙　江	62	15.28	24.64
山　东	60	7.23	12.05
湖　北	41	8.83	21.53
河　南	30	3.54	11.81
安　徽	29	2.06	7.10
福　建	25	17.52	70.07

资料来源： CVSource。

从投资类型来看，成长型（Growth）投资依然是 PE 投资的主要类型，2015 年 1 ~ 11 月，成长型（Growth）投资披露的投资案例数量为 852 起，投资规模为 210.35 亿美元，占比分别为 82.80% 和 52.19%，均居榜首。私人股权投资已上市公司股份（PIPE）投资也有不俗的表现，投资案例数 163 起，投资规模达到 183.23 亿美元，占比分别为 15.84% 和 45.46%（见表 9）。从企业阶段投资数据可以看出，发展期和获利期阶段的企业更受投资者的追捧（见表 10）。

表 9　2015 年 1 ~11 月中国 PE 市场不同投资类型

融资类型	案例数量（起）	投资规模（亿美元）	平均单笔融资金额（百万美元）
PE－Growth	852	210.35	24.69
PE－PIPE	163	183.23	112.41
PE－Buyout	14	9.44	67.40
总　计	1029	403.02	39.17

资料来源： CVSource。

表 10　2015 年 1～11 月中国 PE 市场不同企业阶段的投资规模

企业阶段	案例数量（起）	投资规模（亿美元）	平均单笔融资金额（百万美元）
发展期	142	147.17	103.64
获利期	163	183.23	112.41
扩张期	724	72.62	10.03
总　计	1029	403.02	39.17

资料来源：CVSource。

3. 基金退出情况

（1）新股发行市场

2015 年 1～11 月，共有 304 家国内企业上市，募集金额共计 3088.3 亿元，与 2014 年全年相比降低 24.14%（见图 15）。其中 A 股市场共有 192 家企业完成 IPO；港股市场共有 96 家中国企业完成 IPO，募集金额 1586.11 亿元，较 2014 年增长 5.31%；美股市场仅有 9 家中国企业完成 IPO，且单笔平均规模较 2014 出现大幅下滑，仅为 2.48 亿元（2014 年单笔平均规模为 117.34 亿元）。近年来澳大利亚证券交易所逐渐成为国内企业海外上市的又一选择，截至 2015 年 11 月，共计 4 家中国企业于澳大利亚证券交易所上市，合计募集 4.19 亿元。2015 年是 A 股市场改革与震荡

图 15　2009～2015 年 11 月中国企业全球资本市场 IPO 规模

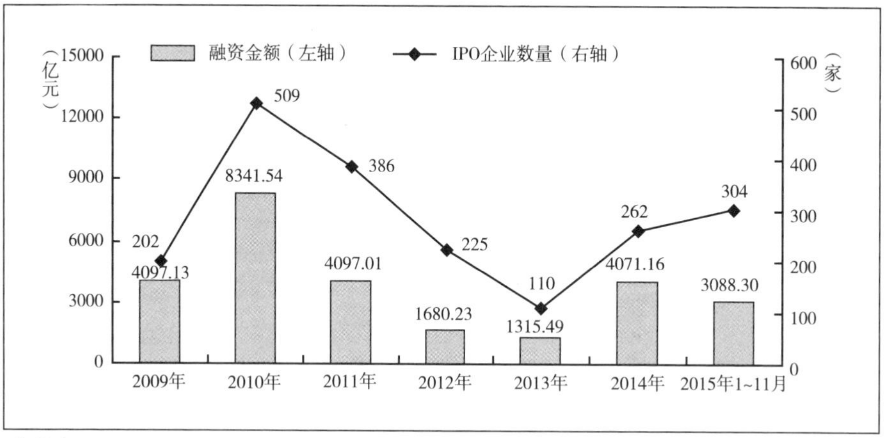

资料来源：CVSource。

的一年，上半年 IPO 火爆的行情未能一直延续下去。6 月股市暴跌，7 月初 IPO 全面叫停，8 月 24 日全球股市暴跌，直至 11 月 A 股才重新开启。

2015 年 11 月前暂缓 IPO 的 28 家企业在 2015 年底前逐步恢复发行，并改革新股发行制度，取消现行新股申购预先缴款制度，改为确定配售数量后再进行缴款；公开发行 2000 万股以下的，取消询价环节，由发行人、主承销商协商定价。

（2）并购交易市场

2009 年 ~2015 年 11 月，中国并购市场交易规模呈现明显上升趋势，交易规模由 2009 年的 1977.7 亿美元增至 2015 年 11 月的 6199.9 亿美元，累计增幅达 213.49%；平均单笔交易金额从 2008 年的 4995 万美元增至 2015 年的 8688 万美元，增幅达 73.93%。2015 年 1 ~11 月中国并购市场宣布交易案例数量 8704 起，较 2014 年全年上升 11.66%；披露交易规模 6199.9 亿美元，较 2014 年全年上升 55.69%（见图 16）。从具体完成交易数量来看，排名前三位的行业分别是制造业、IT 业和能源及矿业，完成交易数量分别为 514 起、448 起、418 起，占比分别为 13.68%、11.92%、11.13%；从完成交易规模来看，房地产业、交通运输业和电信及增值业位

图 16　2009 ~2015 年 11 月中国并购市场交易趋势

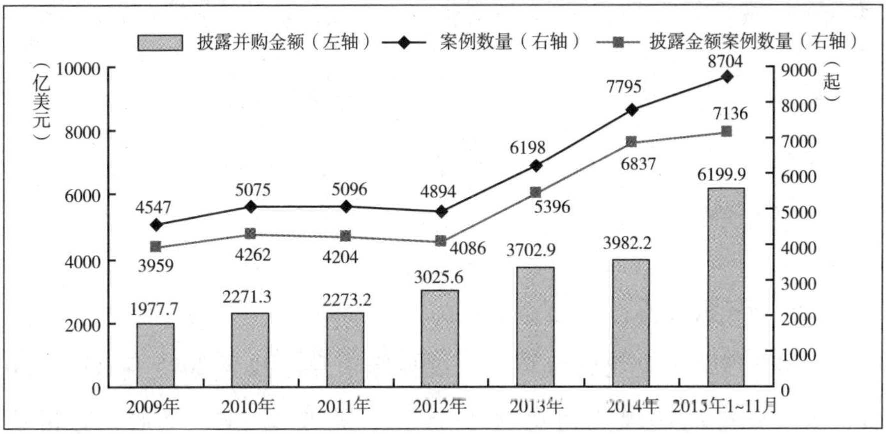

资料来源：CVSource。

列前三位，交易规模分别为601.64亿美元、354.79亿美元、346.85亿美元，融资规模占比分别为20.60%、12.15%、11.88%。

2015年1~11月份中国并购市场交易规模最大的一起为紫光集团拟收购美光科技100%股权，总代价230亿美元。另外，连锁经营行业和互联网行业两起宣布并购交易规模最高的案例买方均为阿里巴巴集团控股有限公司，两起案例分别为阿里巴巴拟45亿美元全资收购优酷土豆和阿里巴巴集团拟出资283.43亿元入股苏宁云商，除此之外，阿里巴巴2015年还在国内入股第一财经、凤凰传媒、南华早报等其他企业，并涉及海外市场Micromax、Paytm等企业的部分投资（见表11）。

表11　2015年1~11月中国并购市场重大交易

标的企业	CV行业	买方企业	交易金额	交易股权
美光科技	IT	紫光集团	230亿美元	100%
O2 UK	电信及增值	和记黄埔	105亿英镑	100%
联合网络通信	电信及增值	铁塔股份	631.85亿元	28.10%
分众传媒	文化传媒	七喜控股	457亿元	100%
金沙江创投	综合	—	50亿美元	—
苏宁云商	连锁经营	阿里巴巴	283.43亿元	19.99%
合一集团（前身为“优酷土豆”）	互联网	阿里巴巴	45亿美元	81.50%
海南供销大集	连锁经营	西安民生	268亿元	100%
阿里巴巴集团	互联网	阿里巴巴	40亿美元	—
华润啤酒	食品饮料	华润总公司	300亿港元	—
西部数据	IT	紫光股份	37.75亿美元	15%
海通证券	金融	海通证券	216亿元	10%

资料来源：CVSource。

（3）新三板市场

根据全国中小企业股份转让系统披露信息，截至2015年11月30日，新三板市场挂牌公司总数4385家，总股本2463亿股，总市值20808亿元，整体市场平均市盈率达到47.97倍（见图17）。新三板挂牌所带来的政策扶持、提高股份流动性等诸多益处很大程度上刺激了企业的积极性，2015 年挂牌企业数量和总市值都正在经历新三板成立以来最快速的增长。

从地域分布来看，挂牌公司一直都集中在北上广及江浙一带，这主要是因为这些地区是创业创新的聚集地，拥有大量的中小企业。另外，其他沿海地区和一些发达的内陆地区，由于区域和资源优势，在挂牌数量方面将持续领跑新三板市场。从行业分布来看，新三板的挂牌企业一直以来都以制造业和 IT 业为主，2015 年 1 ~ 11 月依然延续了这种趋势。互联网公司挂牌新三板占比有所提升，在“大众创业、万众创新”的政策引导下，作为创业创新代表的互联网企业将迎来一波发展浪潮，新三板因其包容性的市场制度及市场化的运作模式，成为互联网企业对接资本市场的首选。一些期货、金融租赁、小额贷款金融企业也加入了新三板行列，长期来看，市场监管的加强和交易行为的规范，将有利于进一步提升优质企业进入数量和运行质量，促进市场健康发展。

图 17　2015 年 1 ~ 11 月新三板市场概况

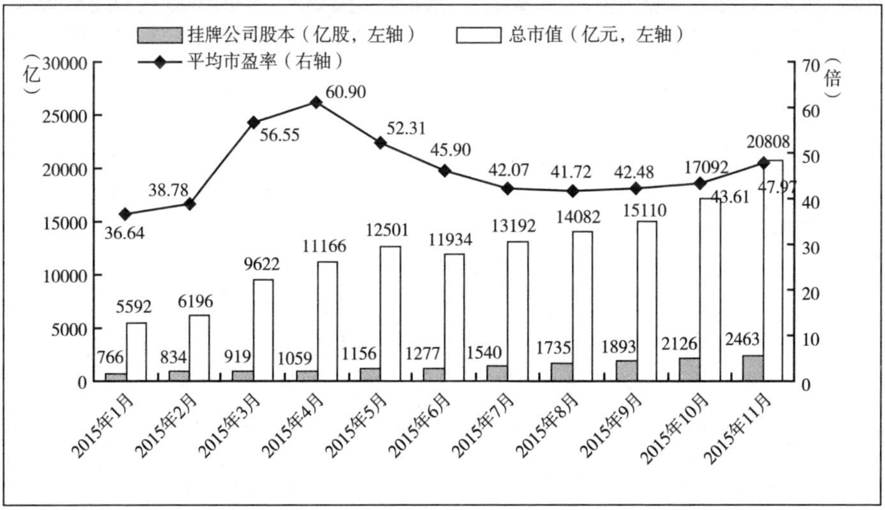

资料来源：CVSource。

从定向增发募集规模来看，因 A 股 IPO 重启，新三板发行企业呈现回暖，且继续保持增长的态势，定向募集金额总计 1107.89 亿元，估计 2015 年末大概达到了 2014 年的 10 倍。

就参与企业定向增发的 VC/PE 机构来看，截至 2015 年 11 月底总计 279 家，占总定向增发企业数量的 34%（见图 18）。就整体形势来看，虽然 2015 年 1～11 月份定向增发市场规模一直在不断扩大，但机构参与企业定向增发的热情从 5 月起一直在下降，机构参与企业定向增发募集金额的比重由 5 月的 17.54% 下降到 10 月的 1.30%，11 月机构定增热情上涨，占定增总量的 9.52%（见图 19）。IPO 重启并未对新三板融资造成过多影响，新三板竞价交易、分层管理、转板制度稳步推进，进度越发清晰，新三板潜力巨大。截至 2015 年 1 月，新三板挂牌企业已达 4000 多家，市场普遍预计新三板挂牌企业数量在 2017 年将会接近 1 万家。新三板挂牌企业均处于发展期，获得融资将有助于公司业务发展，而公司的资产估值也将随公司业务的快速发展而得到提升，将吸引银行、信托、基金、VC/PE、券商等各路资本，流动性改善将制造更多机会。

图 18　2015 年 1～11 月新三板挂牌公司定向增发规模

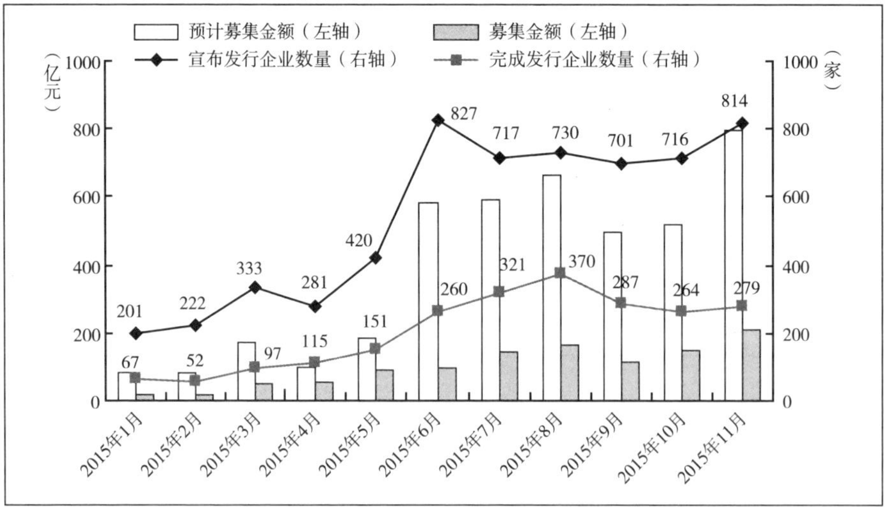

资料来源：CVSource。

图 19　2015 年 1 ~11 月新三板机构参与挂牌公司定增规模

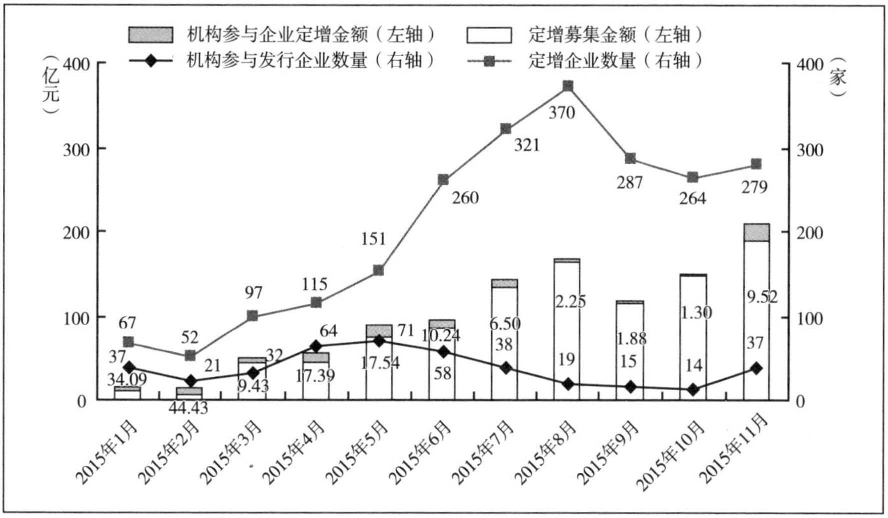

资料来源：投中研究院。

截至 2015 年 11 月底，新三板做市企业数量累计 4385 家，做市成交量 898629356 股，相比 10 月底增长近 2.8 倍，做市成交金额 5740293131 元。在做市企业数量方面，申万宏源超中泰证券（原齐鲁证券）占据榜首，国信证券以 164 家位列第三；在做市成交量占比方面，中泰证券以 16.53% 的成交量占比位列第一，中信证券以 10.12% 的比例位居次席（见图 20）。

（4）各行业退出情况

中国 VC 投资退出主要分布在 IT、互联网、机械制造等行业。IT 行业退出案例数领先，共有 59 起，占总数的 13.3%；其次是互联网行业，共 54 起，占总数的 12.2%；机械制造行业退出案例 52 起，占总数的 11.7%（见表 12）。

在私募股权投资领域，退出排名前二的行业分别为房地产、机械制造和互联网行业（见表 13）。

图20　截至2015年11月新三板市场券商做市情况统计

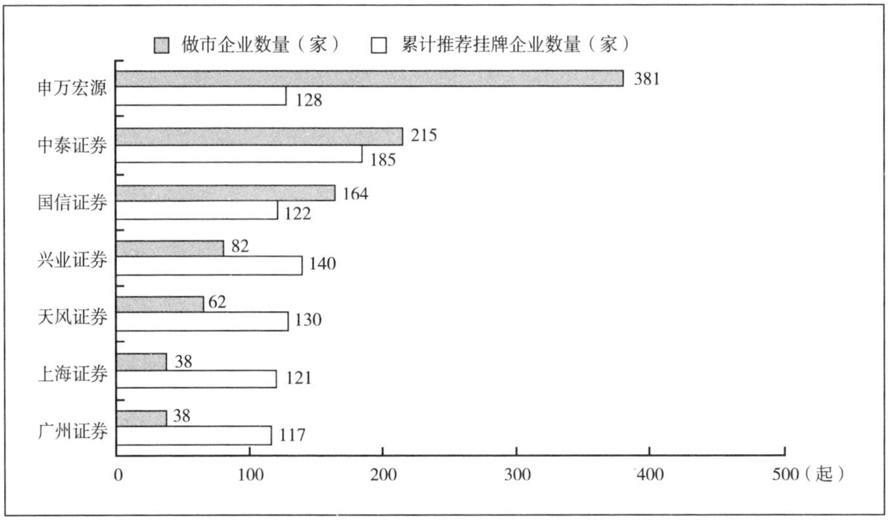

资料来源：CVSource。

表12　2014年创业投资机构退出前8行业

退出行业	退出案例数（起）	比例（%）
IT	59	13.3
互联网	54	12.2
机械制造	52	11.7
生物技术/医疗健康	40	9.0
清洁技术	33	74.0
电信及增资业务	32	7.2
汽车	27	6.1
电子及光电设备	22	5.0

资料来源：私募通2015.08。

表13　2014年私募股权投资机构退出前8行业

退出行业	退出案例数（起）	比例（%）
房地产	44	11.4
机械制造	40	10.4
互联网	35	9.1
生物技术/医疗健康	31	8.0

续表

退出行业	退出案例数（起）	比例（%）
清洁技术	26	6.7
IT	20	5.2
食品 & 饮料	19	4.9
化工原料及加工	17	4.4

资料来源： 私募通 2015.08。

二、 2016 年 VC/PE 市场投资机会展望

随着监管部门针对资产管理市场出台一系列“新政”，券商、基金、保险等金融机构纷纷进入资产管理市场，中国资本市场将迎来“大资管时代”。在“大资管时代”，由于各类金融实体开展的资管业务基本趋同，因此银行、信托公司、第三方理财公司、券商资管公司、保险资管公司、基金专业子公司等各金融机构将在同一平台上、在跨资产管理领域展开激烈的竞争。“大资管时代”将对 VC/PE 行业带来更多的机会。

（1）VC/PE 的募资来源将会更加多元化，资管将会成为重要募资来源。募资和退出一直是困扰 VC/PE 发展的两大难题。在新的环境下，VC/PE 除了将积极发展社保、保险等大型机构投资者外，资管业务由于覆盖客户群体多、可引入社会资金量大，将成为 VC/PE 的重要募资来源，募资成本也将相应地降低。

（2）VC/PE 将成为机构投资人重要的资产配置对象。对于机构投资人尤其是具有长期、稳定资金来源的机构来说，PE 类资产会系统性地因为流动性差而被打折出售，对非流动性承受能力较高的资金将会享受这一流动性溢价，再加上管理者积极的管理策略，从长期角度看，PE 类资产将会为机构投资人提供良好的收益率。

（3）新兴产业估值较高，投资回报预期下降，高科技领域的发展给

VC/PE带来了更多的投资机会。一方面，互联网向纵深发展、与传统行业的结合带来了新的投资机会，比如向互联网教育、互联网金融的投资。在消费强于投资的趋势下，中国的互联网和无线互联网、医疗健康、TMT、旅游、教育、非银行金融等服务领域成为很多机构的投资重点，但是在这些大家都看好的行业里，资产估值已经非常高了，如果靠拼价格获得投资机会，对投资回报的影响是非常大的。另一方面，科技的发展正在带来更多新的投资方向和投资机会，比如人工智能、机器学习带来的智能硬件、机器人、自动化领域的投资机会；NGS（下一代测序技术）等医疗健康技术带来的无创产前检测、癌症早期诊断和治疗等领域的投资机会。

（4）传统行业存在较大投资机会，但估值还有下降空间。传统行业并非没有投资机会，只是估值还没有调到位。从欧美市场的过往经验来看，从高峰调到谷底的落差可以非常大，但在目前国内很多企业都是借贷经营，银行却不愿意打坏账的情况下，估值很难真正降下来。发达市场PE赚钱都是在经济低潮的时候，因为经济低潮期往往估值的调整速度快于市场，加上资产去杠杆，价格有时候会超调。PE很多时候做逆周期投资，历史上黑石、凯雷、KKR都在化工行业赚过很多钱，但这种情况在我们国家还没出现过。2015年互联网行业发生了很多合并案例，这种事情将更多地发生在传统行业。

（5）红筹回归将为PE投资带来机会。2015年来，红筹回归在海外上市的中国企业中掀起一股热潮。大量中概股企业通过拆除VIE回归A股，更是有暴风科技回归A股实现连续55个涨停的神话。由于国内资本市场估值高，同时政策利好红筹回归，注册制和战略新兴板的落地预期对中概股的回归吸引力巨大，因此未来红筹回归还会是众多中国海外上市企业的选择。红筹回归将为PE机构带来很多投资机会。

（6）PE将参与国有企业混合所有制改革。2013～2015年，各省市纷纷展开混合所有制改革的尝试，尽管不同地区改革进度各有差异，但是，总体上混合所有制改革不论是在改革力度、参与企业数量、行业覆盖程度还是改革模式上都有较大的突破。未来，PE 机构可以通过直接投资国企股权和设立并购基金两种方式参与国有企业混合所有制改革。

（7）“双创”将依然是 2016 年的重头戏。刚刚结束的中央经济工作会议指出，坚持大力推进结构性改革，着力解决制约发展的深层次问题；坚持深入实施创新驱动发展战略，推进大众创业、万众创新，依靠改革创新加快新动能成长和传统动能改造提升。2016 年，新三板将推出分层等改革，战略新兴板可能推出以及海外的 VIE 结构回归等，这些都会成为推动“双创”的积极因素。在投资策略上除了关注那些可能成为“独角兽”，即市值超过 10 亿美元的公司，还应该依托新三板市场培养一批小而美，小而精的企业，它们是细分市场的隐性冠军公司，但不一定是“独角兽”。

参考文献

[1]《2015 半年资本圈 10 大政策红利：注册制　新三板分层》，《证券时报》2015 年 6 月 16 日。

[2]《战略新兴板方案初拟：与注册制同步　主板排队企业优先》，新浪网，2015 年 11 月 11 日。

[3]《三板完善层次结构　融资市场化增强》，投中集团，2015 年 12 月 10 日

[4]《险资涉足 PE 入快车道：1 天发布 2 大政策　做 PE 或 FOF 选项多》，《金融时报》2015 年 9 月 21 日。

[5]《2015 年前三季度国内股权投资市场全面解读》，清科研究中心，2015 年 10 月 23 日。

[6]《PE 大佬论道 2016：传统行业需并购整合　医疗科技是热点》，《21 世纪经济报道》2015 年 12 月 27 日。

[7]《PE/VC 大佬预测 2016：看好双创　押宝“独角兽”不现实》，《金融时报》2015 年 12 月 26 日。

2015年融资租赁市场发展回顾与2016年展望

课题组

本课题组由中建投租赁有限责任公司秦群、涂俊、胡希哲、刘慧君、孙云峰、吴迪、陈洁、张佳、汪世千组成

投资提示

- 2016年，融资租赁行业将面临宏观经济形势依然严峻和信用风险继续升高的问题。

- 2016年将会有更多具体支持融资租赁行业发展的政策出台，政策环境趋好。

- 2016年，规模较大、资质较好的租赁企业的发展速度虽可能减缓但仍相对稳健，一些有特色的中小租赁企业将在各自领域深耕，而那些规模小、风险管理能力弱、无特色的融资租赁企业则面临被淘汰的命运。

- 融资租赁行业整体面临的信用风险处于上升趋势，但不同细分行业差别会较大。一些传统的周期性行业产能过剩，信用风险将持续上升。而技术含量较高的高端装备制造以及健康医疗等弱周期行业的风险较为可控。

- 各路产业资本会继续加大在融资租赁上的布局力度。

- 租赁公司将有更多可选的融资渠道，包括短融、中票、企业债、公司债在内的债务融资工具将得到更迅速的发展，资产支持证券将成为租赁公司“盘活存量”的利器。

- 互联网金融与融资租赁的结合在2016年会逐步得到规范，投资者会趋于理性。

- 众多融资租赁公司将把重点逐渐从传统强周期行业转向弱周期行业及新兴行业客户。

- 部分具有较大潜力的业务领域包括：与国家战略相关的产能转移和跨境投资领域、医疗服务领域、新能源汽车领域、机器人领域。

一、2015 年融资租赁行业运行状况

（一）融资租赁发展环境概况

1. 行业政策大力支持

2015 年 8 月，国务院首次以常务会议形式对融资租赁行业在缓解融资难、带动产业升级、推动外贸出口、盘活存量资产、支持实体经济等方面的作用给予明确肯定。国务院办公厅于 9 月印发《关于加快融资租赁业发展的指导意见》和《关于促进金融租赁行业健康发展的指导意见》，全面系统部署加快发展融资租赁业。两份重要文件对于融资租赁行业发展具有明确的导向性，对于指引行业健康发展具有重要意义。

2. 融资渠道日益丰富

融资租赁公司在融资端的创新较多，融资渠道和融资品种日益丰富。在债权融资方面，短期融资券、中期票据、公司债、资产证券化、定向债务融资、P2P 等债权融资获得快速发展。在股权融资方面，新三板的快速扩容给租赁公司提供了一个门槛相对较低的上市平台。

3. 信用体系不断完善

2015 年 6 月，天津在全国率先允许融资租赁公司接入央行征信系统。融资租赁公司在接入央行企业征信系统后，可以掌握已接入企业的征信情况，有助于评估信用风险，更好地保障租赁资产安全。

（二）融资租赁公司发展概况

1. 融资租赁行业整体增长放缓

2015 年融资租赁公司总体数量增速进一步加快，但业务扩张速度有所下降。据中国租赁联盟统计，截至 2015 年 9 月 30 日，全国融资租赁公司

总数约为 3742 家，同比增长 126.79%（见图 1）；全国融资租赁合同余额约为 39800 亿元人民币，同比增长 37.24%（见图 2）。

图 1　全国融资租赁公司数量变化趋势

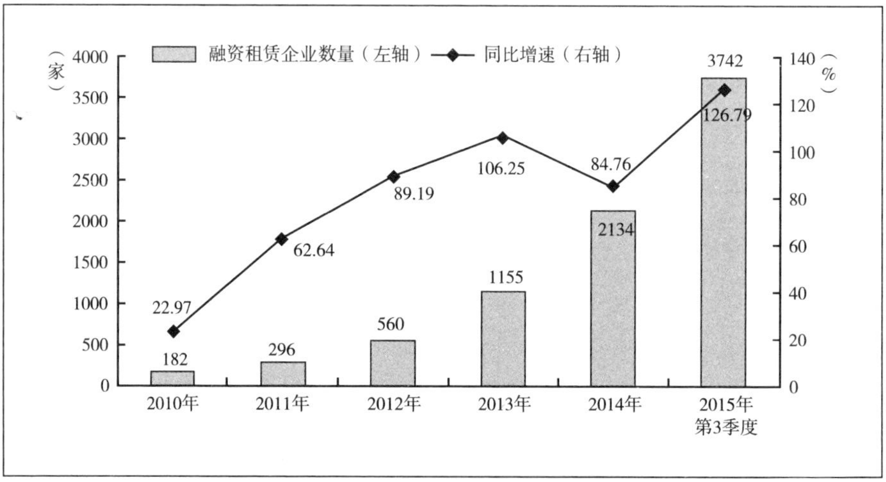

注：2015 年第三季度数据同比数据是以 2014 年第三季度数据为基准计算的。
资料来源：中国租赁联盟。

图 2　全国融资租赁合同余额变化趋势

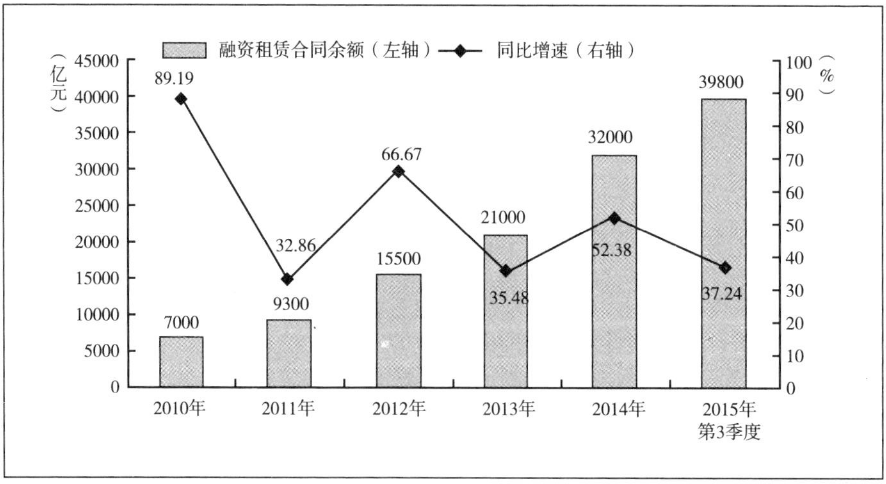

注：2015 年第三季度数据同比数据是以 2014 年第三季度数据为基准计算的。
资料来源：中国租赁联盟。

融资租赁公司数量增速与合同余额增速出现分化现象。其中，外资租赁公司数量占比一直较大，但业务规模占比却增加缓慢，截至2015年第三季度，外资租赁公司数量增加占总体租赁公司数量增加的97.42%，但合同余额增加仅占总体合同余额增加的36.11%（见表1）。

表1　2015年第三季度相比于2014年末各类融资租赁公司数量和合同余额增量占比情况

	公司数量增加（家）	占比	合同余额增加（亿元）	占比
金融租赁	15	0.72%	4000	37.04%
内资试点租赁	39	1.86%	2900	26.85%
外资租赁	2038	97.42%	3900	36.11%

资料来源：中国租赁联盟。

2. 融资租赁公司发展情况

截至2015年9月底，全国注册的金融租赁公司41家，较上年底增加9家，增幅达28%，其中银行系金融租赁公司共有26家。金融租赁公司注册资金合计1278亿元，比2014年底增长31.48%；融资租赁合同余额15700亿元，增长20.78%。内资试点租赁公司有191家，比2014年底增长25.66%；注册资金合计1006亿元，增长19.90%；融资租赁合同余额12000亿元，增长20%。

外资租赁公司有3511家，公司数量占到全行业公司总数的93.8%，比2014年底增长73.81%；注册资金合计9883亿元，增长105.90%；融资租赁合同余额12100亿元，增长34.4%。

我们使用“平均合同余额”这个指标来衡量规模因素，发现外资租赁始终呈下降趋势，至2015年第三季度只有3.45亿元/家，分别只有金融租赁和内资租赁的0.9%和5.49%。在杠杆水平方面，使用“合同余额/注册资金”这个指标来近似衡量融资租赁公司的“杠杆率”，外资租赁公司杠杆率仅有1.22（见表2）。

表 2　中国融资租赁公司平均合同余额及杠杆率

	平均合同余额（亿元/家）			杠杆率（%）		
	金融租赁	内资租赁	外资租赁	金融租赁	内资租赁	外资租赁
2011 年	195.00	48.48	10.48	7.60	13.39	7.86
2012 年	330.00	67.50	7.61	11.22	15.00	3.88
2013 年	373.91	56.10	5.45	11.18	12.52	3.16
2014 年	433.33	65.79	4.61	13.37	11.92	1.88
2015 第三季度	382.93	62.83	3.45	12.28	11.93	1.22

注：这里的“杠杆率”用“合同余额/注册资金”进行近似替代。
资料来源：中国租赁联盟。

规模较小制约了外资租赁公司扩张业务的能力，而杠杆率偏低则说明外资租赁公司对资金的利用率不高。可能的原因是存在众多设立之后并不实际开展业务或者开展业务极少的“僵尸公司”。

3. 上市租赁公司情况

截至 2015 年 11 月底，融资租赁公司在主板上市的有 4 家，分别是在深交所上市的渤海租赁，以及在港交所上市的远东宏信、环球医疗、中国飞机租赁；在新三板上市的有 13 家，如中国康富、福能租赁、融信租赁等（见表 3、表 4）。

表 3　主板上市融资租赁公司基本信息（截至 2015 年 11 月 30 日）

股票名称及代码	成立年份	注册地	注册资本	第一大股东
渤海租赁（000415.SZ）	1993	新疆	35.49 亿元	海航资本集团有限公司
远东宏信（3360.HK）	2008	香港	—	广柏有限公司
环球医疗（2666.HK）	2012	香港	—	通用技术集团香港国际资本有限公司
中国飞机租赁（1848.HK）	2012	开曼群岛	10 亿港元	中国光大航空金融控股有限公司

资料来源：上交所、深交所、港交所，中建投租赁整理。

表4 新三板上市融资租赁公司基本信息（截至2015 年11 月30 日）

股票名称及代码	成立年份	注册地	注册资本	第一大股东
中国康富（833499. OC）	1988	北京	24. 98 亿元	国核资本控股有限公司
通莞股份（833006. OC）	2002	广东	2976 万元	颜肖珂
利驰租赁（833525. OC）	2003	上海	750 万元	谢锟
宇宏新科（832105. OC）	2006	陕西	2600 万元	傅小军
平安租赁（834091. OC）	2007	北京	3700 万元	北京金鼎旷世信息技术有限公司
融信租赁（831379. OC）	2007	福建	2. 5 亿元	王丁辉
弘陆股份（430584. OC）	2007	上海	1687 万元	沈晓红
喜相逢（834499. OC）	2007	福建	1. 7 亿元	黄伟
紫竹桩基（830894. OC）	2011	辽宁	1 亿元	辽宁紫竹集团有限公司
东海租赁（835072. OC）	2011	山东	5 亿元	香港大海实业有限公司
皖江金租（834237. OC）	2011	安徽	30 亿元	天津渤海租赁有限公司
顺泰租赁（833771. OC）	2012	江苏	3 亿元	常州常高新金隆控股有限公司
福能租赁（832743. OC）	2012	福建	3 亿元	福建省能源集团有限责任公司

资料来源：全国中小企业股份转让系统，中建投租赁整理。

（1）财务分析

①主板上市公司。

在资产规模方面，远东宏信以1192. 76 亿元的总资产成为国内规模最大的上市融资租赁公司；渤海租赁在收购 Avolon 以后，其资产规模有望在 2016 年超过远东宏信；环球医疗与中国飞机租赁的资产规模均在 150 亿 ~200 亿元之间。在资产负债率方面，除中国飞机租赁的资产负债率超过 90% 以外，其余上市租赁公司的资产负债率均在 85% 左右（见表 5）。

表 5　主板上市融资租赁公司主要财务数据（截至 2015 年 11 月 30 日）

指标		远东宏信	渤海租赁	环球医疗	中国飞机租赁
总资产（亿元）		1192.76	1034.86	183.86	158.03
股东权益（亿元）		178.66	159.56	27.07	15.38
资产负债率（%）		85.02	84.58	85.27	90.27
员工人数（人）		5016	482	371	89
营业收入（亿元）	2014	100.75	68.52	15.57	6.83
	2015H1	57.61	44.70	9.82	4.37
	2015Q3	—	69.68	—	—
净利润（亿元）	2014	22.96	11.79	4.57	2.39
	2015H1	12.97	8.23	2.70	0.92
	2015Q3	—	13.00	—	—
ROE（%）	2014	15.19	9.33	25.4	22.43
	2015H1	7.97	6.13	10.51	6.32
	2015Q3	—	8.85	—	—
ROA（%）	2014	2.33	1.89	3.40	1.94
	2015H1	1.13	1.04	1.55	0.61
	2015Q3	—	1.52	—	—

资料来源：上交所、深交所、港交所，中建投租赁整理。

②新三板上市公司。

在资产规模方面，新三板各租赁公司间差距较大，其中规模最小的弘陆股份总资产仅为 2750 万元，而规模最大的中国康富总资产超过 95 亿元；在负债情况方面，各公司资产负债率均低于主板上市的租赁公司，在自有资金利用方面相对较弱（见表 6）。

表6 新三板上市融资租赁公司主要财务数据（截至 2015 年 11 月 30 日）							
指标		中国康富	福能租赁	融信租赁	紫竹桩基	宇宏新科	弘陆股份
总资产（百万元）		9580.06	2182.54	1256.87	277.98	72.60	27.59
股东权益（百万元）		3008.83	348.75	299.59	125.12	36.26	14.92
资产负债率（%）		68.59	84.02	76.16	54.99	50.05	45.92
员工人数（人）		111	30	105	140	62	29
营业收入(百万元)	2014	551.94	158.31	83.64	65.52	41.54	8.06
	2015H1	—	42.97	42.54	34.89	26.41	4.86
	2015Q3	513.95	—	—	—	—	—
净利润(百万元)	2014	76.13	69.12	29.02	12.08	2.09	-1.68
	2015H1	—	6.39	18.42	6.70	2.00	0.21
	2015Q3	102.7	—	—	—	—	—
ROE（%）	2014	8.54	18.27	10.25	10.20	6.34	-47.35
	2015H1	—	1.98	5.91	5.36	5.55	1.40
	2015Q3	3.51	—	—	—	—	—
ROA（%）	2014	1.66	4.61	2.64	6.31	2.65	-10.50
	2015H1	—	0.34	1.51	2.47	2.72	0.90
	2015Q3	1.32	—	—	—	—	—

资料来源：全国中小企业股份转让系统，中建投租赁整理。

（2）资本市场融资情况分析

截至 2015 年 11 月底，上市融资租赁公司已发行公司债券、中期票据各 3 只，短期融资券 5 只，这 11 只债券全部由主板上市的融资租赁公司发行（见表 7）。

表7 2015 年上市融资租赁公司债券发行情况							
发行主体	类别	发行时间	发行规模(亿元)	发行期限(年)	债券评级	主体评级	票面利率(%)
渤海租赁	公司债	2015.9	10	5	AA +	AA +	4.62
	公司债	2015.9	5	5	AA +	AA +	4.50
	短期融资券	2015.10	5	1	A -1	AA +	3.72
	短期融资券	2015.12	5	1	A -1	AA +	3.96
	短期融资券	2015.12	5	1	A -1	AA +	3.96
远东国际	公司债	2015.11	30	5	AAA	AAA	3.85
	短期融资券	2015.10	20	1	A -1	AAA	3.40
	中期票据	2015.5	15	3	AAA	AAA	4.30

续表

发行主体	类别	发行时间	发行规模(亿元)	发行期限(年)	债券评级	主体评级	票面利率(%)
环球租赁	短期融资券	2015.10	4.5	1	A-1	AA	3.85
	中期票据	2015.11	9	3	AA	AA	4.69
中飞租	中期票据	2015.7	3.4	5	AA	AA	6.50

资料来源：中国货币网，中建投租赁整理。

（三）目标租赁市场发展情况

2015年，传统制造业发展明显放缓，钢铁、煤炭、有色、化工等行业产品价格下探，新项目投资性融资需求下降，补充流动性的融资需求和被动性的债务结构调整需求加大；新能源行业（如光伏发电）、航空业等受益于政策影响蓄力爆发；通航、农机、农业服务类的承租人出现，但融资总量难以形成规模。

1. 传统强周期行业分化严重

（1）传统强周期行业融资需求大幅增加但融资较难

进入2015年后，强周期行业普遍受到宏观经济增速放缓的影响。一些企业需要通过保持一定的生产来维持现金流，售后回租方式的租赁融资需求占比也相应增加。一些缺乏产品竞争力、成本高企、杠杆率偏高的企业存在着较大的偿付风险。有的租赁公司从2015年下半年开始有意识地收缩投放规模，并逐步从工程机械、印刷设备等行业退出。

（2）船舶行业经历严寒考验

2015年，大宗商品价格不断下跌，船舶需求量持续走低。除此之外，原油价格下跌也对海工装备业造成了直接的负面影响，全球海洋工程装备市场继续呈现急剧萎缩的态势。租赁公司对于船舶海工类租赁业务的开展较为谨慎，整体成交量持续下降。

图3 2014~2015 年上市公司承租人（或提供担保）行业分布

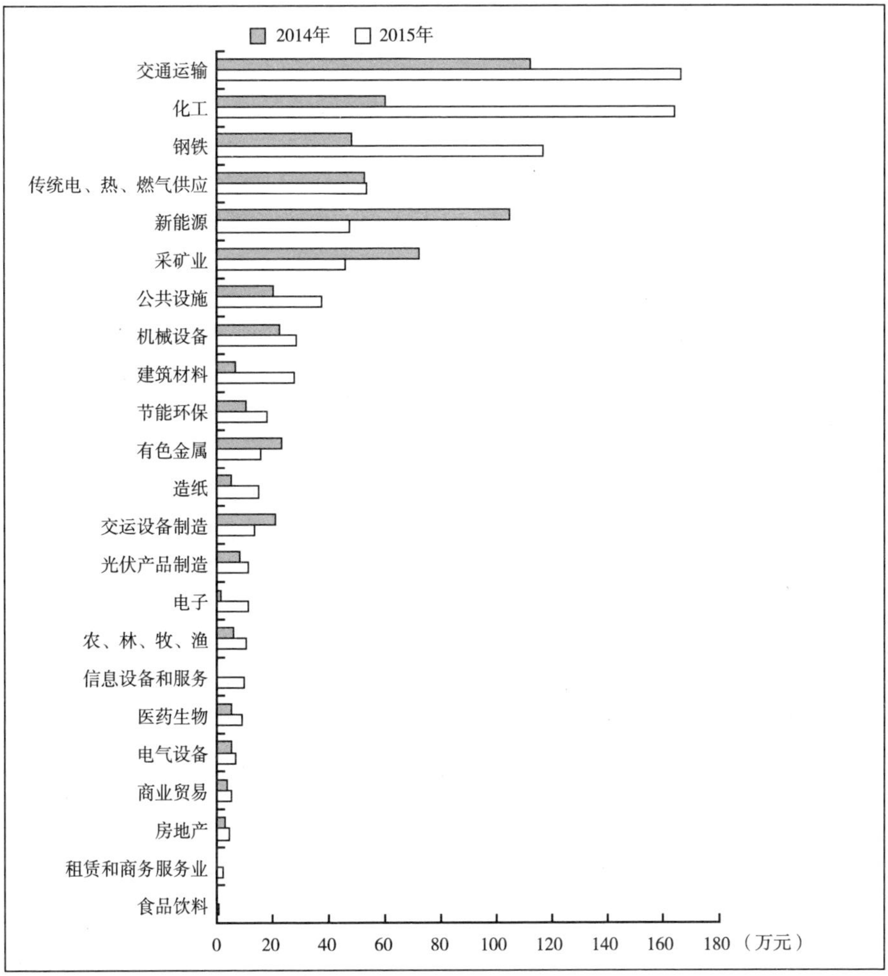

资料来源：上市公司公告，中建投租赁整理。

（3）航空市场需求空间巨大

通用航空产业在 2015 年受到了融资租赁公司的关注，具备实力的通航公司借机加快发展，加紧布局。在航空租赁方面，工银租赁、国银租赁、农银租赁、中银航空、渤海租赁等公司仍是主力军，光大、中信、昆仑等银行，具有央企背景的金融租赁公司也对航空租赁开展业务探索。航空公司设立租赁公司也成了业内一个新趋势。但是，目前国内航空租赁市场的价格竞争较为激烈，单体项目利润率相对不高。

2. 弱周期行业获资金追捧

（1）新能源领域受益于环保政策，发展迅速

在国家能源战略重大利好的政策影响下，光伏终端投资如火如荼。一些中小型民营企业以“获取路条－投资建设－转让变现”为主要模式，在建设期通过租赁方式解决资金问题。而国有企业和一些成规模的大型民营企业则以租赁杠杆撬动光伏电站投资，长期持有电站，期望获得稳定的利润。“互联网＋”的概念也触及光伏领域，光伏电站成为较受欢迎的众筹标的。虽然短期之内还面临弃光限电、补贴不到位等困扰，但其长期发展潜力仍然吸引越来越多的融资租赁企业介入。

各地除了使用纯电动公交车的公交公司保有投资充电装置的融资需求外，各路资本也开始看好充电桩市场。未来，各类新型储能装置或将受到租赁业甚至更多投资者的青睐。

（2）天然气输配及应用行业继续扩张

城市 LNG/CNG 公交车替换燃油公交车的投资继续开展，各级财政优先保障市政公交车投资的资金扶持，这使得 2015 年新能源公交投资力度增加。天然气终端应用和输配方面的投资同样受到了租赁公司的扶持，2015 年在综合融资成本上较上一年有了大幅度的降低。

（3）医疗、教育等行业景气度持续提升

作为典型的弱周期行业，医疗和教育行业在经济下行周期抗风险优势明显。远东、环球、恒信等一批“老牌”融资租赁公司在医疗租赁方面市场份额较高，以平安租赁为代表的“追赶者”近年增速较快。此外，一些金融租赁公司也开始关注医疗领域，纷纷设立专门的事业部，加大投放力度。在教育行业，2015 年 11 月 16 日，教育部、国家发展改革委、财政部联合发布《关于引导部分地方普通本科高校向应用型转变的指导意见》，鼓励融资租赁与教育相结合。医疗和教育行业项目单体规模相对较小，尤其受到中小型租赁公司的青睐。一些租赁公司对此设计了标准化的操作流程，专业化程度较高。

3. 农机租赁有进展但难以形成规模

2015 年，农银租赁与农业部合作试点，山重租赁、信达租赁与农机厂商建立了业务合作关系，广东农行、哈银租赁则以属地化模式开展节能环保型农机、种肥药精准施用装备、新型节水装备等设备的租赁业务。京东商城也通过宜信租赁与农机 1688 网合作，将电子商务元素注入农机租赁领域。然而，涉农领域客户抗风险能力偏弱，这些细分市场虽然有阶段性发展，但租赁交易额占比仍然不大，难以形成规模，目前仅仅是部分专业化的厂商系租赁公司在深耕。

二、 融资租赁行业运行特点及存在的问题

（一）运行特点

1. 全额偿付的融资性租赁仍是主流交易模式①

2015 年租赁交易仍以全额偿付的融资性租赁方式为主，延续了 2014 年的特征。以上市公司承租人（提供担保）的租赁交易方式分布为例，售后回租业务占比明显增高，反映出实体企业在 2015 年对债务调整和补充流动资金的需求增大。（2014 ~2015 年上市公司融资租赁交易方式示意图见图 4。）

从新增融资租赁合同期限来看，以光伏电站为代表的短期建设资金和过桥资金的需求增加，实体企业对短期流动性的需求也在增大，这使得 2 年以内的融资租赁业务占比升高。对于长期项目，租赁公司为控制风险而更加谨慎，这使得 5 年以上的融资租赁业务占比显著下降，3 ~5 年的占比则变化不大（见图 5）。

① 本小节仅以上市公司为样本，不能代表所有企业。但在租赁行业公开数据缺乏的情况下，可供参考。

图4　2014~2015 年上市公司融资租赁交易方式

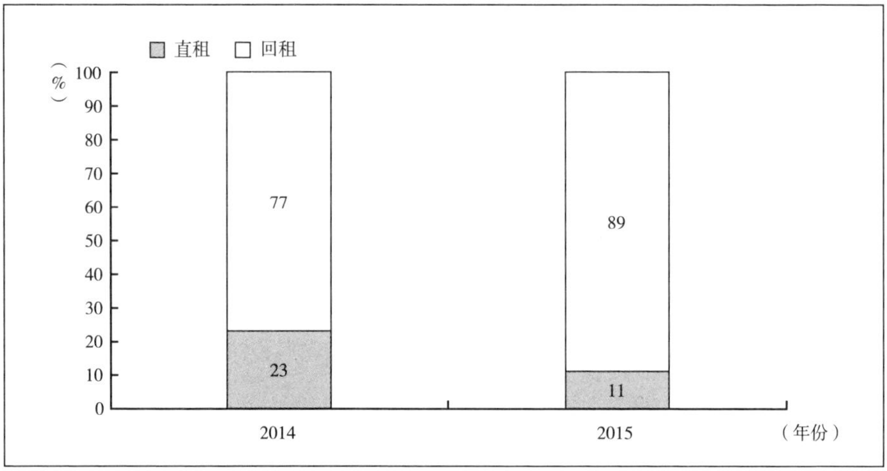

资料来源：上市公司公告。

图5　2014~2015 年上市公司新增融资租赁交易期限分布

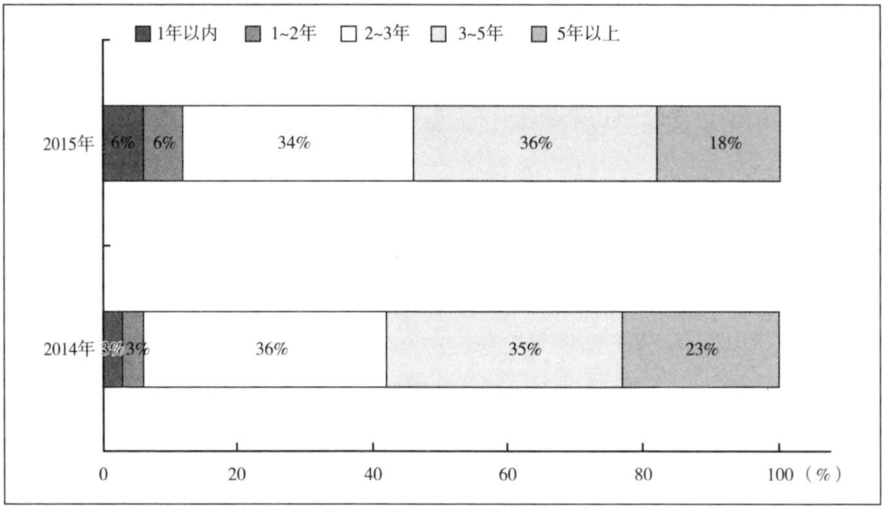

资料来源：上市公司公告。

2. 跨境、产品结构和租赁物方面的创新加速

（1）跨境业务成为行业获得跨越式发展的突破口

2015 年，“一带一路”战略为中国租赁企业走出去提供了新的市场空间，相关配套政策体系的完善，也为国内优秀的租赁公司提供了外部支持。业内资本金雄厚、股东背景雄厚的租赁公司，通过多年的积累，已经具备开展大规模跨境业务的能力。

（2）股权投资型创新租赁模式出现

2015 年租赁公司的利差空间逐渐缩小，仅靠股东追加资本金这种外延式的增长方式难以持续。为此需要加快业务模式创新、对细分行业精耕细作、聚焦于特色盈利模式。例如，中建投租赁正在以租赁加股权转让收益分成模式探索创新交易模式；中关村科技租赁公司坚持“以投行的眼光筛选项目”，推出“创投 + 租赁”商业模式。

（3）租赁物创新取得进展

2015 年，各类创新租赁物不断出现，活体租赁和版权租赁就是其中的典型代表。据报道，宜信普惠融资租赁与军英畜牧有限公司签订“活体租赁”协议，引起了市场的关注。在文化租赁方面，北京市文化科技融资租赁股份有限公司在影视版权、出版物版权、专利等文化领域尝试开展业务，取得了一定成效。

3. 融资渠道多样化趋势明显

（1）债券市场融资加速

2015 年，租赁公司债券市场融资发展较快。据不完全统计，租赁公司2015 年债券发行金额约为2014 年的6.1 倍（见表8），非银行系融资租赁公司债券发行金额首次大幅超过金融租赁公司。

表8　融资租赁公司债券发行情况

类别	2014 年		2015 年	
	发行数（只）	发行金额（亿元）	发行数（只）	发行金额（亿元）
短期融资券	0	0	14	86.0
中期票据	2	19.0	7	58.4
定向债务融资工具	0	0	20	165.7
公司债	0	0	6	44.4
金融债	4	55.0	9	197.0
合计	6	74.0	56	451.5

资料来源：wind 资讯，中建投租赁整理。

从发行期限情况来看，租赁公司债券发行期限主要集中在3年期（见表9）。此外，为充分利用短期资金成本较低的优势，非银行系融资租赁公司1年期债券品种占比为43.2%，在交易所发行的公司债券多采用“3+2”的特别期限设计。

表9　2015年融资租赁公司债券发行期限情况

类别	1年	2年	3年	5年	3+2年
短期融资券	86.0亿元	—	—	—	—
中期票据	—	—	55.0亿元	3.4亿元	—
定向债务融资工具	67.0亿元	25.0亿元	73.7亿元	—	—
公司债	—	2.4亿元	7.0亿元	—	35.0亿元
金融债	—	—	177.0亿元	20亿元	—
合计	153.0亿元	27.4亿元	312.7亿元	23.4亿元	35.0亿元

资料来源：wind资讯，中建投租赁整理。

2015年债券发行利率全年呈下行趋势。随着融资租赁公司在交易所市场公司债券发行的启动，利率定价出现一些含权的安排。

（2）租赁资产证券化日益活跃

自2014年资产证券化改为“备案制”以来，租赁资产证券化发展迅速。据不完全统计，2015年租赁公司资产证券化发行金额为2014年的15.3倍，渐渐与债券发行规模持平（见表10）。

表10　租赁公司资产证券化发行情况

类别	2014年		2015年	
	发行数（只）	发行金额（亿元）	发行数（只）	发行金额（亿元）
证监会主管ABS	6	8.60	186	323.00
银监会主管ABS	7	16.56	14	61.91
合计	13	25.16	200	384.91

资料来源：wind资讯，中建投租赁整理。

（3）股权融资异军突起

2015年，股权融资发展迅猛。多家租赁公司亦借此契机，充分发挥自身特色和优势开展资本运作，或选择在境外上市，或选择在新三板挂牌，或选择资产重组，或选择引入战略投资者并为下一步上市做准备（见表 11）。

表 11　2015 年部分租赁公司股权融资情况

运作主体	融资金额（亿元）	股权融资类型
中建投租赁有限责任公司	9.52	引入战略投资者
环球医疗金融与技术咨询服务有限公司	26.00	香港联交所上市
中国康富国际租赁股份有限公司	18.75	新三板挂牌
福能（平潭）融资租赁股份有限公司	0.31	新三板挂牌
上海利驰租赁股份有限公司	0.10	新三板挂牌
皖江金融租赁股份有限公司	—	新三板挂牌
丰汇租赁有限公司	—	与金叶珠宝进行资产重组
华中融资租赁有限公司	—	与法尔胜进行资产重组
合计	54.68	—

资料来源：深交所、港交所、全国中小企业股份转让系统，中建投租赁整理。

（4）跨境融资压力凸显

2015 年，人民币兑美元汇率贬值接近 6%，基准利率不断下降。境内外人民币利差缩窄甚至倒挂，波动增加。人民币持续汇率贬值预期较强，同时美元利率存在较强的连续加息预期。这增加了美元融资的利率风险，跨境融资面临成本上行压力。

（5）融资租赁与互联网金融的结合加快

2015 年，国内互联网金融继续呈现快速发展势头，融资租赁与互联网结合的案例亦逐渐增多。截至 2015 年 9 月 30 日，各 P2P 平台累计成交 150.53 亿元，累计成交业务 1733 笔，规模快速增长。在期限方面，近半数平台（13 家）的借款期限集中在 3 到 6（含）个月[①]。（融资租赁 P2P 平台加权平均利率情况见图 6。）

---

① 资料来源：零壹融资租赁研究中心。

图6　融资租赁 P2P 平台加权平均利率情况

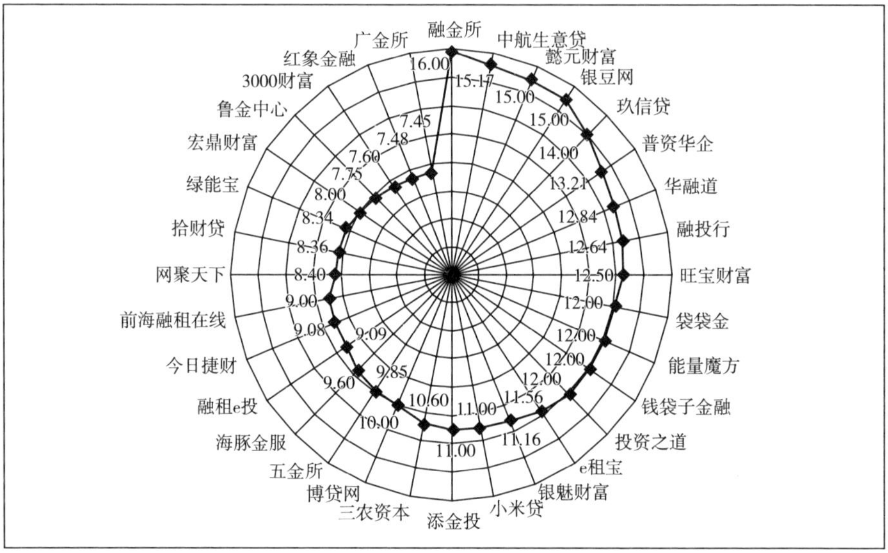

资料来源：零壹融资租赁研究中心。

从加权利率情况来看，目前融资成本与发债、ABS 及银行信贷相比较高，期限较短，并不具备融资优势。同时，融资租赁与互联网结合所产生的信息不对称、期限不匹配等问题暂未得到有效解决，投资者面临一定的风险，投资意愿不足。

4. 资本运作持续活跃

（1）租赁公司通过并购实现外延式扩张

渤海租赁近年来持续开展横向并购，完善其全球化战略布局。在先后完成 Seaco SRL、海航香港、Cronos 等股权收购之后，2015 年再次以 162 亿元收购全球第 11 大飞机租赁公司 Avolon100% 股权。远东宏信则结合自身特色和优势，不断通过纵向并购延伸产业链。在医疗领域，已收购惠州华康骨伤医院、四平市肿瘤医院等 8 家医院股权；在教育领域，投资上海的三家蒙台梭利幼儿园和成都的国际高中部。

（2）城商行成为金融租赁扩容的急先锋

2015 年，江西银行、洛阳银行等多家城商行纷纷成立金融租赁公司，资金较为充裕的农商行也跃跃欲试，行业热度进一步上升。我们梳理了部分尚未设立融资租赁公司的银行名单（见表 12），预计 2016 年其中一些很可能会陆续成立融资租赁公司。

表 12　部分尚未设立融资租赁公司的银行（截至 2015 年 11 月 30 日）

银行性质	银行名称	注册资本（亿元）	备注
政策性银行	中国农业发展银行	200.00	
	中国进出口银行	50.00	
股份制商业银行	广发银行	154.02	已有融资租赁业务－银租通
	浙商银行	145.10	拟设立金融租赁公司
	渤海银行	85.00	
	恒丰银行	16.90	
城市商业银行	中原银行	154.21	
	广州银行	83.02	
	吉林银行	70.67	已举办农机金融租赁试点
	广东南粤银行	62.21	
	盛京银行	57.97	
	珠海华润银行	56.38	
	富滇银行	47.50	
	龙江银行	43.60	拟设立金融租赁公司
	大连银行	41.00	
	长安银行	40.70	
	包商银行	39.12	拟设立金融租赁公司
	晋商银行	32.68	拟设立金融租赁公司
	成都银行	32.51	
	厦门国际银行	31.93	
	青岛银行	31.12	拟设立金融租赁公司
	西安银行	30.00	
	浙江泰隆商业银行	30.00	
	齐鲁银行	28.41	
	唐山银行	28.26	
	邯郸银行	23.76	
	长沙银行	22.65	拟设立金融租赁公司
	桂林银行	22.08	
	东莞银行	21.80	
	杭州银行	20.06	拟设立金融租赁公司
	宁夏银行	18.02	
	九江银行	15.16	
	南充市商业银行	10.01	

续表

银行性质	银行名称	注册资本（亿元）	备注
农村商业银行	北京农商行	121.48	
	天津农商行	75.00	拟设立金融租赁公司
	东莞农商行	57.40	
	深圳农商行	57.16	拟设立金融租赁公司
	广州顺德农商行	38.50	
	广东南海农商行	34.16	拟设立金融租赁公司

资料来源：全国企业信用信息公示系统，中建投租赁整理。

（3）上市公司纷纷布局融资租赁

根据公开信息，2011 年至 2015 年 10 月，共有 51 家上市公司宣布投资或者参股设立融资租赁公司，其中有 48 家是 2013 年以来设立的。融资租赁门槛相对较低，又能解决企业主营增长乏力、业绩达不到预期等难题的融资租赁行业，成为上市公司布局金融产业的首选。

5. 法律环境进一步完善

（1）外商投资租赁准入门槛进一步降低

2015 年 3 月，商务部下发《关于就〈外商投资租赁业管理办法〉的补充规定公开征求意见的通知》，涉及加强监管、租赁财产扩容等方面内容。不过，在 2015 年 10 月，商务部对《外商投资租赁业管理办法》进行修订，只是取消了注册资本 1000 万美元的门槛，其余并没有大的变动。

（2）行业监管条例已被列入立法计划

《国务院 2015 年立法工作计划》将“融资租赁企业监管条例”列入“研究项目”名单之中。2015 年 6 月 8 日，商务部组织北京、天津、上海等地方商务主管部门及学界代表、租赁公司代表、行业协会代表，就融资租赁立法工作召开座谈会，与会人员就“监管指标”“租赁物范围”“行业准入”“物权保护”等重点问题展开了深入的讨论。

（3）司法环境有所改善

虽然法院系统官方未公布“融资租赁合同纠纷案”具体数据，但从民间案例查询系统“北大法宝”上查阅到的数据来看，随着经济下行周期的到来，融资租赁合同纠纷逐年增加，2014～2015 年达到历史峰值（见图 7）。

图 7　历年司法案例数据统计

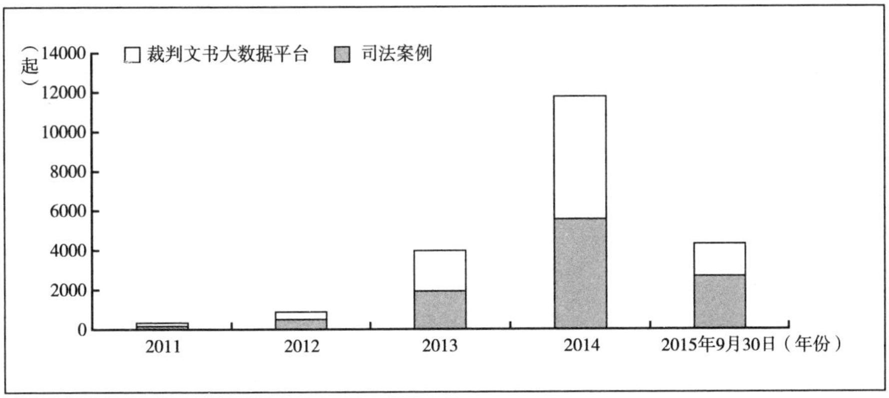

资料来源：中建投租赁根据北大法宝信息整理，搜索关键词“民事－融资租赁合同纠纷案”。

融资租赁合同纠纷案数量的快速上涨，引起了包括最高法院在内的司法机关的高度重视。最高法院已经将此类纠纷案件纳入各期的商事“审批指导”丛书中，部分地方法院（上海一中院、二中院）也发布了融资租赁合同纠纷审判白皮书，对典型融资租赁案例进行了解析和归纳。

（二）存在的问题

1. 宏观经济不景气，盈利能力下降

宏观经济形势不佳，投资需求较弱，固定资产投资增速下降，使融资租赁投放市场总量增速受到一定影响。国内货币政策较为宽松，利率处于下降通道，降息周期压缩融资租赁业务的利差空间。可见，在“量”和

“价”两方面，融资租赁公司的盈利能力都受到挑战。

2. 信用风险持续上升，资产质量下行压力增加

2015 年，融资租赁行业所面临的信用风险有所上升。银监会数据显示，截至 2015 年 6 月，金融租赁公司不良租赁资产 110.42 亿元，比年初增长 26.27 亿元；不良融资租赁资产率 0.89%，比年初增长 0.12 个百分点；拨备覆盖率为 238.61%，比年初下降 31.34 个百分点（见图 8）。

图 8　金融租赁公司信用风险情况

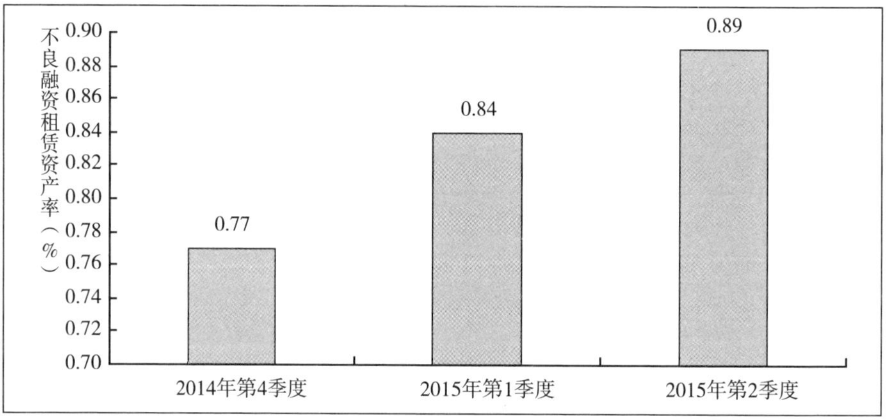

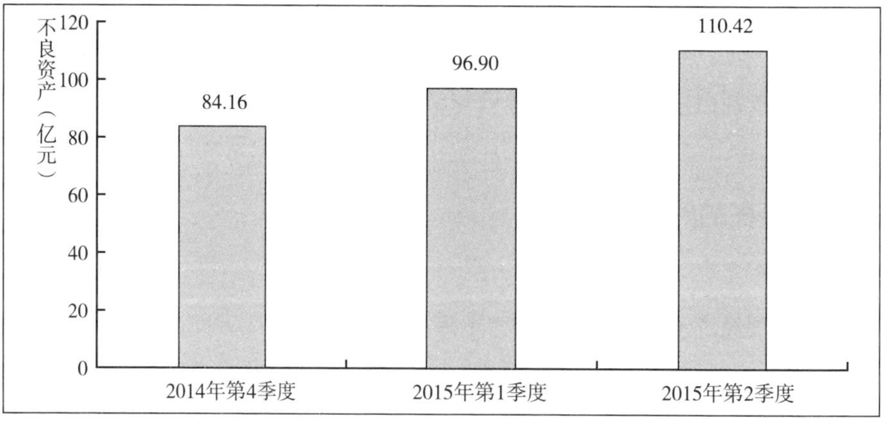

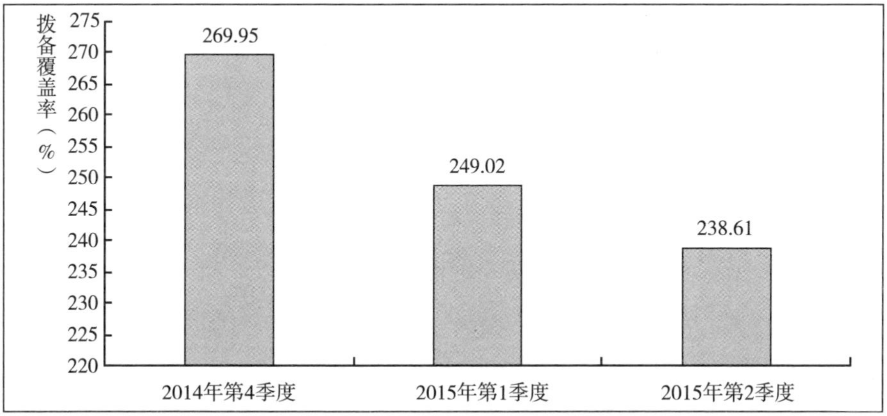

资料来源：银监会非银部。

因缺乏内资试点和外资融资租赁公司行业整体数据，故本报告以香港上市公司远东宏信为例进行分析。远东宏信近年来也经历了“双升”，这在一定程度上是租赁行业信用风险的缩影（见图 9）。

图 9　远东宏信不良资产规模和不良资产率持续“双升”

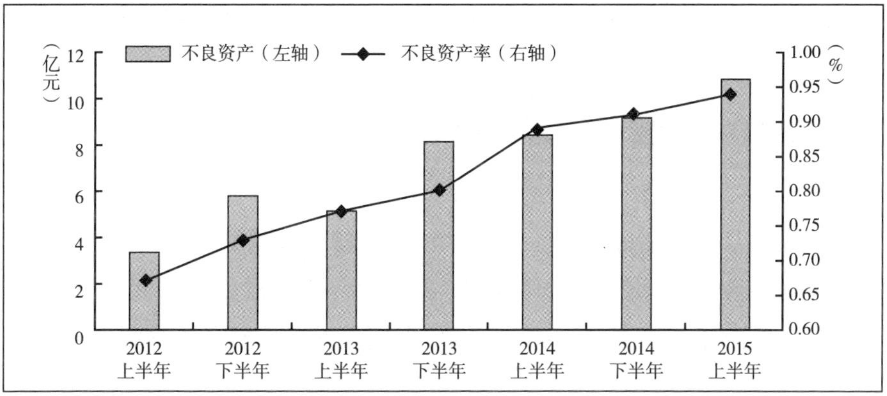

注：2012 上半年以及 2013 上半年在数据财务报表中是美元单位，本报告采用 6 月最后一个交易日人民币兑美元汇率中间价将其转换为人民币单位。
资料来源：远东宏信财务报表。

3. 创新业务艰难探索，不确定性较高

新兴业务的开展在税务、法律、风险等方面面临较高不确定性。以文

化科技领域为例，目前对无形资产是否适合作为融资租赁标的尚存较大争议，其价值评估、流转途径、所涉税费等方面都有难点。一旦发生法律纠纷，融资租赁公司可能处于不利地位。这些因素都制约着包括文化租赁在内的创新业务的复制和推广。

4. 逾期压力增大，租赁资产管理面临挑战

由于信用风险上升，部分融资租赁公司开始出现逾期，整体资产质量有下降的趋势。在资产管理上，国内租赁公司也往往面临着“取不回、拿不走、卖不掉”的难题。这种现状一方面是由于我国融资租赁行业一直以来重“融资”、轻“融物”，另一方面是由于我国融资租赁行业的法律环境、信用环境以及二手设备流动市场发展相对滞后。

5. 售后回租开票难题依旧存在

2015 年 12 月 25 日，国家税务总局发布《关于营业税改征增值税试点期间有关增值税问题的公告》（国家税务总局公告 2015 年第 90 号），明确售后回租业务计算当期销售额时可以扣除的有形动产价款本金，为书面合同约定的当期应当收取的本金。无书面合同或者书面合同没有约定的，为当期实际收取的本金。但是在很多地区，回租业务涉及开票问题时依然难以操作。

三、 2016 年融资租赁行业展望

展望 2016 年，融资租赁行业将面临严峻的宏观经济形势和继续升高的信用风险。融资租赁公司亟须创新，需在改变发展模式、降低资金成本、退出存量资产等方面取得突破，在深挖市场机会的同时，要加强“租租合作”，努力实现“突围”。

（一）行业发展环境

1. 政策环境趋好

在中央相关政策精神的鼓励和指引下，天津自贸区、福建省以及陕西

省等地方政府迅速响应，已经出台了支持融资租赁业发展的相关政策。预计 2016 年在不同层面将会有更多具体支持政策出台。2015 年中央经济工作会议强调要降低企业的各项成本，指出融资租赁一方面可以帮助企业加速固定资产折旧，提供节税效应，另一方面自身也将受惠于资金成本的降低。会议还提出要坚持推进大众创业、万众创新，依靠改革创新加快新动能成长和传统动能改造提升，融资租赁具有“融资与融物相结合”的特点，在对接实体经济、支持“双创”发展过程中能够发挥更大的作用。

2. 行业监管更加规范化

融资租赁行业近几年持续爆发式增长，行业内公司数量众多，存在良莠不齐的现象。预计监管可能会更加注重租赁公司实质性开展业务的情况，改善目前行业发展“躁动”的氛围。那些真实开展业务、支持实体经济发展的租赁公司可能会得到更多的支持，并在行业规范化的过程中受益。而一些以做境内外资金通道为主的，或者长期未曾开展业务的融资租赁公司将受到更严格的监管。

3. 法律环境逐渐明朗

随着司法审判经验的积累，司法界将对融资租赁有更深刻的认识，归纳出更多的典型指导案例。融资租赁交易的参与主体对该类纠纷的司法预期将更加清晰，这让各方能更好地在交易中对法律风险采取转移或补偿等控制措施。

4. 融资环境相对宽松

2016 年的货币政策有望进一步宽松，降息、降准仍是大概率事件。同时，在人民币国际化、美联储加息的背景下，央行会加大公开市场投放以及对金融机构的再贷款力度，为经济结构调整与转型升级营造稳定的货币金融环境。与之相比，2016 年美元逐步进入升值周期，进行外币融资和债务融资的外部条件相对较差。在确保流动性的前提下，保持或适当提高人民币短期或流动贷款的比例，谨慎控制外币债务头寸，将有助于各租赁公司更好地控制总体融资成本。

（二）行业发展趋势

1. 行业增速进一步放缓

2016 年，在政策支持的影响下，预计行业依旧维持扩张态势，但合同余额的增速可能会进一步延续放缓态势。规模较大、资质较好的租赁企业的发展速度虽可能减缓但仍相对稳健，一些有特色的中小租赁企业将在各自领域深耕，而那些规模小、风险管理能力弱、无特色的融资租赁企业则面临被淘汰的命运。

2. 总体信用风险或将继续上升，但行业差别明显

2016 年，融资租赁行业整体面临的信用风险处于上升趋势，但不同细分行业差别会较大。一些传统的周期性行业产能过剩，信用风险将持续上升。而技术含量较高的高端装备制造以及健康医疗等弱周期行业的风险较为可控。

3. 资本运作和并购重组进一步加快

各路产业资本会继续加大在融资租赁上的布局力度。一些有特色的中小租赁公司凭借其自身在细分领域形成的品牌特色，可能成为同业并购扩张的对象。一些股东背景、资金实力较强的大型融资租赁公司为加快国际化步伐，也将积极在全球范围内寻找能与自身业务相匹配的并购对象。

4. 融资渠道多元化趋势明显

租赁公司将有更多可选的融资渠道，包括短融、中票、企业债、公司债在内的债务融资工具将得到更迅速的发展，资产支持证券将成为租赁公司“盘活存量”的利器。融资工具发行在注册审批方面的效率有望得到进一步提升，以使更多的融资租赁公司受惠于融资渠道的多元化。

5. 互联网金融与融资租赁的结合将走向规范

2015 年有大批 P2P 平台“跑路”或被关闭，其中“e 租宝”的被查标志着融资租赁 P2P 平台的风险暴露达到一个新的高点。有 e 租宝的前车之鉴，互联网金融与融资租赁的结合在2016年会逐步得到规范，投资者会趋于理性。

6. 资产退出和交易渠道建设将得到更多关注

近年来，多地都在尝试建立融资租赁资产的交易平台，但大部分交易还是在融资租赁公司（特别是金融租赁公司）之间自主完成的，真正在平台上撮合完成的交易极少。风险项目退出、问题资产重组、不良资产清收可能成为不少融资租赁公司2016年的重要挑战。亟待建立能够真正实现资产交易和流转的融资租赁资产交易平台。

（三）业务发展趋势

1. 业务模式创新探索不断

优质承租人资源争夺日益激烈，利差进一步缩小，传统业务模式下单体项目利润率不断下降，这需要用业务规模扩大来冲减不利影响。金融系租赁公司拥有成本低、规模大的优势，但其他资金成本并不占优势的租赁公司将面临较大的挑战，亟须在业务模式及业务领域方面寻求突破。

2. 弱周期及新兴行业的租赁业务竞争白热化

众多融资租赁公司将把重点逐渐从传统强周期行业转向弱周期行业及新兴行业客户，尤其是国企背景或已经上市的大型集团。新兴行业受到国家政策大力扶持，逐渐成为融资租赁公司业务投放的避风港。医疗、公共事业等行业热度将进一步上升，租赁公司对优质项目的争夺将更趋白热化，资金成本、规模、专业化水平可能成为决定市场份额升降的关键因素。

（四）部分具有较大潜力的业务领域

1. 与国家战略相关的产能转移和跨境投资领域

融资租赁行业服务于“一带一路”、京津冀协同发展、长江经济带、

“中国制造 2025”和新型城镇化建设等国家重大战略正当其时。在新常态下，我国要实现过剩产能消化、产业结构升级，就要在基础设施建设领域、过剩产能向境外转移等领域进行大力投资。而融资租赁行业在制造业、交通运输业等领域具有一定优势，将这种投资需求与业务优势有机结合起来，支持国内企业“走出去”，大力开展跨境租赁，将为融资租赁行业带来更大商机。

2. 医疗服务领域

未来我国健康医疗行业发展的重心将会向以人为本的医疗服务领域倾斜。从需求角度看，目前融资租赁负债占中国医院总体负债比例偏低，融资租赁在医院的发展过程中主要起补充辅助作用。从供给角度看，目前我国医疗器械厂商资金紧张，但对于融资租赁行业的认识还停留在初级阶段。融资租赁作为纽带，可以将医院的需求和医疗器械厂商的供给相匹配，促进医疗服务市场健康发展，因此需充分挖掘这一市场的发展潜力。

3. 新能源汽车领域

近几年我国环境污染问题日益凸显，传统汽车行业面临的节能减排压力越来越大，2015 年更是曝出了大众的“尾气门”事件，发展新能源汽车的需求非常迫切。政府为促进新能源汽车发展已出台一系列措施，如《国务院办公厅关于加快新能源汽车推广应用的指导意见》等多个政府文件均提出新能源汽车领域要发展融资租赁运营模式。

由建元资本、罗兰贝格联合发布的《2014 中国新能源汽车租赁报告》显示，融资租赁在新能源汽车市场的渗透率在 2014 年仅为 14%，预计 2025 年将提高到 25%，市场空间依然巨大。

4. 机器人领域

随着“工业 4.0”概念的提出和“中国制造 2025”路线图的发布，智能制造领域成为投资者关注的焦点，而机器人行业更是站在了风口之上。权威机构预测，到“十三五”末，我国机器人产业集群产值预计突破 1000 亿元，从而为机器人融资租赁提供了广阔的市场空间。我国目前机器人领域的融资租赁业务开展并不普遍，但发展势头良好，重庆两江机器人融资租赁有限公司作为先行者已开展探索。

以上仅简要介绍了可能有较大拓展潜力的部分业务领域，融资租赁行业的舞台远不止于此。展望2016 年，融资租赁行业正处在转型、提升的关键时期，既面临严峻挑战，也迎来新的机遇。融资租赁企业是否能够坚持对趋势的准确判断、对风险的科学把控和对创新发展的孜孜以求，决定着它们能否在细分市场上取得优势地位，能否在实体经济的“寒冬”中一枝独秀，再创佳绩。

参考文献

[1] 中国融资租赁三十人论坛、零壹财经租赁研究中心主编《中国融资租赁行业2015 年度报告》，中国经济出版社，2015。

[2] 中国租赁联盟《2015 年1 ~9 月中国融资租赁业发展概况》，2015。据中国租赁联盟官方网站http：//www. zgzllm. com/index. php? m = content&c = index&a = show&catid = 89&id = 12566

附录表1　2015年融资租赁公司债券发行明细情况（截至2015年11月30日）

发行人	类别	发行时间	规模（亿元）	期限（年）	债券评级	主体评级	票面利率
中建投租赁	短期融资券	2015.9	4.00	1	A-1	AA	3.88%
		2015.4	4.00	1	A-1	AA	4.88%
	中期票据	2015.4	9.00	3	AA	AA	5.27%
中航租赁	定向工具	2015.7	5.00	1			5.10%
		2015.10	5.00	3			4.40%
		2015.7	10.00	3			5.05%
		2015.8	5.00	1			4.70%
		2015.8	5.00	3			
		2015.6	5.00	3			
		2015.11	7.00	3			4.30%
		2015.12	7.00	1			3.79%
	短期融资券	2015.11	6.00	1	A-1	AA+	3.50%
		2015.5	12.00	1	A-1	AA+	4.20%
	中期票据	2015.6	8.00	3	AA+	AA+	4.79%
中国外贸金融租赁	金融债	2015.8	20.00	3	AA+	AA+	4.64%
中飞租	中期票据	2015.7	3.40	5	AA	AA	6.50%
仲利租赁	中期票据	2015.11	2.00	3	AA	AA	4.88%
远东租赁	短期融资券	2015.10	20.00	1	A-1	AAA	3.40%
	公司债	2015.11	20.00	3+2	AAA	AAA	前三年3.85%；后两年3.85%+上调基点
	中期票据	2015.5	15.00	3	AAA	AAA	4.30%
	定向工具	2015.11	20.00	3			4.2%
英大汇通	定向工具	2015.4	5.00	3			5.98%
兴业金租	金融债	2015.10	30.00	3	AAA	AAA	3.75%
		2015.6	20.00	3	AAA	AAA	4.20%
平安租赁	定向工具	2015.10	26.00	1			4.30%
		2015.4	2.00	1			5.10%
交银金租	金融债	2015.10	40.00	3	AAA	AAA	3.80%
环球租赁	短期融资券	2015.10	4.50	1	A-1	AA	3.85%
	中期票据	2015.11	9.00	3	AA	AA	4.69%
华融金租	金融债	2015.6	10.00	3	AAA	AAA	一年定存利率+3.05%
		2015.12	20.00	5	AAA	AAA	4.00%
		2015.12	20.00	3	AAA	AAA	3.76%

续表

<table>
<tr><th>发行人</th><th>类别</th><th>发行时间</th><th>规模(亿元)</th><th>期限(年)</th><th>债券评级</th><th>主体评级</th><th>票面利率</th></tr>
<tr><td>招商金租</td><td>金融债</td><td>2015.12</td><td>2.00</td><td>3</td><td>AAA</td><td>AAA</td><td>3.75%</td></tr>
<tr><td rowspan="2">越秀租赁</td><td>中期票据</td><td>2015.12</td><td>12.00</td><td>3</td><td>AAA</td><td>AA</td><td>3.60%</td></tr>
<tr><td>短期融资券</td><td>2015.12</td><td>6.00</td><td>1</td><td>A-1</td><td>AA</td><td>3.43%</td></tr>
<tr><td>丰汇租赁</td><td>公司债</td><td>2015.11</td><td>4.00</td><td>3</td><td>AA-</td><td>AA-</td><td>2015-11-27~2017-11-26,票面利率:7.8%;2017-11-27~2018-11-26,票面利率:7.8%+上调基点</td></tr>
<tr><td rowspan="6">国泰租赁</td><td rowspan="3">定向工具</td><td>2015.4</td><td>3.50</td><td>3</td><td></td><td></td><td>6.20%</td></tr>
<tr><td>2015.6</td><td>3.20</td><td>3</td><td></td><td></td><td>6.20%</td></tr>
<tr><td>2015.4</td><td>5.00</td><td>3</td><td></td><td></td><td>6.30%</td></tr>
<tr><td rowspan="3">短期融资券</td><td>2015.10</td><td>4.00</td><td>1</td><td>A-1</td><td>AA</td><td>3.78%</td></tr>
<tr><td>2015.12</td><td>3</td><td>1</td><td>A-1</td><td>AA</td><td>3.70%</td></tr>
<tr><td>2015.12</td><td>3</td><td>1</td><td>A-1</td><td>AA</td><td>3.80%</td></tr>
<tr><td>光大金租</td><td>金融债</td><td>2015.6</td><td>35.00</td><td>3</td><td>AAA</td><td>AAA</td><td>4.00%</td></tr>
<tr><td rowspan="6">渤海租赁</td><td>定向工具</td><td>2015.10</td><td>5.00</td><td>3</td><td></td><td></td><td>5.80%</td></tr>
<tr><td>短期融资券</td><td>2015.10</td><td>5.00</td><td>1</td><td>A-1</td><td>AA+</td><td>3.72%</td></tr>
<tr><td rowspan="4">公司债</td><td>2015.12</td><td>5.00</td><td>1</td><td>A-1</td><td>AA+</td><td>3.96%</td></tr>
<tr><td>2015.12</td><td>5.00</td><td>1</td><td>A-1</td><td>AA+</td><td>3.96%</td></tr>
<tr><td>2015.9</td><td>5.00</td><td>3+2</td><td>AA+</td><td>AA+</td><td>前三年4.50%;后两年4.50%+上调基点</td></tr>
<tr><td>2015.9</td><td>10.00</td><td>3+2</td><td>AA+</td><td>AA+</td><td>前三年4.62%;后两年4.62%+上调基点</td></tr>
<tr><td>宝信租赁</td><td>公司债</td><td>2015.7</td><td>2.40</td><td>2</td><td>AA-</td><td>AA-</td><td>7.99%</td></tr>
</table>

资料来源：wind资讯，中建投租赁整理。

2015年房地产市场发展回顾与2016年展望

王　申
上海财经大学会计学博士，中国建投投资研究院研究员

投资提示

- 房地产市场将呈现弱平衡，一二线城市房价继续上涨概率大，三四线城市在政策呵护下预计将逐渐止跌企稳；房地产企业将加速转型，并购规模将扩大，房地产金融也将加速发展。

- 商业地产方面，一线城市空置率低，二线城市以及三四线城市商业地产风险持续积累。

- 在中央提出化解房地产库存，促进房地产行业持续发展的背景下，2016 年政策仍将鼓励住房需求，继续放松货币信贷及财税政策，进一步放松限购。

- 政府将进一步推出新的刺激政策，推动建立国家住房银行，通过刺激需求和调节供给来加大三四线城市的去化速度。

- 房地产整合将加快进行，2016 年的并购规模将继续扩大，预计全年案例数接近 300 个，并购金额约 3000 亿元。

- 房地产多元化发展/转型趋势继续，其中以彩生活为代表的“物业管理 + 社区服务”模式将会得到更多房地产企业的模仿。

一、 2015 年房地产市场回顾

（一）政策呵护房地产市场

在产能过剩、债务危机、通货紧缩、人口红利消失等问题的共振下，中国经济调整的幅度和深度超出市场预期，跌破了 7% 的 GDP 增长目标（见图 1）。在短期经济下行压力和长期人口红利消失的双重压力下，房地产市场迟迟未能复苏，这也反过来拖累了经济增长。

图1　GDP 当季同比

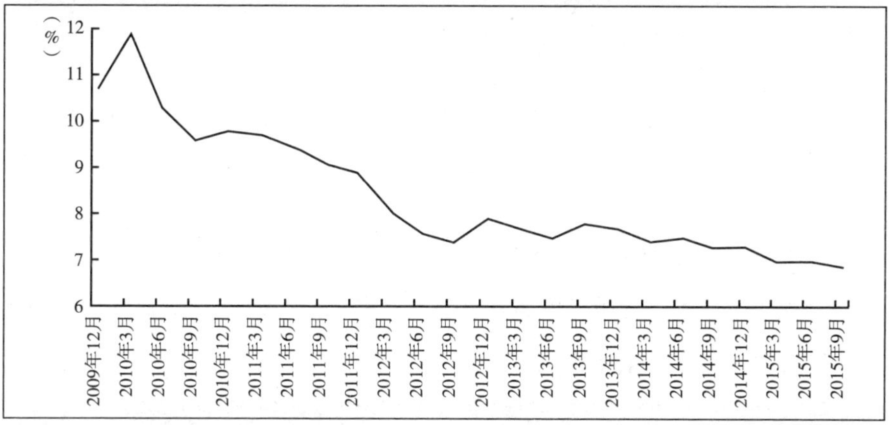

资料来源：Wind 资讯，建投研究院。

在宏观经济下行压力和房地产高库存的背景下，中央定调稳定住房消费，多轮金融信贷政策发力，改善市场环境，促进需求入市。与此同时，政府大力支持房地产行业去库存及产业结构优化，各地纷纷出台宽松政策，以降低首付、公积金政策调整为主，包括财政补贴和税费减免等政策，掀起房地产新政浪潮，促进房地产需求特别是改善性需求的释放（见表 1）。此外，2015 年中国人民银行多次降准降息，降低了购房成本，进一步刺激了房地产需求。在供给端，土地供应控规模、调结构，并加大保障性住房货币化安置，改善市场环境。

表1　2015 年主要房地产政策

日期	文件/发布机构	内容
3/5	全国人大政府工作报告	坚持分类指导，因地施策，落实地方政府主体责任，支持居民自住和改善性住房需求，促进房地产市场平稳健康发展
3/30	人民银行、住建部、财政部、国税总局等	首套房公积金贷款 20%，二套无贷首付比例 30%，二套有贷最低首付比例不低于 40%，个人转让两年以上住房免征营业税
4/30	中共中央政治局	稳健的货币政策要把握好度，要注重扩大消费需求
5/8	《深化经济体制改革重点工作意见的通知》	研究提出深化住房制度改革实施方案，修订住房公积金管理条例
9/30	人民银行、银监会	在不实施“限购”措施的城市，对居民家庭首次购买普通住房的商业性个人住房贷款，最低首付款比例调整为不低于 25%
11/20	《住房公积金管理条例(修订送审稿)》	缴存范围拓宽至个人，公积金管理中心分省级管理，拓宽公积金使用范围，公积金贷款可以进行资产证券化
12/4	中共中央政治局	要化解房地产库存，通过加快农民工市民化，推进以满足新市民为出发点的住房制度改革，扩大有效需求，稳定房地产市场

资料来源：　建投研究院。

2015 年棚户区改造开工 580 万套，创历史新高（见图 2），其中，截至 2015 年 10 月底，货币化安置比例达到 28%，比 2014 年提高 19 个百分点，对去库存发挥了重要作用。

图 2　历年棚户区改造完成情况

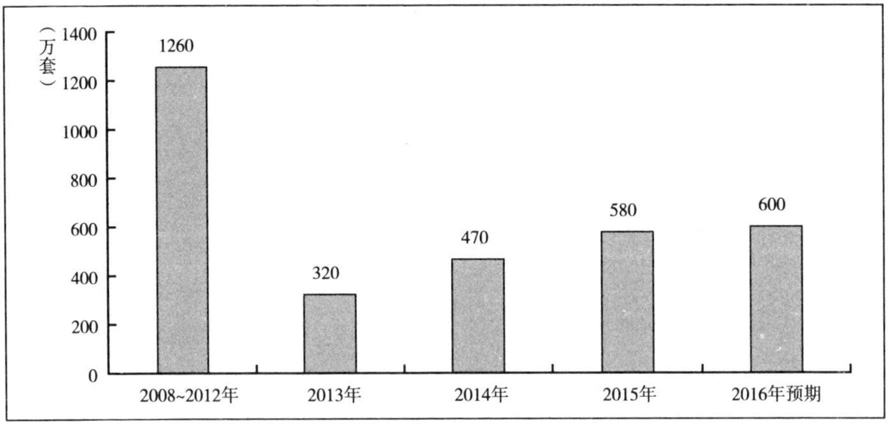

资料来源：《第一财经日报》。

2015 年是中国地产金融史上的重要转折点——房地产资产证券化开启破冰之旅。2014 年 9 月 30 日，央行和银监会出台《关于进一步做好住房金融服务工作的通知》，提出开展房地产信托投资基金（REITs）试点，2015 年以来房地产资产证券化的进程明显加快，多个房地产企业/机构发行 REITs、ABS 产品（资产支持证券）等。

2015 年 4 月，万科联手鹏华基金发起国内首只公募 REITs；2015 年 6 月，万达与快钱公司合作发布众筹理财产品“稳赚 1 号”，成功众筹 50 亿元资金投资在建的 5 座万达广场，次月再次发布“稳赚 1 号”二期；2015 年 7 月 10 日，“博时资本—世茂天成物业资产支持专项计划”获上海证券交易所无异议函，意味着全国首单物业费资产证券化项目正式出炉；2015 年 12 月 8 日，“汇添富资本 - 世茂购房尾款资产支持专项计划”在上海证券交易所成功挂牌，全国首单购房尾款资产证券化产品因此诞生；2015 年 12 月 4 日，上海市公积金管理中心发行总额约 69.6 亿元的人民币个人住房贷款资产支持证券，成为首批公积金资产证券化产品。

我国房地产金融手段的发展，能够盘活房地产存量资产、增强房地产企业资金实力，促进房地产市场的健康可持续发展。

（二）房价探底回升

房地产政策的反转促进了房地产市场的企稳。国房景气自从 2013 年初高点以来持续下跌，房地产市场不景气持续了两年多，直到 2015 年二季度房地产政策密集出台，市场才开始筑底，景气指数有所回升（见图 3）。

随着房地产市场的复苏，房价也开始缩小跌幅，并从 2015 年三季度开始同比恢复上涨，价格回暖带动房地产销售好转。中国指数研究院的数据显示，2015 年 12 月份，全国 100 个城市（新建）住宅平均价格为 10980 元/平方米，同比上涨 4.15%，环比上涨 0.74%，百城住宅均价已经连续

图3 国房景气指数

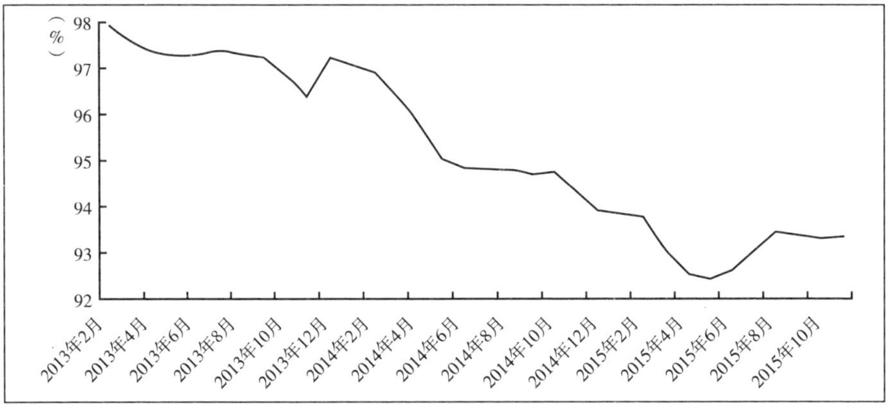

资料来源：Wind资讯，建投研究院。

八个月出现环比上涨。（2013年1月~2015年11月百城住宅价格指数同比变化情况见图4。）

图4 百城住宅价格指数同比

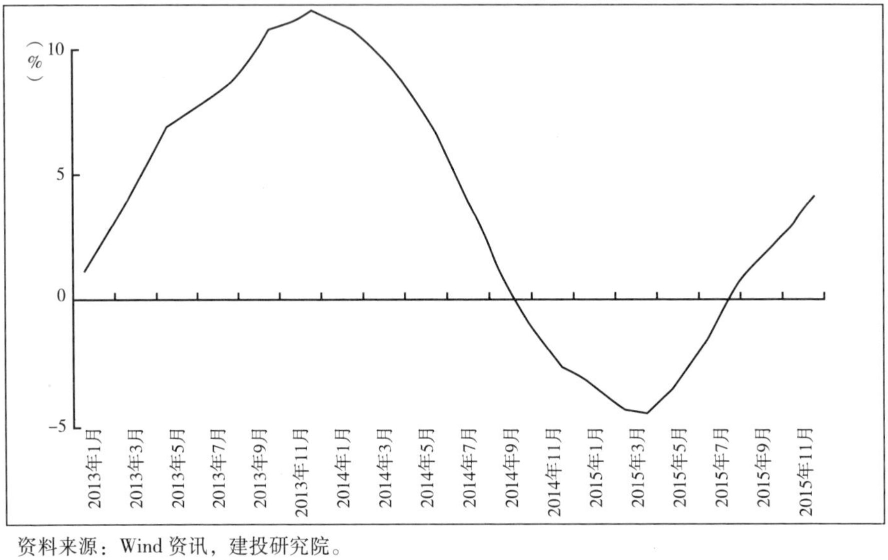

资料来源：Wind资讯，建投研究院。

值得注意的是，人口流动趋势变化及土地供应差异导致一二线城市与三四线城市出现供需结构差别。

随着城市化进入中后期，巨型城市、城市群的形成是重大趋势，人口趋于向一二线城市集中。根据北京城市实验室（BCL）的街道精度数据研究，2000 年全国 39007 个乡镇街道的平均密度为 873 人/平方公里，2010 年上升到 977 人/平方公里，人口增长的趋势延续，但是这 10 年间依然有 33% 的街道人口密度出现了下降，出现大幅增长的街道仅有 9%。主要增长的区域是长三角、珠三角、京津冀，以及区域中心城市及其周边。

人口流动趋势加上土地供应的长期瓶颈，使一二线大城市的供需缺口压力客观存在。这种结构化差异在房地产市场的表现是，截至 2015 年底，一线城市销售面积同比上升 34%，二线城市同比上升 17%，三四线城市同比上升 22%；百城房地产平均价格，一线城市同比上升 17.20%，二线城市基本持平、同比上升 0.64%，三线城市同比下降 1.47%（见图 5）。

图 5　百城分城市住宅价格指数同比变化情况

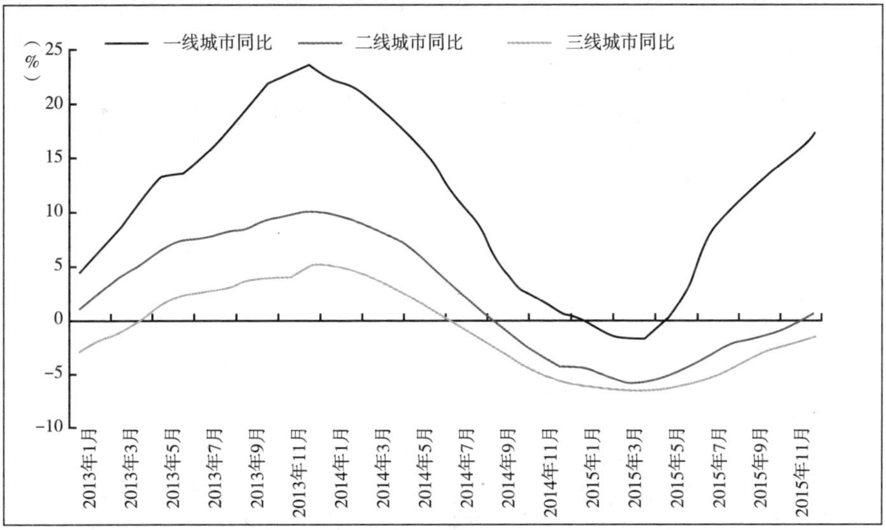

资料来源：Wind 资讯，建投研究院。

（三）房地产销售有所好转

在价格探底回升的趋势下，房地产销售开始好转。2015 年 1 ~ 11

月，全国商品房累计销售 10.93 亿平方米，累计同比增长 7.4%（见图6）。

2015 年 1～11 月，商品房累计销售金额 7.45 万亿元，同比增长 15.6%（见图 7）。

分区域来看，一线城市的复苏速度最快，2015 年 1～11 月，销售额累计同比增速 44.69%（见图 8），销售面积累计同比增长 20.73%（见图 9），销售额增速高于销售面积，说明一线城市房价在上涨；同期二三线城市的反弹相对疲弱，销售额和销售面积增速都在 8%～9%之间，价格基本持平。

（四）房地产开发依旧低迷

在房地产高库存的压力下，房地产投资趋于谨慎，加上房地产开发一般滞后于销售回暖，所以房地产投资增速继续回落。

图6　商品房销售面积变化情况

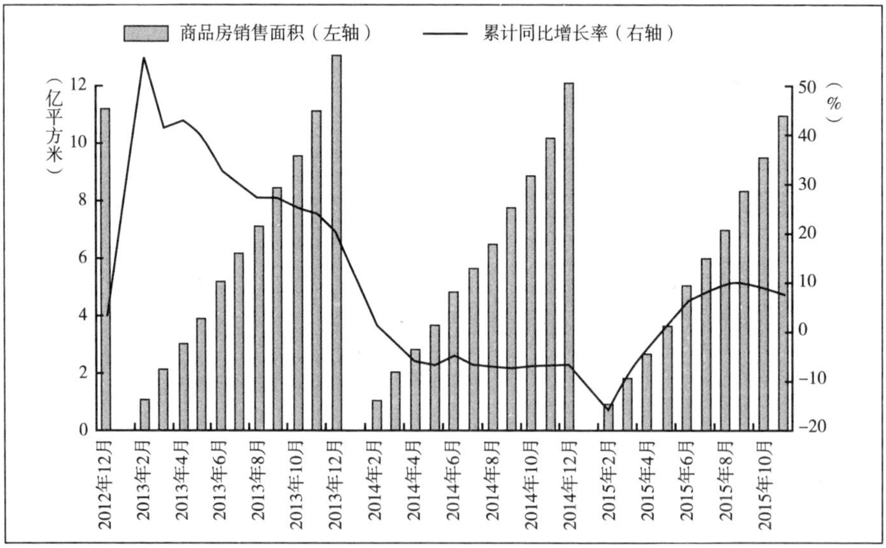

资料来源：Wind 资讯，建投研究院。

图 7　商品房销售额变化情况

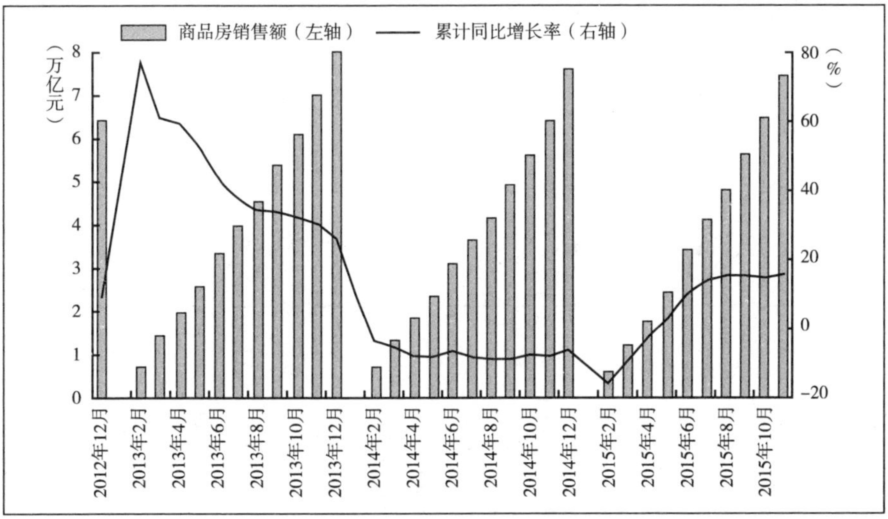

资料来源：Wind 资讯，建投研究院。

图 8　40 个大中城市商品房销售额同比变化情况

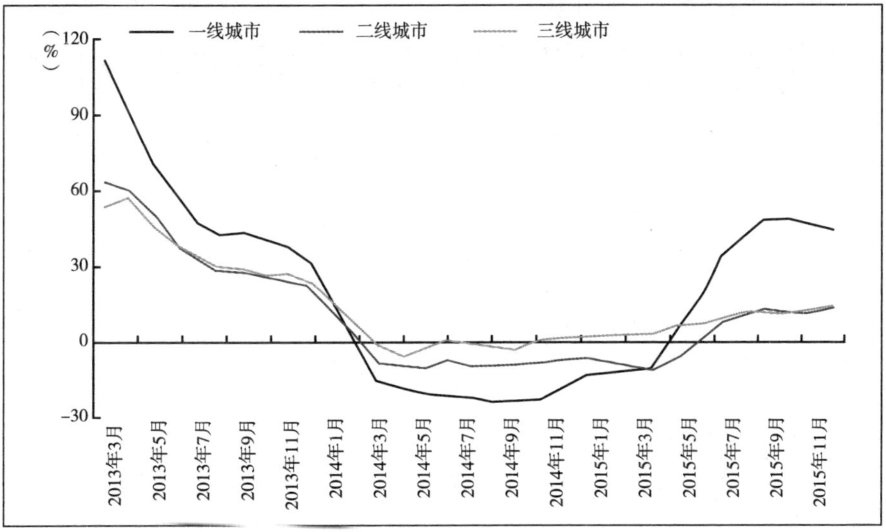

资料来源：Wind 资讯，建投研究院。

图9　40个大中城市商品房销售面积同比变化情况

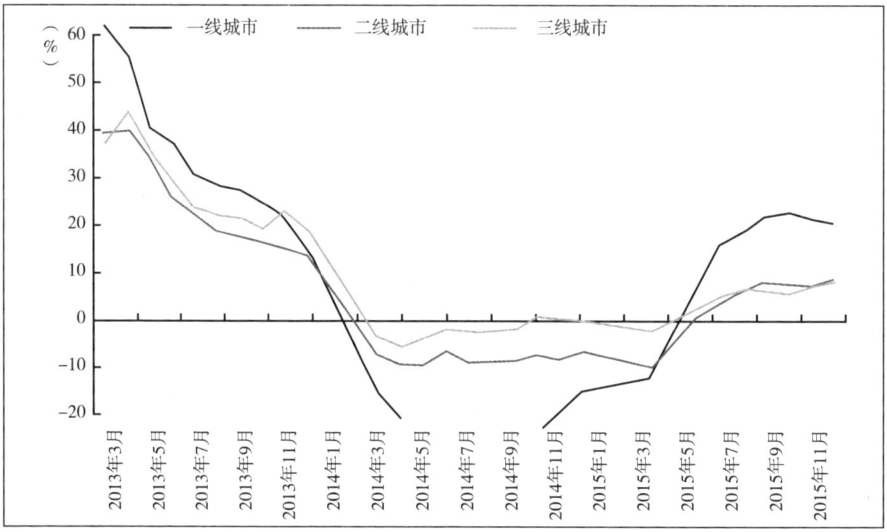

资料来源：Wind资讯，建投研究院。

2015年1~11月全国房地产累计开发投资8.77万亿元，累计同比增长1.3%。相比2014年1~11月累计同比增长11.9%而言，累计同比增速下滑10.6个百分点（见图10）。

图10　房地产开发投资累计完成情况

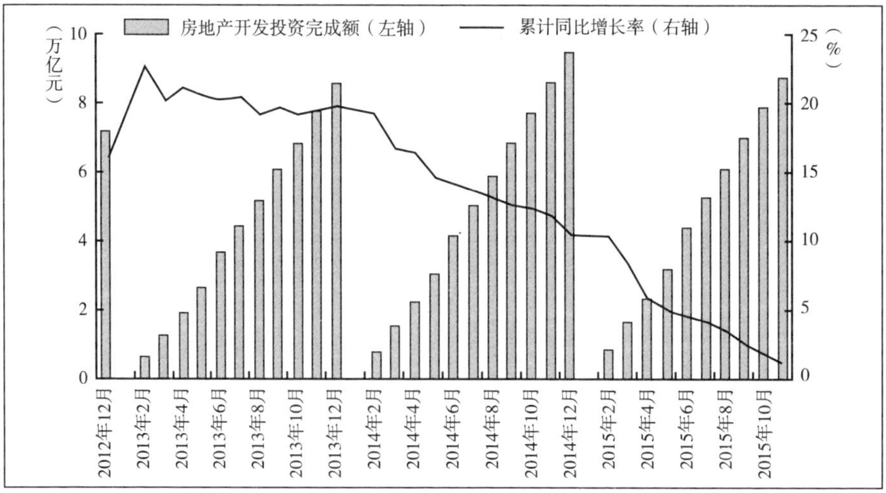

资料来源：Wind资讯，建投研究院。

2015 年 1 ~ 11 月住宅开发累计投资完成额 5.91 万亿元，同比增长 0.7%，占房地产开发投资额的比重为 67.4%（见图 11）。

图 11　住宅开发投资累计完成情况

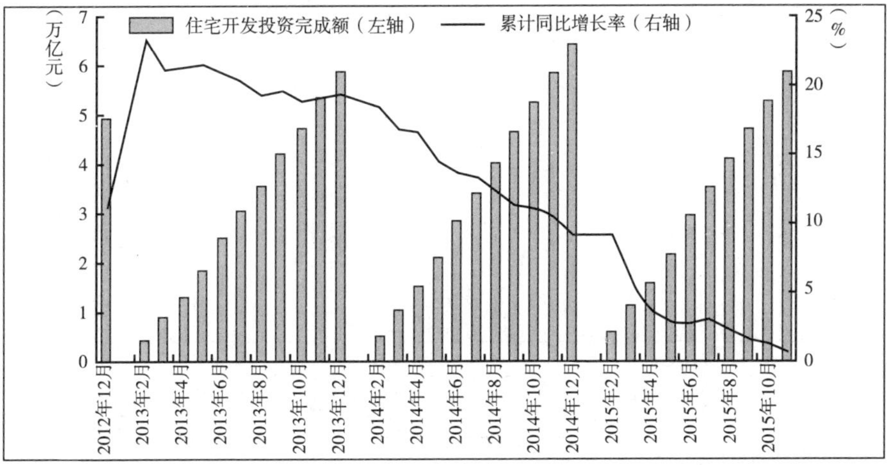

资料来源：Wind 资讯，建投研究院。

房屋销售的好转并未带动房地产新开工面积的复苏，说明房地产商还处在主动去库存阶段。在房屋新开工面积方面，2015 年 11 月房屋累计新开工面积为 14.06 亿平方米，同比下降 14.7%（见图 12）。

图 12　房屋新开工面积变化情况

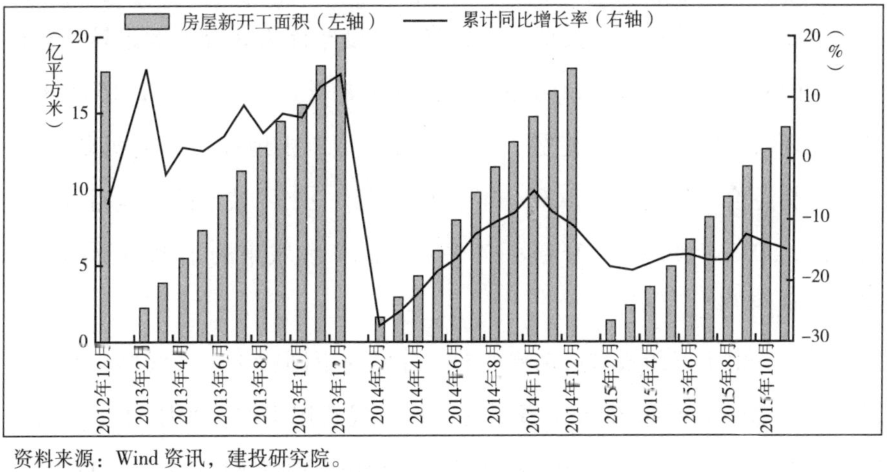

资料来源：Wind 资讯，建投研究院。

在住宅新开工面积方面，2015 年 11 月住宅累计新开工面积为 9.71 亿平方米，同比下降 15.3%（见图 13）。

图 13　住宅新开工面积增长率情况

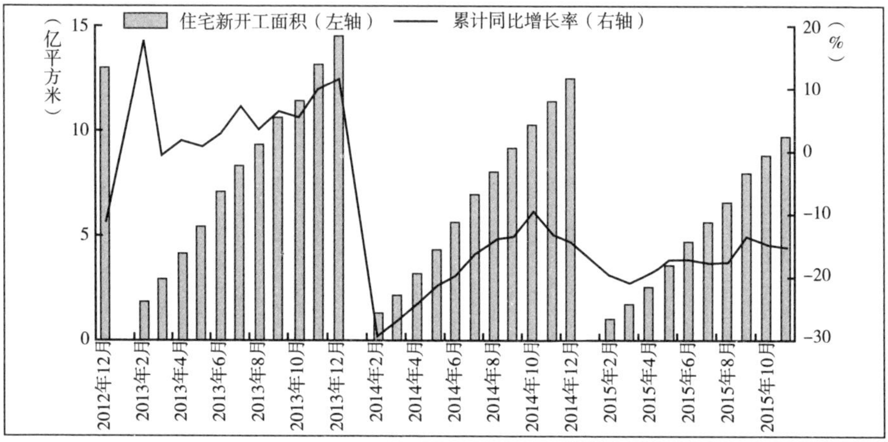

资料来源：Wind 资讯，建投研究院。

（五）土地市场两极分化

2015 年的土地市场呈现两极分化态势。一方面，小型开发商正在加快退出行业的步伐，大幅缩减了土地投资；另一方面，受益于宽松的货币环境以及友好的政策环境，大型开发商前三季度整体去库存的效果较好，存在一定的补库存需求（2014 年的土地投资也是低点），因此，2015 年土地市场呈现明显的前低后高走势，尤其是四季度，土地投资力度明显加强，土地成交溢价率明显上升。2015 年下半年起，一二线城市的土地溢价率一路走高，2015 年 12 月上升到 40% 左右，而三线城市的土地溢价率只有 10%（见图 14）。

另外，由于三四线城市销售疲弱，开发商更倾向于在一线城市和重点二线城市拿地。从 40 个大中城市的土地购置费用来看，2015 年一线城市同比上升约 40%，二线城市小幅增长，三线城市则持续负增长（见图 15）。

图 14　100 大中城市成交土地溢价率

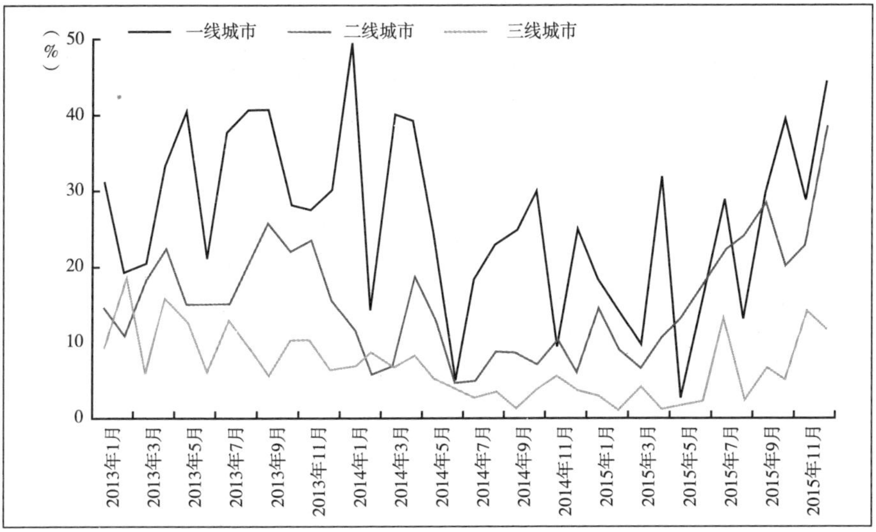

资料来源：Wind 资讯，建投研究院。

图 15　40 个大中城市土地购置费累计同比变化情况

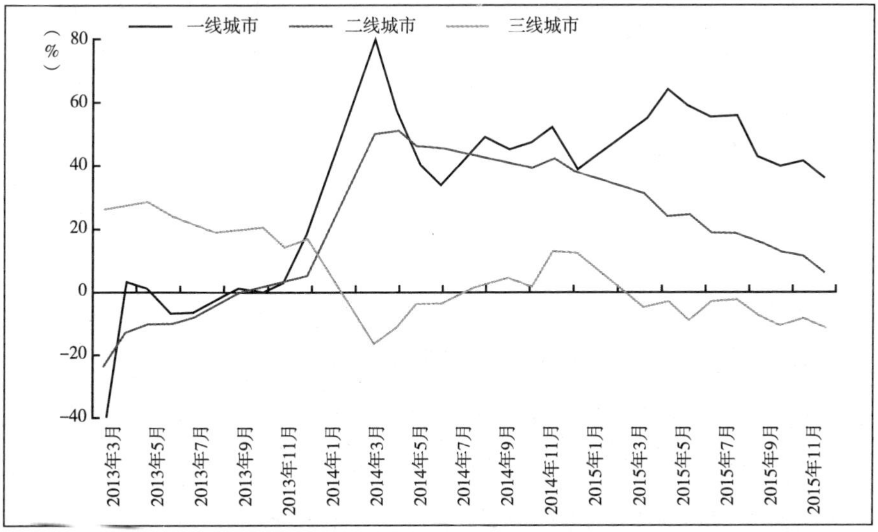

资料来源：Wind 资讯，建投研究院。

（一线城市、二线城市及三线城市土地购置面积累计同比变化情况见图16）

图16　40大中城市土地购置面积累计同比

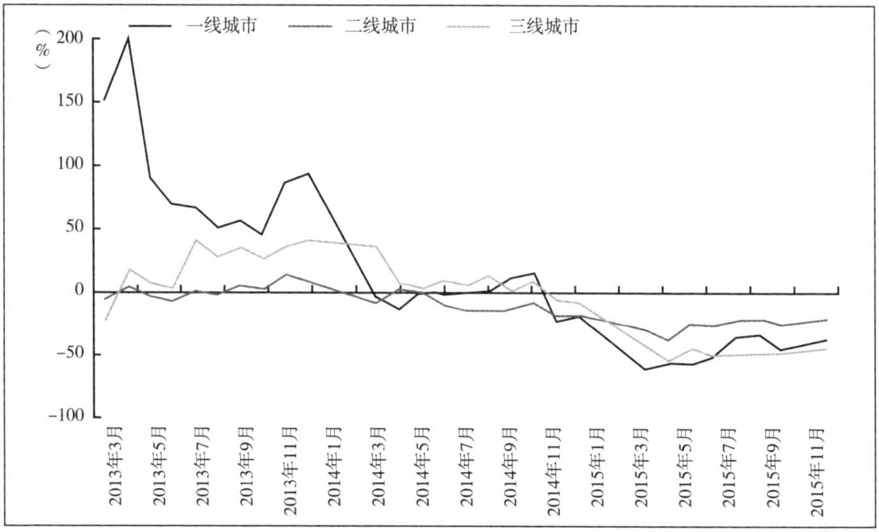

资料来源：Wind资讯，建投研究院。

（六）去库存压力仍大

2015年房地产市场在去库存方面有所进展，商品房过剩情况开始缓解，房地产竣工/销售比例开始回升。2015年11月，商品房竣工面积/销售面积的比例为0.66，住宅的竣销比为0.56（见图17）。

虽然库存总量较高，但是增速下滑。2015年11月的房地产待售面积为6.96亿平方米，同比增长16.5%，增幅同比下降11.3个百分点，库存面积增速自2015年年初以来呈现下滑趋势（见图18）。

截至2015年11月底，20个代表城市可售面积较年初下降6.5%。库存消化方面，自2014年9月以来，成交持续回暖，库存消化时间呈现明显

图 17　商品房竣销比

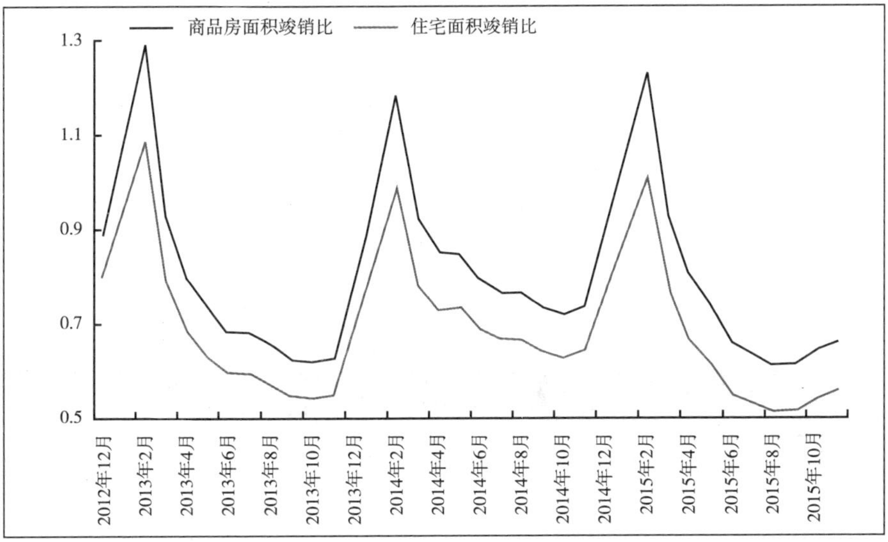

资料来源：Wind 资讯，建投研究院。

图 18　商品房待售面积变化情况

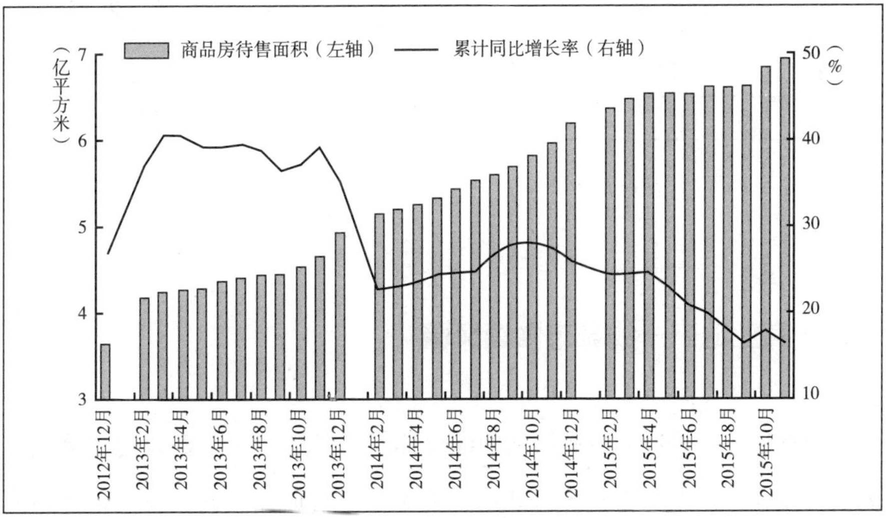

资料来源：Wind 资讯，建投研究院。

下降趋势，截至 2015 年 11 月，按近 6 个月商品住宅平均销售面积来看，20 个代表城市库存消化时间缩短至 10.3 个月，较 2015 年初缩短 3.8 个月。（一线城市、二线城市及三线城市商品住宅库存消化月份数示意图见图 19。）

分城市来看，一二线代表城市商品住宅库存平均消化时间已降至合理水平，库存压力多集中于三四线城市。由于多数三四线城市前期快速扩张，存在过度开发、人口外流、有效需求不足等问题，中长期库存压力较高。

图 19　商品住宅库存消化月份数

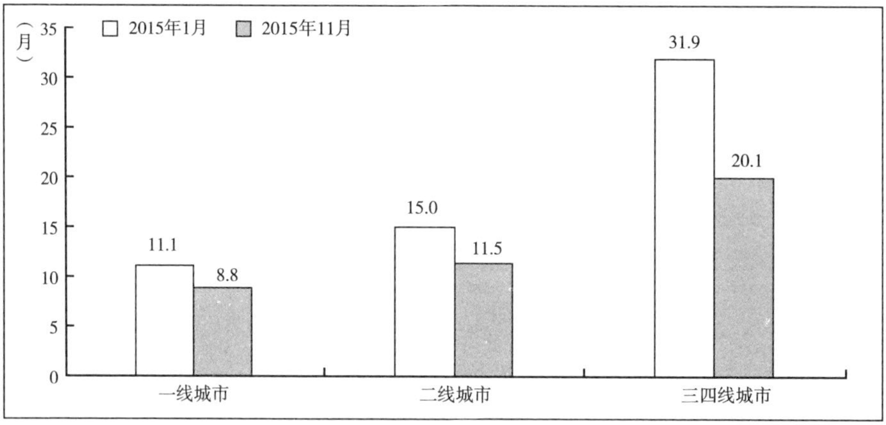

资料来源：Wind 资讯，中国指数研究院。

（七）商业地产一线城市独领风骚

依靠住宅销售反哺持有商业的综合体模式是近年中国商业地产最主流的商业模式，但由于当前楼市低迷、去库存压力加大，这一模式正遭遇困境，尤其是三四线城市问题更加突出。

分区域来看，一线城市的商业地产风险可控，大城市核心区域办公楼、优质商铺的交易和运营状况良好。北上广深办公楼和零售物业的空置率总体呈现下滑趋势，截至2015 年底，办公楼的空置率为5%左右，零售物业的空置率为6%左右（见图20、图21）。

二线城市以及三四线城市商业地产风险持续积累（见图22、图23）。受经济疲软和电商发展的冲击，百货型购物综合体空置率高，尽管租金一降再降，但是供大于求的状况仍在恶化，商业办公楼也有同样的问题。不少以运营为主的商业地产商实际处于慢性失血的状态，以销售为主的开发商也难觅买家，因为商铺不像住宅有刚需性质，目前回报率也低于其他投资品种。由于地方政府不只出让住宅用地，前期出让的地块一般也要专地专用，因此商业地产的风险随库存增加还在持续积累。

图20 一线城市办公楼空置率

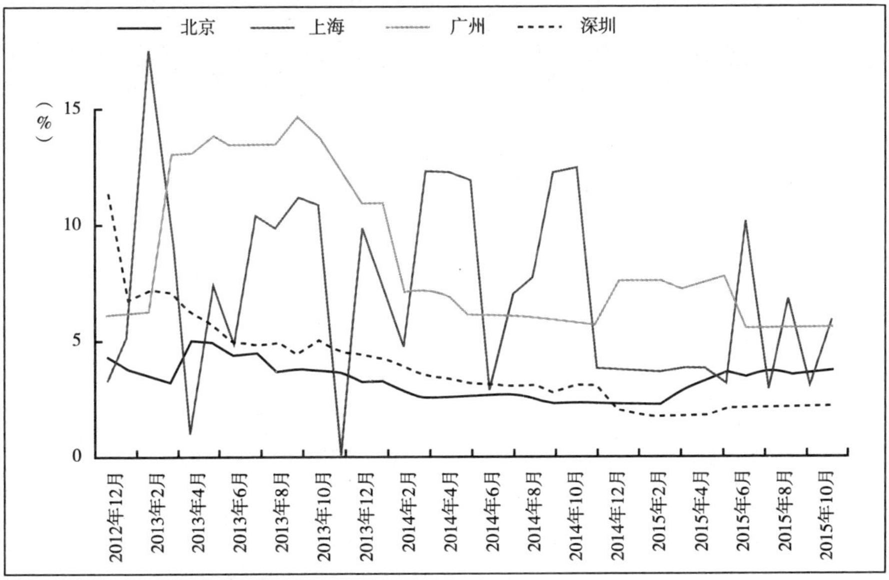

资料来源：世邦魏理仕，建投研究院。

图21　一线城市零售物业空置率

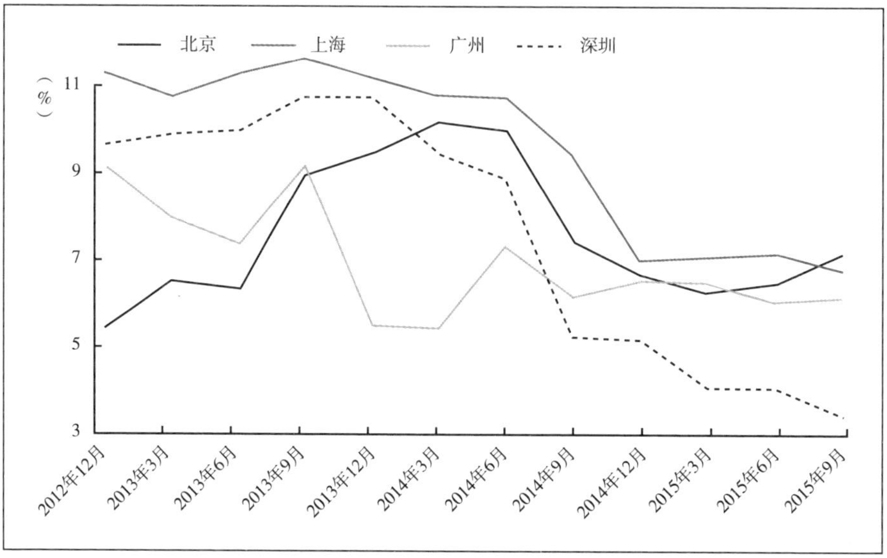

资料来源：世邦魏理仕，建投研究院。

图22　部分二线城市办公楼空置率

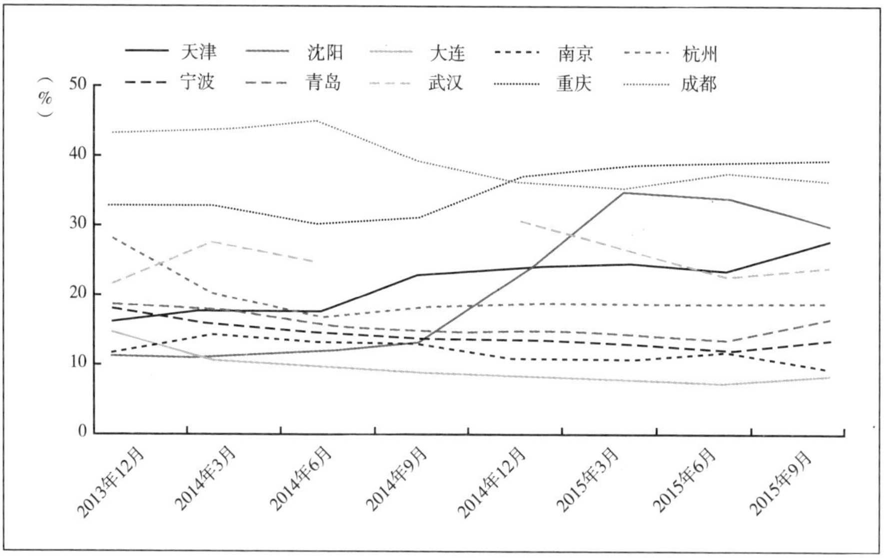

资料来源：世邦魏理仕，建投研究院。

图 23 部分二线城市零售物业空置率

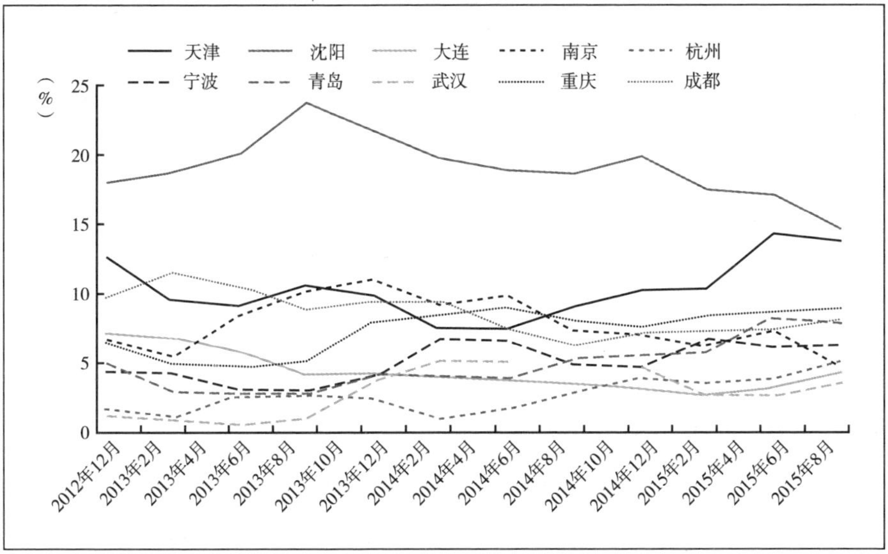

资料来源：世邦魏理仕，建投研究院。

二、 房地产行业发展新趋势

（一） 房地产行业加速整合

中国房地产开发行业格局极度零散，全国有 9 万多家开发商，编制内从业人员 200 多万人，平均每家开发商 30 个人，绝大部分开发商只是项目型公司。这一方面反映出行业的区域性和本地化特征，另一方面也反映出房地产行业过去赚钱容易。龙头标杆企业万科虽然市场占有率持续提高，但也只有 3%。房地产步入白银时代后，新房开发增量空间受限，房价滞胀/下跌制约企业利润空间，房地产市场集中趋势越发明显，销售排名前 20 位的企业正加速扩张，排名 20 ~ 100 位的企业基本保持规模，排名 100 之后的中小型企业很难逃脱关闭或被整合的命运。对于中小房地产企业而言，资金面不容乐观，变卖股权获取资金成为不少中小企业的无奈之举。

2011 年，前 20 家上榜企业的销售金额占整体的 14.87%，此后集中度逐年提高，到 2015 年 11 月提高到了 22.84%；在销售面积的集中度方面，已经由 2011 年的 10.51% 提高到了 2015 年 11 月的 20.11%，寡头集中的趋势更加明显。

拥有品牌和雄厚资金的大型房地产企业通过并购不断扩张市场规模，收拢更多土地储备（见表 2）。一方面，企业通过控股/参股目标企业，或与其他机构合作开发的方式控股企业，进而实现扩张和获得较高利润；另一方面，对目标项目的收购可以帮助企业获得开发资源，扩大布局范围。并购大潮势不可挡，过去十年鲜有并购动作的房地产龙头企业万科也概莫能外。2015 年 10 月 13 日，绿景中国地产的公告显示，该公司已与万科全资附属公司 Wkland Investments V Limited 订立认购协议，据此，万科全资附属公司同意以每股 2.2 港元的价格认购绿景中国地产 3 亿股新股，认购后万科将拥有绿景中国地产 17.81% 的股份。万科收购股权的原因在于，一方面，万科手里拥有丰富的现金流和优秀的项目管理经验，有实力参与并购；另一方面，一手土地市场价格较高，通过收购可以在存量土地市场有所作为。

表 2　2015 年部分大型房地产企业并购情况

并购方	时间	被并购方/项目	交易金额
万科	2015-10-13	绿景（中国）地产投资有限公司	6.6 亿港元
恒大	2015-05-28	武汉三江航天房地产开发有限公司	16.07 亿元
	2015-06-02	中渝置地旗下重庆中渝集团	55 亿元
	2015-07-14	华人置业的成都 3 个住宅及商业办公楼项目	65 亿港元
	2015-10-19	信和置业、中渝置地、华人置业的重庆商住物业	70 亿元
碧桂园	2015-04-30	沈阳浑南新城汇置公园项目地块	
	2015-05-19	东莞售铸地产约 1.1 万平方米的厚街莞太路项目	
	2015-07-28	联合汇联金融收购深圳龙岗坂田片区两个新地块	1440 万元
阳光城	2015-09-07	天安中国房地产有限公司	≦6000 万元
	2015-09-17	杭州铭昇达房地产开发有限公司	≦16.5 亿元

资料来源：　中国指数研究院。

中国指数研究院发布的研究报告显示，2015 年前三季度，房地产行业完成并购案例 176 起，涉及金额 1600 亿元。与 2014 年同期相比，房企并购重组的数量和金额均明显增多（见图 24）。

图 24　近三年房地产开发企业并购情况

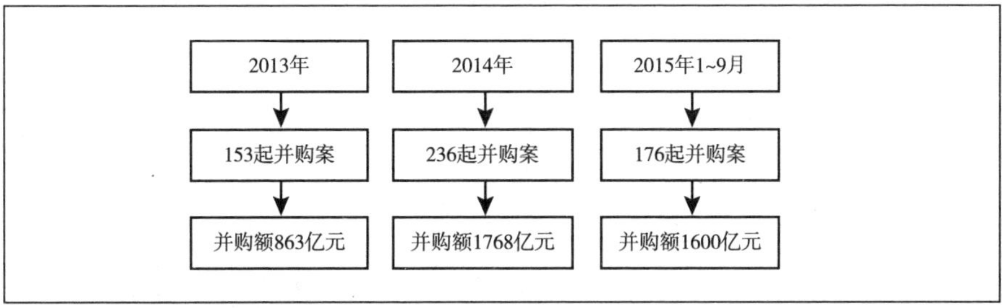

资料来源：中国指数研究院。

（二）房地产企业积极转型升级

随着房地产企业重心向一二线城市收缩，一二线城市的争夺将愈加激烈，城市核心地块价格已透支未来房价上升空间，企业盈利空间被不断压缩（目前大多数项目 IRR 低于 10%）（见图 25）。利润率的下滑迫使上市房地产企业加速转型升级，需通过多元化发展、转型升级和拓展产业链寻求新的利润增长点。

穷则思变，越来越多的开发商正在积极寻求转型。现阶段来看，转型首选是拓展房地产相关产业链领域，利用自身在行业的积累沉淀，积极寻找符合自身特征的创新业务模式，围绕细分市场做多元化发展（见图 26）。

此外，其他转型方向包括（见图 27）：（1）大健康产业。老龄化时代的开启以及政策的大力支持，使得大健康产业以及相关的产业链蕴含着巨大的市场空间，而这一产业成熟度也较高，如果能够得到资源支持，将是较好的转型方向。在这方面转型的公司有绿景控股、天健集团、运盛医疗等；（2）大文体产业。文化体育作为高附加值产业，随着第三产业的占比

图25　房地产上市公司盈利能力变化情况

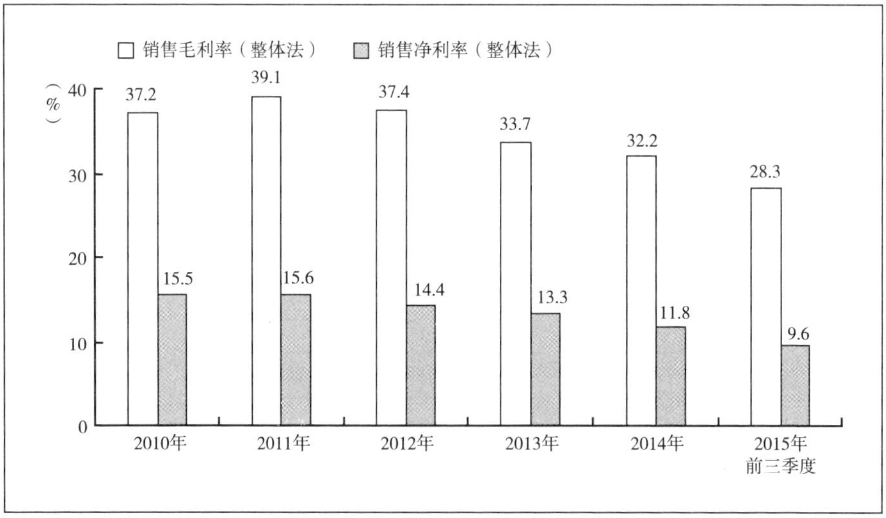

资料来源：Wind资讯，建投研究院。

图26　房地产企业多元化发展/转型方向

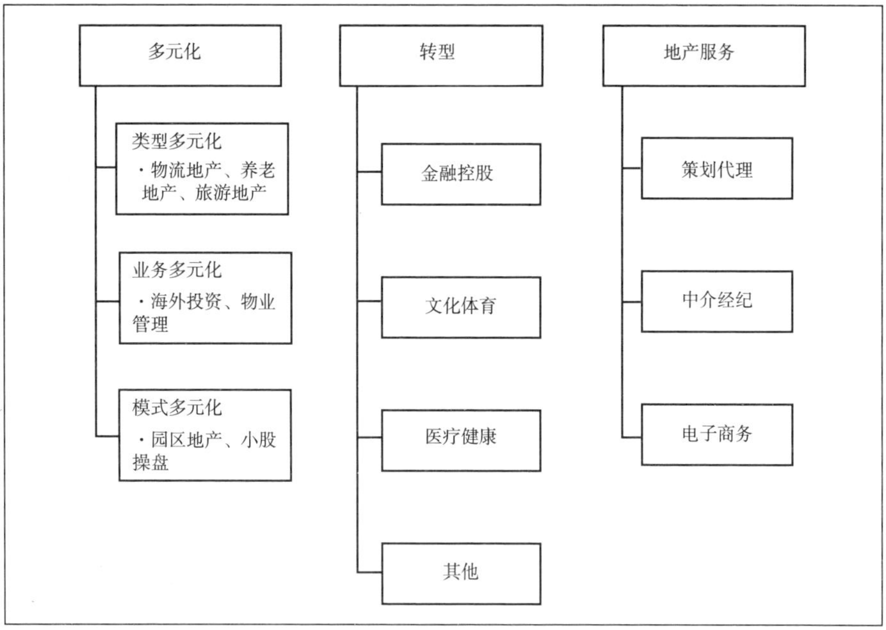

资料来源：Wind资讯，国泰君安证券研究。

上升，具有十分诱人的空间，代表性的公司有苏宁环球、银润投资、莱因体育等；（3）大金融产业。因为房地产开发企业的现金流优势，金融控股也是众多房地产开发商偏重的转型方向，典型代表是海航投资、泛海控股；（4）其他行业。房地产开发企业由于竞争力有限，会寻求地产之外的业务转型，比如华丽家族、实达集团、世纪星源、洲际油气等。

图 27　房地产公司多元化发展/转型方向（续）

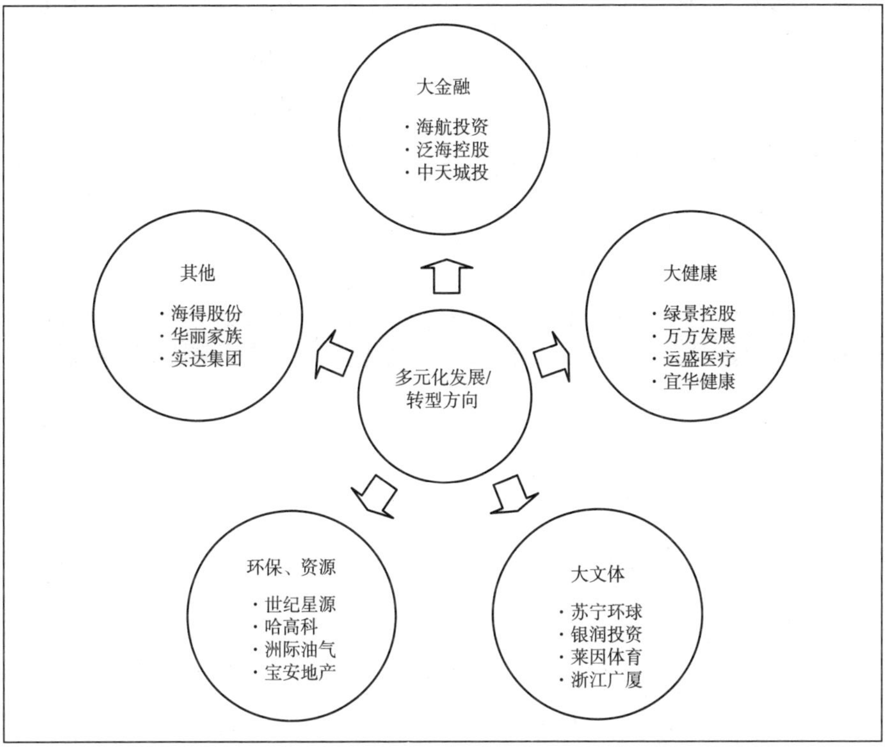

资料来源：建投研究院。

大金融产业是房地产企业具备优势的一个领域。在整个开发、销售过程中，开发商大量使用金融工具，包括拿地款、开发贷款、购房按揭贷款、首付信用贷款，这使得开发商熟悉了金融行业情况。地产商较早利用资本优势，通过收购或申请牌照进入金融业。中国房地产企业前 20 强中，参股银行的包括万科（参股徽商银行），绿地（参股上海农商行、锦州银行、盘锦城商行），恒大（参股华夏银行）等。从2015年恒大收购大东方保险、中天城投收购中融人寿等一系列动作可以看出，房地产开发商在谋求完成金融控股平台的布局。

在大金融领域布局完整的代表性企业是泛海控股。泛海控股自2014年确立“房地产 + 金融 + 战略投资”的转型战略，逐步向金融控股平台转型。2015年在原有证券、信托、期货的牌照基础上，通过收购民安财险加速保险牌照落地，并发起设立担保、基金、再保险、资管、互联网金融等业务子公司，以切入其他金融领域（见图28），海外投融资平台实力进一步增强，2015年公司境内金融产业计划投资累计超160亿元。

从房地产企业转型金融控股平台的效果来看，金融产业盈利能力较强且较快就能贡献业绩，契合开发商的业务发展需要。比如，泛海控股2015年上半年，金融板块占营业收入的比重为46.30%，同比增长50.37%；而较早布局金融产业的绿地集团，2015年三季度金融板块利润增速高达219%。

图28　泛海控股的金融版图

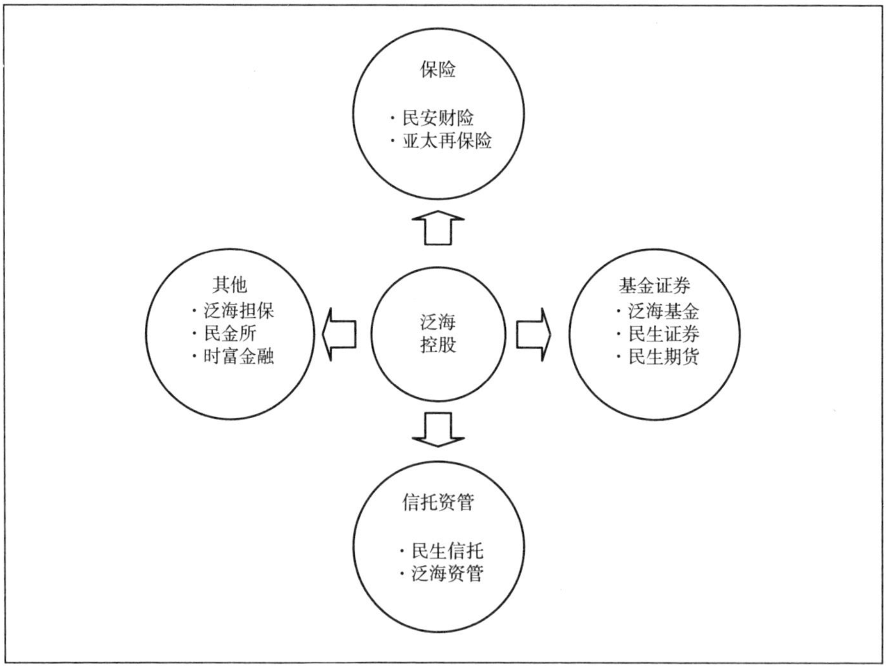

资料来源：建投研究院。

（三）房地产存量市场爆发在即

2013～2014 年是房地产市场的转折点，过去主要靠高毛利拉动的房地产增量趋于见顶，土地购置、银行贷款融资、开发销售变现的原有盈利模式的利润率大幅度下降，与此同时，以房屋经纪、社区服务、存量优化为代表的房地产存量时代来临，再加上“互联网＋”的推动和房地产金融的渗透，房地产存量市场爆发在即（见图 29）。

房屋经纪环节的逻辑在于存量时代来临叠加装修/金融等延伸服务，社区服务环节的逻辑在于消费升级（从有房住到住得更好）以及社区O2O（家庭消费场景的天然入口），存量优化的逻辑在于供给侧整合及对需求的更高效匹配（包括存量改造及平台撮合两种模式，后者即房地产的分享经济），而“互联网＋”和房地产金融，则将为上述交易与服务提供润滑剂。

图 29　房地产存量市场

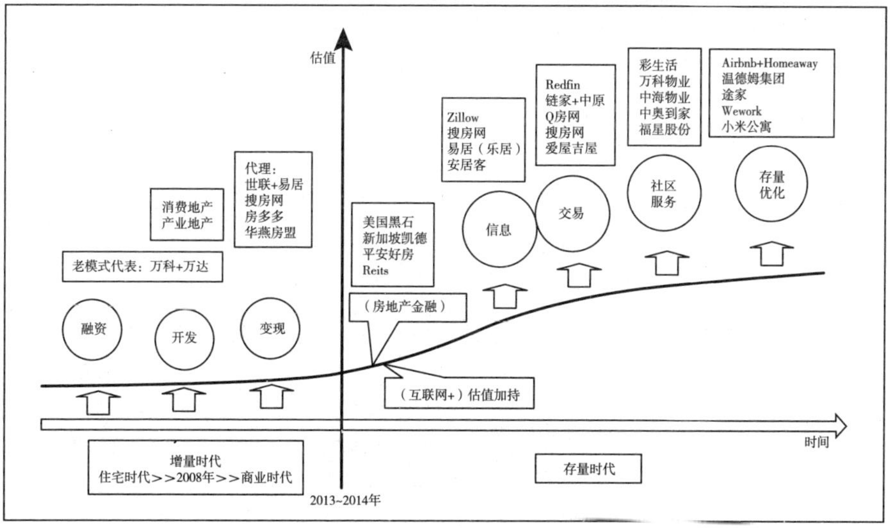

资料来源：招商证券。

1. “互联网 + 地产”及房地产金融深化势不可挡

未来中国地产业必须深耕细作，发展重心必将从开发转移到地产服务，而互联网重构了房地产的生态结构，新房销售、二手房销售、金融服务及家装建材、社区服务等环节因为满足了互联网化的以下四大要素而成为未来发展的重点：①拥有海量的用户基础，具备长尾价值；②根据不动产的固有特性，提供产品 + 服务的非标准化产品；③具有广阔的市场空间；④当前效率偏低，用户痛点多。

此外，房地产与金融在未来几年将深度融合。从宏观大背景来看，我国经济增速正处于逐步下台阶的过程中，传统产业由于产能和供给过剩，资产回报率也在不断下降。自 2014 年 11 月以来，国内无风险利率不断下行，货币和信贷环境的宽松带来了大量低成本资金寻找优质资产投资，优质的不动产资源将成为低成本资金（从而相对较低要求回报率）重要的投资标的，迎来房地产大资管时代。当前房地产私募基金已经有数千亿元，

图30 REITs 的典型结构

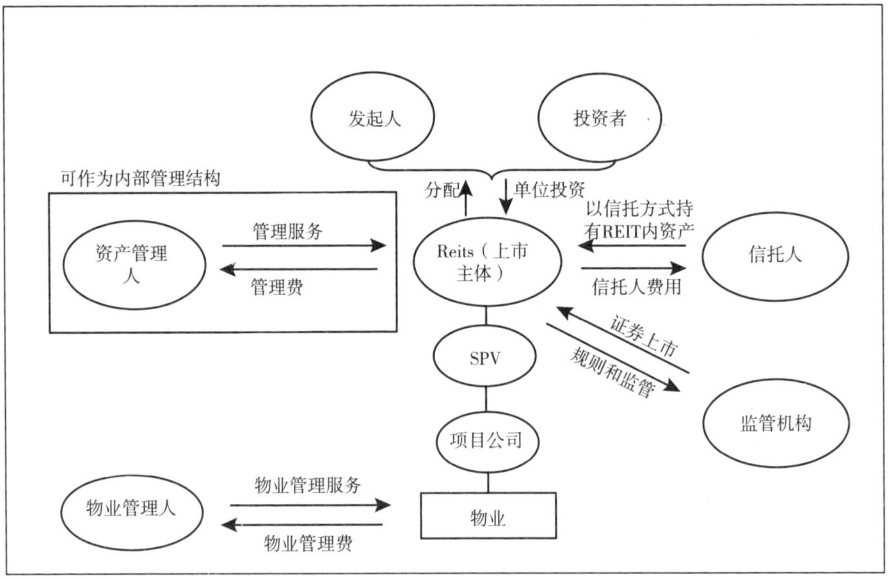

资料来源：长富汇银《REITs 操作要点与国内典型案例比较研究》。

资产证券化通过盘活不动产、信贷资产等，释放万亿流动性，为房地产企业开拓了新的融资路径，将成为未来企业竞逐的新热点。［房地产信托投资基金（REITS）的典型结构见图 30。］

2. 房屋经纪市场待拓展

中国自 20 世纪 80 年代中后期开始进行商品房开发，1998 年之后商品房市场高速增长，截至 2015 年底商品房存量已超过 1 亿套，假设 2015 年之后商品房开发在现有基础上减速 50%，那么 2020 年商品房存量将达 1.6 亿套，这将是一个天量的存量市场，居于全球之首。

存量房市场将会衍生出经纪/装修/金融等一系列服务，其潜在市场空间表现在三个层面：（1）佣金市场，目前中国佣金规模为 300 亿元人民币，预计未来将是一个千亿级市场；（2）广告市场，主要经纪人和经纪公司在互联网媒体的支出，支出比例通常为佣金的 10% ~20%，这是一个 100 亿级市场，这块蛋糕目前主要由搜房、安居客、乐居等媒体公司瓜分；

图 31　中美房地产经纪行业规模比较

	市场空间（亿美元）		主要参与机构	
	中国	美国	中国	美国
广告市场	31	108	搜房 SouFun 安居客 LEJU	Zillow trulia move
佣金市场	191	732	中原地产 CENTALINE PROPERTY HOME LINK 链家地产	REALOGY RE/MAX REDFIN
配套服务	60	224	pinganfang.com 平安好房	FIDELITY NATIONAL FINANCIAL

资料来源：华创证券。

（3）配套服务，主要包括产权保险、抵押贷款、房屋检查、房屋评估及搬迁服务等，这个市场潜在空间巨大，中国目前几乎为0，而美国这是一个200亿美元的市场。（中美房地产经纪行业规模比较见图31。）

3. 社区服务是一片蓝海

房地产进入“白银时代”，价值链从依赖土地升值的开发环节向综合配套服务延伸。我国的住宅产权是70年，前5年是开发，后65年则是社区服务，社区服务才是未来房地产价值链中的大头。（房地产价值链示意见图32。）

图32 房地产价值链

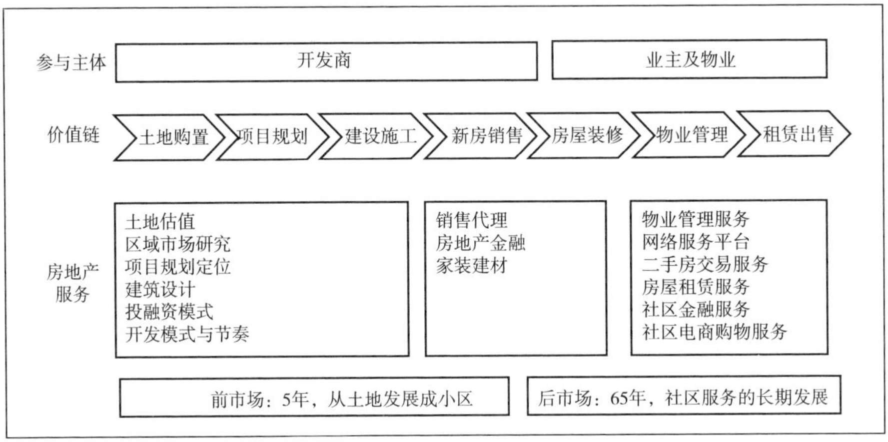

资料来源：中信建投研究发展部。

物业管理是社区服务的基础和入口。中国物业管理协会数据显示，截至2014年物业管理面积达165亿平方米，市场规模达3500亿元，物管费平均近2元/平方米/月；企业数量达11万家，平均管理面积15万平方米，平均年收入只有300多万，意味着绝大多数企业为项目配套型公司，仅管理2～3个小区。管理规模最大的企业彩生活，其市场占有率仅1%～2%，前十名市场占有率合计仅为7.3%，第11～100名市场占有率合计仅为3.1%，市场格局极度零散。综合而言，数千亿元的市场、极其分散的市场竞争格局、满意度低的服务痛点，给龙头企业提供了广阔的发展空间。

社区服务则是另一片规模万亿元的蓝海。在欧美国家，社区商业已占据社会商业总支出的60%以上，而在中国，目前整体水平不足30%。根据发达国家的经验，人均GDP超过3000美元后生活方式会发生巨大变化，商业形态也从商业中心逐步向社区商业转变。截至2014年，全国各大城市的社区数以万计，500户以上的社区具有商业开发价值，500户以上的社区全国约有5万个，约有2500万户，7500万人口。社区服务的“钱景”有多大？根据第一太平戴维斯发布的数据，到2020年，全国住宅物业面积将达到300亿平方米，社区服务消费将超万亿元。长期来看，如果中国社区商业渗透率从30%提高到60%，社区服务支出规模将有翻倍空间。

在社区服务领域中，当前最吸引眼球的是社区O2O，其市场规模达到千亿元。2014年国内社会消费品零售总额约为26.2万亿元，中国社区商业支出占总商业支出约30%，即约为8万亿元；支付服务提供商通常能获取千分之几的支付手续费，从而带来至少百亿级的支付市场；商业引流可以获得百分之几的返佣，对应每年千亿级市场。加上广告、社交网络等市场，社区O2O的年市场规模至少可达千亿级。

得益于便捷度（最后一公里）和高用户黏性，社区是O2O的极佳导流入口。彩生活上市标志着社区O2O的元年开启，目前行业正处于探索阶段，物业/开发商/房产电商/互联网公司正从不同视角切入，行业发展迎来了爆发，不过由于商业模式尚未成熟，在大发展两三年后行业会面临洗牌（见图33）。

4. 存量优化

存量优化商业模式的本质是对供给端低效资源（主要体现为一定的空置率和住房质量不高）的整合，以及对需求端的更高效匹配，同时以“互联网+”为基础工具。存量优化主要包括存量改造和平台撮合两种模式（见图34），前者主要包括青年公寓/民宿改造/联合办公等业态（收房/改造/出租)，后者主要包括民宿分享/分时度假交换（房地产领域的分享经济）。这个领域的市场规模暂时不大，市场仍需培育，盈利模式尚待 O2O 公司挖掘。

图 33　房地产后市场潜力巨大

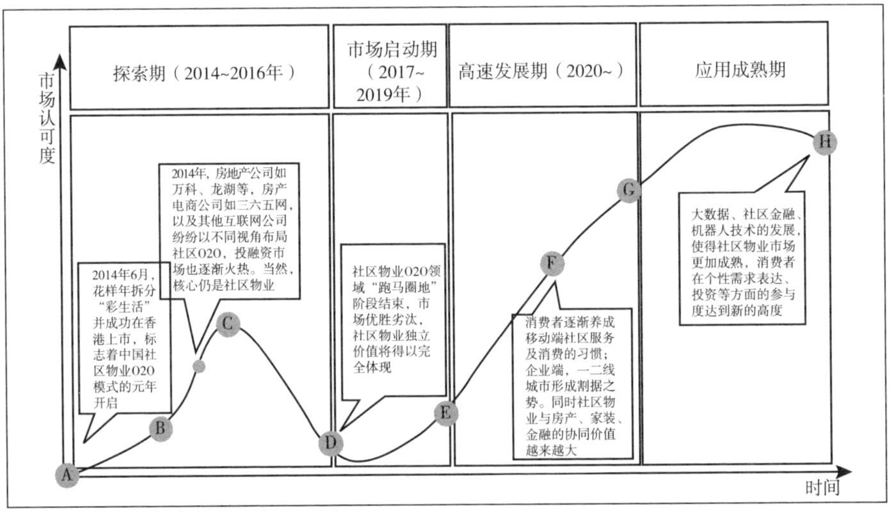

资料来源：易观智库，招商证券。

图 34　存量优化的发展模式

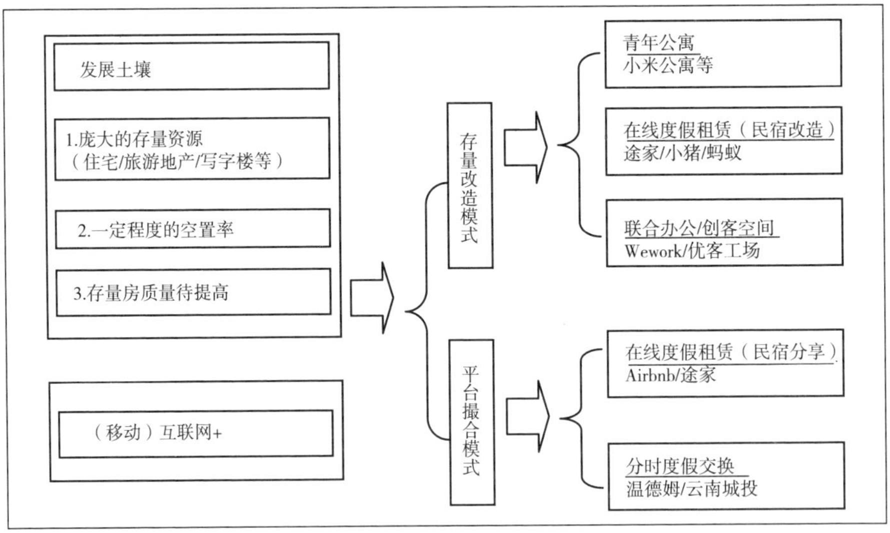

资料来源：易观智库，招商证券。

三、 2016 年房地产市场展望

1. 政策继续宽松

从各线城市来看，2015 年的房地产政策对一线及部分二线重点城市的影响较为明显，房价已出现快速上涨势头，而三四线城市库存压力仍然较大，需宽松政策进一步助力。

在中央提出化解房地产库存，促进房地产业持续发展的背景下，2016 年政策仍将鼓励住房需求，继续放松货币信贷及财税政策，进一步放松限购，在降低首付和公积金异地使用等方面将会有所突破；同时也将通过加快农民工市民化，推进以满足新市民为出发点的住房制度改革，扩大有效需求，稳定房地产市场，鼓励产业地产、养老地产和旅游地产等发展。

此外，还可能效仿美国建立政策性住宅金融机构，增加住房消费有效需求。通过改革住房公积金制度，将各地住房公积金管理中心整合为国家住房银行，向缴存住房公积金职工提供低息住房贷款，可以增加中低收入家庭住房消费需求。

在促进房地产消费需求的同时，供给端调节力度将加大，将加大对企业投资方面的政策支持，继续缓解企业融资压力。在保障房供应上，住建部部长陈政高指出，2016 年将新安排 600 万套棚户区改造任务，继续推进棚改货币化安置，努力提高安置比例；实现公租房货币化，通过市场筹集房源，政府给予租金补贴。

从长期来看，三四线高库存区域去库存仍有赖于地方政府抓住新型城镇化和区域一体化机遇，推进多项措施发展产业、吸引人口流入和就业保障，进而拉动地产需求。

2. 房地产供需弱平衡

一二线城市的库存去化周期已经分别下降至 9 个月和 11 个月，库存水平的下降将支撑销售均价上涨，而总可售资源的减少将令销量受限，有力支撑售价平稳增长。同时，一二线城市土地持有量持续减少，2014 年土地购置面积同比下降 20%，2015 年继续下滑，因此房地产可供应量持续减少。随着新增供应的下降，预计一二线城市的消化周期可能进一步缩减，2016 年房价继续上涨概率大；三四线城市库存压力仍较大，预计在政策呵护下将逐渐止跌企稳。

在经济存在下行压力、政策促稳房地产的背景下，预计 2016 年全国房地产市场将呈现销售面积略有下降、新开工企稳、投资低速增长的特点。在需求方面，2015 年市场超预期回暖透支部分需求，加之刺激政策的边际效应趋弱，预计 2016 年商品房销售面积为 13 亿平方米，与 2015 年基本持平。在供应方面，2015 年以来的销售回暖增强了新开工动力，但库存高位降低了开工意愿，预计 2016 年全国新开工为 15 亿平方米，同比有所萎缩；由于一二线城市房地产开发热度相对较高，推高了单价，所以预计房地产开发投资额为 9.5 万亿元，同比基本持平。

3. 房地产市场加速转型

在房地产市场疲弱的背景下，房地产整合将加快进行，2016 年的并购规模将继续扩大，预计全年案例数接近 300 个，并购金额约为 3000 亿元。

房地产多元化发展/转型趋势继续，其中以彩生活为代表的“物业管理 + 社区服务”（见图 35）模式将会得到更多房地产企业的模仿。

彩生活的盈利模式已经不再依赖传统的物业收费，物业服务只是一种手段，其终极目标是通过这种物业服务获取海量客户，从而为搭建商业平台提供流量资源。彩生活的愿景是建立社区 O2O 平台，通过彩生活连接住户和服务供应商，提供全面的社区服务，提高住户的生活质量并且为其提供便利。首先，将基础物业服务标准化后再快速扩张。此阶段需要具备物业基因，彻底改变传统物业中低效、不透明的环节；其次，运用互联网技术将住户变为用户；最后，跨界整合资源为用户提供更好的体验，最终实现用户价值变现。

图 35　彩生活的愿景是社区服务 O2O 服务商

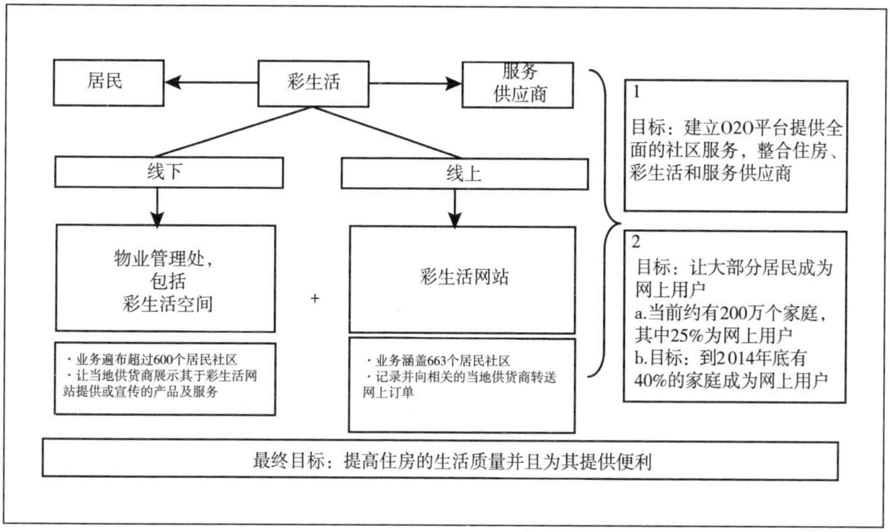

资料来源：彩生活，方正证券研究所。

在政策鼓励下，房地产金融将继续推进，房地产企业将继续积极寻找降低资金成本的融资渠道，综合运用公司债和定向增发、资产证券化等市场化融资方式加速构建多元融资体系。预计 2016 年，房地产金融业务将继续快速扩张：（1）房地产基金募集规模将达到 6000 亿元；（2）REITs 开闸后，预计将会有多达 10 家以上的房地产企业试水；（3）金融机构发行 MBS、ABS 等资产证券化产品的动力更足，全年合计发行产品数量预计会有 10 只左右。

参考文献

[1] Long Y. , Liu L. , 2015, "*Big/open data in Chinese urban studies and planning: A brief review*", Beijing City Lab Working paper.

[2] 杨现领、解睿：《二手房经纪行业：空间有多大？——房地产在线服务系列报告之二》，《华创证券研究报告》2014 年 8 月 20 日。

［3］苏雪晶、赵大震：《社区 O2O：万亿市场空间，得家庭者得天下》，《中信建投证券研究报告》2015 年 7 月 27 日。
［4］赵可、刘义、黄梓钊：《房地产行业 2016 年投资策略："降噪"房地产——去除偏见的雾霾》，《招商证券研究报告》2015 年 12 月 7 日。
［5］乐加栋、郭镇、金山：《房地产行业 2016 年年度策略：展望地产新格局，挖掘行业新机遇》，《广发证券研究报告》2015 年 12 月 15 日。
［6］王琳、杨侃：《2016 年地产行业年度策略报告：定价权模式之变，迎接行业新机遇》，《平安证券研究报告》2015 年 12 月 17 日。
［7］中国指数研究院：《未来五年（2016～2020）中国房地产市场趋势展望报告》2015 年 12 月 18 日。
［8］中国指数研究院：《中国房地产市场 2015 总结 &2016 趋势展望》2015 年 12 月 18 日。
［9］苏雪晶、陈慎、刘璐、赵大震：《拥抱金融化　寻找新跑道》，《中信建投证券研究报告》2015 年 12 月 21 日。

2015年海外并购市场发展回顾及2016年展望

闫凌云　方少含

闫凌云，中国人民大学金融学硕士，现就职于建投投资有限责任公司研究部

方少含，美国马里兰大学金融学硕士，现就职于建投投资有限责任公司研究部

投资提示

- 全球对能源行业的并购热度持续低迷，相反代表高技术生产力的制造业、科技以及消费行业成为全球并购买家的新宠。

- 以往由国企主导的资源驱动型海外并购逐步向竞争驱动型海外并购转变。

- “一带一路”为海外并购创造了新的机遇。除基础设施、能源电力、文化旅游等领域外，“一带一路”沿线国家在承接中国制造业转移方面存在巨大的潜力。

- “一带一路”将形成巨大的融资市场，债券、资产管理、保险等资金需求将持续增长。

- 随着我国企业“走出去”的不断深入，中国企业海外并购将会迈入新的阶段，其加速发展的主旋律不会改变。

- 中国企业在海外并购过程中要肩负起全球公民的社会责任，围绕为海外企业、市场、社会创造价值的观念进行海外并购与合作，形成中国企业与海外市场的正反馈环路。

一、 2015 年海外并购市场回顾

（一）国家政策变化

在过去的十多年间，中国企业海外投资、经营一直是中国政府和社会各方关注的焦点。中国政府也出台了一系列政策及指导性文件，促进中国企业在资本和业务上走出国门，在海外实现可持续发展。自 2000 年以来，在中国政府颁布的相关政策、法规中，与中国对外投资合作有关的就有三十余项。细数近几年的相关政策方向，主要包括以下三个方面：一为国际协调和信息透明的加强；二为“一带一路”政策下新战略的确立；三为多元化融资渠道的建立。

1. 国际协调和信息透明的加强

为实现中国企业海外并购的可持续发展，中国国家商务部、国家税务总局和海关总署等机构在推进国际事务协调方面，做出了很大努力。在投资保护协定方面，截至 2015 年底，中国先后同 100 多个国家和地区签订了双边投资保护协定；同时，中国与东盟、新西兰、新加坡等多个国家和地区签署了含有投资内容的自由贸易区协定或优惠贸易安排，这将在未来资本、贸易互通的过程中发挥积极的作用。在税收协定方面，从 20 世纪 80 年代开始，经过 30 多年的努力，国家税务总局在对外谈判过程中，本着合作共赢的原则，代表中国政府签订的税收协定相关政策网络已经延伸并涵盖了全球六大洲，101 个国家和地区，基本覆盖了中国主要的投资来源地和对外投资目的地，在税收秩序上有效维护了中国与投资东道主国家的相互利益。截至 2015 年底，中国海关总署共签署双边合作协议文件 134 个，涉及 73 个国家和地区，这些协议文件以“监管互认、执法互助、信息互换”为核心内容，完善了海关间的沟通联系机制，促进了贸易便利合作，改善了企业对外投资环境。

自2009年以来，商务部连续6年编写发布覆盖超过160个国家（或地区）的《对外投资合作国别（地区）指南》（以下简称《指南》），在提供权威跨境投资合作信息，提高海外并购投资经济收益和社会效益，降低对外投资合作风险等方面，发挥了突出的作用。《指南》提供的信息包括：东道主国家政治、经济、社会、文化等投资相关环境；办理东道主国家投资手续的详细流程；与当地政府、工会、居民、媒体等建立并维持良性关系的建议；突发紧急事件情况下的重要联系人信息等。《指南》已经成为海外并购的敲门砖。同时，商务部编印并发布了《中国对外投资合作企业建设文件汇编》（以下简称《文件汇编》）。《文件汇编》收集整理了成功指导和支持境外企业建设的各类政策文件，使缺乏海外投资经验的企业进一步熟悉相关的政策法规，进一步指导企业依法合规经营、积极履行社会责任、提高生态资源和环境保护意识、加速利益文化的融合。①

2. “一带一路”政策下新战略的确立

2015年3月28日国务院授权发布了《推动共建丝绸之路经济带和21世纪海上丝绸之路的愿景与行动》，明确指出了丝绸之路经济带和21世纪海上丝绸之路（简称“一带一路”）的时代背景、共建原则与理念、框架思路、合作重点、合作机制以及中国政府应积极采取的行动，等等。“一带一路”作为“十三五”规划和中长期发展规划的重要内容，将在海外并购方面充分发挥战略引领作用，对加大联合出海力度，推动高效产能和资本的合作具有重大意义。

在“一带一路”战略的实施下，中国的并购浪潮有望进一步推进。“一带一路”赋予中国企业进行海外并购新的主题。在投资重心方面，中亚、东欧、东南亚、北非等发展中国家将会持续受到资本的关注，而高铁、电力、通信、汽车和飞机制造以及电子装配加工等领域将成为新的重

① 中华人民共和国商务部：《中国企业海外可持续发展报告》，2015年。

点投资领域，并将带动工程机械等相关领域跨国并购的持续活跃。

毫无疑问，“一带一路”带来的巨大投资机会将使中国的海外并购发生很多新的积极变化。以基础设施建设为主的“一带一路”规划，不仅将为中国企业通过并购获取更多的投资盈利提供机会，而且也将会推动各个行业通过海外并购实现技术创新、经营创新。

3. 多元化融资渠道的建立

在资金融通方式上，金砖国家新开发银行（简称“金砖开发银行”）、亚洲基础设施投资银行（简称“亚投行”），以及丝路基金将为中国企业走出去提供更加多元化的配套融资服务，而未来人民币国际化的实现也将为中国企业的海外并购项目带来更广阔的融资渠道。2015 年 7 月 21 日金砖开发银行在上海开业，法定资金总额 1 千亿美元。金砖开发银行是一个全球性的开发银行，是金砖国家集团的一个国际发展援助机构。与世界银行不同，金砖开发银行旨在在基础设施投资领域为全球发展作出特殊贡献，将主要以低息贷款方式资助金砖国家以及其他发展中国家的基础设施建设；亚投行是一个区域性多边发展援助机构，将成为包括亚洲开发银行、非洲开发银行、泛美开发银行、加勒比开发银行等众多区域性开发银行网络中的一员，其架构和运营方式也将与现有的地区开发银行相似；丝路基金是以中国外汇储备为启动资金来源的开放性政府多边合作基金，目前和金砖银行或亚投行并无隶属关系。丝路基金的设立目标是为实现“一带一路”战略和各国互联互通服务，其投资方向为跨境基础设施建设，类似于产业基金。

金砖银行、亚投行和丝路基金共享的一个关键词是“跨境基础设施投资”。三个新机构都将集中向“一带一路”沿线国家以及其他面临基础设施建设瓶颈的发展中国家进行投资，促进和帮助这些国家发展交通、运输、通信、电力等基础设施建设，将中国和它们连接起来，实现互联互通，推动地区经济一体化。与此同时，这些投资也将促进中国与“一带一路”国家在金融机构和安排上的制度协作。

（二）市场发展变化

1. 中国海外并购交易情况

CVSource 数据库显示，2015 年前三季度，中国海外并购披露金额的数量共 301 起（见图 1），接近 2014 年全年水平，较 2014 年同比增长 30.30%。在交易金额上，2015 年前三季度共计成交 927.52 亿美元，较 2014 年同比增长 90.11%，且超过 2014 年全年成交额（755.91 亿美元）（见图 2）。平均单笔交易金额由 2014 年的 221.67 百万美元上升至 2015 年前三季度的 309 百万美元，但仍低于 2008 ~2013 年的平均单笔交易金额水平，这主要是由海外并购标的所集中行业的变化导致的（见图 3）。

图1　2007~2015 年前三季度中国海外并购案例数量

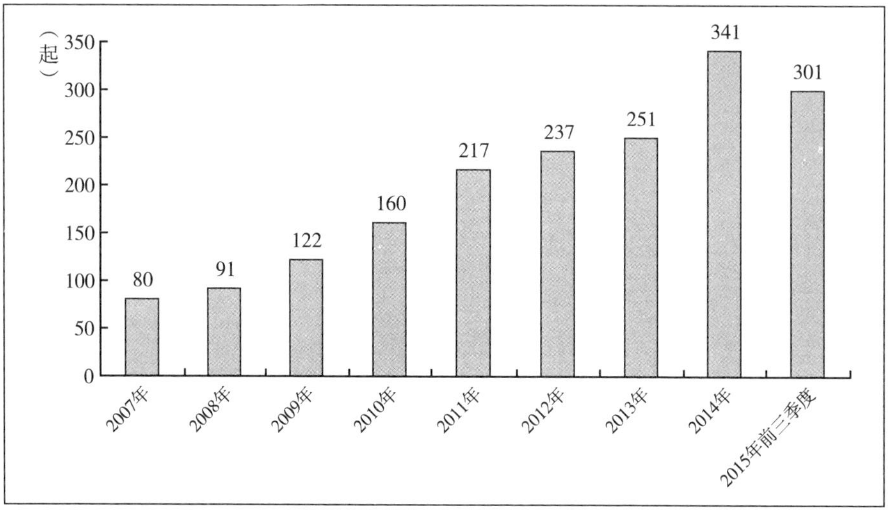

资料来源：CVSource。

2015 年 1 ~11 月，中国交易金额最大的一笔海外并购为中国化工全资收购倍耐力，交易金额约为 70 亿欧元。倍耐力是全球五大轮胎生产商，整个收购完成后，中国化工将拥有乘用胎的高端品牌，同时亦将与倍耐力一

图2 2007~2015 年前三季度中国海外并购交易金额

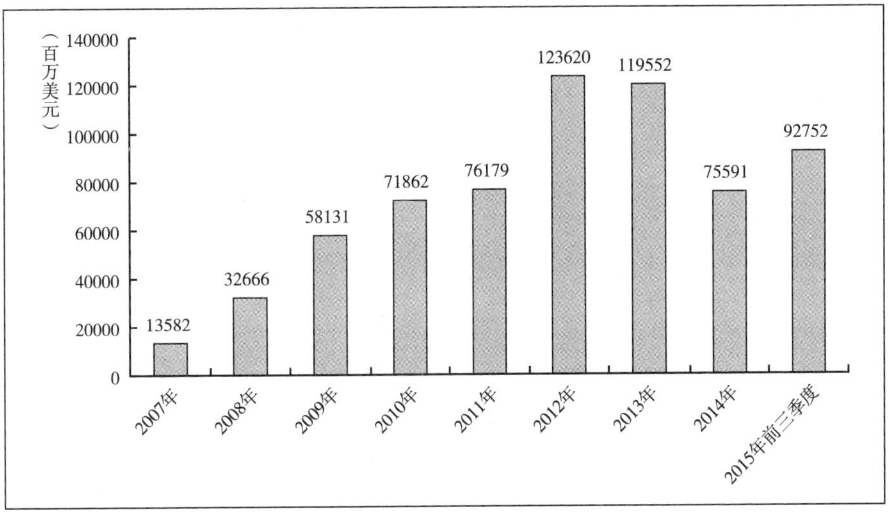

资料来源：CVSource。

图3 2007~2015 年前三季度中国海外并购平均单笔金额

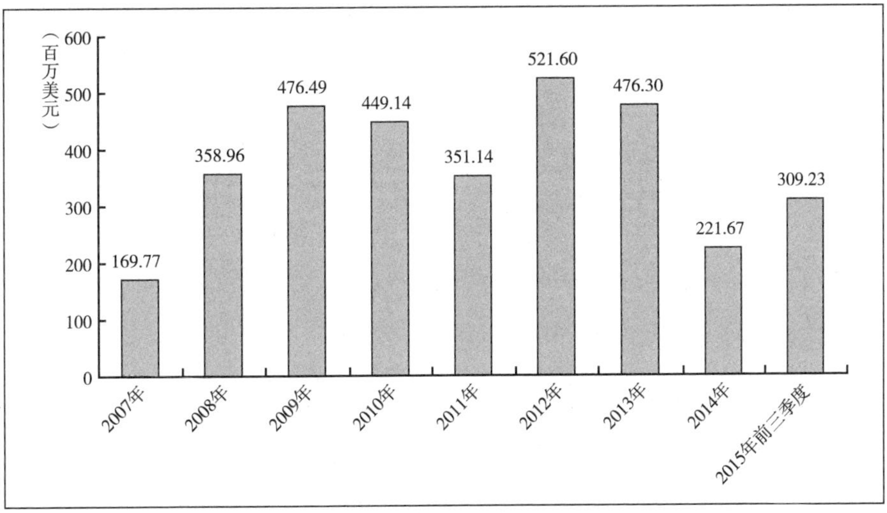

资料来源：CVSource。

起整合旗下的工业用胎业务。从前十大交易案例来看，并购标的主要在欧洲和美国，有 VC/PE 背景的投资人较少（见表 1）。

表1 2007~2015年11月中国前十大（金额）海外并购交易

事件标题	交易金额	计价货币	交易金额（百万美元）
中国化工全资收购倍耐力	70	亿欧元	8547.01
普洛斯收购 Industrial Income Trust 资产	45.5	亿美元	4550
复星国际收购 Ironshore 80%股权	18.4	亿美元	1839.76
万达集团6.5亿美元全资收购 WTC	6.5	亿美元	650
港中旅收购英国 Kew Green 酒店集团100%股权	4	亿英镑	622.08
东凌粮油收购中农钾肥90%股权	36.9	亿元	595.16
海通证券收购圣灵银行100%股权	3.79	亿欧元	462.76
金利科技拟收购摩伽科技100%股权	3.06	亿欧元	374.01
万达院线收购 HG Holdco100%股权	3.66	亿美元	365.7
洲际股份全资收购克山股份	3.4	亿美元	340.5

资料来源：CVSource。

2. 中国海外并购行业估值特点

2015年前三季度，制造业、科技业等行业继续成为中国企业进行海外并购的热门行业。制造业海外并购金额占39.35%，科技业占20.29%，交通运输业占12.61%，批发零售、商务服务，金融业，文化传媒、教育业，住宿和餐饮业分别占9.83%、4.90%、4.09%和3.17%，能源业的海外并购占比仅为3.10%（见图4）。这主要源于以下几方面：首先，内需不足和外部环境的挑战导致中国制造业正处在一个转型升级的过程中，一方面代表高技术的制造业国内严重不足，另一方面落后产能亟须淘汰、消化，中国制造业需要通过并购快速消化吸收国外的先进资源和技术；其次，2015年“互联网+”席卷中国，依托于互联网的科技行业再次受到了买家的热捧，并购总金额较2010年上升了4.6倍；最后，随着消费对推动中国经济增长的作用越来越大，为学习海外知名品牌的成熟模式，消费相关行业在过去几年并购金额上升幅度较快。

从估值上看，2015年前三季度海外并购的估值水平较2014年有所降低。据已披露的数据，平均市盈率由2014年的24.25下降至18.04，平均市销率由2014年的8.69下降至3.18（见图5）。

图 4　2015 年前三季度中国海外并购交易行业分布

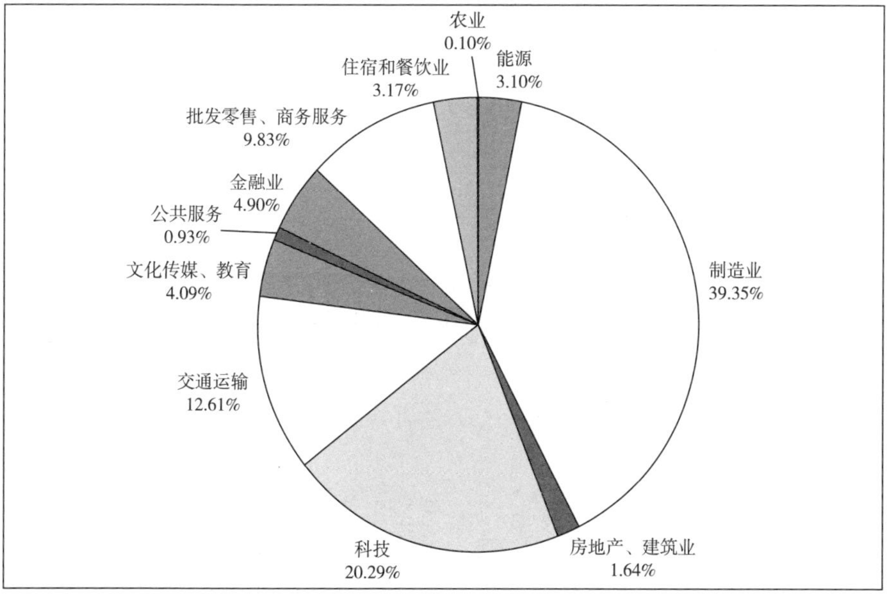

资料来源：CVSource。

图 5　中国海外并购交易平均市盈率

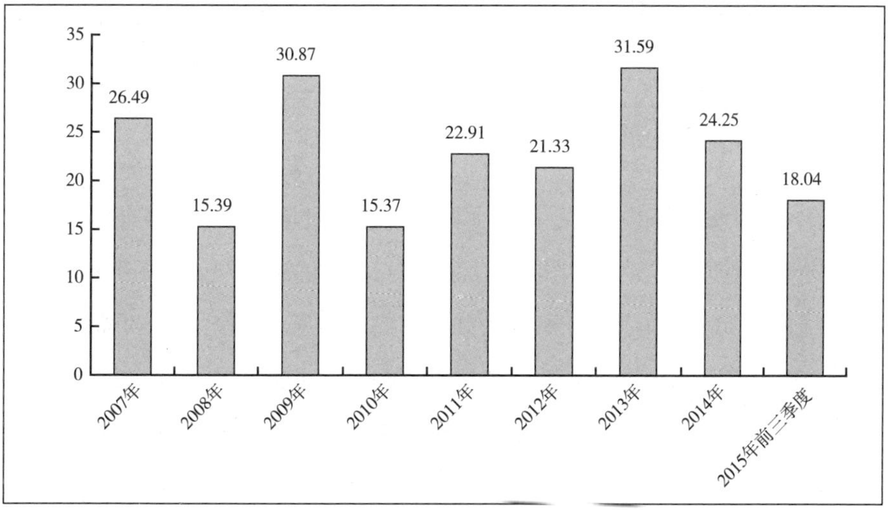

资料来源：CVSource。

3. 海外市场特点

据 MERGERMARKET 机构测算，2015 年全球并购市场规模约为 3.83 万亿美元，较 2007 年的并购高峰 3.66 万亿美元增长 4.5%。2015 年前三季度，全球并购市场交易金额 2.87 万亿美元，较 2014 年同期上升了 21.1%，较 2014 年全年数据仅差 12.1%，其中，超过 100 亿美元交易金额的超大并购交易金额占 38%（见图 6）。

图6　全球市场并购交易金额

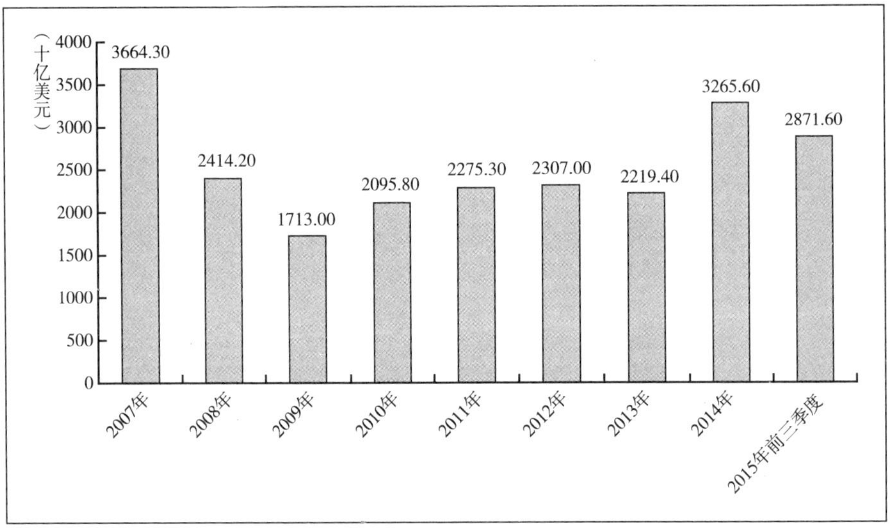

资料来源：MERGERMARKET。

2014 年欧洲市场的并购金额有大幅回升，但回升动力在 2015 年前三季度有所减弱。欧洲 2015 年前三季度并购金额为 6577 亿美元，较 2014 年同期降低 4.2%（见图 7）。英国和意大利成为并购的热门国家，二者合计占欧洲整体并购金额的 46.6%，而 2014 年二者合计仅占 21.6%。欧洲的入境并购金额较 2014 年同期增长 6.8%，达到 2586 亿美元，其中英国入境并购金额占比高达 43.3%。

2015 年前三季度，美联储维持低利率的决定进一步促进了并购的火热，美国市场整体实现并购金额 1.41 万亿美元，数量达到 3374 笔，并购金额已经超越了 2014 年全年水平（见图 8）。由于美国境内的借贷成本较

图 7　欧洲市场并购交易金额

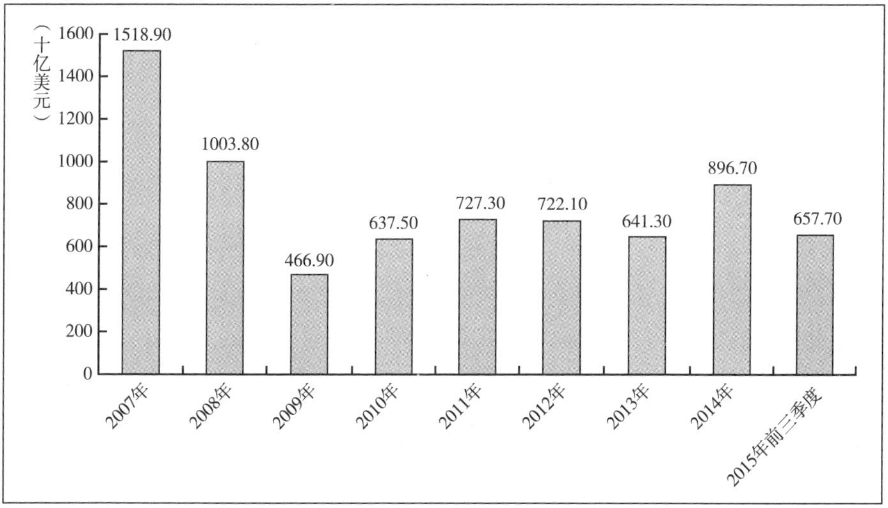

资料来源：MERGERMARKET。

低，境内的并购活动十分活跃，而由美国出海的并购交易则下降明显。美国境内并购金额达到 1.05 万亿美元，较 2014 年同期增长 36%；美国出海并购金额 1735 亿美元，较 2014 年同期下降 26.9%。

图 8　美国市场并购交易金额

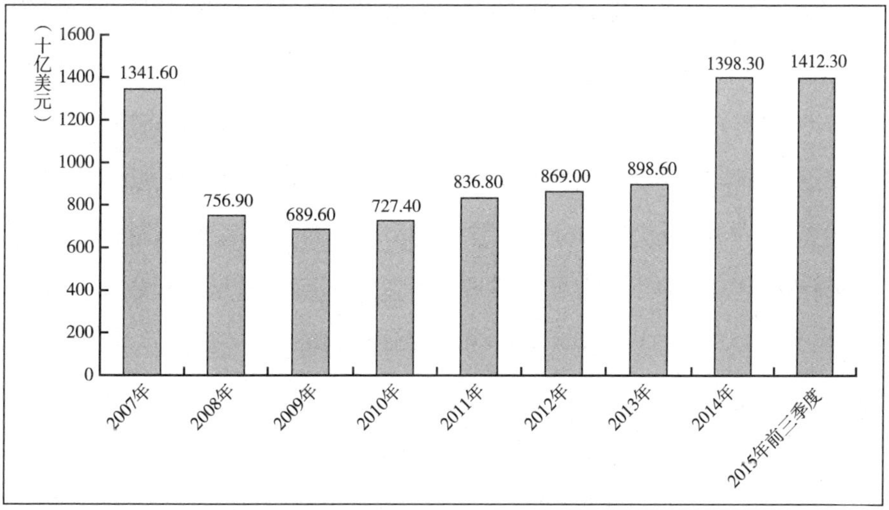

资料来源：MERGERMARKET。

（三）中国企业海外并购面临的挑战

1. 并购战略不清晰

2008年金融危机之后，中国企业怀着“捡便宜”的想法进行海外并购，往往存在并购战略不清晰的问题，这导致中国企业海外并购势头强但失败率高。据BCG测算，中国买家的海外并购交易完成率仅为67%。据专业机构调查，大多数中国企业在描述海外并购战略的目的时含糊不清，缺乏清晰的并购路线图，对于协同效应的理解和实践经验不足。例如，有的企业因为急于做大做强，未作充分研究就盲目进入未知领域进行海外并购；有的企业没有清晰、可操作的海外并购路线图为其海外并购战略提供支持。另外，投行、咨询公司等中介机构未能充分引导企业进行详细的项目研究和准备工作，也令中国企业在搜寻筛选并购标的时困难重重。

在战略方面，实施海外并购的中国企业要能够清晰地阐述目标，同时应该设定阶段性的计划，根据内外部的变化做出适时的调整。此外，战略还应该加强对财务稳健性的重视，并在内部就并购目标的财务稳健性问题划定红线，而不应仅仅限于对历史财务指标的考量。虽然为了完善国际网络布局的并购不着眼于获得短期利益，但对于被投资方的盈利能力则不得不加以考虑。企业的并购战略应该是基于企业自有的战略展开的。企业应该从战略上明确定位、愿景、未来发展规划及全球布局蓝图。在阶段性的发展规划上要明确重点。在条件允许的情况下，应聘请多个方面的专家组成评估小组对标的企业进行深入评估。在并购战略目标的指导下，结合企业内部经营、管理模式和相关制度规定，研究标的公司能否和如何全面并入集团并最大限度挖掘其增长潜力。[①]

① 波士顿咨询公司、中国发展研究基金会：《乘风破浪正当时——中国企业海外并购的谋与势》，2015年3月。

2. 并购后整合困难重重

大量的研究和统计表明，整合是并购的关键，决定最终的成败。所谓并购整合，就是并购双方在并购战略愿景的驱动下，通过采取一系列战略措施、手段和方法，对企业要素进行系统性的融合和重构，并以此来创造和增加企业价值的过程。并购交易的完成并不代表企业战略追求的目的已经达到，关键还要看企业并购后的管理整合效果。

专业机构调查发现，在海外并购，特别是收购发达国家的先进企业时，一些并购企业主观上对自身的管理制度和人员素质缺乏信心，往往通过股权或者其他人才激励的方式，寄希望于进一步挖掘原管理班子的工作动力和潜力，导致固守原有的管理架构和经营方式。这些并购企业管理层在依赖原管理班子的前提下，主观上很难进行重组改革，错过了最适合改革的时间窗口。一些决心进行整合的并购企业往往采取循序渐进的重组改革方式，其中有不少企业在并购时只对整合进行了粗线条的顶层设计，缺乏执行层详细的配套计划和目标，因此在具体实施过程中表现出盲目性，导致并购效果不佳。

另外，由于大多数并购企业缺乏海外管理经验，在未明确海外公司治理结构（海外公司职权范围、决策机制、海外高管派遣机制等）的情况下进行并购后整合，导致在整合的过程中信息流和业务流断裂。除制度缺失以外，文化缺失也是海外并购整合失败的重要原因，缺乏具有跨境跨文化管理经验和对当地运营环境熟悉的高管以及文化习惯和管理风格冲突等问题，也阻碍了一些中国企业海外整合目标的实现。[①]

3. 东道主国家风险犹存

东道主国家风险是海外并购面对的最直接的风险之一，其中不仅包括政治风险，也包括经济风险、社会风险；有来自东道主国家的审批风险，

① 魏涛：《中国企业海外并购动因分析及整合研究——基于无形资源的视角》，西南财经大学，2012 年 3 月。

也有源于东道主国家工会、环境保护组织等民间组织的投资阻力。伴随着中国海外并购数量与规模的不断上升，在总结交易未达成的主要因素时会发现，存在很多由东道主国家的国家风险导致交易无法达成的案例。2015年初，受墨西哥环保组织的极力阻挠，墨西哥政府叫停了中国商品集散中心坎昆龙城的建设项目。此后不久，墨西哥政府宣布取消了价值数十亿美元的中国高铁投标项目。2015 年 3 月，金沙江创投发布消息，由“GO Scale Capital”（金沙江创业投资与橡树投资伙伴联合组成的基金）牵头，亚太资源开发投资有限公司和南昌工业控股集团有限公司等中外资财团支持下的并购基金，欲收购荷兰皇家飞利浦公司（下称“飞利浦”）旗下照明公司 Lumileds 80.1% 的股份，飞利浦将保留剩余的 19.9% 的股份，然而 2015 年下半年，美国政府由 CFIUS 出面表示，由于存在一些没有预期到的隐忧，将暂缓通过这个交易案的放行。这意味着 Lumileds 出售给具有联合财团支持背景的金沙江 Go Scale Capital 的项目或将生变。2015 年下半年另外一起跨国并购项目亦受到了持续关注，清华紫光集团欲以 230 亿美元收购美国科技公司美光科技（Micron），每股收购价为 21 美元。如果美光科技接受此项收购要约，这将成为中国对美国公司的最大一次收购。美光科技又名“镁光科技”，位于美国爱达荷州首府波夕市，目前是全球最大的内存存储与影像感测器生产商之一。主要产品包括 DRAM、NAND 快闪存储器和 CMOS 影像感测器，以及其他半导体元件和内存模组。然而，美光科技认为，清华紫光的并购无法得到美国外资审议委员会（CFIUS）的批准。该委员会有权叫停可能危害国家安全的并购案。同时，美国高官麦凯恩对媒体表示：“我对中国国有企业计划收购美光科技会对国家安全造成的潜在影响感到担忧。美光是美国最后的记忆芯片制造商。”他还表示：“任何收购必须通过国会、五角大楼和其他美国政府机构仔细和彻底的审查。”

近几年，由于中国在国际政治经济事务中的影响力日益增强，一些东道主国家对中国企业特别是国有企业往往存有疑虑和偏见，在此影响下，东道主国家一般不希望在经济上对中国企业过分依赖，对于一些具有国际竞争力、高端技术储备、品牌历史悠久的企业，东道主国家仍然希望把握在自己手上，以保持对本国经济命脉的控制。东道主国家对本国企业的保护意识以及民众对本国企业和产品的民族情结，会引致例如税收风险、外汇管制、限制外资进入某些领域、民族排外意识等海外并购的东道主国家风险。①

二、 2016 年海外并购市场展望

（一）投资领域多元化和竞争要素驱动

从投资的行业领域上看，中国海外并购将继续向多元化领域拓展。根据 CVSource 数据库，我们将按国际标准分类的行业进一步归纳为 11 大行业。2010 ~2015 年前三季度，从海外并购的金额占比上看，能源行业、公共服务行业占比下降最快，能源行业由 2010 年的 50. 88% 下降至 2015 年前三季度的 3. 15%；公共服务行业由 15. 10% 下降至 0. 95%；制造行业由 27. 89% 上升至 39. 35%；科技行业由 4. 62% 上升至 20. 29%；房地产、建筑行业由 0 上升至 1. 64%；交通运输行业由 0. 38% 上升至 12. 61%；文化传媒、教育行业由 0. 38% 上升至 4. 09%；金融行业由 0. 05% 上升至 4. 90%；批发零售和商务服务行业由 0. 77% 上升至 9. 83%；住宿和餐饮服务行业由 0 上升至 3. 17%（见图 9、图 10）。

随着全球经济增速放缓，对能源需求的不断减弱导致了石油等能源价格下挫，全球对能源行业的并购热度持续低迷；相反代表高技术生产力的制造业、科技以及消费行业成为了全球并购买家的新宠。

---

① 于冰、彭亚利：《中资银行海外并购中的问题与反思》，《毕马威行业透视》，2013 年第 5 期。

图9　2010年并购行业分布

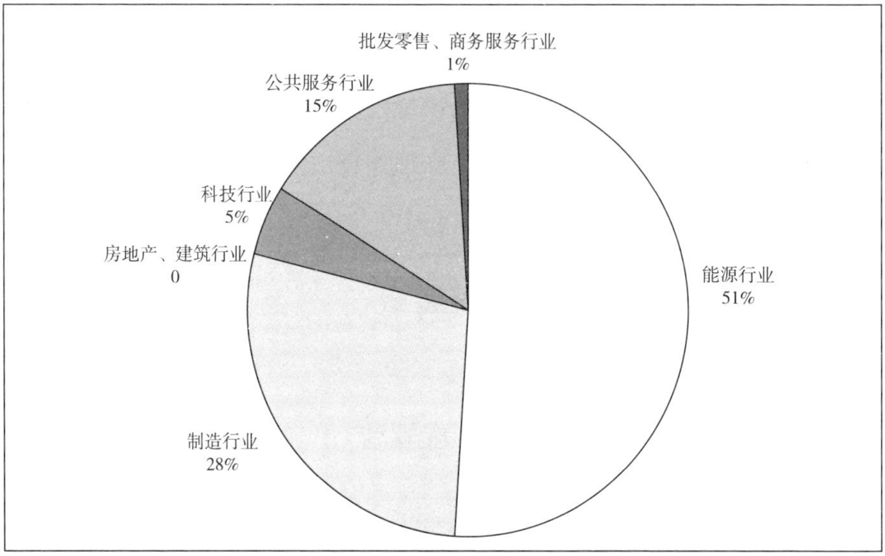

资料来源：CVSource。

图10　2015年并购行业分布

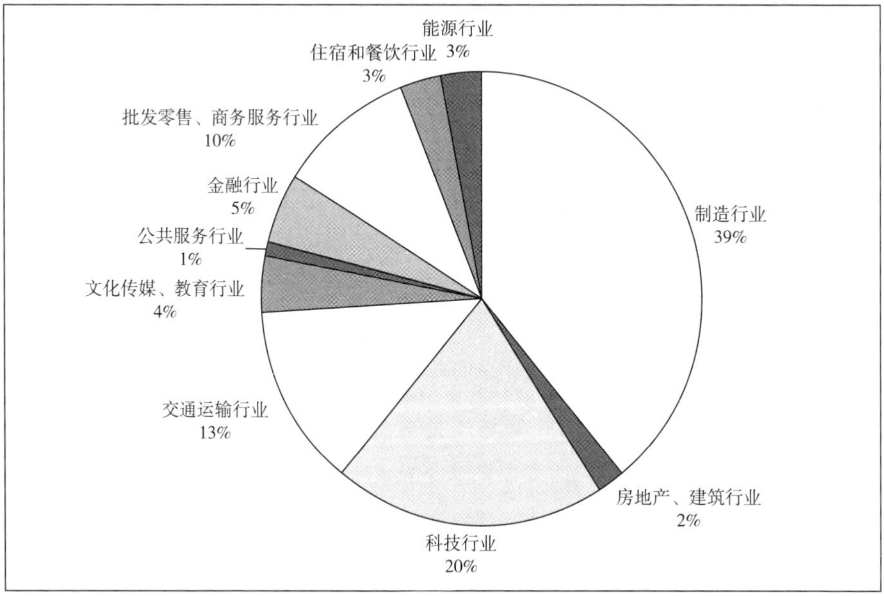

资料来源：CVSource。

随着中国国际化程度的加深，海外并购逐步由资源驱动型向竞争驱动型进行转变，其原因在于：第一，通过海外并购获取海外市场渠道资源、品牌资源，以进一步扩大企业海外市场占有率，寻找新市场，获取更大的市场支配力和更高的市场垄断地位；第二，吸收自身缺乏的核心竞争要素，在吸收技术硬实力的同时，也在不断吸收海外先进的管理经验，培养全球化视野；第三，在自身产业结构不适应经济转型和发展步伐的时候，通过并购实现新的利润增长点，完成业务转型升级和新的资产置换。

专业机构的调查和分析结果显示，过去几年中希望通过海外并购获取能源矿产等战略性资源的海外并购项目占比仅为 20%，而希望获得技术、知识产权或生产能力，进入当地市场，收购品牌的海外并购却高达 75%（见图 11）。

图 11　过去五年中海外并购项目的主要目的

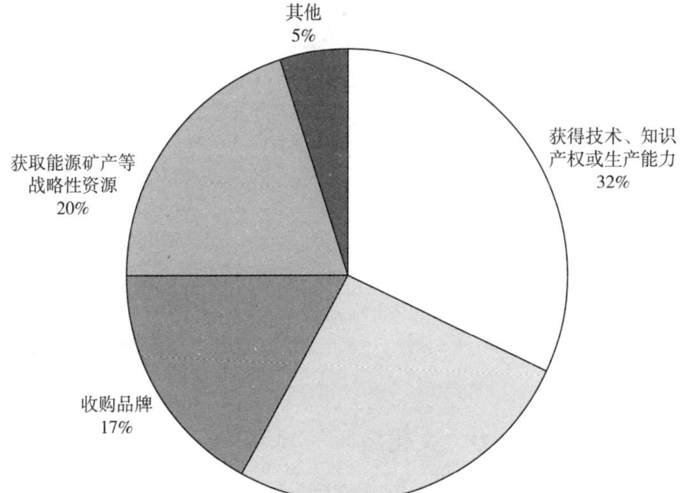

资料来源：BCG 中国海外并购调查 2014，N = 33。

（二）“一带一路”创造了新的机遇

“一带一路”贯穿欧亚非大陆，以政策沟通、设施联通、贸易畅通、资金融通、民心相通等“五通”为主要内容，打造利益共同体、命运共同体和责任共同体。亚洲许多国家基础设施建设薄弱，开展互利合作的前景广阔。同时，“一带一路”对于中国调整产业结构、消化过剩产能及保证能源安全具有重要作用。① “一带一路”沿线涉及60多个国家，基础设施建设正进入加速期，投资总规模或高达6万亿美元。

表2 “一带一路”重点行业

基础设施	1. 亚洲开发银行预测2010～2020年十年间，亚洲基建存在83000亿美元缺口。中国在基建领域的资金、技术等优势有望拓展到相对落后的亚洲国家 2. 亚欧交通运输大通道、泛东南亚铁路、中东南亚及南亚港口、信息基础设施建设等都将提速 3. 各省2015年“两会”政府工作报告上关于“一带一路”基建投资项目规模已达1.04万亿元人民币，跨国投资规模约524亿美元 4. 2015年5月，国务院常务会议进一步部署推进国际产能和装备制造合作，加速铁路、电力等基建项目和装备出海，引领新一轮对外投资热潮
能源电力	1. “一带一路”沿线许多国家具有丰富的能源资源，但面临资金技术瓶颈，合作勘探开发、能源管道及电力设施建设等领域具有广阔发展前景 2. 中国陆上能源大通道建设将加速推进，电力设备出海将会加速
文化旅游	1. 沿线拥有近500个世界文化和自然遗产，但交通、签证、推广、安全等因素制约旅游业发展 2. 中国鼓励企业在沿线投资旅游和提升基础设施。国家旅游局已就未来三年制订了200多项“一带一路”重点旅游项目，未来五年将向沿线输送1.5亿人次游客，带动旅游消费超2000亿美元

资料来源：证券时报、中国政府网《聚焦“一带一路”新机遇——金融铺路、基建先行》。

除基础设施、能源电力、文化旅游等领域外，“一带一路”沿线国家在承接中国制造业转移方面存在巨大的潜力，例如中国在电子信息技术、新材料研发、高铁、核电等高端制造业领域具有优势，可以通过建设经济

① 安永：《聚焦“一带一路”新机遇——金融铺路、基建先行》，2015年8月。

合作区等方式进行产业合作；除此以外，“一带一路”也将形成巨大的融资市场，债券、资产管理、保险等资金需求将持续增长。

（三）中国企业海外并购加速发展的主旋律不会改变

可以预见的是在中国经济未来发展中，并购将成为主旋律。中国的海外并购从 1998 年就已经开始了，并购的数字和规模每年都在增长。过去，中国是通过出口的方式进入海外市场，出口之路走了二十多年，随着全球经济放缓，这一方式遇到了瓶颈。所以，中国企业都有通过海外并购拓展全球市场的强烈愿望。

随着世界经济的发展，成立跨国公司已经成为企业发展壮大的一种方式。跨国公司是指立足于全球化进行生产、销售，拥有全球战略，并置身于全球竞争环境中的大型企业。随着中国企业参与全球化竞争活动的不断深入，以互通有无、优势互补为主要成分的商品贸易、技术交流和吸引外资的方式已经不适应目前全球化竞争环境。其原因有以下几个方面：第一，随着中国经济发展阶段的提升，中国出口商品结构和吸引外资的方式无法推动济增长方式实现实质性的变化；第二，国际上贸易保护主义和多边化同时存在，对单纯依靠传统贸易的发展中国家提出了新的要求，中国企业不得不考虑如何在全球范围内配置资源，在组织经营和思想战略上摆脱对原贸易红利的依赖，开展海外并购的对外直接投资，主动迎接市场转型和全球化浪潮。

2000 年初，中国政府提出中国经济“走出去”战略，将中国对外直接投资提高到国家发展的战略高度。随着中国改革的进一步深化，“走出去”已经成为新一轮的开放重点，对于中国企业直接参与国际竞争、获取外部资源意义重大。实施“走出去”的发展战略，不仅可以提高我国企业在国际市场的核心竞争力，帮助企业利用国内、国外两个市场在全球范围内优化配置资源和生产要素，还能缓解国内产能过剩问题，推动产业结构升级。国家在金融支持、政策支持、审批支持上为中国企业“走出去”保驾护航，这十几年来，成果显著。随着中国“走出去”战略的不断深入，中国企业的海外并购将会迈入新的阶段，其加速发展的主旋律不会改变。

（四）中国企业逐渐成为全球公民

中国是全球第一大贸易大国。继 2009 年我国成为世界第一大出口国后，2013 年，我国外贸发展又跃上新的高度。根据世界贸易组织秘书处初步统计数据，2013 年中国已成为世界第一货物贸易大国。中国企业应该摒弃零和博弈这种的狭隘观念，应以合作为目的，肩负起全球公民的社会责任，围绕为海外企业、市场、社会创造价值的观念进行海外并购与合作，形成中国企业与海外市场的正反馈环路。

“全球公民”意味着要通过多样化的途径，以正面力量和行动来塑造社会。它不仅要求企业实行现代化的企业治理和慈善行为，还要求企业通过承担社会责任，以有利于社会大众需求的方式逐渐成为社会的一员，这一点在海外并购中尤其重要。摒除零和博弈的观念只是践行全球公民精神的开始。在过去的十几年间，中国的产品几乎遍布了全球的每一个角落，全球公民的观念已经开始在中国企业家心中发酵。很多企业发布的履行企业公民责任报告已开始遵循国内或国际通行标准。当然，中国企业在践行全球公民理念的道路上，仍然面临着诸多的挑战。全球公民责任的概念和它能够为企业带来的益处还未被广泛接纳。对于那些希望通过走出去，成长为全球化的公司来说，海外并购不仅仅是金钱和股权的交换，更是信任和理解的互通。想要抓住历史机遇，在全球化中走得更好，这是它们必须具备的特质。

中国建投投资评级

JIC INVESTMENT
RATING

2015 年中国建投投资评级以及 2016 年投资预测

高彦如
金融硕士，中国建投投资研究院研究员，主要研究方向为金融投资、跨境投资

一、 2015 年各投资市场的比较

2015 年我国投资市场规模进一步扩大，无论是基础资产的股票、债券、商品、外汇、黄金、房地产、私募股权投资，还是组合类资产的公募基金、信托、银行理财、阳光私募基金、P2P、“宝宝”类理财等，市场规模以及交易量、投资规模等都比 2014 年有所增长（见表 1、表 2）。得益于 2015 年上半年股市的强劲走势，股票、公募基金以及阳光私募基金等市场的规模都有较大幅度的增长。收益率方面，由于股债双牛，股票、债券、基金、阳光私募等产品都有较好的收益率，而由于美联储加息、人民币贬值等因素，商品、外汇和黄金市场收益率都较差。房地产、信托和 P2P 产品仍有较高收益，但由于经济下行、利率下行等因素，收益率较往年下降较多（见表 3）。

表 1　2015 年我国投资市场规模变化情况比较

市场	规模	增长率	增速变化
股票	总市值：50.36 万亿元	42.63%	下降 13.20 个百分点
债券	余额：48.50 万亿元	34.72%	上升 14.90 个百分点
黄金	上期所黄金持仓量 99.21 吨	7.29%	
房地产	商品房待售面积 6.96 亿平方米	16.5%	下降 11.3 个百分点
VC/PE	募资金额：7000 亿元	34.29%	下降 66.6 个百分点
基金	管理资产净值：8.35 万亿元	87.64%	上升 35.71 个百分点
信托	信托资产：15.62 万亿元	20.62%	下降 7.52 个百分点
银行理财	产品数量：7.77 万只	19.23%	下降 24.88 个百分点
阳光私募	管理资产：1.70 万亿元	249%	上升

资料来源：建投研究院整理。

表2 2015年我国投资市场交易变化情况

市场	成交情况	同比
股票	成交总额254.68万亿元	增长222.54%
债券	成交总额81.37万亿元	增长94.94%
商品（前11个月）	成交额539.13万亿元	增长130.13%
外汇（前11个月）	成交额98.77万亿元	
黄金	上期所黄金成交量97.83吨	增长7.41%
房地产	销售额7.45万亿元	增长15.6%
VC/PE	投资金额5000亿元	增长12.4%
基金	基金发行份额1.63万亿份	增长250.58%
信托	集合理财信托发行1.53万亿	
阳光私募	发行阳光私募产品2288.5亿元	
P2P	成交额1.0021万亿元	增长228%

资料来源：建投研究院整理。

表3 2015年我国投资市场收益变化情况

市场	指标名称	2015年收益率
股票	沪深300指数	5.58%
债券	中证全债指数	8.74%
商品	中证商品期货指数	-12.38%
外汇	人民币指数的负值	-1.29%
黄金	上期所黄金期货价格	-6.74%
房地产	百城平均价格指数	4.15%
VC/PE	退出回报率	3.18倍
基金	中证基金指数	29.53%
信托	集合信托产品平均年化收益率	8.28%
银行理财	理财产品平均年化收益率	4.96%
阳光私募	披露产品平均年化收益率	7.79%
P2P	平均年化收益率	11.5%
“宝宝”类	28款“宝宝”类理财产品平均年化收益率	3.25%

资料来源：建投研究院整理。

二、 2015 年中国建投投资评级结果及预测

通过对 13 个市场相关影响因素的测算，我们对 2015 年各投资市场的回顾评级结果和对 2016 年各投资市场预测的结果①如表 4 所示。

表 4　2015 年投资市场评级和 2016 年投资市场预测的结果

投资市场	2015 年投资市场评级		2016 年投资市场预测评级	
	收益	活跃度	收益	活跃度
股票市场	★★★	★★★★★	★★★	★★★★★
债券市场	★★★★	★★★★★	★★	★★★
商品市场	★	★★★★★	★	★★★★★
外汇市场	★	★★★★	★★★	★★★★★
黄金市场	★	★★★	★	★★★
房地产市场	★★	★★★	★★★	★★★★
VC/PE 市场	★★★★	★★★★★	★★★★	★★★★★
公募基金市场	★★★★★	★★★★	★★★	★★
信托市场	★★★★	★*	★★★	★
银行理财市场	★★	★★★	★★	★★★
阳光私募基金	★★★	★★★★	★★★	★★★★
P2P	★★★★	★★★★	★★★★	★★★★
“宝宝”类	★★	★★★	★★	★★★

* 由于信托前五年的资产规模和产品发行数量增长率在 50% 以上，因此在增长率放缓的情况下，我们测算的活跃度大幅降低。

① 具体评级方法见附录。

附录：中国建投投资评级体系说明

一、背景和目的

随着我国经济增长、资本市场开放、金融业发展，投资市场发展迅速，人民收入不断提升，投资需求增大，投资种类日益丰富。为给投资者创造对投资市场的宏观把握，我们打破投资市场的传统界限，将由单一基础资产构成的 A 股、债券、商品期货、外汇市场、黄金市场、房地产（住宅，下同）、VC/PE、公募基金、信托、银行理财、阳光私募基金、P2P、“宝宝”类理财产品等 13 个市场用统一的方法计算出评级结果，对各个市场的收益以及活跃度进行横向比较。在回顾当期市场变化的基础上，对下一期的各个市场变化做出预测，为投资者的资产配置提供决策参考。

二、设计思路和方法

1. 当期收益评级

各个市场的风险不同，预期收益也相差较大，因此为使各个市场具有可比性，我们将各个市场的收益指标进行了风险调整。之后再用统一的评级标准，对应风险调整后的收益指标给出最后的评级结果。

2. 当期活跃度评级

各个市场的活跃度在一定程度上反映了市场的成熟度和投资者的认可度，对投资者具有一定的参考价值。我们在各个市场选取能够反映市场活跃度的指标，根据其对活跃度的影响程度赋予权重，经过时间平滑调整，得到活跃度指标。之后再根据我们的评级标准给出最后的评级结果。

3. 下一期收益预测评级

首先考虑每个市场的影响因素，找出包括宏观经济、资金面、政策面、相关市场收益等在内的全部影响因素，建立指数预测模型。其次，分别对每个市场的影响因素进行预测、检验、权重分配，在这个过程中综合考虑模型计算与专家问卷打分结果，计算出预测的收益率。最后，将该收益率经过风险波动因素调整，得到最终的收益预测评级结果。

4. 下一期活跃度预测评级

综合考虑本期活跃度评级与下一期收益预测评级，得到下一期的活跃预测评级。

三、 评级体系指标选取

1. 收益指标

针对不同市场，选取最能反映该市场收益变化同时被投资者认可的指标作为收益评级和预测指标。

A 股市场：沪深 300 指数增长率；

债券市场：中证全债指数增长率；

商品期货市场：中证商品期货指数增长率；

外汇市场：人民币指数增长率的负值；

黄金市场：上期所黄金期货价格增长率；

房地产市场：百城平均价格指数增长率；

VC/PE 市场：年化收益率；

基金市场：中证基金指数增长率；

信托市场：集合信托产品平均年化收益率；

银行理财市场：理财产品平均年化收益率；

阳光私募基金：披露产品平均年化收益率；

P2P：平均年化收益率；

“宝宝”类理财：28 款“宝宝”类理财产品平均年化收益率。

2. 活跃度指标

针对不同市场，选取最能反映该市场交易额和交易量变化的指标作为活跃程度的评级和预测指标。

股票市场：交易量、交易额、IPO 数量；

债券市场：发行期数、发行总额、成交总额；

商品期货市场：成交量、成交额；

外汇市场：外汇交易额；

黄金市场：上期所黄金成交额；

房地产市场：投资额、新开工面积、施工面积、竣工面积、销售量、销售额；

VC/PE 市场：募、投、退规模及数量；

基金市场：资产净值、基金份额，新增基金数量；

信托市场：资产规模、产品数量；

银行理财市场：银行理财产品发行量、到期量；

阳光私募基金：新增基金数量，发行规模；

P2P：成交额；

“宝宝”类理财：新增资产管理规模。

四、 评级标准释义

1. 收益评级标准

以三星作为中等投资收益，对应的收益率水平与各银行理财产品中较低收益水平的产品相近，同时既要高于 1 年期存款利率又要高于同期 CPI。一星为负收益；二星为低于三星的正收益；四星收益高于贷款利率，意味着理论上即使通过贷款融资再用于投资也存在套利机会；五星为较高收益。

表1　收益评级标准表	
★★★★★	调整后年化收益率在20%以上
★★★★	调整后年化收益率在8%～20%之间
★★★	调整后年化收益率在4%～8%之间
★★	调整后年化收益率在0%～4%之间
★	调整后年化收益率在0以下

资料来源：建投研究院

2. 活跃度评级标准

表2　活跃度评级标准表	
★★★★★	经过时间平滑调整后的指标值环比增长率与五年平均增长率的变化率在1以上
★★★★	经过时间平滑调整后的指标值环比增长率与五年平均增长率的变化率在0.3～1之间
★★★	经过时间平滑调整后的指标值环比增长率与五年平均增长率的变化率在-0.3～0.3之间
★★	经过时间平滑调整后的指标值环比增长率与五年平均增长率的变化率在-1～-0.3之间
★	经过时间平滑调整后的指标值环比增长率与五年平均增长率的变化率在-1以下

资料来源：建投研究院

中英文摘要

ABSTRACT

中文摘要

2016 年中国宏观经济形势与投资环境分析

张志前　祝妍雯

摘　要： 2015 年全球经济复苏乏力，国内经济虽进入“新常态”，但结构矛盾依然存在，经济下行压力增大，主要经济指标均有所下滑。2016 年我国经济仍处于由高速增长向中高速增长的换挡阶段，传统增长动力的下降将给整体经济增速带来下行压力，但下行空间较为有限，经济增速换挡可能逼近拐点。2016 年的投资机会主要体现在自主创新、产业升级和消费升级三条主线中。在需求端刺激的失效和我国传统经济驱动力衰减的背景下，供给侧改革登上舞台，一方面提供了丰富的投资机会，另一方面也带来了风险。预计 2016 年我国 GDP 将增长 6.7%，固定资产投资将增长 10%。

关键词： 宏观经济　投资机会　供给侧改革

2015 年中国投资发展回顾及 2016 年展望

高彦如

摘　要： 2015 年中国各投资市场差异较大。其中，股票市场全年收益较好，市盈率创新高，年中大幅波动，风险加剧；债券市场走出史上最长牛市，利率下行，多类债券发行量井喷，违约风险加剧；商品市场价格持续走低，交易量进一步增长；外汇市场美元走强，人民币进入贬值通道，其他主要货币先弱后强；黄金价格受美联储加息影响震荡下跌；房地产市场投资低迷，销售回暖，房价发生结构性分化；私募股权投资市场募投继续增长，退出进入爆发期，同时风险增加，退出收益下降；公募基金受益股债双牛，规模收益均增长；信托资产规模季度环比首现负增长，整体收益继续下行；银行理财规模季度环比负增长，年内收益率逐步下行；阳光私募规模爆发式增长，收益两极分化；P2P 平台增长放缓，成交额指数型增长，收益下行，风险增加，产品亟待规范；“宝宝”类产品规模放缓，收益下降幅度较大。2016 年，经济疲弱与无风险利率的不断下行导致大量资金寻求更高收益的金融资产，因此各类资产收益率都将面临下行压力，投资者将面临资产荒的配置难题。

关键词： 投资市场　基础资产　资产组合　中国建投投资评级体系

“一带一路” 主题下的投资机会分析

张志前

摘　要：“一带一路”是我国经济进入新常态后，提出的首个开放型大国战略。从国内角度看，“一带一路”不仅有利于消化国内过剩产能，推动产业结构转型升级，同时，还有利于使东、中、西部以及沿边、沿海形成良性互动。本报告对国内相关省区市的投资价值进行了分析，列出了最值得投资的11个省区。从国际角度看，“一带一路”战略将带动亚洲基础设施建设，打通欧亚经贸发展的大通道，给全球经济带来新活力。“一带一路”是资本走出去的重要载体，主要涉及四大类行业，即交通基础设施建设、能源和资源开发、国际产能合作和文化旅游产业，其重点是基于基础设施建设和能源资源开发的国际产能合作。在实施“一带一路”战略中，要注意规避和防范诸如地缘政治、经济金融、社会法律和风俗文化等风险。

关键词： 区域经济　世界经济　一带一路　投资策略

制造升级主题下的投资机会分析

文玉春

摘　要： 制造业是实体经济的主体、国民经济的脊梁，是全面建成小康社会和实现现代化的物质基础，也是转变经济发展方式、调整优化产业结构的主战场。自2010年以来，我国制造业增加值连续五年超过美国，成为制造业大国①。然而，我国制造业大而不强。在创新能力、核心竞争力、质量效益等方面，与制造业发达国家仍有明显差距。加快促进制造业转型升级、推动制造大国向制造强国转变，是经济新常态下制造业应着力实现的重大战略目标。制造业的转型升级涉及面广、点多、链长，所需要的资金量大。要坚持整体推进、重点突破的原则，着力加强供给侧结构性改革，围绕产业链部署创新链、围绕创新链完善资金链，聚焦制造强国战略目标，形成政策、资金有效投资合力。基于以上对制造业的整体把握，本报告首先更多的是从理论层面阐述制造业的升级路径；然后，从理论层面分析转向实践领域，前瞻预判我国制造业中长期内升级的七大方向和趋势；进一步，从宏观研究转向中观（微观）分析，更多地从机构投资者的角度，尝试着探讨中长期我国制造升级过程中的投资机会，分析提出了高端装备制造、新一代信息技术、节能环保、新材料、生物、节能与新能源汽车等六大重点的投资领域及行业隐含的具体投资需求；最后，指出了投资于制造升级需要注意的五个方面的风险。

关键词： 制造业强国　制造业转型升级　投资需求　中长期

---

① 美国经济咨询机构环球通视公司报告指出，2010年中国制造业占全球制造业的19.8%，高于美国的19.4%，位列世界第一。历经一个半世纪后，中国在2010年又重新回到世界第一制造业大国地位。

“互联网 +” 主题下的投资机会分析

张璐璐

摘　要： 近年来，互联网的创新成果迅速应用于经济、社会的各个领域，提升了经济发展质效，改造升级了传统的生产方式与商业模式，创新发展了新的经济业态与生活方式，是经济发展的重要驱动力之一。但是，过度看重客户数量与流量、盈利模式不清晰、资金链断裂也使得2015年的“互联网 +”企业出现了大规模的倒闭和并购。辩证地看待新事物的前景与风险，发掘“互联网 +”中具有持续发展动力的行业和领域，我们才能识别“互联网 +”带来的投资机遇。

关键词： 互联网 +　消费互联网　产业互联网　投资

人口老龄化主题下的投资机会分析

方伊奇　邹继征

摘　要： 我国人口年龄结构发展出现的特征是老龄化，自2000年开始我国已经步入老龄化国家，65岁及以上人口的比例达7%，2013年升至9.70%，预计2020年甚至将达到12%。人口老龄化对消费需求存在直接和间接影响，研究表明，中国当前处于人口老龄化的初期阶段，老年人口比重快速提高的同时伴随着少儿人口比重的迅速下降，在老年人消费系数高于少儿消费系数的情况下，中国人口老龄化对消费的影响表现出正效应。中国人口老龄化的快速发展扩大了对居住、家庭设备及服务、健康医疗、文体教育的消费需求。当前所处的老龄化初期对消费整体仍具有正向作用。老龄化发展过程中对健康医疗服务的需求将持续上升，相关健康医疗以及老龄服务业持续受益。此外，从城乡居民消费结构差异看，随着城镇化的推进，居住、衣着、家庭设备、医疗保健以及通信等方面的支出将明显增加。

关键词： 人口年龄结构　老龄化　消费　健康　投资

国企改革主题下的投资机会分析

王勇华　解蕴慧

摘　要： 中共中央、国务院出台《关于深化国有企业改革的指导意见》确立了国企改革的重点方向，即产权多元化、整体上市，国资规模化和平台化、集聚化及国际化。相关政策文件描绘出国企改革的三种主要实现路径，即混合所有制改革、并购重组和资产证券化。这也正是国有资本和非国有资本在本轮国企改革浪潮中的投资机会所在。本报告从两个方面对国企改革实现路径进行了分析：一是国企改革路径中为什么存在投资机会；二是投资机会的具体表现形式有哪些。最后，本报告从行业和区域两个维度，对国企改革投资机会进行了分析和揭示。

关键词： 国企改革　混合所有制改革　并购重组　资产证券化　投资机会

PPP 主题下的投资机会分析

叶继涛

摘　要： 2015 年 PPP 代替政府融资平台，成为基础设施建设运营的重要融资模式，各级政府推出了海量 PPP 项目，PPP 投资新机会凸显。在此背景下，PPP 投什么、怎么投、何时投，成为各方关注的焦点。本报告在回顾 2015 年国内 PPP 发展的基础上，重点分析了 2016 年国内 PPP 投资的新形势、新机会，提出了社会资本参与 PPP 项目投资的对策建议。

关键词： PPP　形势分析　投资机会　对策建议

2015年证券市场发展回顾与2016年展望

徐建华

摘　要： 2015年是我国证券市场大幅动荡的一年，但也是证券市场快速发展壮大的一年。股票市场、新三板市场的规模迅速扩张；受益于证券市场的活跃，资产管理行业发展迅猛，基金管理公司业务、证券公司资产管理业务、私募证券投资基金业务都高速发展。展望2016年，证券市场仍将延续动荡走势，但资产管理行业将以更稳健的速度前行。

关键词： 证券市场　基金公司　证券公司资管　私募基金

2015年信托市场发展回顾与2016年展望

王　俊　葛　枫

摘　要： 2015年信托规模增速持续放缓，三季度规模环比首现负增长，尽管规模增速日益下滑，但信托经营收入较2014年显著提高，资产主动管理能力不断增强，投资收益占比大幅上升。信托业务在信托公司发展中的地位逐渐下降，集合信托占比呈稳步上升态势，融资类信托占比屡创新低，传统债权业务逐渐萎缩，融资、投资和事务管理类信托“三分天下”的格局发生转变，信托的非融资功能逐渐显现。展望2016年，供给侧改革将加速推进传统业务转型升级，为信托创新带来发展新机遇，政策监管将延续“八项机制”和“八大责任”思路，打造行业发展长效机制。信托资产规模还将继续维持高位，增长方式将由规模驱动向结构优化驱动转变，随着利率市场化逐步深化，传统融资类业务利差收窄，这将倒逼信托转型升级。

关键词： 信托转型　行业回顾　市场展望

2015 年 VC/PE 市场发展回顾及 2016 年展望

孙 娟 黄 金

摘　要： 2015 年股权投资行业经历了起起伏伏，伴随着创业火暴，投资前移成为趋势，大量“热钱”涌入早期市场使得投资行业整体出现不均衡状态，合并、转型、“互联网 +”成为私募股权基金争相追逐的市场。上半年 A 股迎来牛市，IPO 企业众多，机构退出热情高涨，并获得丰厚回报；下半年在政府为救市暂停 IPO 的背景下，新三板成为机构的“新战场”，伴随着新三板的快速发展，机构投资热情高涨，同时也扩展了机构的退出渠道。2016 年，中国资本市场将迎来“大资管时代”，注册制、改革战略新兴板落地、新三板推出分层，以及海外企业拆 VIE 回归等，将对 VC/PE 行业带来更多的机会。

关键词： 创投基金　私募股权基金　“双创”　“新三板”

2015 年融资租赁市场发展回顾与 2016 年展望

课题组

摘　要： 2015 年，融资租赁机构数量继续快速增长但市场规模增速放缓。发行上市、资本运作、跨境业务、租赁物创新等新元素成为行业发展亮点，但整体盈利能力下降、业务模式单一、市场风险上升等制约行业发展的因素凸显。预计 2016 年信用风险将继续上升，资本运作和业务创新进程将加快，降低资金成本、加大在弱周期及新兴行业领域的投放、拓宽风险资产退出渠道等措施，将成为融资租赁公司突围的重要策略。

关键词： 融资租赁行业　市场环境　发展报告

2015年房地产市场发展回顾与2016年展望

王 申

摘 要： 2015年，在宏观经济下行压力和房地产高库存的背景下，政策刺激需求入市，销售回暖、房价有所回升。但是，由于人口流动趋势变化及土地供应差异，一二线城市与三四线城市出现结构性差异，一二线城市住宅地产去库存较快、房价上升，而三四线城市的去库存压力仍较大；商业地产方面，一线城市空置率低，而二线城市以及三四线城市商业地产风险持续积累。在房地产市场格局重塑的背景下，房地产行业加速整合，并购重组案例明显增多；同时房地产企业积极寻求转型，通过多元化转型和拓展产业链寻求新的利润增长点；房地产存量市场正在成为市场关注的热点。展望2016年，政府将进一步推出新的刺激政策，推动建立国家住房银行，通过刺激需求和调节供给来加大三四线城市的去化速度；房地产市场将呈现弱平衡，一二线城市房价继续上涨概率大，三四线城市在政策呵护下将逐渐止跌企稳；房地产企业将加速转型，并购规模将扩大，房地产金融将加速发展。

关键词： 房地产市场　分析　预测

2015年海外并购市场发展回顾及2016年展望

闫凌云　方少含

摘 要： 2015年，在海外并购市场快速发展的背景下，政策环境不断优化、新形势不断深入，全球经济的形势和现状为市场创造了多元化的机会；2016年，竞争要素将驱动海外并购市场持续活跃，中国企业海外并购的主旋律不会变，同时，中国企业也将在海外并购中逐渐承担起全球公民的责任，促进中国企业海外并购的可持续发展。

关键词： 跨境　直接投资　并购

英文摘要

China's Macroeconomic Performance and Investment Environment in 2016

Zhang Zhiqian Zhu Yanwen

Abstract: The global economic recovery is weak in 2015. In the meantime while the domestic economy enters the "New Normal" , the structural contradiction still exists, the downward pressure of the economic increases, the main index of the economy fall. The economy of China in 2016 is still in the transition from the high speed growth to the moderate rapid growth, and the decline in the growth of traditional industries will bring pressure to the overall economic growth. However, the downside space is relatively limited and the economy is coming close to a turning point. Investment opportunities in 2016 mainly cover independent innovation, industrial upgrading, and consumption upgrade. Under the background of useless demand stimulus and weakening traditional driving force, supply-side reform is chosen and promoted, providing abundant investment opportunities while increasing risk also. It is expected that in 2016 GDP growth of 6. 7% , Fixed asset investment growth of 10. 1%

Key words: Macroeconomic; Investment Opportunities; Supply-side Reform

---

Review of China's Investment Market in 2015 and Outlook in 2016

Gao Yanru

Abstract: In 2015, China's investment market is different. For underlying assets: stock market's turmoil eventually received positive return; bond market perform the longest bull market in the history, and many kinds of bond's issuance blowout; commodity market prices is continue to decline, further growth in the volume of transactions; foreign exchange market co-dominanted by the dollar appreciation and devaluation; gold price is affected by the impact of Fed rate rise; investment and sales in the real estate market performs double day, the house price is structural differentiation; the money raise and investment in private equity market are both hot, the capital withdrawal come into the outbreak period. For portfolio: public fund benefit from shares and bonds gets outperformance; the size of the trust assets shrunk quarter on quarter, and overall revenue continue down; the size of bank finance products financial also shrunk quarter on quarter, the interest rate gradually downward; private funds' scale explosive growth, revenue is good; P2P platform grows slowdown, earnings goes downward; "bao" products' scale goes slowdown and revenue is down greatly. In 2016, the weak economy and continuous downward risk interest rate leads to a lot of money search for higher yields of financial assets, so all kinds of asset returns will face downward pressure, investors will face a shortage of asset.

Key words: Investment Market; Underlying Assets; Portfolio; JIC Investment Rating System

---

Analysis of Investment Opportunities under the Theme of "Along the Way"

Zhang Zhiqian

Abstract: "Along the way" is the first open strategy after China's economy entered a new normal. From a domestic perspective, " along the way " strategy is not only conducive to digestion of domestic excess capacity, promote the transformation and upgrading of industrial structure, at the same time, also to the eastern central and western border and coastal, the formation of positive interaction. From an international point of view, "along the way" strategy will drive the Asian infrastructure construction, open up the big channel of Europe and Asia economic and trade development, to bring new energy to the global economy. "Along the way" strategy mainly involved in four types of industries, transport infrastructure, energy resources, equipment manufacturing and cultural tourism, which focus on the basis of infrastructure and energy resources development of international capacity cooperation. In the "along the way" strategic investment, we should pay attention to avoid and prevent the risk of such as geopolitical, economic and financial, social and legal , customs and culture.

Key words: Regional Economy; World Economy; Investment Strategy

---

Analysis of Investment Opportunities under the Theme of Manufacturing Upgrading

Wen Yuchun

Abstract: Manufacturing is the main factor and backbone of the national economy, also is material basis for building a well-off society and modernizing, also do a lot in transforming the pattern of economic development, adjusting and optimizing the industrial structure. Since 2010, for five consecutive years, the added value of Chinese manufacturing industry is more than United States, China is a big manufacturing country now. However, China's manufacturing industry is large but not strong, in areas such as innovation and core competence, quality and efficiency, china's manufacturing is still an apparent gap compare with developed countries. Accelerate the transformation and upgrading of manufacturing industry, shift from a large manufacturing country to a strong manufacturing country power is strategic goals in a new-normal economy. In this transformation and upgrading, many point, long industry chain will involve, and amount of capital investment is required. Adhere to the principles of overall progress, breakthrough at key points, strengthen efforts to structural reform of the supply side, around industry chain deploy Innovation chain, improve the capital chain around the innovation chain, focus on strategic object of a strong manufacturing country, centralized government, enterprises and social capital resources, form an effective joint effort of investment policy and funding is needed. Based on above overall analyze, this report first from theory level describe manufacturing of upgrade path; then, from theory analysis to practice level, prepropose the seven directions of medium-and long-term manufacturing upgrading; further, from macro to micro view, in the perspective of institutional investors, explore the investment opportunities in China's manufacturing medium-and long-term upgrading, the capital need in six key areas and industries; in the last, put forward five risks which should be cared about during the manufacturing transformation and upgrading.

Key words: Country's Manufacturing Power; Manufacturing Transformation and Upgrading; Industry Demand; Medium and Long Term

---

Analysis of Investment Opportunities under the Theme of Internet-related Area

Zhang Lulu

Abstract: Recent years, the innovation of internet applied to every aspect of economy and society, which becoming one of the most important driving force of economics. It improved the efficiency of economic development, remade the traditional mode of producing and business, and developed the new economic pattern as well as life style. In the meanwhile, there were a lot of internet-related companies closing down and taken-over in the year of 2015 because of paying more attention to internet traffic than business value, unclear profit model and capital chain breaking. In order to find the investment opportunities of internet-related area, we should identify both the prospect and the risk of the innovation, and find the areas which has its' force of sustainable development.

Key words: Internet-related Area; Consumer Internet; Industrial Internet; Investment

Analysis of Investment Opportunities under the Theme of Aging of Population Structure

Fang Yiqi　Zou Jizheng

Abstract: The development of China's population structure is characterized by aging, since 2000, China has entered an aging country, the proportion of population over the age of 65 has reached 7% , in 2013 has risen to 9. 70% , is expected to reach 12% in 2020. Population aging on consumption demand exists direct and indirect effects, studies have shown that China is currently in the early stages of the aging of the population, rapid increase in the proportion of the elderly population is accompanied by a rapid decline in the proportion of the population of children and in the elderly consumption coefficient is higher than the number of children's Department of consumer, China's elderly population of effect on consumption is shown a positive effect. The rapid development of China's aging population has expanded the consumer demand for housing, household equipment and services, health care, sports and sports education. Focus on investment in the field: first of all, the current aging of the early stage of the consumer is still a positive role in the overall. Aging development process will continue to rise in demand for health care services, health care and related health care industry continues to benefit. In addition, from urban and rural residents consumption structure differences, with the advance of urbanization, living, clothing, household equipment, health care and communication and other aspects of the expenditure will be significantly increased.

Key words: Population Structure; Aging; Consumption; Health; Investment

---

Analysis of Investment Opportunities under the Theme of State-owned Enterprises Reform

Wang Yonghua　Xie Yunhui

Abstract: The Central Committee of the Communist Party of China, the State Council issued "The Guidance on Deepening State-owned Enterprises Reform" established the main directions of state-owned enterprises reform, which are diversification of property rights, holistic listing, realization of large scale and platform, centralization of state-owned assets, and internationalization. Relevant policy documents describe the three main realization routes of state-owned enterprises reform including mixed ownership reform, mergers and acquisitions, and asset securitization, which are investment opportunities of the state-owned and non state-owned capital in the current wave of state-owned enterprises reform. This paper analyzes the realization routes of state-owned enterprises reform from two aspects: first, why there are investment opportunities in the realization routes of state-owned enterprises reform; second, what are the specific manifestation of investment opportunities. Finally, this paper analyzes and reveals the investment opportunities in state-owned enterprises reform from two dimensions of industry and region.

Key words: State-owned Enterprise Reform; Mixed Ownership Reform; Mergers and Acquisitions; Asset Securitization; Investment Opportunities

---

Analysis of Investment Opportunities under PPP Background

Ye Jitao

Abstract: In 2015, PPP (Public Private Partnership) has replaced government financing platform and become a major channel of infrastructure project financing. A massive wave of PPP projects launched by governments indicate a new investment opportunity has come. Parties interested in participating in PPP projects want to know (1) when, (2) where and (3) how to make a successful PPP investment. In the light of the booming industry, this report will review major milestones in PPP development in 2015, and focus on analyzing PPP investment situation and opportunities in 2016. The report will also put forward suggestions to help investors actively and effectively make investment in various PPP projects.

Key words: PPP; Situation Analysis; Investment Opportunity; Strategic Recommendation

---

Review of Securities Market in 2015 and Outlook in 2016

Xu Jianhua

Abstract: Year 2015 is a year that Chinese securities market not only experienced a turbulence, but also developed and grew. The size of stock market and National Equities Exchange and Quotations expanded quickly. Benefited from the vigorous securities market, asset management industry developed rapidly. Fund company business, securities company asset management business, private fund business all experienced a dramatic development. Looking forward to 2016, securities market will experience a continued turmoil, however, asset management industry will develop with a robust speed.

Key words: Securities Market; Fund Company; Securities Company Asset Management; Private Fund

Review of Trust Market in 2015 and Outlook in 2016

Wang Jun Ge Feng

Abstract: Growth in the scale of trust assets has been slowing for a long time in 2015, and even appeared a negative growth in the third quarter. Although the scale growth is declining, the operating revenue of trust industry has been significantly improved compared with 2014, in addition, the active management ability of trust assets has been enhanced constantly. Investment income ratio and collective trust amount ratio risen markedly, the proportion of financing trust and creditor's rights business have been narrowing gradually, the pattern including three main trust kinds, financing trust, investing trust and transaction management trust, had already changed. Outlook on 2016, the transition of traditional businesses would be accelerated by the reform of the supply front. The policy supervision will carry on the basic concept of "Eight Mechanism" and "Eight Responsibility", creating a long – effect mechanism of trust industrial development. In 2016, the assets amount of trust will continue tore main high, and the pattern of economic growth will be driven by scale to structure optimization. While the interest rate marketization deepening gradually, prompting a narrowing of the spread in traditional financing businesses, this will force trust to transform and upgrade.

Key words: Transition of Trust Industry; Review of Industry; Outlook of Market

---

Review of VC/PE Market in 2015 and Outlook in 2016

Sun Juan Huang Jin

Abstract: During 2015, equity investment industry experienced ups and downs. With the China start up boom, investment tends to move to the earlier stage. A large number of "hot money" influxes into the early market, which makes the investment industry appear to be unbalanced. Mergers, transformation, "the Internet +" have been in strong demand by PE fund. In the first half, A – share market ushered in a bull market, institutional investors reaped handsome returns through IPO of invested enterprises. In the second half of the year, "New Third Board" became the new battlegrounds as the government suspended IPO. With the rapid development of "New Third Board", institutional investors get a new exit channel and become more enthusiastic. In 2016, the Chinese securities market will embrace the era of "big capital management". Registration – based stock – issuing system and strategic emerging industry will be formally introduced, "New Third Board" will launch separated layer system and other reforms, and more overseas listed companies plan to return to the domestic securities markets, which will bring more opportunities for VC/PE industry.

Key words: Venture Capital Fund; Private Equity Fund; Mass Entrepreneurship and Innovation; "New Third Board"

Review of Financial Leasing Market in 2015 and Outlook in 2016

Research Group

Abstract: In 2015, the total number of financial leasing companies resumed the trend of booming up, while the growth of market size slowed down. Increasing IPO cases, capital operations, cross - border leasing, and innovation of lease items were highlights of leasing industry. However, declining profitability, single business model and rising market risk were undermining development of the industry. The credit risk is expected to rise in 2016. M&A, as well as business innovation, will speed up. To breakout from the "red sea", leasing companies should try their best to reduce cost, increase proportion of investment in low beta sector and emerging industries, and explore more channels of asset disposal.

Key words: Financial Leasing Sector; Market Environment; Development Report

Review of Real Estate Market in 2015 and Outlook in 2016

Wang Shen

Abstract: Under the background of economic downward pressure and high inventory of real estate in 2015, policy stimulated the demand, and sales and price began to pick up. However, due to the change of population flow trend and land supply difference, the first and second tier cities have structural differences to the fourth tier cities. The inventory of residential estate in the first and second tier cities digested faster, and the price picked up, but the inventory pressure in the third and fourth tier cities is stressful. On the commercial real estate, the vacancy rate of the first tier cities is low, while it continues to accumulate in the other cities. Under the background of the pattern of remodeling in the real estate market, the industry accelerates to integration, the case of M&A and restructure increased significantly; at the same time, the real estate enterprises actively seek the transformation model, and try to seek new profit growth through diversification, transformation and expand the industrial chain; while the stock market of real estate is becoming the market focus.

Outlook 2016, the government will further introduce new stimulated policies, and promote the establishment of national housing bank. By the stimulating demand and supply adjustment to digest the inventory in the third and fourth tier cities. Real estate market will show a weak balance, and the housing price of the first and second tier cities will continue to rise with high probability, and the price in the third or fourth tier cities will gradually stabilized by the stimulated policy. Real estate enterprises will accelerate the transformation, and the scale of M&A will expand, and the real estate finance will accelerate development.

Key words: Real Estate Market; Analysis; Forecast

Review of Overseas M&A Market in 2015 and Outlook in 2016

Yan Lingyun　Fang Shaohan

Abstract: Under the background of rapid development of overseas M&A market, the policy environment becomes more supportive and the global economy creates richer opportunities. In 2016, the competition would drive enterprises being more active to acquire foreign assets or equity, and Chinese enterprise would be among one of the most important forces.

Key words: Cross Boarder; Direct Equity Investment; M&A

图书在版编目（CIP）数据

中国投资发展报告．2016/中国建银投资有限责任公司投资研究院主编．—北京：社会科学文献出版社，2016.3
（中国建投研究丛书．报告系列）
ISBN 978－7－5097－8865－3

Ⅰ．①中…　Ⅱ．①中…　Ⅲ．①投资－研究报告－中国－2016　Ⅳ．①F832.48

中国版本图书馆 CIP 数据核字（2016）第 043545 号

·中国建投研究丛书·报告系列·
中国投资发展报告（2016）

主　　编／中国建银投资有限责任公司投资研究院

出 版 人／谢寿光
项目统筹／王婧怡　许秀江
责任编辑／王婧怡　孔庆梅

出　　版／社会科学文献出版社·经济与管理出版分社（010）59367226
　　　　　地址：北京市北三环中路甲 29 号院华龙大厦　邮编：100029
　　　　　网址：www.ssap.com.cn
发　　行／市场营销中心（010）59367081　59367018
印　　装／三河市尚艺印装有限公司

规　　格／开　本：787mm × 1092mm　1/16
　　　　　印　张：27.75　字　数：389 千字
版　　次／2016 年 3 月第 1 版　2016 年 3 月第 1 次印刷
书　　号／ISBN 978－7－5097－8865－3
定　　价／98.00 元